D0800689

MÉDITATIONS MÉTAPHYSIQUES

RENÉ DESCARTES

MÉDITATIONS MÉTAPHYSIQUES

OBJECTIONS ET RÉPONSES
suivies de
quatre LETTRES

Chronologie, présentation et bibliographie
de
Jean-Marie BEYSSADE
et
Michelle BEYSSADE

GF Flammarion

© Garnier-Flammarion, 1979.
© Flammarion, Paris, 1992, pour cette édition.
ISBN : 978-2-0807-0328-6

INTRODUCTION

Les *Méditations métaphysiques* peuvent se lire pour elles-mêmes, sans souci historique. Elles sont écrites au présent, et le présent qui leur convient est le présent intemporel des principes, toujours actuels ou toujours inactuels, comme on préférera. L'œuvre fondamentale introduit à la possibilité de tout savoir incontestable. Point de référence ici à d'autres œuvres antérieures, point d'allusions non plus à la physique qui pourrait se construire sur cette métaphysique. « Ces six *Méditations* contiennent tous les fondements de ma physique. Mais il ne le faut pas dire, s'il vous plaît » (à Mersenne, 28 janvier 1641). L'itinéraire est réduit à ce qu'exige en toute rigueur l'accès à la vérité. Est-ce à dire qu'il n'y ait ici point de temps ? La conclusion serait absurde, et elle est manifestement insoutenable.

Le temps est dans les *Méditations* au moins deux fois, sous deux formes liées.

D'abord, le temps est celui de la méditation, ou plutôt du sujet qui médite et qui rend la vérité sienne, en lui consacrant le temps qu'elle requiert pour se rendre évidente. D'où l'importance du rythme, rythme de lecture et rythme de l'écrit tout ensemble, parce que d'abord rythme de la pensée métaphysique. La force des démonstrations n'est assurée que pour celui qui ne brisera pas le mouvement continu de la clarification : l'ordre des raisons suppose la conduite de l'attention, la volonté résolue de s'orienter, à partir d'une obscurité initiale, vers la clarté sans ombre de l'évidence. Descartes a lui-même ménagé les pauses. Chaque Méditation occupe une journée, et, de jour en jour, les résultats acquis sont rappelés, les démarches de la veille sont refaites et résumées, les déplacements d'intérêt sont signalés. Même si le sujet qui se découvre et se démontre capable de vérité est chacun et n'importe qui, il n'est pas quelconque : il se définit dans cet itinéraire même, comme celui qui a douté, puis découvert son existence, puis trouvé l'auteur de sa nature intellectuelle, et ainsi de suite. La première journée, consacrée au doute, n'exige pas seulement, pour porter ses fruits de vérité, « le peu de temps qu'il faut pour la lire, mais quelques mois, ou du moins quelques semaines » : il faut le temps que se défassent, dans l'élément corrosif et factice du doute, un certain nombre d'habitudes mentales, des jugements précipités devenus avec le temps opinions familières. Les quatre journées suivantes établissent, ensemble, la possibilité de la science, le champ de vérité où la chose pensante, avec ses idées claires et distinctes, est assurée d'atteindre la vérité de la chose : ce qu'on appellera désormais vraie et certaine science, à quoi nul n'accède qui n'a fait, lui-même et pour lui-même, le parcours métaphysique. Tout cela doit se lire comme « d'une haleine », car la vertu du doute fait de son incertitude même le seul véritable point fixe, pour cet ensemble lié de propositions : *Je suis, j'existe ; Dieu existe ; tout ce que je connais clairement et distinctement est vrai*, dont la totalité cohérente constitue, prise en bloc, le début de la science. Enfin la sixième journée, tel un monde à part, commence la redescente vers le sensible. Avec la distinction de l'âme et du corps, elle libère pour la physique un espace géométrique sans obscurité où, sitôt leur existence prouvée, les choses sensibles ne seront plus que choses matérielles étendues en longueur, largeur et profondeur : étendue, figure et mouvement rendent désormais superflues, et comme chimériques, toutes les qualités réelles et formes substantielles de l'Ecole. Avec l'union substantielle de l'âme et d'un corps, que j'appelle à juste titre le mien, elle prépare une forme de sagesse, où l'unité de l'homme, sans effacer la distinction métaphysique et la possibilité d'une séparation, restitue au moi son sens plein. Je ne suis pas en mon corps comme un pilote en son navire : je suis la même personne, qui ai à la fois un corps et une âme ou pensée. La scolastique a raison sur un point : il existe une forme substantielle, et c'est mon âme, qui informe le corps. Ainsi, du début à la fin de ce bref ouvrage, la vérité se fonde en même temps que le lecteur qui médite se découvre et se transforme, où se forme.

Mais il est sûrement possible, et peut-être nécessaire, de replacer cet itinéraire idéal dans un itinéraire effectif, celui de René Descartes, gentilhomme poitevin. Le présent intemporel, qui convient à l'exposition des principes et à l'éternité de leur validité, fut d'abord le présent historique d'un cheminement individuel. « Il y a déjà quelque temps que je me suis aperçu que, dès mes premières années, j'avais reçu quantité de fausses opinions pour véritables. » Qui parle, en cette première phrase de la première Méditation ? Chacun sans doute, puisque chacun peut s'y reconnaître ; mais d'abord Descartes, qui par elle situe la démarche métaphysique dans son propre cheminement, tel que l'autobiographie du *Discours* l'avait en 1637 explicitement déployé. En ce commencement, le *Je* cartésien est indissociablement l'*ego* de la Méditation seconde, « je suis, j'existe », c'est-à-dire chacun en tant qu'il pense et réfléchit sur sa pensée, et René Descartes, le premier qui parcourut le chemin dangereux du doute hyperbolique à l'indubitable science. Cette dualité, qui répète en l'approfondissant une dualité entre les premières pensées de Descartes et leur reprise en des écrits successifs, introduit à des effets de style qui sont aussi des effets de pensée. Car le péril, pour celui qui a ouvert le chemin, n'est pas tout à fait le même que le péril, toujours un peu fictif, de celui qui le refait. « J'avoue qu'il y aurait du danger, pour ceux qui ne connaissent pas le gué, de s'y hasarder sans conduite, et que plusieurs s'y sont perdus ; mais

vous ne devez pas craindre d'y passer après moi. »
L'histoire de l'ouvrage, avec la constitution progressive
d'une septuple muraille d'objections et de réponses
autour du corps entier et immuable des six méditations,
est ici accordée au sens de la vérité qui cherche à s'y
énoncer. La pluralité des voix qui, de l'extérieur,
objectent à la méditation cartésienne, trouve, à l'intérieur de cette méditation, une pluralité de plans, et
comme de niveaux de pensée, qui lui est consonante.
Et, réciproquement, l'auteur a peu à peu renoncé à
corriger son texte jusqu'à obtenir *le* texte parfait qui, en
emportant l'accord des doctes, pourrait acquérir l'autorité du dogme. Il a préféré laisser chacun des objectants
objecter, librement, et chaque lecteur juger, librement.
Il a ainsi transformé l'antique forme des dialogues (où
l'auteur omniprésent fait parler à l'adversaire supposé
un langage toujours un peu suspect) et la forme tradi-
tionnelle des sommes scolastiques (où l'auteur sélec-
tionne à son gré les objections et s'accorde le droit de
conclure). L'œuvre n'a tout son sens que par ce jeu
ouvert, où l'hétérogénéité des locuteurs a su trouver, à
travers la rudesse d'échanges sans complaisance, sa
libre harmonie. Si Descartes y a perdu l'approbation
officielle de la Sorbonne, le livre y a gagné ce qu'il
appelle, avec un de ses plus rudes adversaires, la liberté
philosophique.

I

Les *Méditations métaphysiques*, avant même leur histoire, ont une préhistoire. Leur histoire commence,
après la publication du *Discours de la Méthode,* quand
Descartes se décide à développer complètement les
racines métaphysiques du système philosophique global qu'il a en vue, et dont il n'a encore donné qu'aperçus ou résumés : cette histoire se termine avec la
parution des éditions originales, en latin (1641 et 1642)
puis en français (1647). Mais leur préhistoire a
commencé beaucoup plus tôt. Car Descartes a eu, dès
1619, l'idée d'une refonte générale du savoir, d'une

philosophie au sens global et antique du terme (qui
envelopperait l'ensemble des sciences que nous appelons aujourd'hui positives, et d'abord la physique) dont
les fondements (la métaphysique, les principes de la
connaissance humaine en général) soient plus assurés
que la vulgaire. Il a, dès l'hiver 1628-1629, entrepris de
réaliser ce projet différé pendant dix ans, et il s'est retiré
en Frise où il a consacré plusieurs mois, ses premiers
mois de véritable philosophe, à un commencement de
métaphysique. La préhistoire rejoint ici l'histoire, car la
question reste ouverte de savoir si les raisonnements de
1629 coïncident ou non, et dans quelle mesure, avec le
texte définitif des *Méditations*, qui nous est seul parvenu.

Cette question engage le sens même de l'œuvre
achevée. Car on pense parfois que le savant, en Descartes, a précédé le métaphysicien. On date alors, non
sans quelque arbitraire, d'« avant 1629 » les *Regulæ*,
qui développent la méthode cartésienne sans grand
souci de la fonder, et tournent court devant la recherche
à faire, « une fois en sa vie », de la valeur de l'entendement et des limites de notre science : la lumière naturelle de l'esprit humain y est comparée à la lumière du
soleil, qui reste une en éclairant tous les objets, sans que
soit discutée son adéquation aux choses réelles. Le
Monde, achevé en 1633, mais dont la condamnation de
Galilée empêcha la publication, applique cette méthode
aux choses corporelles, et mène à son terme une critique de la physique scolastique, sans se soucier beaucoup d'expliciter la métaphysique qui la fonde. Le
Discours de la Méthode enfin, introduction à trois *Essais*
scientifiques, ne donne de cette métaphysique, et
d'abord du doute, qu'une version abrégée : comme s'il
s'agissait surtout d'illustrer l'universalité de la
méthode, en l'appliquant, non seulement aux choses
géométriques et aux choses matérielles (lumière,
météores), mais aussi aux choses de la vie (comme le
mouvement du cœur) et même aux choses métaphysiques ou immatérielles, l'âme et Dieu. Cette présentation conduit à diminuer le travail métaphysique de

1629, au profit du texte définitif. On parle en ce sens d'une cassure, ou au moins d'une césure, de 1637 : comme si, par une inversion de l'illustre loi, la découverte de l'infini, dans l'être divin et la liberté humaine, avait reconduit d'une sorte de positivisme scientifique à l'âge métaphysique, voire théologique. La perspective s'inverse si l'on accorde que la démarche, au moins pour l'essentiel, fut bien dès 1629 celle des *Méditations*. Car, désormais, on comprend que Descartes ait dû se satisfaire en métaphysique avant de passer à la constitution de la vraie physique : non pas seulement, sur le mode hypothétique, un ensemble de théories plus ou moins opératoires, au sens des modernes, mais, au sens de l'antique *épistemè*, une science certaine. On cesse de voir dans les *Regulæ* une étape archaïque et bientôt dépassée : le travail méthodologique, même s'il a été largement avancé et peut-être achevé avant l'interrogation philosophique, n'a pas été rendu caduc par elle, il est comme l'autre versant de l'œuvre scientifique. Bref, le métaphysicien devient presque le contemporain du philosophe de la méthode, et il précède le savant, l'auteur du *Monde* et des *Essais*. À défaut du manuscrit perdu de 1629, les textes qui nous restent, si l'on accepte le témoignage de Descartes, ne prêtent guère à équivoque.

Dès 1630, dans ses lettres à Mersenne, Descartes affirme la libre création par Dieu des vérités éternelles. Il a découvert le contraste entre les vérités mathématiques, que nous pouvons « comprendre et concevoir » (deux verbes synonymes pour désigner ce qui est à la mesure de notre esprit), et l'infinité divine, que nous pouvons certes savoir et comme toucher de la pensée, mais qui passe les bornes de notre esprit : l'incompréhensible n'est pas de l'inintelligible, selon le sens donné à l'intellection, à cet « entendre » qui, pour être clair et distinct, n'a pas besoin d'être adéquat, c'est-à-dire d'égaler son objet. Absente des *Regulæ*, l'opposition entre l'infini, tout positif, et le simple indéfini, dont nous ne voyons pas les limites, est acquise dès le *Monde*. Fier d'en avoir été le premier inventeur, Descartes

l'applique constamment dans toutes les œuvres posté-
rieures, notamment à l'espace déclaré à la fois indéfini
dans sa grandeur et indéfiniment divisible. La métaphysique où Descartes s'est ainsi satisfait lui a, seule,
permis de trouver les fondements de la physique. Il
hésite pourtant à la publier, car il rencontre dès ce
premier moment la difficulté spécifique de la communication : « je ne sais pas si je le pourrai persuader aux
autres » (15 avril 1630). Quand il publie, au lieu de sa
physique qui contient le mouvement défendu, les trois
Essais de sa méthode, sans leurs fondements « philosophiques », et qu'il y ajoute, dans la quatrième partie
du *Discours* introductif, un abrégé de sa métaphysique,
il le présente expressément, en 1637, comme le compte
rendu des méditations conduites « il y a justement huit
ans ». Mieux encore : on lui reproche d'avoir affaibli,
pour vouloir les abréger, ses premières raisons métaphysiques ; il répond en se proposant d'ajouter, à une
éventuelle traduction latine du *Discours*, le commencement de métaphysique écrit en latin « il y a environ huit
ans ». Naturellement, on ne saurait en conclure que le
texte latin qui sera publié en 1641 coïncide exactement
avec ce commencement : la rédaction définitive de ces
« cinq ou six feuilles d'impression », de ces « cinq ou
six feuilles de métaphysique » que nous appelons les
Méditations, a dû entraîner développements et modifi-
cations. Jusqu'au dernier moment, l'auteur reste libre
et maître de son texte. Mais ces transformations, si
profondes qu'elles aient pu être, n'ont pas paru à
Descartes constituer une véritable altération. A ses
yeux, la métaphysique qu'il publie en 1641 est la même
que contenait l'écrit de 1629. Lorsque, à la fin des
Sixièmes Réponses, il retrace son propre itinéraire de
philosophe, et de métaphysicien, il le fait partir de là :
« lorsque j'eus la première fois conclu, en suite des
raisons qui sont contenues dans mes Méditations, que
l'esprit humain est réellement distingué du corps, et
qu'il est même plus aisé à connaître que lui, et plusieurs
autres choses dont il est là traité, je me sentais à la vérité
obligé d'y acquiescer ». Il présente lui-même la consti-

tution de sa physique mécaniste comme la contre-épreuve, qui transforma cette contrainte démonstrative en persuasion, en montrant que tout dans les corps s'explique par la seule étendue, de même que rien dans l'âme n'appartient à une autre substance que l'esprit ou chose pensante. Il ne reste plus qu'à comprendre l'origine du préjugé, par lequel nous confondons les notions primitives de la pensée et de l'étendue, en attribuant aux corps des formes ou qualités qui supposent la pensée, comme nous attribuons à l'âme des propriétés qui sont en vérité du corps. Curieusement, cette origine renverra à la troisième notion primitive, celle de l'union, qui, pourtant, ne deviendra objet privilégié d'examen que plus tard, après les *Méditations*. Dans celles-ci, le thème de la distinction (entre l'âme et le corps) domine, qui vient de 1629 et entre dans le titre de l'écrit définitif ; mais le thème de l'union (substantielle), quoique subordonné, y est déjà clairement affirmé, et mis à sa place dans l'édifice global des principes de notre connaissance, au terme de l'ouvrage. La Méditation sixième, qui contraste avec les cinq premières à lire tout d'une haleine, représente sans doute par rapport aux écrits antérieurs l'élaboration la plus originale. Dans les premières Méditations en effet, on pourrait même chercher à déceler certaines traces, et comme des couches terminologiques plus anciennes : ainsi, dans l'analyse du morceau de cire, l'emploi de *mens* là où on attendrait, pour désigner l'*entendement*, un mot plus restrictif, ou l'attribution de la *faculté de juger* à cette activité plus intellectuelle que volontaire ; ainsi, surtout, dans le recensement des pensées au début de la Méditation troisième, l'opposition entre les volontés, rattachées aux affections, et les jugements. Cette répugnance, malgré la constitution d'une faculté unitaire du vouloir, à lui rapporter l'affirmation et la négation, est comme un indice. A l'identité de la démarche s'ajoute peut-être parfois la persistance du texte.

Cette continuité de mouvement, voire de reprise, ne diminue aucunement l'unité et l'harmonieuse cohé-

rence de l'œuvre, quasi unanimement reconnue, même
lorsqu'on en attaque le contenu, comme parfaitement
accomplie, comme un chef-d'œuvre. Donner de sa
métaphysique un exposé achevé, suivant fidèlement,
dans sa continuité et sa complexité, le cheminement
inventif de sa pensée, a bien été le dessein de Descartes,
et ce à quoi il s'attache à la fin de 1639. C'est peut-être
parce qu'il a déjà en main d'anciens écrits, un commencement, qu'il rédige en un temps relativement court, et
qui ne lui est pas uniquement consacré, ce qu'il appelle
d'abord un discours, encore, puis un essai, enfin un
traité, ou *sa* métaphysique, avant de retenir le terme de
méditations. L'écrit, dont Descartes ne commence à
parler qu'en novembre 1639, semble terminé en
mars 1640, et la correspondance de ces quatre ou cinq
mois montre qu'il s'occupe aussi de bien d'autres
sujets.

II

L'« essai de métaphysique » achevé, restait à le
publier. L'histoire de cette publication associe, comme
toujours chez Descartes, la prudence de celui qui agit
avec l'assurance de celui qui sait. Elles ne s'excluent
pas, elles s'appellent. Qui est sûr d'avoir raison n'a pas
besoin d'être téméraire, et il faut éviter à la vérité
naissante les heurts inutiles avec les préjugés vivaces.
Descartes appréhende la manière dont l'ouvrage sera
reçu. Les polémiques suscitées par la publication du
Discours et des *Essais*, la *Vélitation* du P. Bourdin,
l'occupent encore contre son gré : il voudrait ménager à
sa *Métaphysique*, dès son apparition, un accueil favorable. Non qu'il doute de la vérité de ses raisons. Il est
sûr au contraire d'avoir pris pour connaître l'âme et
Dieu l'unique chemin par lequel on en puisse bien
venir à bout. Mais il sait la difficulté de ce chemin,
accessible seulement à un petit nombre d'esprits attentifs et non préoccupés des opinions de l'Ecole, et il
craint que de nouvelles controverses l'empêchent de
mener à leur terme les *Principes* de sa *Philosophie*. Il sait

aussi combien compte, aux yeux des ignorants, le premier accueil, et que « la vérité est peu estimée étant seule ». Il ne suffit pas de prouver, il faut aussi persuader.

Individu, il s'adresse au public : il souhaite donc l'appui d'un corps collectif. Défenseur de la cause de Dieu, et professant par ailleurs la religion catholique, il se tourne naturellement vers le monde des théologiens. Favorables, ils peuvent beaucoup pour l'autoriser auprès des lecteurs, et, hostiles, ils peuvent peut-être plus encore pour étouffer la jeune philosophie. C'est pourquoi, dès le temps de la rédaction de l'ouvrage, Descartes songe à éprouver les jugements de vingt ou trente théologiens les plus savants, afin de le corriger avant de le rendre public. Les cinq ou six feuilles de métaphysique prêtes, il désire les faire approuver par divers docteurs et, s'il le peut, par la Sorbonne en corps. Descartes est très tôt décidé à une première mise en circulation limitée de son texte ; il hésite seulement, jusqu'à la fin de l'année 1640, entre divers projets constamment remodelés. Si finalement il renonce à faire imprimer le petit nombre d'exemplaires requis pour une première diffusion restreinte, c'est qu'il craint que l'intermédiaire du libraire n'entraîne des indiscrétions nuisibles. Il a plus de confiance, pour recueillir jugements et objections sans divulguer l'ouvrage, en son ami parisien, le P. Mersenne, autour de qui gravite un groupe actif de savants et de théologiens. Il lui a envoyé, en novembre, le manuscrit des *Méditations*, dédiées aux Docteurs de la Sorbonne, dont il attend les objections et espère l'approbation, et, en décembre, l'*Abrégé* qui pourra les précéder. Le manuscrit était accompagné des premières objections, rédigées, à la demande de deux amis auxquels Descartes l'avait montré, par un prêtre hollandais, et des réponses de l'auteur. Descartes a bientôt l'intention d'imprimer, non plus les *Méditations* seules, mais, à leur suite, sans interrompre l'ordre de leurs raisons, objections et réponses, en respectant pour elles la « vérité de l'histoire ».

Descartes souhaite ces objections aussi fortes, aussi neuves et aussi mûrement réfléchies que possible, afin d'avoir l'occasion, en y répondant, non plus tant de corriger son écrit que de confirmer ses raisons et d'en faire éclater la vérité. Il insiste pour que Mersenne ne montre « sa copie » qu'aux plus capables de le comprendre et de lui opposer de solides raisons, excluant nommément certains interlocuteurs virtuels ; il invite son ami à faire voir en même temps aux nouveaux lecteurs les objections déjà faites, pour qu'ils ne les répètent pas, et souligne la nécessité de prendre son temps pour en faire de nouvelles. L'ensemble constitué par les *Méditations*, les *Objections* et les *Réponses* doit éclairer le lecteur sans le lasser : peu importe si l'impression est retardée de deux ou trois ans. En présentant des « réponses », Descartes laissera chacun juger « si elles contiennent les solutions ou non », sans forcer l'adhésion aux vérités qu'il est tout à fait assuré d'avoir solidement établies. L'évidence cartésienne ne craint pas l'épreuve d'un jugement libre. Avec Mersenne, le cercle des interlocuteurs s'élargit : il ne sollicite pas seulement des théologiens, mais aussi des savants et des philosophes illustres, tels Hobbes et Gassendi. La hâte des secondes et troisièmes objections, reçues en janvier 1641, déçoit Descartes. Avec les suivantes, il trouve enfin ce qu'il avait attendu des théologiens : Arnauld seul l'amène à introduire en son texte quelques changements explicites, preuves de bonne volonté consenties par le philosophe aux inquiétudes du croyant plutôt que concessions à une autre façon de voir le monde. Descartes pense alors pouvoir présenter le tout aux Docteurs de Sorbonne (dont le jeune Arnauld sera bientôt), et le faire imprimer. En fait, il accueille encore deux séries d'objections et il y répond, en juin et juillet, quand l'impression est déjà commencée. Celle-ci est achevée le 28 août 1641, et les *Meditationes de prima philosophia*, suivies de six séries d'objections et de réponses, paraissent sans que l'approbation des Docteurs ait été obtenue. La page de titre en fait pourtant mention, peut-être parce que

Descartes et Mersenne l'avaient jusqu'à la fin
escomptée, plutôt que par une imposture délibérée.
« Que si mon dessein n'a pas réussi, écrit Descartes à
Mersenne en septembre, et qu'il y ait trop peu de gens
au monde qui soient capables d'entendre mes raisons,
ce n'est pas ma faute, et elles n'en sont pas moins vraies
pour cela. » Il prie Mersenne de ne plus lui envoyer
d'objections contre sa *Métaphysique* : tout a été dit.

Quelques mois après, le livre imprimé en France ne
parvenant pas en Hollande, Descartes en autorise une
édition à Amsterdam. Il envisage d'y joindre, d'abord
les objections d'Hyperaspistes et sa réponse, parvenues
trop tard à l'imprimeur de Paris, ce à quoi il renonce,
puis, s'il les reçoit à temps, les objections des Jésuites à
l'édition parisienne. Il souhaite en effet un débat public
avec cette puissante société, dont il sait l'influence dans
les écoles. Il reçoit seulement, en janvier 1642, d'un des
pères de la Compagnie, Bourdin encore, une nouvelle
série d'objections, et donne à l'impression ces septièmes objections et réponses, suivies d'une lettre au
P. Dinet, supérieur du P. Bourdin, pour faire le point
sur ces querelles. En mai 1642, paraît la seconde édition, augmentée, des *Meditationes de prima philosophia*,
qui ne mentionne plus l'approbation des Docteurs, et
dont le titre est plus exact : à l'immortalité de l'âme,
annoncée, peut-être par Mersenne à qui Descartes avait
laissé le soin des titres, dans la première édition,
Descartes substitue la distinction de l'âme et du corps.

Travaillant surtout aux *Principia*, Descartes continue, certes, à répondre dans ses lettres à certaines
objections, mais ne publie en 1643 qu'une lettre polémique contre Voet. Lorsque Gassendi écrit contre les
Réponses aux cinquièmes objections une longue suite
d'*Instances* qui, sous le titre de *Disquisitio Metaphysica*,
paraît à Amsterdam au début de 1644, avec le rappel
des cinquièmes objections, des réponses de Descartes,
et, à la fin, des *Méditations* elles-mêmes, Descartes n'a
pas la patience de tout lire. Il décide même, en pensant
à une nouvelle impression des *Méditations*, de la
« décharger » des cinquièmes objections en les rempla-

çant par une brève explication. Il faut que Clerselier lui envoie des extraits de ces *Instances* pour que Descartes enfin y réponde dans sa lettre du 12 janvier 1646. Descartes veut maintenant clore l'ère des affrontements, réponses contre objections. Une nouvelle édition des *Méditations* se prépare, en effet, dans une version française. A Paris, dès leur parution en latin, le duc de Luynes en a commencé la traduction; de son côté, Clerselier traduit également objections et réponses. Lors de son séjour à Paris en 1644, Descartes, hôte de l'abbé Picot qui traduit les *Principia*, confie à Clerselier le soin de publier, avec la traduction des *Méditations* faite par le duc de Luynes, sa traduction des objections et réponses. Il revoit et corrige, au cours des mois suivants, cette version française qui paraît en 1647 à Paris, la même année que la traduction des *Principes de la Philosophie*. Le titre français, *Méditations métaphysiques*, reprend le titre courant de la première édition latine : *Meditationes Metaphysicæ*. La composition de l'ensemble n'est pas exactement la même. Un avis du *libraire au lecteur* remplace la préface de l'auteur au lecteur. Après les quatrièmes objections et réponses, on trouve un *Avertissement de l'auteur* touchant les cinquièmes objections. Les sixièmes objections et réponses sont suivies, non des septièmes qui, imprimées seulement en Hollande, sont absentes de cette traduction, mais des cinquièmes, dont Clerselier n'a pas voulu priver le lecteur et qu'il ajoute à la fin, après avoir expliqué sa décision dans un *Avertissement du traducteur*. La *Lettre de Descartes à Clerselier*, du 12 janvier 1646, sur les Instances de Gassendi, termine le volume.

Traduites de la langue des doctes en langue vulgaire, les *Méditations* n'étaient plus réservées à un petit nombre : elles s'offraient au grand public. La préface de l'auteur soulignait, en 1641, la nécessité d'une méditation sérieuse et rarement pratiquée; le libraire la remplace en 1647 par un avis, qui certes fait toujours appel à l'attention des lecteurs, au risque d'en décourager beaucoup, mais qui marque plus de confiance en la bonne docilité de ceux qui, ne sachant pas, désirent

apprendre. Telle a été la signification de l'usage successif des deux langues : deux publications destinées à
deux publics différents. Descartes a d'abord présenté sa
métaphysique aux doctes de tous pays, dans leur langue
qui est celle de l'Ecole, pour lui trouver des juges et des
protecteurs ; il la livre ensuite en langue vulgaire, pour
trouver des lecteurs, à ce monde vers lequel son expérience l'incite de plus en plus à se tourner. Déçu par le
silence de la Société de Jésus comme de la Société de
Sorbonne, lassé par la longueur des controverses avec
Gassendi et Bourdin (tous finiront pourtant par se
réconcilier), il s'adresse à un public plus large, auquel
la quatrième partie du *Discours* n'avait osé offrir en 1637
qu'un raccourci de sa métaphysique, auquel il avait
d'abord voulu soustraire ses *Méditations*. En 1644,
quand il confie à Clerselier la publication de leur
version française, Descartes a acquis un degré de notoriété qu'il n'avait pas en 1640. Le succès de ses *Principes*, dédiés à la princesse Elisabeth, lui vaut d'emblée
l'attention bienveillante de l'honnête homme curieux
de philosophie. Il peut espérer réussir enfin à communiquer à tous sa difficile métaphysique, comme aussi la
nouvelle philosophie dans son entier.

L'avis du libraire précisait que Descartes avait non
seulement revu et corrigé la traduction, mais aussi
éclairci à cette occasion ses propres pensées : la version
française acquit vite d'autant plus d'autorité que Descartes ne reconnaissait au latin aucun droit à être la
langue de la culture. Sans aller jusqu'à dire, avec son
biographe Baillet, qu'elle vaut beaucoup mieux que
l'original latin, la plupart des commentateurs modernes
l'ont, au moins en France, tenue sans restriction pour
un texte cartésien, et c'est d'elle plutôt que de l'original
latin que sont parties souvent les traductions étrangères.

Pourtant, sans mettre en doute le fait de la révision,
ne doit-on pas reconnaître que le texte français reste une
traduction et, pour l'essentiel, une traduction faite par
d'autres que Descartes ? La déférence réciproque dont
ont témoigné l'auteur et les traducteurs fait de ce texte

un mixte, et nous laisse incapables de savoir exactement ce qui, dans la version française, a été voulu ou même expressément consenti par Descartes. Pour méditer sérieusement avec lui et refaire le chemin qu'il a ouvert, c'est le texte latin, seul totalement cartésien, qui doit être d'abord préféré.

La traduction masque en effet la spécificité de certains concepts. L'acte de connaissance désigné par le verbe *intueri* est difficile à identifier sous les verbes *connaître, concevoir*, ou *considérer*, qui le rendent, mais traduisent aussi, à l'occasion, d'autres termes. La réticence de certains lecteurs à voir dans la conscience l'essence de la pensée vient peut-être en partie de l'hésitation des traducteurs à rendre sans périphrases *conscius* et *conscientia*. Ce sont encore des périphrases qui rendent le terme technique *adæquatus*, et les mots de sa famille. La distinction rigoureuse entre *intelligere* et *comprehendere* est affaiblie par les traducteurs, qui emploient souvent, pour rendre *intelligere*, le français *concevoir*, à l'inverse de son étymologie et de la pratique dominante de Descartes.

Il arrive en outre à la traduction, relecture distante de quelques années, d'abandonner certaines nuances ou certains accents de l'expérience inventive telle que l'original latin l'exprime. Au début de la Méditation troisième (AT VII 36 ; IX 28), un simple *ou bien*, prenant la place d'un *vel forte etiam*, efface le décalage entre la certitude de mon existence (qui seule a émergé des doutes) et la certitude d'une vérité mathématique (elle aussi irrésistible dans son actualité), décalage énoncé par Descartes dans l'expérience même de ces évidences, qui alterne, en ce moment crucial de la méditation, avec l'exercice du doute hyperbolique. Il est vrai que, corrélativement, la nouvelle lecture profite du recul pour introduire parfois plus d'exactitude. Dans la Méditation seconde, après l'affirmation de mon existence (VII 25 ; IX 20), là où le texte latin suit le mouvement d'une pensée inventive encore ignorante des progrès à venir et célèbre la connaissance la plus certaine et la plus évidente de toutes, le traducteur, qui revient sur le

texte après avoir connu plus de certitude encore, précise, comme s'il tenait compte ce qui peut venir après,
qu'elle est plus certaine et plus évidente que toutes
celles que j'ai eues auparavant. Si le texte latin est plus
vrai, parce que plus proche de la véritable invention, le
texte français apparaît quelquefois plus exact.

Il est aussi un autre texte, et, comme tel, il ne date
plus de 1640, ou 1641, ou 1642, mais de 1644, ou 1645.
Certains de ses écarts par rapport au texte latin
semblent bien révéler une intervention délibérée de
Descartes. L'addition, quand le début de la Méditation
troisième (VII 34 ; IX 27) recense les modes de la
pensée, de l'amour et de la haine, avant la césure du
« aussi » qui marque le passage aux pensées obscures
nées de l'union entre l'âme et le corps, correspond à la
reconnaissance, développée dans les ouvrages posté-
rieurs, d'un amour et d'une haine purement intellectuels ou raisonnables. Dans la Méditation quatrième
(VII 57-58 ; IX 46), l'introduction du terme *indifférent*
là où le latin parlait du pouvoir des contraires manifeste
quelque évolution dans la doctrine cartésienne de la
liberté. Le texte latin, en effet, dissocie d'abord la
liberté et le pouvoir des contraires, qui ne lui est pas
essentiel, pour mettre ensuite à sa place, la plus basse,
l'indétermination due à l'ignorance, cet état auquel
Descartes réserve à l'époque le nom d'indifférence. Ses
réflexions ultérieures, et en particulier ses discussions
avec les Jésuites, champions du pouvoir de choisir,
l'ayant conduit à reconnaître qu'en tout acte libre nous
avons le pouvoir du oui et du non, il préfère désormais
dissocier la liberté de la seule indétermination due à
notre ignorance. Le texte français fait silence sur le
pouvoir des contraires, et, anticipant sur le concept
défini quelques lignes plus loin, parle seulement
d'*indifférence* à choisir l'un ou l'autre des deux
contraires. Mince différence peut-être, si le pouvoir de
choisir et un minimum d'indifférence vont toujours
ensemble. Mais les accents ont été, incontestablement,
déplacés.

Le privilège de l'original latin ne supprime donc pas

l'intérêt de la traduction française, qui modifie et enri-
chit notre compréhension de la métaphysique cartésienne. Maintenant que chacun porte en soi les divers
publics, la spécificité des deux textes n'a plus à être
distribuée selon la spécificité des publics : elle rend
nécessaire, au moins pour les *Méditations* elles-mêmes,
la publication simultanée de l'original latin et de sa
version française autorisée.

III

Le titre retenu de *Méditations* exprime l'originalité,
par rapport aux autres exposés cartésiens de la métaphysique, d'une œuvre où s'unissent et se fécondent la
démonstration et l'ascèse. Inaugurée par une décision,
la quête des fondements indubitables commence
comme une expérience, que l'appel à la seule lumière
naturelle élève à l'universalité et rend rigoureusement
démonstrative. La volonté de fonder une vraie science
et de faire sienne la vérité découverte, de la « convertir
en sève et en sang », produit un texte qui contient tout
au long la double trame de l'*exercice* et du *système*.
L'ordre des raisons s'insère dans l'histoire d'un sujet
que ces raisons affectent, transforment et forment. Des
événements succèdent aux raisonnements, et en
appellent de nouveaux ; ou, mieux, les raisonnements y
sont des événements, qui ouvrent la voie à d'autres
formes de raisonnements.

La mise en œuvre du doute, manifestement, entre-
lace ces deux aspects. L'entreprise, quoique volontaire,
s'appuie sur des raisons et développe des arguments.
Mais certains sont là pour surmonter, plutôt que des
objections, les résistances d'un sujet qui a peine à
pratiquer le doute. Il ne suffit pas de vouloir douter
pour pouvoir douter, et même de bonnes et solides
raisons ne suffisent pas toujours à toucher un esprit qui
n'est pas seulement logicien. Dans le système, l'erreur
des sens suffirait à justifier un doute universel sur tout
ce qui est sensible. Je résiste pourtant à en douter
jusqu'au bout ; mon attachement à ce qu'il y a de plus

proche dans l'univers sensible appelle pour l'exercice
un détour, la comparaison avec le fou. Et cette comparaison reste en fait inopérante, elle se heurte à une
nouvelle réticence, d'une tout autre nature, qu'il faut
vaincre par l'appel au souvenir du rêve et à la stupeur
où il me jette. Folie et rêve ne sont pas suscités ou
convoqués par la logique d'une argumentation, même
s'ils prennent place, avec l'erreur des sens, dans des
arguments. Les exigences de l'exercice les font se
succéder, sans supprimer la trame de la démonstration.
Cet aspect démonstratif s'évanouit à la fin, pour un
temps, quand la fiction du malin génie succède à
l'argument du Dieu trompeur. Même si elle retient
dans son contenu tels éléments de l'argument, la fiction
n'est plus une raison. Pour vaincre le retour du probable, et ces opinions familières dont l'homme que je
suis ne parvient pas à se déprendre, l'argument, pleinement valide et convaincant, est relayé par un pur
instrument : l'imagination le forge, qui sert la volonté
de douter. Gassendi méconnaît cet aspect d'exercice,
quand il reproche à Descartes de se revêtir d'un nouveau préjugé. Et cette méconnaissance fait peut-être
manquer l'exacte portée du malin génie, fait moins
pour douter de l'intelligible, où le probable n'a guère de
place, que pour rendre durable le doute sur le sensible.
Dans ces épreuves auxquelles sont soumises nos plus
hautes facultés de connaître, l'exercice préside à
l'assemblage des raisons. Il en détermine le poids. Il
finit presque par en tenir lieu.

L'entrecroisement de l'exercice et du système pourrait bien éclairer aussi l'objection du cercle qui, depuis
Arnauld, ne cesse d'arrêter le lecteur : pour être valide,
la preuve de Dieu exige la certitude préalable que les
idées claires et distinctes ne trompent pas, mais une
telle certitude ne peut résulter que de la preuve. Cette
redoutable objection naît inéluctablement dès que
l'exercice de la méditation retombe en un système, d'où
le sujet méditant s'absente, où les propositions s'étalent
en un temps neutre qui n'est plus la durée d'une pensée
en acte. Sitôt que le sujet se retire de ses pensées pour

les laisser se transformer en énoncés que personne n'énonce effectivement, doute et certitude tendent à devenir des propriétés permanentes, propres aux « choses » affirmées, et non plus des relations entre le sujet et ce qu'il profère ou conçoit. La marque infamante du douteux, une fois pour toutes attachée au genre du clair et du distinct, n'en saurait plus être effacée. On n'obtiendra jamais que du douteux en combinant du douteux avec du douteux : toute preuve de la véracité donne, à la sortie, une conclusion marquée de la tache originelle. Mais on peut, et on doit, revenir à la méditation. L'existence d'un Dieu non trompeur n'apparaît dans son inébranlable certitude qu'à celui qui exerce effectivement le doute auquel cette vérité met fin, qui sait pourquoi et surtout *comment* le doute peut ébranler les plus fortes évidences. C'est seulement en doutant que je qualifie un énoncé comme douteux, et donc aussi comme indubitable. Les limites du doute ne se découvrent indubitablement que dans son exercice, en s'y constituant.

Pour douter, il faut une raison de douter : l'unique raison, pour douter du clair et du distinct, est l'hypothèse que j'ai été créé radicalement incapable de vérité, par exemple par un Dieu trompeur, et mon ignorance sur l'origine de mon être me laisse désarmé devant cette hypothèse, que je ne puis détruire. Si l'évidence présente emporte irrésistiblement mon assentiment — telle est la nature de mon esprit — toute évidence est pourtant fragile, et comme instable : la crainte d'être trompé — que vaut la nature de mon esprit ? — peut toujours, après coup, surgir et resurgir. Elle peut aussi bien l'assaillir dans son actualité même : car je puis penser plusieurs choses à la fois. Il reste que, même si ce n'est pas après coup, en son absence, que je doute d'une évidence, par exemple d'une proposition mathématique claire et distincte, c'est toujours de l'extérieur, pour une raison de douter étrangère à son contenu. Cette seule raison menace toutes les évidences, qui s'affirment dès qu'elle s'efface de mon esprit, qui chancellent dès que je la rappelle ou qu'elle me revient en l'esprit, qui ne sont jamais science mais seulement persuasion tant qu'elle continue à faire régner l'inquiétude et le soupçon. Le doute hyperbolique ne conduit à la certitude de mon existence que parce qu'elle s'affirme dans l'exercice même du doute, et que tout retour du doute, et des raisons de douter, conduit en même temps à la réaffirmer.

Si maintenant un enchaînement continu de raisons claires et distinctes me conduit de la certitude de mon existence à celle d'un Dieu non trompeur, le doute pourra-t-il attaquer, comme tout autre connaissance claire et distincte, cette nouvelle évidence ? Il faut ici savoir ce que c'est que douter, et que le mot ne tient pas lieu d'actuelle et effective pensée. La raison de douter, telle l'hypothèse du Dieu trompeur, rencontre désormais une évidence dont le contenu n'est plus sans rapport avec elle : l'évidence nouvellement acquise la contredit directement, l'étouffe ou la dissipe. Elle surmonte le doute ou, mieux encore, elle l'empêche de naître. La persuasion est ici, du même coup, science. L'évidence d'un Dieu non trompeur, si elle est vraiment établie, ne peut être ébranlée par l'opinion d'un Dieu trompeur, puisqu'en clarifiant l'idée de Dieu et le rapport de mon esprit à cette source infinie de vérité elle a fait disparaître cette opinion, et jusqu'à sa possibilité. Au sens strict, je n'ai plus de raison de douter. Si je prétends encore douter, c'est en paroles seulement : paroles légères que je ne peux plus vraiment écouter ni croire, que ne peut plus animer aucune effective pensée, même fictive.

C'est pour n'avoir pas assez douté que l'objecteur continue à douter : soit que, n'ayant pas poussé la méditation à son terme, il garde latitude de feindre une fausseté radicale de sa nature, soit plutôt que, détachant la qualité du douteux de l'acte effectif par lequel on doute, il en fasse une propriété attachée immuablement aux idées claires et distinctes. Mais l'exercice méditatif, en même temps qu'il rapporte la propriété à l'acte, accomplit cet acte jusqu'à ce que la raison se libère elle-même : en s'explicitant dans sa cohérence interne, elle expulse d'elle ses raisons de douter. Si Descartes semble parfois méconnaître l'objection du cercle, c'est d'abord parce que l'objecteur méconnaît l'exercice méditatif : l'objection ne peut pas en surgir, elle manifeste au contraire le refus de le mener à son terme.

L'exercice ne disparaît pas quand il s'agit de retrouver le monde et le vrai homme. La Méditation sixième, si différente en son rythme des cinq précédentes, l'est au moins autant des articles correspondants, dans les *Principes*, où ne sont retenus que les éléments d'une démonstration. Elle engage l'examen du sentir par une lente remémoration des croyances, puis des doutes non encore abolis : plus qu'un bilan, c'est l'invitation à un nouvel exercice, à une classification qui est aussi clarification des données. C'est d'elle que se dégagent, comme un résidu irréductible, les deux faits sur lesquels s'appuiera la preuve, cet étrange mouvement qu'on appelle preuve de l'existence des corps : la passivité contraignante du sentir, qui s'impose autant mais autrement que l'évidence intellectuelle des essences mathématiques, et l'inclination naturelle à la rapporter au corps, à croire qu'un corps agit quand passivement je sens. La raison cartésienne ne crée pas ces faits, elle en dégage au contraire l'irréductible et indéductible opacité. Mais elle les rend concluants, en les joignant, dans leur hétérogénéité même, à des principes évidents, et à des raisons déduites des méditations précédentes : la distinction réelle de l'esprit et du corps, et la véracité divine, cette garantie apportée à notre nature, que la raison étend au-delà même de la raison, à tout ce qui nous emporte d'un élan spontané et incorrigible. La complexité de la preuve peut donner l'illusion que le système prend ici le pas sur l'exercice, et la logique, voire les paralogismes, sur la performance. Au demeurant, pour faire croire ce que chacun croit assez, qu'il existe des corps et puis que j'en ai un, l'exercice n'est-il pas encore plus inutile que la preuve ? Pourtant l'exercice méditatif n'est pas seulement l'effort pour abstraire l'esprit des sens, l'ascèse au sens banal. Il est l'effort pour s'approprier la vérité et, dans son indivisibilité, la vérité cartésienne est diverse. La quête du vrai ne s'arrête pas au *cogito*, ou à Dieu, ou aux sciences mathématiques. Il y a aussi une vérité de l'existence du monde, et de l'homme comme composé d'âme et de corps, comme un dans cette composition. Seul le sentir voit clairement cette vérité-là, ou la connaît, comme on préférera dire. Sans les autres vérités, qui sont d'entendement, cette vérité n'en serait pas vraiment une, c'est-à-dire qu'elle n'accéderait pas au statut d'indubitable conclusion, elle n'aurait pas la certitude métaphysique que la raison exige. Mais sans elle, les autres vérités seraient peut-être aussi assurées, elles persuaderaient moins : quelque chose manquerait au savoir et le recensement des notions primitives resterait incomplet. Quand le métaphysicien revient vers les sens, non plus seulement pour les suspecter, mais pour reconnaître, à force de patience et de scrupule, leurs clarté et distinction spécifiques, et pour chercher aussi en moi le fondement de la confusion elle-même, il jette sur le monde et sur l'homme une lumière qui accroît celle qu'il a jetée sur l'âme et sur Dieu. La vraie métaphysique outrepasse les choses métaphysiques, c'est-à-dire immatérielles. Elle éclaire, en la cernant, l'obscurité. Elle exerce la lumière naturelle jusqu'à lui faire manifester son essentielle limitation.

Au fondement de l'édifice cartésien, les *Méditations* ont une double fonction. Essai de métaphysique, elles poussent le doute jusqu'à le retourner contre lui-même, et à assurer, *contre le scepticisme* mais grâce à lui, une suite d'affirmations inébranlables : une vraie et certaine science est possible, même si nous ignorons toujours laquelle. Traité de philosophie première, elles constituent, *contre le dogmatisme* de l'Ecole, la première partie de cette science, de ce nouveau système, aussi dogmatique que le précédent même si son contenu est différent. Les deux démarches, pour leur auteur, n'en faisaient qu'une : métaphysique et philosophie première étaient termes synonymes. Les deux combats se confondaient : les principes qu'Aristote avait développés dogmatiquement justifiaient par leur fragilité le refus sceptique de toute énonciation dogmatique. Le mouvement par lequel le doute se creuse, en devenant hyperbolique, jusqu'à se retourner en l'affirmation de soi et de l'infini, poserait en même temps, avec les concepts clairs et distincts d'un esprit qui n'est que pensée et d'une matière pure étendue, les bases d'une nouvelle philosophie. Pour les lecteurs modernes, ces deux démarches se sont dissociées. D'où l'inégal destin des textes cartésiens. Les uns ne relèvent plus que de l'histoire des sciences, voire, pour certaines erreurs mémorables, de l'histoire des idées. Les autres continuent à proposer, comme un défi, leurs affirmations fondatrices, que l'histoire de la philosophie doit plutôt dégager et préserver qu'émousser et réduire.

Au début d'une ancienne édition, une gravure montre Descartes, à sa table, foulant aux pieds un gros volume dont la tranche porte un nom propre : Aristote. Il écrit lui aussi, son volume a le même format, c'est en somme le même ouvrage : au-dedans, tout peut être à l'inverse, mais dans sa forme il calque l'ancien, pour mieux s'y substituer. Or le système des principes, cette mécanique du choc, cette cosmographie des tourbillons, cette chimie des éléments, cette physiologie des esprits animaux et de la glande pinéale, s'est effondré. Descartes demandait qu'on commence à lire sa somme philosophique comme un roman ; ses contemporains l'ont écouté, et ils ont continué. Mais ma méditation métaphysique n'est pas si solidaire de la construction romanesque que ne l'avait cru son auteur. « Ces six *Méditations* contiennent tous les fondements de ma physique. Mais il ne le faut pas dire, s'il vous plaît. » Heureusement, si on ne le dit pas, on ne s'en aperçoit guère. Une autre image se présente : d'un jeune homme qui joue, avec le sérieux naïf et un peu pathétique de la jeunesse et du jeu, contre l'hostilité et le mensonge du monde. Il joue méthodiquement, concentré sur ses cartes, un jeu réglé : lui ne triche pas, et il les abattra l'une après l'autre. Nous n'avons pas plus de cartes que lui, ni d'autres. Notre science est aussi démunie et fragile, dès qu'elle veut satisfaire la volonté de vérité qu'elle libère sans la combler. C'est pourquoi le désir renaît sans cesse d'abaisser la barre, de se contenter à moindres frais, de dénoncer comme pompeux et vide un doute hyperbolique, dont l'excès même menace de déborder le métaphysicien et de l'enfermer dans un cercle : *après tout*, et *à quoi bon*, sont les formulations actuelles de ce pyrrhonisme larvé qui, de Gassendi à nos jours, accompagne les sciences positives et renouvelle l'antique *que sais-je ?* Le texte cartésien tire sa force de ne se fonder sur rien d'autre que l'entreprise même du sceptique, comme le sceptique tire la sienne de suivre toujours la prétention dogmatique. Prouve ta preuve, dit l'un. Pense ton doute, et ose le dire, rétorque l'autre.

Nous avons une idée de la vérité, invincible à tout le pyrrhonisme. Elle s'élucide ici, en ces *Méditations*, elle y retrouve sans cesse des forces, que ne cessent de compromettre les systèmes où elle croit se réaliser.

J.-M. et M. Beyssade.

NOTE SUR LE TEXTE DE CETTE ÉDITION

Les textes retenus ont été établis à partir des deux éditions Adam et Tannery (AT) et F. Alquié, mentionnées dans la bibliographie. Nous les avons vérifiés sur les éditions originales, latines (1641 et 1642) et française (1647).

Pour la commodité des lecteurs, nous indiquons toujours la pagination correspondante dans l'édition AT, à laquelle les commentateurs modernes font tous référence : soit que notre texte reproduise le texte d'AT, soit qu'il en donne une traduction (quand l'original latin n'a pas été traduit du vivant de Descartes, ou que la traduction n'a pas été revue et autorisée par lui, auquel cas elle ne figure pas dans l'édition AT).

Même revues et autorisées par Descartes, les traductions de Luynes et de Clerselier s'écartent souvent de l'original latin. Nous n'indiquons ni les dédoublements (deux mots français rendant un mot latin) ni les additions qui visent à expliciter une expression : nous ne signalons que les différences qui modifient le sens. Pour les *Méditations*, nos notes reprennent en caractères droits le dernier mot français qu'une traduction exacte garderait et ajoutent la suite en italiques.

Quand elles n'ont pas été revues et autorisées par Descartes, nous avons pourtant retenu de préférence les traductions de l'époque, en particulier celle de Clerselier, et nous en avons corrigé les inexactitudes les plus manifestes.

Nous avons modernisé l'orthographe, et modifié la ponctuation. Nous avons également retouché, pour le texte latin des *Méditations*, la répartition en alinéas, incertaine dans les éditions originales (dont Descartes a lui-même dénoncé de ce point de vue les insuffisances) et refaite arbitrairement dans l'édition AT. Nous avons respecté les alinéas du texte français, sauf en de rares endroits où nous avons retenu les améliorations apportées par Clerselier dans l'édition de 1661.

Aux *Méditations*, et aux *Objections* et *Réponses* qui les suivent, nous joignons quatre *lettres*, écrites par Descartes entre la rédaction des *Méditations* et l'édition latine de 1642 : elles constituent autant de réponses à des objections, qui n'ont pas trouvé place dans l'œuvre publiée.

LES
MÉDITATIONS MÉTAPHYSIQUES
DE RENÉ DESCARTES

TOUCHANT LA PREMIÈRE PHILOSOPHIE
DANS LESQUELLES L'EXISTENCE DE DIEU
ET LA DISTINCTION RÉELLE ENTRE L'ÂME
ET LE CORPS DE L'HOMME SONT DÉMONTRÉES
ET LES OBJECTIONS FAITES CONTRE CES MÉDITATIONS
PAR DIVERSES PERSONNES TRÈS DOCTES
AVEC LES RÉPONSES DE L'AUTEUR

A MESSIEURS
LES DOYENS ET DOCTEURS

DE LA SACRÉE FACULTÉ DE THÉOLOGIE DE PARIS

Messieurs,

La raison qui me porte à vous présenter cet ouvrage est si juste, et, quand vous en connaîtrez le dessein, je m'assure que vous en aurez aussi une si juste de le prendre en votre protection, que je pense ne pouvoir mieux faire, pour vous le rendre en quelque sorte recommandable, qu'en vous disant en peu de mots ce que je m'y suis proposé. J'ai toujours estimé que ces deux questions, de Dieu et de l'âme, étaient les principales de celles qui doivent plutôt être démontrées par les raisons de la philosophie que de la théologie : car bien qu'il nous suffise, à nous autres qui sommes fidèles, de croire par la foi qu'il y a un Dieu, et que l'âme humaine ne meurt point avec le corps, certainement il ne semble pas possible de pouvoir jamais persuader aux infidèles aucune religion, ni quasi même aucune vertu morale, si premièrement on ne leur prouve ces deux choses par raison naturelle. Et d'autant qu'on propose souvent en cette vie de plus grandes récompenses pour les vices que pour les vertus, peu de personnes préféreraient le juste à l'utile, si elles n'étaient retenues, ni par la crainte de Dieu, ni par l'attente d'une autre vie. Et quoiqu'il soit absolument vrai, qu'il faut croire qu'il y a un Dieu, parce qu'il est ainsi enseigné dans les Saintes Ecritures, et d'autre part qu'il faut croire les Saintes Ecritures, parce qu'elles viennent de Dieu ; et cela parce que, la foi étant un don de Dieu, celui-là même qui donne la grâce pour faire croire les autres choses, la peut aussi donner pour nous faire croire qu'il existe : on ne saurait néanmoins proposer cela aux infidèles, qui pourraient s'imaginer que l'on commettrait en ceci la faute que les logiciens nomment un Cercle.

Et de vrai, j'ai pris garde que vous autres, Messieurs, avec tous les théologiens, n'assuriez pas seulement que l'existence de Dieu se peut prouver par raison naturelle, mais aussi que l'on infère de la Sainte Ecriture, que sa connaissance est beaucoup plus claire que celle que l'on a de plusieurs choses créées, et qu'en effet elle est si facile, que ceux qui ne l'ont point sont coupables. Comme il paraît par ces paroles de la Sagesse, chapitre 13, où il est dit que *leur ignorance n'est point pardonnable : car si leur esprit a pénétré si avant dans la connaissance des choses du monde, comment est-il possible qu'ils n'en aient point trouvé plus facilement le souverain Seigneur ?* Et aux Romains, chapitre premier, il est dit qu'ils sont *inexcusables.* Et encore, au même endroit, par ces paroles : *Ce qui est connu de Dieu, est manifeste dans eux,* il semble que nous soyons avertis, que tout ce qui se peut savoir de Dieu peut être montré par des raisons qu'il n'est pas besoin de chercher ailleurs que dans nous-mêmes, et que notre esprit seul est capable de nous fournir. C'est pourquoi j'ai pensé qu'il ne serait point hors de propos, que je fisse voir ici par quels moyens cela se peut faire, et quelle voie il faut tenir, pour arriver à la connaissance de Dieu avec plus de facilité et de certitude que nous ne connaissons les choses de ce monde.

Et pour ce qui regarde l'âme, quoique plusieurs aient cru qu'il n'est pas aisé d'en connaître la nature, et que quelques-uns aient même osé dire que les raisons humaines nous persuadaient qu'elle mourait avec le corps, et qu'il n'y avait que la seule Foi qui nous enseignât le contraire, néanmoins, d'autant que le Concile de Latran, tenu sous Léon X, en la Session 8, les condamne, et qu'il ordonne expressément aux philosophes chrétiens de répondre à leurs arguments, et d'employer toutes les forces de leur esprit pour faire connaître la vérité, j'ai bien osé l'entreprendre dans cet écrit. Davantage, sachant que la principale raison, qui fait que plusieurs impies ne veulent point croire qu'il y a un Dieu, et que l'âme humaine est distincte du corps, est qu'ils disent que personne jusques ici n'a pu démontrer ces deux choses; quoique je ne sois point de leur opinion, mais qu'au contraire je tienne que presque toutes les raisons qui ont été apportées par tant de grands personnages, touchant ces deux questions, sont autant de démonstrations, quand elles sont bien entendues, et qu'il soit presque impossible d'en inventer de nouvelles : si est-ce que je crois qu'on ne saurait rien faire de plus utile en la philosophie, que d'en rechercher une fois curieusement et avec soin les meilleures et plus solides, et les disposer en un ordre si clair et si exact, qu'il soit constant désormais à tout le monde, que ce sont de véritables démonstrations. Et enfin, d'autant que plusieurs personnes ont désiré cela de moi, qui ont connaissance que j'ai cultivé une certaine méthode pour résoudre toutes sortes de difficultés dans les sciences; méthode qui de vrai n'est pas nouvelle, n'y ayant rien de plus ancien que la vérité, mais de laquelle ils savent que je me suis servi assez heureusement en d'autres rencontres; j'ai pensé qu'il était de mon devoir de tenter quelque chose sur ce sujet.

Or j'ai travaillé de tout mon possible pour comprendre dans ce traité tout ce qui s'en peut dire. Ce n'est pas que j'aie ici ramassé toutes les diverses raisons qu'on pourrait alléguer pour servir de preuve à notre sujet : car je n'ai jamais cru que cela fût nécessaire, sinon lorsqu'il n'y en a aucune qui soit certaine; mais seulement j'ai traité les premières et principales d'une telle manière que j'ose bien les proposer pour de très évidentes et très certaines démonstrations. Et je dirai de plus qu'elles sont telles, que je ne pense pas qu'il y ait aucune voie par où l'esprit humain en puisse jamais découvrir de meilleures; car l'importance de l'affaire,

et la gloire de Dieu à laquelle tout ceci se rapporte, me
contraignent de parler ici un peu plus librement de moi
que je n'ai de coutume. Néanmoins, quelque certitude
et évidence que je trouve en mes raisons, je ne puis pas
me persuader que tout le monde soit capable de les
entendre. Mais, tout ainsi que dans la géométrie il y en
a plusieurs qui nous ont été laissées par Archimède, par
Apollonius, par Pappus[1], et par plusieurs autres, qui
sont reçues de tout le monde pour très certaines et très
évidentes, parce qu'elles ne contiennent rien qui, considéré séparément, ne soit très facile à connaître, et qu'il
n'y a point d'endroit où les conséquences ne cadrent et
ne conviennent fort bien avec les antécédents ; néanmoins, parce qu'elles sont un peu longues, et qu'elles
demandent un esprit tout entier, elles ne sont comprises
et entendues que de fort peu de personnes : de même,
encore que j'estime que celles dont je me sers ici
7 égalent, voire même surpassent en certitude et évidence
les démonstrations de géométrie, j'appréhende néanmoins qu'elles ne puissent pas être assez suffisamment
entendues de plusieurs, tant parce qu'elles sont aussi un
peu longues, et dépendantes les unes des autres, que
principalement parce qu'elles demandent un esprit
entièrement libre de tous préjugés et qui se puisse
aisément détacher du commerce des sens. Et en vérité,
il ne s'en trouve pas tant dans le monde qui soient
propres pour les spéculations métaphysiques, que pour
celles de géométrie. Et de plus il y a encore cette
différence que, dans la géométrie, chacun étant prévenu de l'opinion qu'il ne s'y avance rien qui n'ait une
démonstration certaine, ceux qui n'y sont pas entièrement versés pèchent bien plus souvent en approuvant
de fausses démonstrations, pour faire croire qu'ils les
entendent, qu'en réfutant les véritables. Il n'en est pas

---

1. Archimède, mathématicien du IIIe siècle av. J.-C., qui généra-
lisa la méthode d'exhaustion. Apollonius de Perga, mathématicien du
IIe siècle av. J.-C., célèbre par ses travaux sur les sections coniques.
Pappus d'Alexandrie, mathématicien et compilateur du IIIe siècle ap.
J.-C., dont certains « problèmes » ne trouveront leurs solutions qu'au
XVIIe siècle.

de même dans la philosophie, où, chacun croyant que toutes ses propositions sont problématiques, peu de personnes s'adonnent à la recherche de la vérité; et même beaucoup, se voulant acquérir la réputation de forts esprits, ne s'étudient à autre chose qu'à combattre arrogamment les vérités les plus apparentes.

C'est pourquoi, Messieurs, quelque force que puissent avoir mes raisons, parce qu'elles appartiennent à la philosophie, je n'espère pas qu'elles fassent un grand effort sur les esprits, si vous ne les prenez en votre protection. Mais l'estime que tout le monde fait de votre compagnie étant si grande, et le nom de Sorbonne d'une telle autorité, que non seulement en ce qui regarde la Foi, après les sacrés Conciles, on n'a jamais tant déféré au jugement d'aucune autre compagnie, mais aussi en ce qui regarde l'humaine philosophie, chacun croyant qu'il n'est pas possible de trouver ailleurs plus de solidité et de connaissance, ni plus de prudence et d'intégrité pour donner son jugement : je ne doute point, si vous daignez prendre tant de soin de cet écrit, que de vouloir premièrement le corriger, car ayant connaissance non seulement de mon infirmité, mais aussi de mon ignorance, je n'oserais pas assurer qu'il n'y ait aucune erreur; puis après y ajouter les choses qui y manquent, achever celles qui ne sont pas parfaites, et prendre vous-mêmes la peine de donner une explication plus ample à celles qui en ont besoin, ou du moins de m'en avertir afin que j'y travaille; et enfin, après que les raisons par lesquelles je prouve qu'il y a un Dieu, et que l'âme humaine diffère
8 d'avec le corps, auront été portées jusques au point de clarté et d'évidence, où je m'assure qu'on les peut conduire, qu'elles devront être tenues pour de très exactes démonstrations, vouloir déclarer cela même, et le témoigner publiquement : je ne doute point, dis-je, que, si cela se fait, toutes les erreurs et fausses opinions qui ont jamais été touchant ces deux questions, ne soient bientôt effacées de l'esprit des hommes. Car la vérité fera que tous les doctes et gens d'esprit souscriront à votre jugement; et votre autorité, que les athées,

qui sont pour l'ordinaire plus arrogants[1] que doctes et judicieux, se dépouilleront de leur esprit de contradiction, ou que peut-être ils soutiendront eux-mêmes les raisons qu'ils verront être reçues par toutes les personnes d'esprit pour des démonstrations, de peur qu'ils ne paraissent n'en avoir pas l'intelligence ; et enfin tous les autres se rendront aisément à tant de témoignages, et il n'y aura plus personne qui ose douter de l'existence de Dieu, et de la distinction réelle et véritable de l'âme humaine d'avec le corps.

C'est à vous maintenant à juger du fruit qui reviendrait de cette créance, si elle était une fois bien établie, qui voyez les désordres que son doute produit ; mais je n'aurais pas ici bonne grâce de recommander davantage la cause de Dieu et de la Religion, à ceux qui en ont toujours été les plus fermes colonnes[2].

---

1. Le latin dit : *scioli, demi-savants.*
2. Le latin dit : *à vous qui avez toujours été les plus fermes colonnes de l'Eglise catholique.*

PRÉFACE DE L'AUTEUR AU LECTEUR[1]

(Traduction)[2]

raduit de
AT, VII,
7
J'ai déjà touché ces deux questions de Dieu et de l'âme humaine dans le Discours français que je mis en lumière, en l'année 1637, touchant la méthode pour bien conduire sa raison et chercher la vérité dans les sciences; non pas à dessein d'en traiter alors à fond, mais seulement comme en passant, afin d'apprendre par le jugement qu'on en ferait de quelle sorte j'en devrais traiter par après. Car elles m'ont toujours semblé être d'une telle importance, que je jugeais qu'il était à propos d'en parler plus d'une fois; et le chemin que je tiens pour les expliquer est si peu battu, et si éloigné de la route ordinaire, que je n'ai pas cru qu'il fût utile de le montrer en français, et dans un discours qui pût être lu de tout le monde, de peur que les faibles esprits ne crussent qu'il leur fût permis de tenter cette voie.

Or, ayant prié dans ce *Discours de la Méthode* tous ceux qui auraient trouvé dans mes écrits quelque chose digne de censure de me faire la faveur de m'en avertir, on ne m'a rien objecté de remarquable que deux choses sur ce que j'avais dit touchant ces deux questions, auxquelles je veux répondre ici en peu de mots, avant que d'entreprendre leur explication plus exacte.

---

1. Cette préface des éditions latines est remplacée dans l'édition française de 1647 par l'avis du libraire au lecteur.
2. La traduction publiée en 1661 par Clerselier a été légèrement modifiée par nous.

La première est qu'il ne s'ensuit pas, de ce que
8 l'esprit humain, faisant réflexion sur soi-même, ne se
connaît être autre chose qu'une chose qui pense, que sa
nature ou son *essence* ne soit seulement que de penser;
en telle sorte que ce mot *seulement* exclue toutes les
autres choses qu'on pourrait peut-être aussi dire appartenir à la nature de l'âme.

A laquelle objection je réponds que ce n'a point aussi
été en ce lieu-là mon intention de les exclure selon
l'ordre de la vérité de la chose (de laquelle je ne traitais
pas alors), mais seulement selon l'ordre de ma pensée;
si bien que mon sens était que je ne connaissais rien que
je susse appartenir à mon essence sinon que j'étais une
chose qui pense, ou une chose qui a en soi la faculté de
penser. Or, je ferai voir ci-après comment, de ce que je
ne connais rien autre chose qui appartienne à mon
esprit, il s'ensuit qu'il n'y a aussi rien autre chose qui,
en effet, lui appartienne.

La seconde est qu'il ne s'ensuit pas, de ce que j'ai en
moi l'idée d'une chose plus parfaite que je ne suis, que
cette idée soit plus parfaite que moi, et beaucoup moins
que ce qui est représenté par cette idée existe.

Mais je réponds que dans ce mot d'*idée* il y a ici de
l'équivoque : car, ou il peut être pris matériellement
pour une opération de mon entendement, et en ce sens
on ne peut pas dire qu'elle soit plus parfaite que moi;
ou il peut être pris objectivement pour la chose qui est
représentée par cette opération, chose qui quoiqu'on ne
suppose point qu'elle existe hors de mon entendement,
peut néanmoins être plus parfaite que moi, à raison de
son essence. Or, dans la suite de ce traité, je ferai voir
amplement comment, de cela seulement que j'ai en moi
l'idée d'une chose plus parfaite que moi, il s'ensuit que
cette chose existe véritablement.

De plus, j'ai vu aussi deux autres écrits assez amples
sur cette matière, mais qui ne combattaient pas tant mes
raisons, que mes conclusions, et ce par des arguments
tirés des lieux communs des athées. Mais, parce que ces
9 sortes d'arguments ne peuvent faire aucune impression
dans l'esprit de ceux qui entendront bien mes raisons et

que les jugements de plusieurs sont si faibles et si peu raisonnables[1] qu'ils se laissent bien plus souvent persuader par les premières opinions qu'ils auront eues d'une chose, pour fausses et éloignées de la raison qu'elles puissent être, que par une solide et véritable mais postérieurement entendue réfutation de leurs opinions, je ne veux point ici y répondre, de peur d'être premièrement obligé de les rapporter.

Je dirai seulement en général que tout ce que disent les athées pour combattre l'existence de Dieu, dépend toujours ou de ce que l'on feint dans Dieu des affections humaines, ou de ce qu'on attribue à nos esprits tant de force et de sagesse que nous avons bien la présomption de vouloir déterminer et comprendre ce que Dieu peut et doit faire ; de sorte que tout ce qu'ils disent ne nous donnera aucune difficulté, pourvu seulement que nous nous ressouvenions que nous devons considérer nos esprits comme des choses finies et limitées, et Dieu comme un être infini et incompréhensible.

Maintenant, après une première expérience du jugement des hommes, j'entreprends derechef de traiter de Dieu et de l'âme humaine, et ensemble de jeter les fondements de la première philosophie, mais sans en attendre aucune louange du vulgaire, ni espérer que mon livre soit vu de plusieurs. Au contraire je ne conseillerai jamais à personne de le lire sinon à ceux qui pourront et voudront méditer sérieusement avec moi, détacher leur esprit du commerce des sens et le délivrer entièrement de toutes sortes de préjugés ; lesquels je ne sais que trop être en fort petit nombre. Mais pour ceux qui, sans se soucier beaucoup de l'ordre et de la liaison de mes raisons, s'amuseront à syndiquer et épiloguer
10 sur chacune des parties, comme font plusieurs, ceux-là, dis-je, ne feront pas grand profit de la lecture de ce traité ; et bien que peut-être ils trouvent occasion de pointiller en plusieurs lieux, à grand-peine pourront-ils objecter rien de pressant ou qui soit digne de réponse.

Et d'autant que je ne promets pas aux autres de les

1. Le latin dit : *præpostera, qui font tout à rebours*.

satisfaire en tout de prime abord, et que je ne présume pas tant de moi que de croire pouvoir prévoir tout ce qui pourra faire de la difficulté à un chacun, j'exposerai premièrement dans ces Méditations les mêmes pensées par lesquelles je me persuade être parvenu à une certaine et évidente connaissance de la vérité, afin de voir si, par les mêmes raisons qui m'ont persuadé, je pourrai aussi en persuader d'autres, et, après cela, je répondrai aux objections qui m'ont été faites par des personnes d'esprit et de doctrine, à qui j'avais envoyé mes Méditations pour être examinées avant que de les mettre sous la presse ; car ils m'en ont fait un si grand nombre et de si différentes, que j'ose bien me promettre qu'il sera difficile à un autre d'en proposer aucune, qui soient de conséquence, qui n'aient point été touchées.

C'est pourquoi je supplie ceux qui désirent lire ces Méditations de n'en former aucun jugement que premièrement ils ne se soient donné la peine de lire toutes ces objections et leurs solutions.

LE LIBRAIRE AU LECTEUR[1]

La satisfaction que je puis promettre à toutes les personnes d'esprit dans la lecture de ce livre, pour ce qui regarde l'auteur et les traducteurs, m'oblige à prendre garde plus soigneusement à contenter aussi le lecteur de ma part, de peur que toute sa disgrâce ne tombe sur moi seul. Je tâche donc à le satisfaire, et par mon soin dans toute cette impression, et par ce petit éclaircissement, dans lequel je le dois ici avertir de trois choses, qui sont de ma connaissance particulière, et qui serviront à la leur. La première est, quel a été le dessein de l'auteur, lorsqu'il a publié cet ouvrage en latin. La seconde, comment et pourquoi il paraît aujourd'hui traduit en français ; et la troisième, quelle est la qualité de cette version.

I

Lorsque l'auteur, après avoir conçu ces Méditations dans son esprit, résolut d'en faire part au public, ce fut autant par la crainte d'étouffer la voix de la vérité, qu'à dessein de la soumettre à l'épreuve de tous les doctes ; à cet effet il leur voulut parler en leur langue, et à leur mode, et renferma toutes ses pensées dans le latin, et les

---

1. Dans l'édition française de 1647, cet avis remplace la préface de l'auteur au lecteur.

termes de l'Ecole. Son intention n'a point été frustrée, et son livre a été mis à la question dans tous les tribunaux de la philosophie. Les objections jointes à ces Méditations le témoignent assez ; et montrent bien que les savants du siècle se sont donné la peine d'examiner ses propositions avec rigueur. Ce n'est pas à moi de juger avec quel succès, puisque c'est moi qui les présente aux autres pour les en faire juges. Il me suffit de croire pour moi, et d'assurer les autres, que tant de grands hommes n'ont pu se choquer sans produire beaucoup de lumière.

II

2   Cependant ce livre passe des universités dans les palais des grands, et tombe entre les mains d'une personne d'une condition très éminente[1]. Après en avoir lu les Méditations, et les avoir jugées dignes de sa mémoire, il prit la peine de les traduire en français ; soit que par ce moyen il se voulut rendre plus propres et plus familières ces notions assez nouvelles ; soit qu'il n'eut autre dessein que d'honorer l'auteur par une si bonne marque de son estime. Depuis une autre personne aussi de mérite[2] n'a pas voulu laisser imparfait cet ouvrage si parfait, et marchant sur les traces de ce seigneur, a mis en notre langue les objections qui suivent les Méditations, avec les réponses qui les accompagnent ; jugeant bien que, pour plusieurs personnes, le français ne rendrait pas ces Méditations plus intelligibles que le latin, si elles n'étaient accompagnées des objections, et de leurs réponses, qui en sont comme les commentaires. L'auteur ayant été averti de la bonne fortune des unes et des autres, a non seulement consenti, mais aussi désiré, et prié ces messieurs, de trouver bon que leurs versions fussent imprimées ; parce qu'il avait remarqué que ses Méditations avaient

1. Charles d'Albert, duc de Luynes (1620-1690), fils du ministre de Louis XIII, ami d'Arnauld qui composa pour son fils, le duc de Chevreuse, futur ministre de Louis XIV, la *Logique* ou *Art de penser*.
2. Claude Clerselier (1614-1684), avocat au Parlement de Paris.

été accueillies et reçues avec quelque satisfaction, par un plus grand nombre de ceux qui ne s'appliquent point à la philosophie de l'Ecole, que de ceux qui s'y appliquent. Ainsi, comme il avait donné sa première impression latine au désir de trouver des contredisants, il a cru devoir cette seconde française au favorable accueil de tant de personnes, qui goûtant déjà ses nouvelles pensées, semblaient désirer qu'on leur ôtât la langue et le goût de l'Ecole, pour les accommoder au leur.

III

On trouvera partout cette version assez juste, et si religieuse, que jamais elle ne s'est écartée du sens de l'auteur. Je le pourrais assurer sur la seule connaissance que j'ai de la lumière de l'esprit des traducteurs, qui facilement n'auront pas pris le change. Mais j'en ai encore une autre certitude plus authentique, qui est qu'ils ont (comme il était juste) réservé à l'auteur le droit de revue et de correction. Il en a usé, mais pour se corriger plutôt qu'eux, et pour éclaircir seulement ses propres pensées. Je veux dire, que trouvant quelques endroits où il lui a semblé qu'il ne les avait pas rendues assez claires dans le latin pour toutes sortes de personnes, il les a voulu ici éclaircir par quelque petit changement, que l'on reconnaîtra bientôt en conférant le français avec le latin. Ce qui a donné le plus de peine aux traducteurs dans tout cet ouvrage, a été la rencontre de quantité de mots de l'art, qui étant rudes et barbares dans le latin même, le sont beaucoup plus dans le français, qui est moins libre, moins hardi, et moins accoutumé à ces termes de l'Ecole; ils n'ont osé pourtant les omettre, parce qu'il eût fallu changer le sens, ce que leur défendait la qualité d'interprètes qu'ils avaient prise : d'autre part, lorsque cette version a passé sous les yeux de l'auteur, il l'a trouvée si bonne, qu'il n'en a jamais voulu changer le style, et s'en est toujours défendu par sa modestie, et l'estime qu'il fait de ses traducteurs; de sorte que par une déférence réciproque, personne ne les ayant ôtés, ils sont demeurés dans cet ouvrage.

J'ajouterais maintenant, s'il m'était permis, que ce livre contenant des méditations fort libres, et qui peuvent même sembler extravagantes à ceux qui ne sont pas accoutumés aux spéculations de la métaphysique, il ne sera ni utile, ni agréable aux lecteurs qui ne pourront appliquer leur esprit avec beaucoup d'attention à ce qu'ils lisent, ni s'abstenir d'en juger avant que de l'avoir assez examiné. Mais j'ai peur qu'on ne me reproche que je passe les bornes de mon métier, ou plutôt que je ne le sais guère, de mettre un si grand obstacle au débit de mon livre, par cette large exception de tant de personnes à qui je ne l'estime pas propre. Je me tais donc, et n'effarouche plus le monde. Mais auparavant, je me sens encore obligé d'avertir les lecteurs d'apporter beaucoup d'équité et de docilité à la lecture de ce livre ; car s'ils y viennent avec cette mauvaise humeur, et cet esprit contrariant de quantité de personnes qui ne lisent que pour disputer, et qui faisant profession de chercher la vérité, semblent avoir peur de la trouver, puisqu'au même moment qu'il leur en paraît quelque ombre, ils tâchent de la combattre, et de la détruire, ils n'en feront jamais ni profit, ni jugement raisonnable. Il le faut lire sans prévention, sans précipitation, et à dessein de s'instruire ; donnant d'abord à son auteur l'esprit d'écolier, pour prendre par après celui de censeur. Cette méthode est si nécessaire pour cette lecture, que je la puis nommer la clef du livre, sans laquelle personne ne le saurait bien entendre.

ABRÉGÉ
DES SIX MÉDITATIONS SUIVANTES

Dans la première, je mets en avant les raisons pour lesquelles nous pouvons douter généralement de toutes choses, et particulièrement des choses matérielles, au moins tant que nous n'aurons point d'autres fondements dans les sciences que ceux que nous avons eus jusqu'à présent. Or, bien que l'utilité d'un doute si général ne paraisse pas d'abord, elle est toutefois en cela très grande, qu'il nous délivre de toutes sortes de préjugés, et nous prépare un chemin très facile pour accoutumer notre esprit à se détacher des sens, et enfin, en ce qu'il fait qu'il n'est pas possible que nous ne puissions plus avoir aucun doute, de ce que nous découvrirons après être véritable.

Dans la seconde, l'esprit, qui, usant de sa propre liberté, suppose que toutes les choses ne sont point, de l'existence desquelles il a le moindre doute, reconnaît qu'il est absolument impossible que cependant il n'existe pas lui-même. Ce qui est aussi d'une très grande utilité, d'autant que par ce moyen il fait aisément distinction des choses qui lui appartiennent, c'est-à-dire à la nature intellectuelle, et de celles qui appartiennent au corps. Mais parce qu'il peut arriver que quelques-uns attendent de moi en ce lieu-là des raisons pour prouver l'immortalité de l'âme, j'estime les devoir maintenant avertir, qu'ayant tâché de ne rien écrire dans ce traité, dont je n'eusse des démonstrations très

exactes, je me suis vu obligé de suivre un ordre semblable à celui dont se servent les géomètres, savoir est,
d'avancer toutes les choses desquelles dépend la proposition que l'on cherche, avant que d'en rien conclure.

Or la première et principale chose qui est requise,
avant que de connaître l'immortalité de l'âme, est d'en
10 former une conception claire et nette, et entièrement
distincte de toutes les conceptions que l'on peut avoir
du corps : ce qui a été fait en ce lieu-là. Il est requis,
outre cela, de savoir que toutes les choses que nous
concevons clairement et distinctement sont vraies,
selon que nous les concevons : ce qui n'a pu être prouvé
avant la quatrième Méditation. De plus, il faut avoir
une conception distincte de la nature corporelle,
laquelle se forme, partie dans cette seconde, et partie
dans la cinquième et sixième Méditation. Et enfin, l'on
doit conclure de tout cela que les choses que l'on
conçoit clairement et distinctement être des substances
différentes, comme l'on conçoit l'esprit et le corps, sont
en effet des substances diverses, et réellement distinctes
les unes d'avec les autres : et c'est ce que l'on conclut
dans la sixième Méditation. Et en la même aussi cela se
confirme, de ce que nous ne concevons aucun corps que
comme divisible, au lieu que l'esprit, ou l'âme de
l'homme, ne se peut concevoir que comme indivisible :
car, en effet, nous ne pouvons concevoir la moitié
d'aucune âme, comme nous pouvons faire du plus petit
de tous les corps ; en sorte que leurs natures ne sont pas
seulement reconnues diverses, mais même en quelque
façon contraires. Or il faut qu'ils sachent que je ne me
suis pas engagé d'en rien dire davantage en ce traité-ci,
tant parce que cela suffit pour montrer assez clairement
que de la corruption du corps la mort de l'âme ne
s'ensuit pas, et ainsi pour donner aux hommes l'espérance d'une seconde vie après la mort ; comme aussi
parce que les prémisses, desquelles on peut conclure
l'immortalité de l'âme, dépendent de l'explication de
toute la physique : premièrement, afin de savoir que
généralement toutes les substances, c'est-à-dire les
choses qui ne peuvent exister sans être créées de Dieu,

sont de leur nature incorruptibles, et ne peuvent jamais cesser d'être, si elles ne sont réduites au néant par ce même Dieu qui leur veuille dénier son concours ordinaire. Et ensuite, afin que l'on remarque que le corps, pris en général, est une substance, c'est pourquoi aussi il ne périt point ; mais que le corps humain, en tant qu'il diffère des autres corps, n'est formé et composé que d'une certaine configuration de membres, et d'autres semblables accidents ; et l'âme humaine, au contraire, n'est point ainsi composée d'aucuns accidents, mais est une pure substance. Car encore que tous ses accidents se changent, par exemple, qu'elle conçoive de certaines choses, qu'elle en veuille d'autres, qu'elle en sente d'autres, etc., c'est pourtant toujours la même âme ; au lieu que le corps humain n'est plus le même, de cela seul que la figure de quelques-unes de ses parties se trouve changée. D'où il s'ensuit que le corps humain peut facilement périr, mais que l'esprit, ou l'âme de l'homme (ce que je ne distingue point), est immortelle de sa nature.

11 Dans la troisième Méditation, il me semble que j'ai expliqué assez au long le principal argument dont je me sers pour prouver l'existence de Dieu. Toutefois, afin que l'esprit du lecteur se pût plus aisément abstraire des sens, je n'ai point voulu me servir en ce lieu-là d'aucunes comparaisons tirées des choses corporelles, si bien que peut-être il y est demeuré beaucoup d'obscurités, lesquelles, comme j'espère, seront entièrement éclaircies dans les réponses que j'ai faites aux objections qui m'ont depuis été proposées. Comme, par exemple, il est assez difficile d'entendre comment l'idée d'un être souverainement parfait, laquelle se trouve en nous, contient tant de réalité objective, c'est-à-dire participe par représentation à tant de degrés d'être et de perfection, qu'elle doive nécessairement venir d'une cause souverainement parfaite. Mais je l'ai éclairci dans ces réponses, par la comparaison d'une machine fort artificielle, dont l'idée se rencontre dans l'esprit de quelque ouvrier ; car, comme l'artifice objectif de cette idée doit

avoir quelque cause, à savoir la science de l'ouvrier, ou de quelque autre duquel il l'ait apprise, de même il est impossible que l'idée de Dieu, qui est en nous, n'ait pas Dieu même pour sa cause.

Dans la quatrième, il est prouvé que les choses que nous concevons fort clairement et fort distinctement sont toutes vraies ; et ensemble est expliqué en quoi consiste la raison de l'erreur ou fausseté : ce qui doit nécessairement être su, tant pour confirmer les vérités précédentes, que pour mieux entendre celles qui suivent. (Mais cependant il est à remarquer que je ne traite nullement en ce lieu-là du péché, c'est-à-dire de l'erreur qui se commet dans la poursuite du bien et du mal, mais seulement de celle qui arrive dans le jugement et le discernement du vrai et du faux ; et que je n'entends point y parler des choses qui appartiennent à la foi, ou à la conduite de la vie, mais seulement de celles qui regardent les vérités spéculatives et connues par l'aide de la seule lumière naturelle[1]).

Dans la cinquième, outre que la nature corporelle prise en général y est expliquée, l'existence de Dieu y est encore démontrée par de nouvelles raisons, dans lesquelles toutefois il se peut rencontrer quelques difficultés, mais qui seront résolues dans les réponses aux objections qui m'ont été faites ; et aussi on y découvre de quelle sorte il est véritable, que la certitude même des démonstrations géométriques dépend de la connaissance d'un Dieu.

Enfin, dans la sixième, je distingue l'action de l'entendement d'avec celle de l'imagination ; les marques de cette distinction y sont décrites. J'y montre que l'âme de l'homme est réellement distincte du corps, 12 et toutefois qu'elle lui est si étroitement conjointe et unie, qu'elle ne compose que comme une même chose avec lui. Toutes les erreurs qui procèdent des sens y sont exposées, avec les moyens de les éviter. Et enfin, j'y apporte toutes les raisons desquelles on peut

1. Mise entre parenthèses dans le texte original, cette addition a été faite à la demande d'Arnauld.

conclure l'existence des choses matérielles : non que je les juge fort utiles pour prouver ce qu'elles prouvent, à savoir, qu'il y a un monde, que les hommes ont des corps, et autres choses semblables, qui n'ont jamais été mises en doute par aucun homme de bon sens[1] ; mais parce qu'en les considérant de près, l'on vient à connaître qu'elles ne sont pas si fermes ni si évidentes, que celles qui nous conduisent à la connaissance de Dieu et de notre âme ; en sorte que celles-ci sont les plus certaines et les plus évidentes qui puissent tomber en la connaissance de l'esprit humain. Et c'est tout ce que j'ai eu dessein de prouver dans ces six Méditations ; ce qui fait que j'omets ici beaucoup d'autres questions, dont j'ai aussi parlé par occasion dans ce traité.

1. Le latin dit : *qui n'ont jamais été sérieusement mises en doute par aucun homme sain d'esprit.*

MÉDITATIONS

TOUCHANT

LA PREMIÈRE PHILOSOPHIE

DANS LESQUELLES
L'EXISTENCE DE DIEU, ET LA DISTINCTION RÉELLE
ENTRE L'ÂME ET LE CORPS DE L'HOMME
SONT DÉMONTRÉES

MEDITATIO PRIMA

De iis quæ in dubium revocari possunt.

Animadverti jam ante aliquot annos quam multa, ineuente ætate, falsa pro veris admiserim, & quam dubia sint quæcunque istis postea superextruxi, ac proinde funditus omnia semel in vita esse evertenda, atque a primis fundamentis denuo inchoandum, si quid aliquando firmum & mansurum cupiam in scientiis stabilire; sed ingens opus esse videbatur, eamque ætatem expectabam, quæ foret tam matura, ut capessendis disciplinis aptior nulla sequeretur. Quare tamdiu cunctatus sum ut deinceps essem in culpa, si quod temporis superest ad agendum, deliberando consumerem. 18 Opportune igitur hodie mentem curis omnibus / exsolvi, securum mihi otium procuravi, solus secedo, serio tandem & libere generali huic mearum opinionum eversioni vacabo.

Ad hoc autem non erit necesse, ut omnes esse falsas ostendam, quod nunquam fortassis assequi possem; sed quia jam ratio persuadet, non minus accurate ab iis quæ non plane certa sunt atque indubitata, quam ab aperte falsis assensionem esse cohibendam, satis erit ad omnes rejiciendas, si aliquam rationem dubitandi in unaquaque reperero. Nec ideo etiam singulæ erunt percurrendæ, quod operis esset infiniti; sed quia, suffossis fundamentis, quidquid iis superædificatum est

PREMIÈRE MÉDITATION

Des choses que l'on peut révoquer en doute.

Il y a déjà quelque temps que je me suis aperçu que,
dès mes premières années, j'avais reçu quantité de
fausses opinions pour véritables, et que ce que j'ai
depuis fondé sur des principes si mal assurés, ne
pouvait être que fort douteux et incertain; de façon
qu'il me fallait entreprendre sérieusement une fois en
ma vie de me défaire de toutes les opinions que j'avais
reçues jusques alors en ma créance, et commencer tout
de nouveau dès les fondements, si je voulais établir
quelque chose de ferme et de constant dans les sciences.
Mais cette entreprise me semblant être fort grande, j'ai
attendu que j'eusse atteint un âge qui fût si mûr, que je
n'en pusse espérer d'autre après lui, auquel je fusse
plus propre à l'exécuter; ce qui m'a fait différer si
longtemps, que désormais je croirais commettre une
faute, si j'employais encore à délibérer le temps qui me
reste pour agir.
Maintenant donc que mon esprit est libre de tous
soins, et que je me suis procuré un repos assuré dans
une paisible solitude, je m'appliquerai sérieusement et
avec liberté à détruire généralement toutes mes
anciennes opinions. Or il ne sera pas nécessaire, pour
arriver à ce dessein, de prouver qu'elles sont toutes
14 fausses, de quoi peut-être je ne viendrais jamais à bout;
mais, d'autant que la raison me persuade déjà que je ne
dois pas moins soigneusement m'empêcher de donner

sponte collabitur, aggrediar statim ipsa principia, quibus illud omne quod olim credidi nitebatur.

Nempe quidquid hactenus ut maxime verum admisi, vel a sensibus, vel per sensus accepi ; hos autem interdum fallere deprehendi, ac preudentiæ est nunquam illis plane confidere qui nos vel semel deceperunt.

Sed forte, quamvis interdum sensus circa minuta quædam & remotiora nos fallant; pleraque tamen alia sunt de quibus dubitari plane non potest, quamvis ab iisdem hauriantur : ut jam me hic esse, foco assidere, hyemali toga esse indutum, chartam istam manibus contrectare, & similia. Manus vero has ipsas, totumque hoc corpus meum esse, qua ratione posset negari ? nisi me forte comparem nescio quibus insanis, / quorum quorum cerebella tam contumax vapor ex atra bile labefactat, ut constanter asseverent vel se esse reges, cum sunt pauperrimi, vel purpura indutos, cum sunt nudi, vel caput habere fictile, vel se totos esse cucurbitas, vel ex vitro conflatos ; sed amentes sunt isti, nec minus ipse demens viderer, si quod ab iis exemplum ad me transferrem.

Præclare sane, tanquam non sim homo qui soleam noctu dormire, & eadem omnia in somnis pati, vel etiam interdum minus verisimilia, quam quæ isti vigilantes. Quam frequenter vero usitata ista, me hic esse, toga vestiri, foco assidere, quies nocturna persuadet, cum tamen positis vestibus jaceo inter strata ! Atqui

créance aux choses qui ne sont pas entièrement certaines et indubitables, qu'à celles qui nous paraissent
manifestement être fausses, le moindre sujet de douter
que j'y trouverai suffira pour me les faire toutes rejeter.
Et pour cela il n'est pas besoin que je les examine
chacune en particulier, ce qui serait d'un travail infini ;
mais, parce que la ruine des fondements entraîne nécessairement avec soi tout le reste de l'édifice, je m'atta-
querai d'abord aux principes sur lesquels toutes mes
anciennes opinions étaient appuyées.

Tout ce que j'ai reçu jusqu'à présent pour le plus vrai
et assuré, je l'ai appris des sens, ou par les sens : or j'ai
quelquefois éprouvé que ces sens étaient trompeurs, et
il est de la prudence de ne se fier jamais entièrement à
ceux qui nous ont une fois trompés.

Mais, encore que les sens nous trompent quelquefois, touchant les choses peu sensibles et fort éloignées,
il s'en rencontre peut-être beaucoup d'autres, desquelles on ne peut pas raisonnablement douter[1],
quoique nous les connaissions par leur moyen : par
exemple, que je sois ici, assis auprès du feu, vêtu d'une
robe de chambre, ayant ce papier entre les mains, et
autres choses de cette nature. Et comment est-ce que je
pourrais nier que ces mains et ce corps-ci soient à moi ?
si ce n'est peut-être que je me compare à ces insensés,
de qui le cerveau est tellement troublé et offusqué par
les noires vapeurs de la bile, qu'ils assurent
constamment qu'ils sont des rois, lorsqu'ils sont très
pauvres ; qu'ils sont vêtus d'or et de pourpre, lorsqu'ils
sont tout nus ; ou s'imaginent être des cruches, ou avoir
un corps de verre. Mais quoi ? ce sont des fous ; et je ne
serais pas moins extravagant, si je me réglais sur leurs
exemples.

Toutefois j'ai ici à considérer que je suis homme, et
par conséquent que j'ai coutume de dormir et de me
représenter en mes songes les mêmes choses, ou quelquefois de moins vraisemblables, que ces insensés,
lorsqu'ils veillent. Combien de fois m'est-il arrivé de

---

1. Desquelles *il est tout à fait impossible de douter.*

nunc certe vigilantibus oculis intueor hanc chartam,
non sopitum est hoc caput quod commoveo, manum
istam prudens & sciens extendo & sentio; non tam
distincta contingerent dormienti. Quasi scilicet non
recorder a similibus etiam cogitationibus me alias in
somnis fuisse delusum; quæ dum cogito attentius, tam
plane video nunquam certis indiciis vigiliam a somno
posse distingui, ut obstupescam, & fere hic ipse stupor
mihi opinionem somni confirmet.

Age ergo somniemus, nec particulària ista vera sint, nos
oculos aperire, caput movere, manus extendere, nec forte
etiam nos habere tales manus, nec tale totum corpus;
tamen profecto fatendum est visa per quietem esse veluti
quasdam pictas imagines, quæ non nisi ad similitudinem
rerum verarum fingi potuerunt; ideoque saltem generalia
hæc, oculos, caput, manus, totumque corpus, res quasdam non imaginarias, sed veras existere. Nam sane
20 pictores ipsi, ne tum qui/dem, cum Sirenas & Satyriscos
maxime inusitatis formis fingere student, naturas omni ex
parte novas iis possunt assignare, sed tantummodo diver-
sorum animalium membra permiscent; vel si forte aliquid
excogitent adeo novum, ut nihil omnino ei simile fuerit
visum, atque ita plane fictitium sit & falsum, certe tamen
ad minimum veri colores esse debent, ex quibus illud
componant. Nec dispari ratione, quamvis etiam generalia
hæc, oculi, caput, manus, & similia, imaginaria esse
possent, necessario tamen saltem alia quædam adhucma-
gis simplicia & universalia vera esse fatendum est, ex
quibus tanquam coloribus veris omnes istæ, seu veræ,
seul falsæ, quæ in cogitatione nostra sunt, rerum imagines effinguntur.

songer, la nuit, que j'étais en ce lieu, que j'étais habillé, que j'étais auprès du feu, quoique je fusse tout nu dedans mon lit? Il me semble bien à présent que ce n'est pas point avec des yeux endormis que je regarde ce papier; que cette tête que je remue n'est point assoupie; que c'est avec dessein et de propos délibéré que j'étends cette main, et que je la sens : ce qui arrive dans le
15 sommeil ne semble point si clair ni si distinct que tout ceci. Mais, en y pensant soigneusement, je me ressouviens d'avoir été souvent trompé, lorsque je dormais, par de semblables illusions. Et m'arrêtant sur cette pensée, je vois si manifestement qu'il n'y a point d'indices concluants, ni de marques assez certaines par où l'on puisse distinguer nettement la veille d'avec le sommeil, que j'en suis tout étonné; et mon étonnement est tel, qu'il est presque capable de me persuader que je dors.

Supposons donc maintenant que nous sommes endormis, et que toutes ces particularités-ci, à savoir, que nous ouvrons les yeux, que nous remuons la tête, que nous étendons les mains, et choses semblables, ne sont que de fausses illusions; et pensons que peut-être nos mains, ni tout notre corps, ne sont pas tels que nous les voyons. Toutefois il faut au moins avouer que les choses qui nous sont représentées dans le sommeil sont comme des tableaux et des peintures, qui ne peuvent être formées qu'à la ressemblance de quelque chose de réel et de véritable; et qu'ainsi, pour le moins, ces choses générales, à savoir, des yeux, une tête, des mains, et tout le reste du corps, ne sont pas choses imaginaires, mais vraies et existantes. Car de vrai les peintres, lors même qu'ils s'étudient avec le plus d'artifice à représenter des sirènes et des satyres par des formes bizarres et extraordinaires, ne leur peuvent pas toutefois attribuer des formes et des natures entièrement nouvelles, mais font seulement un certain mélange et composition des membres de divers animaux; ou bien, si peut-être leur imagination est assez extravagante pour inventer quelque chose de si nouveau, que jamais nous n'ayons rien vu de semblable, et

Cujus generis esse videntur natura corporea in communi, ejusque extensio; item figura rerum extensarum; item quantitas, sive earumdem magnitudo & numerus; item locus in quo existant, tempusque per quod durent, & similia.

Quapropter ex his forsan non male concludemus Physicam, Astronomiam, Medicinam, disciplinasque alias omnes, quæ a rerum compositarum consideratione dependent, dubias quidem esse; atqui Arithmeticam, Geometriam, aliasque ejusmodi, quæ nonnisi de simplicissimis & maxime generalibus rebus tractant, atque utrum eæ sint in rerum natura necne, parum curant, aliquid certi atque indubitati continere. Nam sive vigilem, sive dormiam, duo et tria simul juncta sunt quinque, quadratumque non plura habet latera quam quatuor; nec fieri posse videtur ut tam perspicuæ veritates in suspicionem falsitatis incurrant.

21 Verumtamen infixa quædam est meæ menti vetus opinio, Deum esse qui potest omnia, & a quo talis, qualis existo, sum creatus. Unde autem scio illum non fecisse ut nulla plane sit terra, nullum cœlum, nulla res extensa, nulla figura, nulla magnitudo, nullus locus, & tamen hæc omnia non aliter quam nunc mihi videantur existere? Imo etiam, quemadmodum judico interdum

qu'ainsi leur ouvrage nous représente une chose purement feinte et absolument fausse, certes à tout le moins les couleurs dont ils le composent doivent-elles être véritables.

Et par la même raison, encore que ces choses générales, à savoir, des yeux, une tête, des mains, et autres semblables, pussent être imaginaires, il faut toutefois avouer qu'il y a des choses encore plus simples et plus universelles, qui sont vraies et existantes, du mélange desquelles, ni plus ni moins que de celui de quelques véritables couleurs, toutes ces images des choses qui résident en notre pensée, soit vraies et réelles, soit feintes et fantastiques, sont formées. De ce genre de choses est la nature corporelle en général, et son étendue ; ensemble la figure des choses étendues, leur quantité ou grandeur, et leur nombre ; comme aussi le lieu où elles sont, le temps qui mesure leur durée, et autres semblables.

16 C'est pourquoi peut-être que de là nous ne conclurons pas mal, si nous disons que la physique, l'astronomie, la médecine, et toutes les autres sciences qui dépendent de la considération des choses composées, sont fort douteuses et incertaines ; mais que l'arithmétique, la géométrie, et les autres sciences de cette nature, qui ne traitent que de choses fort simples et fort générales, sans se mettre beaucoup en peine si elles sont dans la nature, ou si elles n'y sont pas, contiennent quelque chose de certain et d'indubitable. Car, soit que je veille ou que je dorme, deux et trois joints ensemble formeront toujours le nombre de cinq, et le carré n'aura jamais plus de quatre côtés ; et il ne semble pas possible que des vérités si apparentes puissent être soupçonnées d'aucune fausseté ou d'incertitude.

Toutefois il y a longtemps que j'ai dans mon esprit une certaine opinion, qu'il y a un Dieu qui peut tout, et par qui j'ai été créé et produit tel que je suis. Or qui me peut avoir assuré que ce Dieu n'ait point fait qu'il n'y ait aucune terre, aucun ciel, aucun corps étendu, aucune figure, aucune grandeur, aucun lieu, et que néanmoins j'aie les sentiments de toutes ces choses, et que tout cela

alios errare circa ea quæ se perfectissime scire arbitrantur, ita ego ut fallar quoties duo & tria simul addo, vel numero quadrati latera, vel si quid aliud facilius fingi potest ? At forte noluit Deus ita me decipi, dicitur enim summe bonus ; sed si hoc ejus bonitati repugnaret, talem me creasse ut semper fallar, ab eadem etiam videretur esse alienum permittere ut interdum fallar ; quod ultimum tamen non potest dici.

Essent vero fortasse nonnulli qui tam potentem aliquem Deum mallent negare, quam res alias omnes credere esse incertas. Sed iis non repugnemus, totumque hoc de Deo demus esse fictitium ; at seu fato, seu casu, seu continuata rerum serie, seu quovis alio modo me ad id quod sum pervenisse supponant ; quoniam falli & errare imperfectio quædam esse videtur, quo minus potentem originis meæ authorem assignabunt, eo probabilius erit me tam imperfectum esse ut semper fallar. Quibus sane argumentis non habeo quod respondeam, sed tandem cogor fateri nihil esse ex iis quæ olim vera putabam, de quo non liceat dubitare, idque non per inconsiderantiam vel levitatem, sed propter validas & meditatas rationes ; ideoque etiam ab iisdem, non minus quam ab aperte falsis, / accurate deinceps assensionem esse cohibendam, si quid certi velim invenire.

ne me semble point exister autrement que je le vois ? Et même, comme je juge quelquefois que les autres se méprennent, même dans les choses qu'ils pensent savoir avec le plus de certitude, il se peut faire qu'il ait voulu que je me trompe toutes les fois que je fais l'addition de deux et de trois, ou que je nombre les côtés d'un carré, ou que je juge de quelque chose encore plus facile, si l'on se peut imaginer rien de plus facile que cela. Mais peut-être que Dieu n'a pas voulu que je fusse déçu de la sorte, car il est dit souverainement bon. Toutefois, si cela répugnerait à sa bonté, de m'avoir fait tel que je me trompasse toujours, cela semblerait aussi lui être aucunement contraire, de permettre que je me trompe quelquefois, et néanmoins je ne puis douter qu'il ne le permette.

Il y aura peut-être ici des personnes qui aimeront mieux nier l'existence d'un Dieu si puissant, que de croire que toutes les autres choses sont incertaines. Mais ne leur résistons pas pour le présent, et supposons, en leur faveur, que tout ce qui est dit ici d'un Dieu soit une fable. Toutefois, de quelque façon qu'ils supposent que je sois parvenu à l'état et à l'être que je possède, soit qu'ils l'attribuent à quelque destin ou fatalité, soit qu'ils le réfèrent au hasard, soit qu'ils veuillent que ce soit par une continuelle suite et liaison des choses, il est certain que, puisque faillir et se 17 tromper est une espèce d'imperfection, d'autant moins puissant sera l'auteur qu'ils attribueront à mon origine, d'autant plus sera-t-il probable que je suis tellement imparfait que je me trompe toujours. Auxquelles raisons je n'ai certes rien à répondre, mais je suis contraint d'avouer que, de toutes les opinions que j'avais autrefois reçues en ma créance pour véritables, il n'y en a pas une de laquelle je ne puisse maintenant douter, non par aucune inconsidération ou légèreté, mais pour des raisons très fortes et mûrement considérées : de sorte qu'il est nécessaire que j'arrête et suspende désormais mon jugement sur ces pensées, et que je ne leur donne pas plus de créance, que je ferais à des choses qui me paraîtraient évidemment fausses, si je désire trouver quelque chose de constant et d'assuré dans les sciences.

Sed nondum sufficit hæc advertisse, curandum est ut recorder; assidue enim recurrunt consuetæ opiniones, occupantque credulitatem meam tanquam longo usu & familiaritatis jure sibi devinctam, fere etiam me invito; nec unquam iis assentiri & confidere desuescam, quamdiu tales esse supponam quales sunt revera, nempe aliquo quidem modo dubias, ut jam jam ostensum est, sed nihilominus valde probabiles, & quas multo magis rationi consentaneum sit credere quam negare. Quapropter, ut opinor, non male agam, si, voluntate plane in contrarium versa, me ipsum fallam, illasque aliquandiu omnino falsas imaginariasque esse fingam, donec tandem, velut æquatis utrimque præjudiciorum ponderibus, nulla amplius prava consuetudo judicium meum a recta rerum perceptione detorqueat. Etenim scio nihil inde periculi vel erroris interim sequuturum, & me plus æquo diffidentiæ indulgere non posse, quandoquidem nunc non rebus agendis, sed cognoscendis tantum incumbo.

Supponam igitur non optimum Deum, fontem veritatis, sed genium aliquem malignum, eundemque summe potentem & callidum, omnem suam industriam in eo posuisse, ut me falleret : putabo cælum, aerem, terram, colores, figuras, sonos, cunctaque externa nihil aliud esse quam ludificationes somniorum, quibus insidias credulitati meæ tetendit : considerabo meipsum 23 tanquam manus non / habentem, non oculos, non carnem, non sanguinem, non aliquem sensum, sed hæc omnia me habere falso opinantem : manebo obstinate in hac meditatione defixus, atque ita, siquidem non in potestate mea sit aliquid veri cognoscere, at certe hoc

Mais il ne suffit pas d'avoir fait ces remarques, il faut encore que je prenne soin de m'en souvenir ; car ces anciennes et ordinaires opinions me reviennent encore souvent en la pensée, le long et familier usage qu'elles ont eu avec moi leur donnant droit d'occuper mon esprit contre mon gré, et de se rendre presque maîtresses de ma créance. Et je ne me désaccoutumerai jamais d'y acquiescer, et de prendre confiance en elles, tant que je les considérerai telles qu'elles sont en effet, c'est à savoir en quelque façon douteuse, comme je viens de montrer, et toutefois fort probables, en sorte que l'on a beaucoup plus de raison de les croire que de les nier. C'est pourquoi je pense que j'en userai plus prudemment, si, prenant un parti contraire, j'emploie tous mes soins à me tromper moi-même, feignant que toutes ces pensées sont fausses et imaginaires[1] ; jusques à ce qu'ayant tellement balancé mes préjugés, qu'ils ne puissent faire pencher mon avis plus d'un côté que d'un autre, mon jugement ne soit plus désormais maîtrisé par de mauvais usages et détourné du droit chemin qui le peut conduire à la connaissance de la vérité. Car je suis assuré que cependant il ne peut y avoir de péril ni d'erreur en cette voie, et que je ne saurais aujourd'hui trop accorder à ma défiance, puisqu'il n'est pas maintenant question d'agir, mais seulement de méditer et de connaître.

Je supposerai donc qu'il y a, non point un vrai Dieu, qui est la souveraine source de vérité, mais un certain mauvais génie, non moins rusé et trompeur que puissant, qui a employé toute son industrie à me tromper. Je penserai que le ciel, l'air, la terre, les couleurs, les figures, les sons et toutes les choses extérieures que nous voyons, ne sont que des illusions et tromperies[2], dont il se sert pour surprendre ma crédulité. Je me considérerai moi-même comme n'ayant point de mains, point d'yeux, point de chair, point de sang, comme n'ayant aucun sens, mais croyant faussement avoir

1. Feignant *pour quelque temps que ces pensées sont entièrement fausses et imaginaires.*
2. Illusions *des songes.*

quod in me est, ne falsis assentiar, nec mihi quidquam
iste deceptor, quantumvis potens, quantumvis callidus,
possit imponere, obfirmata mente cavebo.

Sed laboriosum est hoc institutum, & desidia quædam ad consuetudinem vitæ me reducit. Nec aliter
quam captivus, qui forte imaginaria libertate fruebatur
in somnis, quum postea suspicari incipit se dormire,
timet excitari, blandisque illusionibus lente connivet :
sic[1] sponte relabor in veteres opiniones, vereorque
expergisci, ne placidæ quieti laboriosa vigilia succe-
dens, non in aliqua luce, sed inter inextricabiles jam
motarum difficultatum tenebras, in posterum sit
degenda.

1. La première édition porte *hic* au lieu de *sic*.

toutes ces choses. Je demeurerai obstinément attaché à
cette pensée; et si, par ce moyen, il n'est pas en mon
pouvoir de parvenir à la connaissance d'aucune vérité, à
tout le moins il est en ma puissance de suspendre mon
jugement. C'est pourquoi je prendrai garde soigneusement de ne point recevoir en ma croyance aucune
fausseté, et préparerai si bien mon esprit à toutes les
ruses de ce grand trompeur, que, pour puissant et rusé
qu'il soit, il ne me pourra jamais rien imposer.

Mais ce dessein est pénible et laborieux, et une
certaine paresse m'entraîne insensiblement dans le train
de ma vie ordinaire. Et tout de même qu'un esclave qui
jouissait dans le sommeil d'une liberté imaginaire,
lorsqu'il commence à soupçonner que sa liberté n'est
qu'un songe, craint d'être réveillé, et conspire avec ces
illusions agréables pour en être plus longuement abusé,
ainsi je retombe insensiblement de moi-même dans mes
anciennes opinions, et j'appréhende de me réveiller de
cet assoupissement, de peur que les veilles laborieuses
qui succéderaient à la tranquillité de ce repos, au lieu de
m'apporter quelque jour et quelque lumière dans la
connaissance de la vérité, ne fussent pas suffisantes
pour éclaircir toutes les ténèbres des difficultés qui
viennent d'être agitées.

MEDITATIO SECUNDA

De natura mentis humanæ : quod ipsa sit
notior quam corpus.

In tantas dubitationes hesterna meditatione conjectus sum, ut nequeam amplius earum oblivisci, nec videam tamen qua ratione solvendæ sint ; sed, tanquam in profundum gurgitem ex improviso delapsus, ita turbatus sum, ut nec possim in imo pedem figere, nec enatare ad summum. Enitar tamen & tentabo rursus eandem viam quam heri fueram ingressus, removendo scilicet illud omne quod vel minimum dubitationis admittit, nihilo secius quam si omnino falsum esse comperissem ; pergamque porro donec aliquid certi, vel, si nihil aliud, saltem hoc ipsum pro certo, nihil esse certi, cognoscam.

Nihil nisi punctum petebat Archimedes, quod esset firmum & immobile, ut integram terram loco dimoveret ; magna quoque speranda sunt, si vel minimum quid invenero quod certum sit & inconcussum.

Suppono igitur omnia quæ video falsa esse ; credo nihil unquam extitisse eorum quæ mendax memoria repræsentat ; nullos plane habeo sensus ; corpus, figura, extensio, motus, locusque sunt chimeræ.

MÉDITATION SECONDE

De la nature de l'esprit humain;
et qu'il est plus aisé à connaître que le corps.

La Méditation que je fis hier m'a rempli l'esprit de
tant de doutes, qu'il n'est plus désormais en ma puissance de les oublier. Et cependant je ne vois pas de
quelle façon je les pourrai résoudre ; et comme si tout à
coup j'étais tombé dans une eau très profonde, je suis
tellement surpris, que je ne puis ni assurer mes pieds
dans le fond, ni nager pour me soutenir au-dessus. Je
m'efforcerai néanmoins, et suivrai derechef la même
voie où j'étais entré hier, en m'éloignant de tout ce en
quoi je pourrai imaginer le moindre doute, tout de
même que si je connaissais que cela fût absolument
19 faux ; et je continuerai toujours dans ce chemin, jusqu'à
ce que j'aie rencontré quelque chose de certain ou du
moins, si je ne puis autre chose, jusqu'à ce que j'aie
appris certainement, qu'il n'y a rien au monde de
certain.

Archimède, pour tirer le globe terrestre de sa place et
le transporter en un autre lieu, ne demandait rien qu'un
point qui fût fixe et assuré. Ainsi j'aurai droit de
concevoir de hautes espérances, si je suis assez heureux
pour trouver seulement une chose qui soit certaine et
indubitable.

Je suppose donc que toutes les choses que je vois sont
fausses ; je me persuade que rien n'a jamais été de tout
ce que ma mémoire remplie de mensonges me représente ; je pense n'avoir aucun sens ; je crois que le corps,

Quid igitur erit verum? Fortassis hoc unum, nihil esse certi.

Sed unde scio nihil esse diversum ab iis omnibus quæ jam jam recensui, de quo ne minima quidem occasio sit dubitandi? Nunquid est aliquis Deus, vel quocunque nomine illum vocem, qui mihi has ipsas cogitationes immittit? Quare vero hoc putem, cum forsan ipsemet illarum author esse possim? Nunquid ergo saltem ego aliquid sum? Sed jam negavi me habere ullos sensus, & ullum corpus. Hæreo tamen; nam quid inde? Sumne
25 ita corpori sensibusque alligatus, ut sine illis esse non possim? Sed mihi persuasi nihil plane esse in mundo, nullum cœlum, nullam terram, nullas mentes, nulla corpora; nonne igitur etiam me non esse? Imo certe ego eram, si quid mihi persuasi. Sed est deceptor nescio quis, summe potens, summe callidus, qui de industria me semper fallit. Haud dubie igitur ego etiam sum, si me fallit; & fallat quantum potest, nunquam tamen efficiet, ut nihil sim quamdiu me aliquid esse cogitabo. Adeo ut, omnibus satis superque pensitatis, denique statuendum sit hoc pronuntiatum, Ego sum, ego existo, quoties a me profertur, vel mente concipitur, necessario esse verum.

Nondum vero satis intelligo, quisnam sim ego ille, qui jam necessario sum; deincepsque cavendum est ne forte quid aliud imprudenter assumam in locum mei, sicque aberrem etiam in ea cognitione, quam omnium certissimam evidentissimamque esse contendo. Quare jam denuo meditabor quidnam me olim esse crediderim, priusquam in has cogitationes incidissem; ex quo deinde subducam quidquid allatis rationibus vel minimum potuit infirmari, ut ita tandem præcise remaneat illud tantum quod certum est & inconcussum.

la figure, l'étendue, le mouvement et le lieu ne sont que des fictions de mon esprit. Qu'est-ce donc qui pourra être estimé véritable ? Peut-être rien autre chose, sinon qu'il n'y a rien au monde de certain.

Mais que sais-je s'il n'y a point quelque autre chose différente de celles que je viens de juger incertaines, de laquelle on ne puisse avoir le moindre doute ? N'y a-t-il point quelque Dieu, ou quelque autre puissance, qui me met en l'esprit ces pensées ? Cela n'est pas nécessaire ; car peut-être que je suis capable de les produire de moi-même. Moi donc à tout le moins ne suis-je pas quelque chose ? Mais j'ai déjà nié que j'eusse aucun sens ni aucun corps. J'hésite néanmoins, car que s'ensuit-il de là ? Suis-je tellement dépendant du corps et des sens, que je ne puisse être sans eux ? Mais je me suis persuadé qu'il n'y avait rien du tout dans le monde, qu'il n'y avait aucun ciel, aucune terre, aucun esprit, ni aucun corps ; ne me suis-je donc pas aussi persuadé que je n'étais point ? Non certes, j'étais sans doute, si je me suis persuadé, ou seulement si j'ai pensé quelque chose. Mais il y a un je ne sais quel trompeur très puissant et très rusé, qui emploie toute son industrie à me tromper toujours. Il n'y a donc point de doute que je suis, s'il me trompe ; et qu'il me trompe tant qu'il voudra, il ne saurait jamais faire que je ne sois rien, tant que je penserai être quelque chose. De sorte qu'après y avoir bien pensé, et avoir soigneusement examiné toutes choses, enfin il faut conclure, et tenir pour constant que cette proposition : *Je suis, j'existe*, est nécessairement vraie, toutes les fois que je la prononce, ou que je la conçois en mon esprit.

Mais je ne connais pas encore assez clairement ce que je suis, moi qui suis certain que je suis ; de sorte que désormais il faut que je prenne soigneusement garde de
20 ne prendre pas imprudemment quelque autre chose pour moi, et ainsi de ne me point méprendre dans cette connaissance, que je soutiens être plus certaine et plus évidente que toutes celles que j'ai eues auparavant[1].

1. Etre *la plus certaine et la plus évidente de toutes*.

Quidnam igitur antehac me esse putavi? Hominem
scilicet. Sed quid est homo? Dicamne animal rationale?
Non, quia postea quærendum foret quidnam animal sit,
& quid rationale, atque ita ex una quæstione in plures
dificilioresque delaberer; nec jam mihi tantum otii est,
ut illo velim inter istiusmodi subtilitates abuti. Sed hic
potius attendam, quid sponte & natura duce cogitationi
26 meæ antehac occurrebat, quoties quid essem considerabam. Nempe occurrebat primo, me habere vultum,
manus, brachia, totamque hanc membrorum machi-
nam, qualis etiam in cadavere cernitur, & quam corporis nomine designabam. Occurrebat præterea me
nutriri, incedere, sentire, & cogitare : quas quidem
actiones ad animam referebam. Sed quid esset hæc
anima, vel non advertebam, vel exiguum nescio quid
imaginabar, instar venti, vel ignis, vel ætheris, quod
crassioribus mei partibus esset infusum. De corpore
vero ne dubitabam quidem, sed distincte me nosse
arbitrabar, ejus naturam, quam si forte, qualem mente
concipiebam, describere tentassem, sic explicuissem :
per corpus intelligo illud omne quod aptum est figura
aliqua terminari, loco circumscribi, spatium sic
replere, ut ex eo aliud omne corpus excludat; tactu,
visu, auditu, gustu, vel odoratu percipi, necnon moveri
pluribus modis, non quidem a seipso, sed ab alio
quopiam a quo tangatur : namque habere vim seipsum
movendi, item sentiendi, vel vogitandi, nullo pacto ad
naturan corporis pertinere judicabam; quinimo mira-
bar potius tales facultates in quibusdam corporibus
reperiri.

C'est pourquoi je considérerai derechef ce que je croyais être avant que j'entrasse dans ces dernières pensées ; et de mes anciennes opinions je retrancherai tout ce qui peut être combattu par les raisons que j'ai tantôt alléguées, en sorte qu'il ne demeure précisément rien que ce qui est entièrement indubitable. Qu'est-ce donc que j'ai cru être ci-devant ? Sans difficulté, j'ai pensé que j'étais un homme. Mais qu'est-ce qu'un homme ? Dirai-je que c'est un animal raisonnable ? Non certes : car il faudrait par après rechercher ce que c'est qu'animal, et ce que c'est que raisonnable, et ainsi d'une seule question nous tomberions insensiblement en une infinité d'autres plus difficiles et embarrassées, et je ne voudrais pas abuser du peu de temps et de loisir qui me reste, en l'employant à démêler de semblables subtilités. Mais je m'arrêterai plutôt à considérer ici les pensées qui naissaient ci-devant d'elles-mêmes en mon esprit, et qui ne m'étaient inspirées que de ma seule nature, lorsque je m'appliquais à la considération de mon être. Je me considérais, premièrement, comme ayant un visage, des mains, des bras, et toute cette machine composée d'os et de chair, telle qu'elle paraît en un cadavre, laquelle je désignais par le nom de corps. Je considérais, outre cela, que je me nourrissais, que je marchais, que je sentais et que je pensais, et je rapportais toutes ces actions à l'âme ; mais je ne m'arrêtais point à penser ce que c'était que cette âme, ou bien, si je m'y arrêtais, j'imaginais qu'elle était quelque chose extrêmement rare et subtile, comme un vent, une flamme ou un air très délié, qui était insinué et répandu dans mes plus grossières parties. Pour ce qui était du corps, je ne doutais nullement de sa nature ; car je pensais la connaître fort distinctement, et si je l'eusse voulu expliquer suivant les notions que j'en avais, je l'eusse décrite en cette sorte : Par le corps, j'entends tout ce qui peut être terminé par quelque figure ; qui peut être compris en quelque lieu, et remplir un espace en telle sorte que tout autre corps en soit exclu ; qui peut être senti, ou par l'attouchement, ou par la vue, ou par l'ouïe, ou par le goût, ou par l'odorat ; qui peut être mû

Quid autem nunc[1], ubi suppono deceptorem aliquem potentissimum, &, si fas est dicere, malignum,
data opera in omnibus, quantum potuit, me delusisse?
Possumne affirmare me habere vel minimum quid ex iis
omnibus, quæ jam dixi ad naturam corporis pertinere?
27 Attendo, cogito, revolvo, nihil occurrit; fatigor eadem
frustra repetere. Quid vero ex iis quæ animæ tribue-
bam? Nutriri vel incedere? Quandoquidem jam corpus
non habeo, hæc quoque nihil sunt nisi figmenta. Sentire? Nempe etiam hoc non fit sine corpore, & permulta
sentire visus sum in somnis quæ deinde animadverti me
non sensisse. Cogitare? Hic invenio : cogitatio est; hæc
sola a me divelli nequit. Ego sum, ego existo; certum
est. Quandiu autem? Nempe quandiu cogito; nam
forte etiam fieri posset, si cessarem ab omni cogitatione,
ut illico totus esse desinerem. Nihil nunc admitto nisi
quod necessario sit verum; sum igitur præcise tantum
res cogitans, id est, mens, sive animus, sive intellectus,
sive ratio, voces mihi prius significationis ignotæ. Sum
autem res vera, & vere existens; sed qualis res? Dixi,
cogitans.

Quid præterea? Imaginabor : non sum compages illa
membrorum, quæ corpus humanum appellatur; non

---

1. La première édition omet *nunc*.

en plusieurs façons, non par lui-même, mais par quelque chose d'étranger duquel il soit touché et dont il reçoive l'impression. Car d'avoir en soi la puissance de se mouvoir, de sentir et de penser, je ne croyais aucunement que l'on dût attribuer ces avantages à la nature corporelle ; au contraire, je m'étonnais plutôt de voir que de semblables facultés se rencontraient en certains corps.

Mais moi, qui suis-je, maintenant que je suppose qu'il y a quelqu'un qui est extrêmement puissant et, si je l'ose dire, malicieux et rusé, qui emploie toutes ses forces et toute son industrie à me tromper ? Puis-je m'assurer d'avoir la moindre de toutes les choses que j'ai attribuées ci-dessus à la nature corporelle ? Je m'arrête à y penser avec attention, je passe et repasse toutes ces choses en mon esprit, et je n'en rencontre aucune que je puisse dire être en moi. Il n'est pas besoin que je m'arrête à les dénombrer. Passons donc aux attributs de l'âme, et voyons s'il y en a quelques-uns qui soient en moi. Les premiers sont de me nourrir et de marcher ; mais s'il est vrai que je n'aie point de corps, il est vrai aussi que je ne puis marcher ni me nourrir. Un autre est de sentir ; mais on ne peut aussi sentir sans le corps : outre que j'ai pensé sentir autrefois plusieurs choses pendant le sommeil, que j'ai reconnu à mon réveil n'avoir point en effet senties. Un autre est de penser ; et je trouve ici que la pensée est un attribut qui m'appartient. Elle seule ne peut être détachée de moi. *Je suis, j'existe* : cela est certain ; mais combien de temps ? A savoir, autant de temps que je pense ; car peut-être se pourrait-il faire, si je cessais de penser, que je cesserais en même temps d'être ou d'exister. Je n'admets maintenant rien qui ne soit nécessairement vrai : je ne suis donc, précisément parlant, qu'une chose qui pense, c'est-à-dire un esprit, un entendement ou une raison, qui sont des termes dont la signification m'était auparavant inconnue. Or je suis une chose vraie, et vraiment existante ; mais quelle chose ? Je l'ai dit : une chose qui pense. Et quoi davantage ? J'exciterai encore mon imagination, pour chercher si je ne suis

sum etiam tenuis aliquis aer istis membris infusus, non
ventus, non ignis, non vapor, non halitus, non quidquid mihi fingo : supposui enim ista nihil esse. Manet
positio : nihilominus tamen ego aliquid sum. Fortassis
vero contingit, ut hæc ipsa, quæ suppono nihil esse,
quia mihi sunt ignota, tamen in rei veritate non diffe-
rant ab eo me quem novi ? Nescio, de hac re jam non
disputo ; de iis tantum quæ mihi nota sunt, judicium
ferre possum. Novi me existere ; quæro quis sim ego ille
quem novi. Certissimum est hujus sis præcise sumpti
28 notitiam non pendere ab iis quæ existere nondum novi ;
non igitur ab iis ullis, quæ imaginatione effingo. Atque
hoc verbum, *effingo*, admonet me erroris mei : nam
fingerem revera, si quid me esse imaginarer, quia nihil
aliud est imaginari quam rei corporeæ figuram, seu
imaginem, contemplari. Jam autem certo scio me esse,
simulque fieri posse ut omnes istæ imagines, & generaliter quæcunque ad corporis naturam referuntur, nihil
sint præter insomnia. Quibus animadversis, non minus
ineptire videor, dicendo : imaginabor, ut distinctius
agnoscam quisnam sim, quam si dicerem : jam quidem
sum experrectus, videoque nonnihil veri, sed quia
nondum video satis evidenter, data opera obdormiam,
ut hoc ipsum mihi somnia verius evidentiusque repræsentent. Itaque cognosco nihil eorum quæ possum
imaginationis ope comprehendere, ad hanc quam de
me habeo notitiam pertinere, mentemque ab illis diligentissime avocandam esse, ut suam ipsa naturam
quam distinctissime percipiat.

point quelque chose de plus. Je ne suis point cet assemblage de membres, que l'on appelle le corps humain ; je ne suis point un air délié et pénétrant, répandu dans tous ces membres ; je ne suis point un vent, un souffle, une vapeur, ni rien de tout ce que je puis feindre et imaginer, puisque j'ai supposé que tout cela n'était rien, et que, sans changer cette supposition, je trouve que je ne laisse pas d'être certain que je suis quelque chose.

Mais aussi peut-il arriver que ces mêmes choses, que je suppose n'être point, parce qu'elles me sont inconnues, ne sont point en effet différentes de moi que je connais[1] ? Je n'en sais rien ; je ne dispute pas maintenant de cela, je ne puis donner mon jugement que des choses qui me sont connues : j'ai reconnu que j'étais, et je cherche quel je suis, moi que j'ai reconnu être[2]. Or il
22 est très certain que cette notion et connaissance de moi-même, ainsi précisément prise[3], ne dépend point des choses dont l'existence ne m'est pas encore connue ; ni par conséquent, et à plus forte raison, d'aucune de celles qui sont feintes et inventées par l'imagination. Et même ces termes de feindre et d'imaginer m'avertissent de mon erreur ; car je feindrais en effet, si j'imaginais être quelque chose, puisque imaginer n'est autre chose que contempler la figure ou l'image d'une chose corporelle. Or je sais déjà certainement que je suis, et que tout ensemble il se peut faire que toutes ces images-là, et généralement toutes les choses que l'on rapporte à la nature du corps, ne soient que des songes ou des chimères. En suite de quoi je vois clairement que j'aurais aussi peu de raison en disant : j'exciterai mon imagination pour connaître plus distinctement qui je suis, que si je disais : je suis maintenant éveillé, et j'aperçois quelque chose de réel et de véritable ; mais, parce que je ne l'aperçois pas encore assez nettement, je m'endormirai tout exprès, afin que mes songes me représentent cela même avec plus de vérité et d'évi-

1. De *ce moi que je connais.*
2. Quel je suis, moi, *ce moi que j'ai reconnu être.*
3. De *cet être ainsi précisément pris.*

Sed quid igitur sum? Res cogitans. Quid est hoc? Nempe dubitans, intelligens, affirmans, negans, volens, nolens, imaginans quoque, & sentiens. Non pauca sane hæc sunt, si cuncta ad me pertineant. Sed quidni pertinerent? Nonne ego ipse sum qui jam dubito fere de omnibus, qui nonnihil tamen intelligo, qui hoc unum verum esse affirmo, nego cætera, cupio plura nosse, nolo decipi, multa vel invitus imaginor, multa etiam tanquam a sensibus venientia animadverto? Quid
29 est horum, quamvis semper dormiam, quamvis etiam is qui me creavit, quantum in se est, me deludat, quod non æque verum sit ac me esse? Quid est quod a mea cogitatione distinguatur? Quid est quod a me ipso separatum dici possit? Nam quod ego sim qui dubitem, qui intelligam, qui velim, tam manifestum est, ut nihil occurrat per quod evidentius explicetur. Sed vero etiam ego idem sum qui imaginor; nam quamvis forte, ut supposui, nulla prorsus res imaginata vera sit, vis tamen ipsa imaginandi revera existit, & cogitationis meæ partem facit. Idem denique ego sum qui sentio, sive qui res corporeas tanquam per sensus animadverto : videlicet jam lucem video, strepitum audio, calorem sentio. Falsa hæc sunt, dormio enim. At certe videre videor, audire, calescere. Hoc falsum esse non potest; hoc est proprie quod in me sentire appellatur; atque hoc præcise sic sumptum nihil aliud est quam cogitare.

dence. Et ainsi, je reconnais certainement que rien de tout ce que je puis comprendre par le moyen de l'imagination, n'appartient à cette connaissance que j'ai de moi-même, et qu'il est besoin de rappeler et détourner son esprit de cette façon de concevoir, afin qu'il puisse lui-même reconnaître bien distinctement sa nature.

Mais qu'est-ce donc que je suis ? Une chose qui pense. Qu'est-ce qu'une chose qui pense ? C'est-à-dire une chose qui doute, qui conçoit, qui affirme, qui nie, qui veut, qui ne veut pas, qui imagine aussi, et qui sent. Certes ce n'est pas peu si toutes ces choses appartiennent à ma nature. Mais pourquoi n'y appartiendraient-elles pas ? Ne suis-je pas encore ce même qui doute presque de tout, qui néanmoins entends et conçois certaines choses, qui assure et affirme celles-là seules êtres véritables, qui nie toutes les autres, qui veux et désire d'en connaître davantage, qui ne veux pas être trompé, qui imagine beaucoup de choses, même quelquefois en dépit que j'en aie, et qui en sens aussi beaucoup, comme par l'entremise des organes du corps ? Y a-t-il rien de tout cela qui ne soit aussi véritable qu'il est certain que je suis, et que j'existe, quand même je dormirais toujours, et que celui qui m'a donné l'être se servirait de toutes ses forces pour m'abuser ? Y a-t-il aussi aucun de ces attributs qui puisse être distingué de ma pensée, ou qu'on puisse dire être séparé de moi-même ? Car il est de soi si évident que c'est moi qui doute, qui entends, et qui désire, qu'il n'est pas ici besoin de rien ajouter pour
23 l'expliquer. Et j'ai aussi certainement la puissance d'imaginer ; car encore qu'il puisse arriver (comme j'ai supposé auparavant) que les choses que j'imagine ne soient pas vraies, néanmoins cette puissance d'imaginer ne laisse pas d'être réellement en moi, et fait partie de ma pensée. Enfin je suis le même qui sens, c'est-à-dire qui reçois et connais les choses comme par les organes des sens, puisqu'en effet je vois la lumière, j'ouïs le bruit, je ressens la chaleur. Mais l'on me dira que ces apparences sont fausses et que je dors. Qu'il soit ainsi ;

Ex quibus equidem aliquanto melius incipio nosse quisnam sim; sed adhuc tamen videtur, nec possum abstinere quin putem, res corporeas, quarum imagines cogitatione formantur, & quas ipsi sensus explorant, multo distinctius agnosci quam istud nescio quid mei, quod sub imaginationem non venit : quanquam profecto sit mirum, res quas animadverto esse dubias, ignotas, a me alienas, distinctius quam quod verum est, quod cognitum, quam denique me ipsum, a me comprehendi. Sed video quid sit : gaudet aberrare mens mea, necdum se patitur intra veritatis limites cohiberi. Esto igitur, & adhuc semel laxissimas habenas ei permittamus, ut, illis paulo post opportune reductis, facilius se regi patiatur.

Consideremus res illas quæ vulgo putantur omnium distinctissime comprehendi : corpora scilicet, quæ tangimus, quæ videmus; non quidem corpora in communi, generales enim istæ perceptiones aliquanto magis confusæ esse solent, sed unum in particulari. Sumamus, exempli causa, hanc ceram : nuperrime ex favis fuit educta; nondum amisit omnem saporem sui mellis; nonnihil retinet odoris florum ex quibus collecta est; ejus color, figura, magnitudo, manifesta sunt; dura est, frigida est, facile tangitur, ac, si articulo ferias, emittet sonum; omnia denique illi adsunt quæ requiri videntur, ut corpus aliquod possit quam distinctissime cognosci. Sed ecce, dum loquor, igni admovetur; saporis reliquiæ purgantur, odor expirat, color mutatur, figura tollitur, crescit magnitudo, fit liquida, fit calida, vix tangi potest, nec jam, si pulses, emittet sonum. Remanetne adhuc eadem cera? Remanere fatendum est; nemo negat, nemo aliter putat.

toutefois, à tout le moins, il est très certain qu'il me
semble que je vois, que j'ouïs, et que je m'échauffe ; et
c'est proprement ce qui en moi s'appelle sentir, et cela,
pris ainsi précisément, n'est rien autre chose que penser. D'où je commence à connaître quel je suis, avec un
peu plus de lumière et de distinction que ci-devant.

Mais je ne me puis empêcher de croire que les choses
corporelles, dont les images se forment par ma pensée,
et qui tombent sous les sens, ne soient plus distinctement connues que cette je ne sais quelle partie de
moi-même qui ne tombe point sous l'imagination :
quoiqu'en effet ce soit une chose bien étrange, que des
choses que je trouve douteuses et éloignées, soient plus
clairement et plus facilement connues de moi, que
celles qui sont véritables et certaines, et qui appartiennent à ma propre nature. Mais je vois bien ce que
c'est : mon esprit se plaît de s'égarer, et ne se peut
encore contenir dans les justes bornes de la vérité.
Relâchons-lui donc encore une fois la bride, afin que,
venant ci-après à la retirer doucement et à propos, nous
le puissions plus facilement régler et conduire.

Commençons par la considération des choses les plus
communes, et que nous croyons comprendre le plus
distinctement, à savoir les corps que nous touchons et
que nous voyons. Je n'entends pas parler des corps en
général, car ces notions générales sont d'ordinaire plus
confuses, mais de quelqu'un en particulier. Prenons
pour exemple ce morceau de cire qui vient d'être tiré de
la ruche : il n'a pas encore perdu la douceur du miel
qu'il contenait, il retient encore quelque chose de
l'odeur des fleurs dont il a été recueilli ; sa couleur, sa
figure, sa grandeur, sont apparentes ; il est dur, il est
froid, on le touche, et si vous le frappez, il rendra
quelque son. Enfin toutes les choses qui peuvent distinctement faire connaître un corps, se rencontrent en
celui-ci.

Mais voici que, cependant que je parle, on l'approche
du feu : ce qui y restait de saveur s'exhale, l'odeur
s'évanouit, sa couleur se change, sa figure se perd, sa
grandeur augmente, il devient liquide, il s'échauffe, à

Quid erat igitur in ea quod tam distincte comprehendebatur? Certe nihil eorum quæ sensibus attingebam; nam quæcunque sub gustum, vel odoratum, vel visum, vel tactum, vel auditum, veniebant, mutata jam sunt; remanet cera. Fortassis illud erat quod nunc cogito : nempe ceram ipsam non quidem fuisse istam deulcediqnem mellis, nec florum fragrantiam, nec istam albedinem, nec figuram, nec sonum, sed corpus quod mihi apparebat paulo ante modis istis conspicuum, nunc diversis. Quid est autem hoc præcise quod sic imaginor? Attendamus, &, remotis iis quæ ad ceram non pertinent, videamus quid supersit : nempe nihil aliud quam extensum quid, flexibile, mutabile. Quid vero est hoc flexibile, mutabile? An quod imaginor, hanc ceram ex figura rotunda in quadratam, vel ex hac in triangularem verti posse? Nullo modo; nam innumerabilium ejusmodi mutationum capacem eam esse comprehendo, nec possum tamen innumerabiles imaginando percurrere; nec igitur comprehensio hæc ab imaginandi facultate perficitur. Quid extensum? Nunquid etiam ipsa ejus extensio est ignota? Nam in cera liquescente fit major, major in ferventi, majorque rursus, si calor augeatur; nec recte judicarem quid sit cera, nisi putarem hanc etiam plures secundum extensionem varietates admittere, quam fuerim unquam imaginando complexus. Superest igitur ut concedam, me nequidem imaginari quid sit hæc cera, sed sola mente percipere; dico hanc in particulari, de cera enim in communi clarius est. Quænam vero est hæc cera, quæ non nisi mente percipitur? Nempe eadem quam video, quam tango, quam imaginor, eadem denique quam ab initio esse arbitrabar. Atqui, quod notandum est, ejus perceptio non visio, non tactio, non imaginatio est, nec unquam fuit, quamvis prius ita videretur, sed solius mentis inspectio, quæ vel imperfecta esse potest & confusa, ut prius erat, vel clara & distincta, ut nunc est, prout minus vel magis ad illa ex quibus constat attendo.

24 peine le peut-on toucher, et quoiqu'on le frappe, il ne
rendra plus aucun son. La même cire demeure-t-elle
après ce changement? Il faut avouer qu'elle demeure;
et personne ne le peut nier[1]. Qu'est-ce donc que l'on
connaissait en ce morceau de cire avec tant de distinction? Certes ce ne peut être rien de tout ce que j'y ai
remarqué par l'entremise des sens, puisque toutes les
choses qui tombaient sous le goût, ou l'odorat, ou la
vue, ou l'attouchement, ou l'ouïe, se trouvent changées, et cependant la même cire demeure[2]. Peut-être
était-ce ce que je pense maintenant, à savoir que la cire[3]
n'était pas ni cette douceur du miel, ni cette agréable
odeur des fleurs, ni cette blancheur, ni cette figure, ni
ce son, mais seulement un corps qui un peu auparavant
me paraissait sous ces formes, et qui maintenant se fait
remarquer sous d'autres. Mais qu'est-ce, précisément
parlant, que j'imagine, lorsque je la conçois en cette
sorte? Considérons-le attentivement, et éloignant
toutes les choses qui n'appartiennent point à la cire,
voyons ce qui reste. Certes il ne demeure rien que
quelque chose d'étendu, de flexible et de muable. Or
qu'est-ce que cela : flexible et muable? N'est-ce pas
que j'imagine que cette cire étant ronde est capable de
devenir carrée, et de passer du carré en une figure
triangulaire? Non certes, ce n'est pas cela, puisque je la
conçois capable de recevoir une infinité de semblables
changements[4], et je ne saurais néanmoins parcourir
cette infinité par mon imagination, et par conséquent
cette conception que j'ai de la cire ne s'accomplit pas
par la faculté d'imaginer. Qu'est-ce maintenant que
cette extension? N'est-elle pas aussi inconnue, puisque
dans la cire qui se fond elle augmente, et se trouve
encore plus grande quand elle est entièrement fondue,
et beaucoup plus encore quand la chaleur augmente
davantage? Et je ne concevrais pas clairement et selon

1. Personne *ne le nie, personne ne pense autrement.*
2. La *cire demeure.*
3. La cire *elle-même.*
4. Puisque *je comprends qu'elle est capable d'innombrables changements de cette sorte.* Plus loin, *conception* traduit de même *comprehensio.*

Miror vero interim quam prona sit mea mens in errores; nam quamvis hæc apud me tacitus & sine voce 32 considerem, hæreo tamen in verbis ipsis, & fere decipior ab ipso usu loquendi. Dicimus enim nos videre ceram ipsammet, si adsit, non ex colore vel ex figura eam adesse judicare. Unde concluderem statim : ceram ergo visione oculi, non solius mentis inspectione, cognosci; nisi jam forte respexissem ex fenestra homines in platea transeuntes, quos etiam ipsos non minus usitate quam ceram dico me videre. Quid autem video præter pileos & vestes, sub quibus latere possent automata? Sed judico homines esse. Atque ita id quod putabam me videre oculis, sola judicandi facultate, quæ in mente mea est, comprehendo.

la vérité ce que c'est que la cire, si je ne pensais qu'elle est capable de recevoir plus de variétés selon l'extension, que je n'en ai jamais imaginé. Il faut donc que je tombe d'accord, que je ne saurais pas même concevoir par l'imagination ce que c'est que cette cire, et qu'il n'y a que mon entendement seul qui le conçoive[1]. Je dis ce morceau de cire en particulier, car pour la cire en général, il est encore plus évident. Or quelle est cette cire, qui ne peut être conçue que par l'entendement ou l'esprit[2] ? Certes c'est la même que je vois, que je touche, que j'imagine, et la même que je connaissais dès le commencement. Mais ce qui est à remarquer, sa perception, ou bien l'action par laquelle on l'aperçoit, n'est point une vision, ni un attouchement, ni une imagination, et ne l'a jamais été, quoiqu'il le semblât ainsi auparavant, mais seulement une inspection de l'esprit[3], laquelle peut être imparfaite et confuse, comme elle était auparavant, ou bien claire et distincte, comme elle est à présent, selon que mon attention se porte plus ou moins aux choses qui sont en elle, et dont elle est composée.

Cependant je ne me saurais trop étonner, quand je considère combien mon esprit a de faiblesse, et de pente qui le porte insensiblement dans l'erreur. Car encore que sans parler je considère tout cela en moi-même, les paroles toutefois m'arrêtent, et je suis presque trompé par les termes du langage ordinaire ; car nous disons que nous voyons la même cire, si on nous la présente, et non pas que nous jugeons que c'est la même, de ce qu'elle a même couleur et même figure[4] ; d'où je voudrais presque conclure, que l'on connaît la cire par la vision des yeux, et non par la seule inspection de l'esprit, si par hasard je ne regardais d'une fenêtre des hommes qui passent dans la rue, à la vue desquels je ne

1. Et *que je la perçois par l'esprit seul.*
2. Qui *n'est perçue que par l'esprit.*
3. Mais une *inspection de l'esprit seul.* De même à l'alinéa suivant.
4. Nous disons que nous voyons *la cire elle-même, si elle est présente, et non pas que nous jugeons, à partir de la couleur ou de la figure, qu'elle est présente.*

Sed pudeat supra vulgus sapere cupientem, ex formis
loquendi quas vulgus invenit dubitationem quæsivisse;
pergamusque deinceps, attendendo utrum ego perfectius evidentiusque percipiebam quid esset cera, cum
primum aspexi, credidique me illam ipso sensu
externo, vel saltem sensu communi, ut vocant, id est
potentia imaginatrice, cognoscere? An vero potius
nunc, postquam diligentius investigavi tum quid ea sit,
tum quomodo cognoscatur? Certe hac de re dubitare
esset ineptum; nam quid fuit in prima perceptione
distinctum? Quid quod non a quovis animali haberi
posse videretur? At vero cum ceram ab externis formis
distinguo, & tanquam vestibus detractis nudam considero, sic illam revera, quamvis adhuc error in judicio
meo esse possit, non possum tamen sine humana mente
percipere.

33 Quid autem dicam de hac ipsa mente, sive de me
ipso? Nihildum enim aliud admitto in me esse præter
mentem. Quid, inquam, ego qui hanc ceram videor tam
distincte percipere? Nunquid me ipsum non tantum
multo verius, multo certius, sed etiam multo distinctius
evidentiusque, cognosco? Nam, si judico ceram existere, ex eo quod hanc videam, certe multo evidentius
efficitur me ipsum etiam existere, ex eo ipso quod hanc
videam. Fieri enim potest ut hoc quod video non vere
sit cera; fieri potest ut ne quidem oculos habeam,
quibus quidquam videatur; sed fieri plane non potest,

manque pas de dire que je vois des hommes, tout de
même que je dis que je vois de la cire ; et cependant que
vois-je de cette fenêtre, sinon des chapeaux et des
manteaux, qui peuvent couvrir des spectres ou des
hommes feints qui ne se remuent que par ressorts[1] ?
Mais je juge que ce sont de vrais hommes ; et ainsi je
comprends, par la seule puissance de juger qui réside
en mon esprit, ce que je croyais voir de mes yeux.

Un homme qui tâche d'élever sa connaissance au-
delà du commun, doit avoir honte de tirer des occasions
de douter des formes et des termes de parler du vulgaire ; j'aime mieux passer outre, et considérer si je
concevais avec plus d'évidence et de perfection ce
qu'était la cire, lorsque je l'ai d'abord aperçue, et que
j'ai cru la connaître par le moyen des sens extérieurs, ou
à tout le moins du sens commun, ainsi qu'ils appellent,
c'est-à-dire de la puissance imaginative, que je ne la
conçois à présent, après avoir plus exactement examiné
ce qu'elle est, et de quelle façon elle peut être connue.
Certes il serait ridicule de mettre cela en doute. Car
qu'y avait-il dans cette première perception qui fût
distinct et évident, et qui ne pourrait pas tomber en
même sorte dans le sens du moindre des animaux ?
Mais quand je distingue la cire d'avec ses formes
extérieures, et que, tout de même que si je lui avais ôté
ses vêtements, je la considère toute nue, certes,
quoiqu'il se puisse encore rencontrer quelque erreur
dans mon jugement, je ne la puis concevoir de cette
sorte sans un esprit humain.

Mais enfin que dirai-je de cet esprit, c'est-à-dire de
moi-même ? Car jusques ici je n'admets en moi autre
chose qu'un esprit. Que prononcerai-je, dis-je, de moi
26 qui semble concevoir avec tant de netteté et de distinction ce morceau de cire ? Ne me connais-je pas moi-
même, non seulement avec bien plus de vérité et de
certitude, mais encore avec beaucoup plus de distinction et de netteté ? Car si je juge que la cire est, ou
existe, de ce que je la vois, certes il suit bien plus
évidemment que je suis ou que j'existe moi-même, de

1. Couvrir *des automates*.

cum videam, sive (quod jam non distinguo) cum cogitem me videre, ut ego ipse cogitans non aliquid sim.
Simili ratione, si judico ceram esse, ex eo quod hanc
tangam, idem rursus efficietur, videlicet me esse. Si ex
eo quod imaginer, vel quavis alia ex causa, idem plane.
Sed & hoc ipsum quod de cera animadverto, ad reliqua
omnia, quæ sunt extra me posita, licet applicare. Porro
autem, si magis distincta visa sit ceræ perceptio, postquam mihi, non ex solo visu vel tactu, sed pluribus ex
causis innotuit, quanto distinctius me ipsum a me nunc
cognosci fatendum est, quandoquidem nullæ rationes
vel ad ceræ, vel ad cujuspiam alterius corporis perceptionem possint juvare, quin eædem omnes mentis meæ
naturam melius probent! Sed & alia insuper tam multa
sunt in ipsa mente, ex quibus ejus notitia distinctior
reddi potest, ut ea, quæ ex corpore ad illam emanant,
vix numeranda videantur.

Atque ecce tandem sponte sum reversus eo quo
34 volebam; nam cum mihi nunc notum sit ipsamet corpora, non proprie a sensibus, vel ab imaginandi facultate, sed a solo intellectu percipi, nec ex eo percipi quod
tangantur aut videantur, sed tantum ex eo quod intelli-
gantur, aperte cognosco nihil facilius aut evidentius
mea mente posse a me percipi. Sed quia tam cito deponi
veteris opinionis consuetudo non potest, placet hic
consistere, ut altius hæc nova cognitio memoriæ meæ
diuturnitate meditationis infigatur.

ce que je la vois. Car il se peut faire que ce que je vois ne
soit pas en effet de la cire ; il peut aussi arriver que je n'aie
pas même des yeux pour voir aucune chose ; mais il ne se
peut pas faire que, lorsque je vois, ou (ce que je ne
distingue plus) lorsque je pense voir, que moi qui pense
ne sois quelque chose. De même, si je juge que la cire
existe, de ce que je la touche, il s'ensuivra encore la même
chose, à savoir que je suis ; et si je le juge de ce que mon
imagination me le persuade, ou de quelque autre cause
que ce soit, je conclurai toujours la même chose. Et ce que
j'ai remarqué ici de la cire, se peut appliquer à toutes les
autres choses qui me sont extérieures, et qui se rencontrent hors de moi. Or si la notion ou la connaissance
de la cire semble être plus nette et plus distincte, après
qu'elle a été découverte non seulement par la vue ou par
l'attouchement, mais encore par beaucoup d'autres
causes, avec combien plus d'évidence, de distinction et de
netteté, me dois-je connaître moi-même, puisque toutes
les raisons qui servent à connaître et concevoir la nature
de la cire, ou de quelque autre corps, prouvent beaucoup
plus facilement et plus évidemment la nature de mon
esprit ? Et il se rencontre encore tant d'autres choses en
l'esprit même, qui peuvent contribuer à l'éclaircissement
de sa nature, que celles qui dépendent du corps[1], comme
celles-ci, ne méritent quasi pas d'être nombrées.

Mais enfin me voici insensiblement revenu où je voulais ; car, puisque c'est une chose qui m'est à présent
connue, qu'à proprement parler nous ne concevons les
corps[2] que par la faculté d'entendre qui est en nous, et
non point par l'imagination ni par les sens, et que nous ne
les connaissons pas de ce que nous les voyons, ou que
nous les touchons, mais seulement de ce que nous les
concevons par la pensée, je connais évidemment qu'il n'y
a rien qui me soit plus facile à connaître que mon esprit.
Mais, parce qu'il est presque impossible de se défaire si
promptement d'une ancienne opinion, il sera bon que je
m'arrête un peu en cet endroit, afin que, par la longueur
de ma méditation, j'imprime plus profondément en ma
mémoire cette nouvelle connaissance.

1. Celles qui *émanent du corps vers l'âme.*
2. Nous ne *percevons les corps eux-mêmes.*

MEDITATIO TERTIA

De Deo, quod exista

Claudam nunc oculos, aures obturabo, avocabo
omnes sensus, imagines etiam rerum corporalium
omnes vel ex cogitatione mea delebo, vel certe, quia hoc
fieri vix potest, illas ut inanes & falsas nihili pendam,
meque solum alloquendo & penitius inspiciendo, meipsum paulatim mihi magis notum & familiarem red-
dere conabor. Ego sum res cogitans, id est dubitans,
affirmans, negans, pauca intelligens, multa ignorans,
volens, nolens, imaginans etiam & sentiens; ut enim
ante animadverti, quamvis illa quæ sentio vel imaginor
35 extra me fortasse nihil sint, illos tamen cogitandi
modos, quos sensus & imaginationes / appello, quatenus cogitandi quidam modi tantum sunt, in me esse
sum certus. Atque his paucis monia recensui quæ vere
scio, vel saltem quæ me scire hactenus animadverti.

Nunc circumspiciam diligentius an forte adhuc apud
me alia sint ad quæ nondum respexi. Sum certus me
esse rem cogitantem. Nunquid ergo etiam scio quid
requiratur ut de aliqua re sim certus? Nempe in hac
prima cognitione nihil aliud est, quam clara quædam &

MÉDITATION TROISIÈME

De Dieu, qu'il existe.

Je fermerai maintenant les yeux, je boucherai mes oreilles, je détournerai tous mes sens, j'effacerai même de ma pensée toutes les images des choses corporelles, ou du moins, parce qu'à peine cela se peut-il faire, je les réputerai comme vaines et comme fausses; et ainsi m'entretenant seulement moi-même, et considérant mon intérieur, je tâcherai de me rendre peu à peu plus connu et plus familier à moi-même. Je suis une chose qui pense, c'est-à-dire qui doute, qui affirme, qui nie, qui connaît peu de choses, qui en ignore beaucoup, qui aime, qui hait[1], qui veut, qui ne veut pas, qui imagine aussi, et qui sent. Car, ainsi que j'ai remarqué ci-devant, quoique les choses que je sens et que j'imagine ne soient peut-être rien du tout hors de moi et en elles-mêmes, je suis néanmoins assuré que ces façons de penser, que j'appelle sentiments et imaginations, en tant seulement qu'elles sont des façons de penser, résident et se rencontrent certainement en moi. Et dans ce peu que je viens de dire, je crois avoir rapporté tout ce que je sais véritablement, ou du moins tout ce que jusques ici j'ai remarqué que je savais.

Maintenant je considérerai plus exactement si peut-être il ne se retrouve point en moi d'autres connaissances que je n'aie pas encore aperçues. Je suis certain

---

1. *Qui aime, qui hait* : addition de la version française.

distincta perceptio ejus quod affirmo; quæ sane non sufficeret ad me certum de rei veritate reddendum, si posset unquam contingere, ut aliquid, quod ita clare & distincte perciperem, falsum esset; ac proinde jam videor pro regula generali posse statuere, illud omne esse verum, quod valde clare & distincte percipio.

Verumtamen multa prius ut omnino certa & manifesta admisi, quæ tamen postea dubia esse deprehendi. Qualia ergo ista fuere? Nempe terra, cœlum, sydera & cætera ominia quæ sensibus usurpabam. Quid autem de illis clare percipiebam? Nempe ipsas talium rerum ideas, sive cogitationes, menti meæ observari. Sed ne nunc quidem illas ideas in me esse inficior. Aliud autem quiddam erat quod affirmabam, quodque etiam ob consuetudinem credendi clare me percipere arbitrabar, quod tamen revera non percipiebam : nempe res quasdam extra me esse, a quibus ideæ istæ procedebant, & quibus omnino similes erant. Atque hoc erat, in quo vel fallebar, vel certe, si verum judicabam, id non ex vi meæ perceptionis contingebat.

Quid vero? Cum circa res Arithmeticas vel Geometricas aliquid valde simplex & facile considerabam, ut quod duo & tria simul juncta sint quinque, vel similia, nunquid saltem illa satis perspicue intuebar, ut vera esse affirmarem? Equidem non aliam ob causam de iis dubitandum esse postea judicavi, quam quia veniebat in mentem forte aliquem Deum talem mihi naturam indere potuisse, ut etiam circa illa deciperer, quæ manifestissima viderentur. Sed quoties hæc præcon-

que je suis une chose qui pense ; mais ne sais-je donc pas aussi ce qui est requis pour me rendre certain de quelque chose ? Dans cette première connaissance, il ne se rencontre rien qu'une claire et distincte perception de ce que je connais ; laquelle de vrai ne serait pas suffisante pour m'assurer qu'elle est vraie[1], s'il pouvait jamais arriver qu'une chose que je concevrais ainsi clairement et distinctement se trouvât fausse. Et partant il me semble que déjà je puis établir pour règle générale, que toutes les choses que nous concevons fort clairement et fort distinctement, sont toutes vraies.

Toutefois j'ai reçu et admis ci-devant plusieurs choses comme très certaines et très manifestes, lesquelles néanmoins j'ai reconnu par après être douteuses et incertaines. Quelles étaient donc ces choses-là ? C'était la terre, le ciel, les astres, et toutes les autres choses que j'apercevais par l'entremise de mes sens. Or qu'est-ce que je concevais clairement et distinctement en elles ? Certes, rien autre chose sinon que les idées ou les pensées de ces choses se présentaient à mon esprit. Et encore à présent je ne nie pas que ces idées ne se rencontrent en moi. Mais il y avait encore une autre chose que j'assurais, et qu'à cause de l'habitude que j'avais à la croire, je pensais apercevoir très clairement, quoique véritablement je ne l'aperçusse point, à savoir qu'il y avait des choses hors de moi, d'où procédaient ces idées, et auxquelles elles étaient tout à fait semblables. Et c'était en cela que je me trompais ; ou, si peut-être je jugeais selon la vérité, ce n'était aucune connaissance que j'eusse, qui fût cause de la vérité de mon jugement.

Mais lorsque je considérais quelque chose de fort simple et de fort facile touchant l'arithmétique et la géométrie, par exemple que deux et trois joints ensemble produisent le nombre de cinq, et autres choses semblables, ne les concevais-je pas au moins assez clairement pour assurer qu'elles étaient vraies ? Certes, si j'ai jugé depuis qu'on pouvait douter de ces

---

1. Pour *me rendre certain de la vérité de la chose*.

cepta de summa Dei potentia opinio mihi occurit, non possum non fateri, siquidem velit, facile illi esse efficere ut errem, etiam in iis quæ me puto mentis oculis quam evidentissime intueri. Quoties vero ad ipsas res, quas valde clare percipere arbitror, me converto, tam plane ab illis persuadeor, ut sponte erumpam in has voces : fallat me quisquis potest, nunquam tamen efficiet ut nihil sim, quandiu me aliquid esse cogitabo ; vel ut aliquando verum sit me nunquam fuisse, cum jam verum sit me esse ; vel forte etiam ut duo & tria simul juncta plura vel pauciora sint quam quinque, vel similia, in quibus scilicet repugnantiam agnosco manifestam. Et certe cum nullam occasionem habeam existimandi aliquem Deum esse deceptorem, nec quidem adhuc satis sciam utrum sit aliquis Deus, valde tenuis &, ut ita loquar, Metaphysica dubitandi ratio est, quæ tantum ex ea opinione dependet. Ut autem etiam illa tollatur, quamprimum occurret occasio, examinare debeo an sit Deus, &, si sit, an possit esse deceptor ; hac enim re ignorata, non videor de ulla alia plane certus esse unquam posse.

37 Nunc autem ordo videtur exigere, ut prius omnes meas cogitationes in certa genera distribuam, & in quibusnam ex illis veritas aut falistas proprie consistat, inquiram.

choses, ce n'a point été pour autre raison, que parce qu'il me venait en l'esprit, que peut-être quelque Dieu avait pu me donner une telle nature, que je me trompasse même touchant les choses qui me semblent les plus manifestes. Mais toutes les fois que cette opinion ci-devant conçue de la souveraine puissance d'un Dieu se présente à ma pensée, je suis contraint d'avouer qu'il lui est facile, s'il le veut, de faire en sorte que je m'abuse, même dans les choses que je crois connaître avec une évidence très grande[1]. Et au contraire toutes les fois que je me tourne vers les choses que je pense concevoir fort clairement, je suis tellement persuadé par elles, que de moi-même je me laisse emporter à ces paroles : Me trompe qui pourra, si est-ce qu'il ne saurait jamais faire que je ne sois rien, tandis que je penserai être quelque chose ; ou que quelque jour il soit vrai que je n'aie jamais été, étant vrai maintenant que je suis ; ou bien[2] que deux et trois joints ensemble fassent plus ni moins que cinq, ou choses semblables, que je vois clairement ne pouvoir être d'autre façon que je les conçois.

Et certes, puisque je n'ai aucune raison de croire qu'il y ait quelque Dieu qui soit trompeur, et même que je n'aie pas encore considéré celles qui prouvent qu'il y a un Dieu, la raison de douter qui dépend seulement de cette opinion est bien légère, et pour ainsi dire métaphysique. Mais afin de la pouvoir tout à fait ôter, je dois examiner s'il y a un Dieu, sitôt que l'occasion s'en présentera ; et si je trouve qu'il y en ait un, je dois aussi examiner s'il peut être trompeur : car sans la connaissance de ces deux vérités, je ne vois pas que je puisse jamais être certain d'aucune chose[3].

Et afin que je puisse avoir occasion d'examiner cela sans interrompre l'ordre de méditer que je me suis proposé, qui est de passer par degrés des notions que je

---

1. Que je *pense voir le plus évidemment qu'il se peut avec les yeux de l'esprit*.
2. Ou *peut-être même*.
3. Car *dans l'ignorance de cette chose, je ne vois pas que je puisse jamais être tout à fait certain d'aucune autre*.

Quædam ex his tanquam rerum imagines sunt, quibus solis proprie conventi ideæ nomen : ut cum hominem, vel Chimæram, vel Cœlum, vel Angelum, vel Deum cogito. Aliæ vero alias quasdam præterea formas habent : ut, cum volo, cum timeo, cum affirmo, cum nego, semper quidem aliquam rem ut subjectum meæ cogitationis apprehendo, sed aliquid etiam amplius quam istius rei similitudinem cogitatione complector; & ex his aliæ voluntates, sive affectus, aliæ autem judicia appellantur.

Jam quod ad ideas attinet, si solæ in se spectentur, nec ad aliud quid illas referam, falsæ proprie esse non possunt; nam sive capram, sive chimæram imaginer, non minus verum est me unam imaginari quam alteram. Nulla etiam in ipsa voluntate, vel affectibus, falsitas est timenda; nam, quamvis prava quamvis etiam ea quæ nusquam sunt, possim optare, non tamen ideo non verum est illa me optare. Ac proinde sola supersunt judicia, in quibus mihi cavendum est ne fallar. Præcipuus autem error & frequentissimus qui possit in illis reperiri, consistit in eo quod ideas, quæ in me sunt, judicem rebus quibusdam extra me positis similes esse sive conformes; nam profecto, si tantum ideas ipsas ut cogitationis meæ quosdam modos considerarem, nec ad quidquam aliud referrem, vix mihi ullam errandi materiam dare possent.

trouverai les premières en mon esprit à celles que j'y pourrai trouver par après, il faut ici[1] que je divise toutes mes pensées en certains genres, et que je considère dans lesquels de ces genres il y a proprement de la vérité ou de l'erreur.

Entre mes pensées, quelques-unes sont comme les images des choses, et c'est à celles-là seules que convient proprement le nom d'idée : comme lorsque je me représente un homme, ou une chimère, ou le ciel, ou un ange, ou Dieu même. D'autres, outre cela, ont quelques autres formes : comme, lorsque je veux, que je crains, que j'affirme ou que je nie, je conçois bien alors quelque chose comme le sujet de l'action de mon esprit, mais j'ajoute aussi quelque autre chose par cette action à l'idée que j'ai de cette chose-là ; et de ce genre de pensées, les unes sont appelées volontés ou affections, et les autres jugements.

Maintenant, pour ce qui concerne les idées, si on les considère seulement en elles-mêmes, et qu'on ne les rapporte point à quelque autre chose, elles ne peuvent, à proprement parler, être fausses ; car soit que j'imagine une chèvre ou une chimère, il n'est pas moins vrai que j'imagine l'une que l'autre.

Il ne faut pas craindre aussi qu'il se puisse rencontrer de la fausseté dans les affections ou volontés ; car encore que je puisse désirer des choses mauvaises, ou même qui ne furent jamais, toutefois il n'est pas pour cela moins vrai que je les désire.

Ainsi il ne reste plus que les seuls jugements, dans lesquels je dois prendre garde soigneusement de ne me point tromper. Or la principale erreur et la plus ordinaire qui s'y puisse rencontrer, consiste en ce que je juge que les idées qui sont en moi sont semblables ou conformes à des choses qui sont hors de moi ; car certainement, si je considérais seulement les idées comme des certains modes ou façons de ma pensée, sans les vouloir rapporter à quelque autre chose d'extérieur, à peine me pourraient-elles donner occasion de faillir.

1. Et *maintenant l'ordre semble exiger*.

Ex his autem ideis aliæ innatæ, aliæ adventitiæ, aliæ a
38 me ipso factæ mihi videntur : nam quod intelligam
quid sit res, quid sit veritas, quid sit cogitatio, hæc non
aliunde habere videor quam ab ipsamet mea natura;
quod autem nunc strepitum audiam, solem videam,
ignem sentiam, a rebus quibusdam extra me positis
procedere hactenus judicavi; ac denique Syrenes, Hip-
pogryphes, & similia, a me ipso finguntur. Vel forte
etiam omnes esse adventitias possum putare, vel omnes
innatas, vel omnes factas : nondum enim veram illarum
originem clare perspexi.

Sed hic præcipue de iis est quærendum, quas tanquam a rebus extra me existentibus desumptas considero, quænam me moveat ratio ut illas istis rebus
similes esse existimem. Nempe ita videor doctus a
natura. Et præterea experior illas non a mea voluntate
nec proinde a me ipso pendere; sæpe enim vel invito
obversantur : ut jam, sive velim, sive nolim, sentio
calorem, & ideo puto sensum illum, sive ideam caloris,
a re a me diversa, nempe ab ignis, cui assideo, calore,
mihi advenire. Nihilque magis obvium est, quam ut
judicem istam rem suam similitudinem potius quam
aliud in me immittere.

Quæ rationes, an satis firmæ sint, jam videbo. Cum
hic dico me ita doctum esse a natura, intelligo tantum
spontaneo quodam impetu me ferri ad hoc credendum,
non lumine aliquo naturali mihi ostendi esse verum.

Or de ces idées les unes me semblent être nées avec moi, les autres être étrangères et venir de dehors, et les autres être faites et inventées par moi-même. Car, que j'aie la faculté de concevoir ce que c'est qu'on nomme en général une chose, ou une vérité, ou une pensée, il me semble que je ne tiens point cela d'ailleurs que de ma nature propre ; mais si j'ouïs maintenant quelque
30 bruit, si je vois le soleil, si je sens de la chaleur, jusqu'à cette heure j'ai jugé que ces sentiments procédaient de quelques choses qui existent hors de moi ; et enfin il me semble que les sirènes, les hippogriffes et toutes les autres semblables chimères sont des fictions et inventions de mon esprit. Mais aussi peut-être me puis-je persuader que toutes ces idées sont du genre de celles que j'appelle étrangères, et qui viennent de dehors, ou bien qu'elles sont toutes nées avec moi, ou bien qu'elles ont toutes été faites par moi ; car je n'ai point encore clairement découvert leur véritable origine. Et ce que j'ai principalement à faire en cet endroit, est de considérer, touchant celles qui me semblent venir de quelques objets qui sont hors de moi, quelles sont les raisons qui m'obligent à les croire semblables à ces objets.

La première de ces raisons est qu'il me semble que cela m'est enseigné par la nature ; et la seconde, que j'expérimente en moi-même que ces idées ne dépendent point de ma volonté[1] ; car souvent elles se présentent à moi malgré moi, comme maintenant, soit que je le veuille, soit que je ne le veuille pas, je sens de la chaleur, et pour cette cause je me persuade que ce sentiment ou bien cette idée de la chaleur est produite en moi par une chose différente de moi, à savoir par la chaleur du feu auprès duquel je me rencontre. Et je ne vois rien qui me semble plus raisonnable, que de juger que cette chose étrangère envoie et imprime en moi sa ressemblance plutôt qu'aucune autre chose.

Maintenant il faut que je voie si ces raisons sont assez fortes et convaincantes. Quand je dis qu'il me semble

---

1. De ma volonté *ni par conséquent de moi-même*.

Quæ duo multum discrepant; nam quæcumque lumine
naturali mihi ostenduntur, ut quod ex eo quod dubitem, sequatur me esse, & similia, nullo modo dubia
esse possunt, quia nulla alia facultas esse potest, cui
39 æque fidam ac lumini isti, quæque illa / non vera esse
possit docere; sed quantum ad impetus naturales, jam
sæpe olim judicavi me ab illis in deteriorem partem
fuisse impulsum, cum de bono eligendo ageretur, nec
video cur iisdem in ulla alia re magis fidam.

Deinde, quamvis ideæ illæ a voluntate mea non
pendeant, non ideo constat ipsas a rebus extra me
positis necessario procedere. Ut enim impetus illi, de
quibus mox loquebar, quamvis in me sint, a voluntate
tamen mea diversi esse videntur, ita forte etiam aliqua
alia est in me facultas, nondum mihi satis cognita,
istarum idearum effectrix, ut hactenus semper visum
est illas, dum somnio, absque ulla rerum externarum
ope, in me formari.

Ac denique, quamvus a rebus a me diversis procederent, non inde sequitur illas rebus istis similes esse
debere. Quinimo in multis sæpe magnum discrimen
videor deprehendisse : ut, exempli causa, duas diversas
solis ideas apud me invenio, unam tanquam a sensibus
haustam, & quæ maxime inter illas quas adventitias
existimo est recensenda, per quam mihi valde parvus
apparet, aliam vero ex rationibus Astronomiæ desump-
tam, hoc est ex notionibus quibusdam mihi innatis
elicitam, vel quocumque alio modo a me factam, per

que cela m'est enseigné par la nature, j'entends seulement par ce mot de nature une certaine inclination qui
me porte à croire cette chose, et non pas une lumière
naturelle qui me fasse connaître qu'elle est vraie. Or ces
deux choses diffèrent beaucoup entre elles ; car je ne
saurais rien révoquer en doute de ce que la lumière
naturelle me fait voir être vrai, ainsi qu'elle m'a tantôt
fait voir que, de ce que je doutais, je pouvais conclure
que j'étais. Et je n'ai en moi aucune autre faculté, ou
puissance, pour distinguer le vrai du faux, qui me
puisse enseigner que ce que cette lumière me montre
comme vrai ne l'est pas, et à qui je me puisse tant fier
qu'à elle. Mais, pour ce qui est des inclinations qui me
semblent aussi m'être naturelles, j'ai souvent remarqué, lorsqu'il a été question de faire choix entre les
vertus et les vices, qu'elles ne m'ont pas moins porté au
mal qu'au bien ; c'est pourquoi je n'ai pas sujet de les
suivre non plus en ce qui regarde le vrai et le faux.

31   Et pour l'autre raison, qui est que ces idées doivent
venir d'ailleurs, puisqu'elles ne dépendent pas de ma
volonté, je ne la trouve non plus convaincante. Car tout
de même que ces inclinations, dont je parlais tout
maintenant, se trouvent en moi, nonobstant qu'elles ne
s'accordent pas toujours avec ma volonté, ainsi peut-
être qu'il y a en moi quelque faculté ou puissance
propre à produire ces idées sans l'aide d'aucune chose
extérieure, bien qu'elle ne me soit pas encore connue ;
comme en effet il m'a toujours semblé jusques ici que,
lorsque je dors, elles se forment ainsi en moi sans l'aide
des objets qu'elles représentent. Et enfin, encore que je
demeurasse d'accord qu'elles sont causées par ces
objets, ce n'est pas une conséquence nécessaire qu'elles
doivent leur être semblables. Au contraire, j'ai souvent
remarqué, en beaucoup d'exemples, qu'il y avait une
grande différence entre l'objet et son idée. Comme, par
exemple, je trouve dans mon esprit deux idées du soleil
toutes diverses : l'une tire son origine des sens, et doit
être placée dans le genre de celles que j'ai dit ci-dessus
venir de dehors, par laquelle il me paraît extrêmement
petit ; l'autre est prise des raisons de l'astronomie,

quam aliquoties major quam terra exhibetur; utraque
profecto similis eidem soli extra me existenti esse non
potest, & ratio persuadet illam ei maxime esse dissimi-
lem, quæ quam proxime ab ipso videtur emanasse.

Quæ omnia satis demonstrant me non hactenus ex
40 certo judicio[1], sed tantum ex cæco aliquo impulsu,
credidisse res quasdam a me diversas existere, quæ
ideas sive imagines suas per organa sensuum, vel quolibet alio pacto, mihi immittant.

Sed alia quædam adhuc via mihi occurrit ad inquirendum an res aliquæ, ex iis quarum ideæ in me sunt,
extra me existant. Nempe, quatenus ideæ istæ cogitandi
quidam modi tantum sunt, non agnosco ullam inter
ipsas inæqualitatem, & omnes a me eodem modo procedere videntur; sed, quatenus una unam rem, alia aliam
repræsentat, patet easdem esse ab invicem valde diversas. Nam proculdubio illæ quæ substantias mihi exhibent, majus aliquid sunt, atque, ut ita loquar, plus
realitatis objectivæ in se continent, quam illæ quæ
tantum modos, sive accidentia, repræsentant; & rursus
illa per quam summum aliquem Deum, æternum,
infinitum, omniscium, omnipotentem, rerumque
omnium, quæ præter ipsum sunt, creatorem intelligo,
plus profecto realitatis objectivæ in se habet, quam illæ
per quas finitæ subtantiæ exhibentur.

---

1. La première édition porte : *ex certo aliquo judicio*.

c'est-à-dire de certaines notions nées avec moi, ou enfin est formée par moi-même de quelque sorte que ce puisse être, par laquelle il me paraît plusieurs fois plus grand que toute la terre. Certes, ces deux idées que je conçois du soleil, ne peuvent pas être toutes deux semblables au même soleil; et la raison me fait croire que celle qui vient immédiatement de son apparence[1], est celle qui lui est le plus dissemblable.

Tout cela me fait assez connaître que jusques à cette heure ce n'a point été par un jugement certain et prémédité, mais seulement par une aveugle et téméraire impulsion, que j'ai cru qu'il y avait des choses hors de moi, et différentes de mon être, qui, par les organes de mes sens, ou par quelque autre moyen que ce puisse être, envoyaient en moi leurs idées ou images, et y imprimaient leurs ressemblances.

Mais il se présente encore une autre voie pour rechercher si, entre les choses dont j'ai en moi les idées, il y en a quelques-unes qui existent hors de moi. A savoir, si ces idées sont prises en tant seulement que ce sont de certaines façons de penser, je ne reconnais entre elles aucune différence ou inégalité, et toutes semblent procéder de moi d'une même sorte; mais, les considérant comme des images, dont les unes représentent une chose et les autres une autre, il est évident qu'elles sont fort différentes les unes des autres. Car, en effet, celles 32 qui me représentent des substances sont sans doute quelque chose de plus, et contiennent en soi (pour ainsi parler) plus de réalité objective, c'est-à-dire participent par représentation à plus de degrés d'être ou de perfection, que celles qui me représentent seulement des modes ou accidents. De plus, celle par laquelle je conçois un Dieu souverain, éternel, infini, immuable, tout connaissant, tout puissant, et Créateur universel de toutes les choses qui sont hors de lui; celle-là, dis-je, a certainement en soi plus de réalité objective, que celles par qui les substances finies me sont représentées.

---

1. Celle qui *semble en avoir émané le plus immédiatement qu'il se peut*.

Jam vero lumine naturali manifestum est tantumdem
ad minimum esse debere in causa efficiente & totali,
quantum in ejusdem causæ effectu. Nam, quæso, unde-
nam posset assumere realitatem suam effectus, nisi a
causa? Et quomodo illam ei causa dare posset, nisi
etiam haberet? Hinc autem sequitur, nec posse aliquid
a nihilo fieri, nec etiam id quod magis perfectum est,
41 hoc est quod realitatis in se con / tinet, ab eo quod
minus. Atque hoc non modo perspicue verum est de iis
effectibus, quorum realitas est actualis sive formalis,
sed etiam de ideis, in quibus consideratur tantum
realitas objectiva. Hoc est, non modo non potest, exempli causa, aliquis lapis, qui prius non fuit, nunc incipere
esse, nisi producatur ab aliqua re in qua totum illud sit
vel formaliter vel eminenter, quod ponitur in lapide;
nec potest calor in subjectum quod prius non calebat
induci, nisi a re quæ sit ordinis saltem æque perfecti
atque est calor, & sic de cæteris; sèd præterea etiam non
potest in me esse idea caloris, vel lapidis, nisi in me
posita sit ab aliqua causa, in qua tantumdem ad minimum sit realitatis quantum esse in calore vel lapide
concipio. Nam quamvis ista causa nihil de sua realitate
actuali· sive formali in meam ideam transfundat, non
ideo putandum est illam minus realem esse debere, sed
talem esse naturam ipsius ideæ, ut nullam aliam ex se
realitatem formalem exigat, præter illam quam mutua-
tur a cogitatione mea, cujus est modus. Quod autem
hæc idea realitatem objectivam hanc vel illam contineat
potius quam aliam, hoc profecto habere debet ab aliqua
causa in qua tantumdem sit ad minimum realitatis
formalis quantum ipsa continet objectivæ. Si enim
ponamus, aliquid in idea reperiri, quod non fuerit in
ejus causa, hoc igitur habet a nihilo; atqui quantumvis
imperfectus sit iste essendi modus, quo res est objective
intellectu per ideam, non tamen profecto plane nihil
est, nec proinde a nihilo esse potest.

Maintenant c'est une chose manifeste par la lumière naturelle qu'il doit y avoir pour le moins autant de réalité dans la cause efficiente et totale que dans son effet : car d'où est-ce que l'effet peut tirer sa réalité, sinon de sa cause ? Et comment cette cause la lui pourrait-elle communiquer, si elle ne l'avait en elle-même ?

Et de là il suit, non seulement que le néant ne saurait produire aucune chose, mais aussi que ce qui est plus parfait, c'est-à-dire qui contient en soi plus de réalité, ne peut être une suite et une dépendance du moins parfait. Et cette vérité n'est pas seulement claire et évidente dans les effets qui ont cette réalité que les philosophes appellent actuelle ou formelle, mais aussi dans les idées où l'on considère seulement la réalité qu'ils nomment objective. Par exemple, la pierre qui n'a point encore été, non seulement ne peut pas maintenant commencer d'être, si elle n'est produite par une chose qui possède en soi formellement, ou éminemment, tout ce qui entre en la composition de la pierre, c'est-à-dire qui contienne en soi les mêmes choses ou d'autres plus excellentes que celles qui sont dans la pierre ; et la chaleur ne peut être produite dans un sujet qui en était auparavant privé, si ce n'est par une chose qui soit d'un ordre, d'un degré ou d'un genre au moins aussi parfait que la chaleur, et ainsi des autres. Mais encore, outre cela, l'idée de la chaleur, ou de la pierre, ne peut pas être en moi, si elle n'y a été mise par quelque cause, qui contienne en soi pour le moins autant de réalité que j'en conçois dans la chaleur ou dans la pierre. Car encore que cette cause-là ne transmette en mon idée aucune chose de sa réalité actuelle ou formelle, on ne doit pas pour cela s'imaginer que cette cause doive être moins réelle ; mais on doit savoir que toute idée étant un ouvrage de l'esprit, sa nature est telle qu'elle ne demande de soi aucune autre réalité formelle, que celle qu'elle reçoit et emprunte de la pensée ou de l'esprit, dont elle est seulement un mode, c'est-à-dire une manière ou façon de penser. Or, afin qu'une idée
33 contienne une telle réalité objective plutôt qu'une

Nec etiam debeo suspicari, cum realitas quam considero in meis ideis sit tantum objectiva, non opus esse ut
42 eadem realitas sit formaliter in causis istarum idearum,
sed sufficere, si sit in iis etiam objective. Nam quemadmodum iste modus essendi objectivus competit ideis ex
ipsarum natura, ita modus essendi formalis competit
idearum causis, saltem primis & præcipuis, ex earum
natura. Et quamvis forte una idea ex alia nasci possit,
non tamen hic datur progressus in infinitum, sed tandem ad aliquam primam debet deveniri, cujus sit instar
archetypi, in quo omnis realitas formaliter contineatur,
quæ est in idea tantum objective. Adeo ut lumine
naturali mihi sit perspicuum ideas in me esse veluti
quasdam imagines, quæ possunt quidem facile dificere
a perfectione rerum a quibus sunt desumptæ, non
autem quicquam majus aut perfectius continere.

Atque hæc omnia, quo diutius & curiosius examino,
tanto clarius & distinctius vera esse cognosco. Sed quid
tandem ex his concludam ? Nempe si realitas objectiva
alicujus ex meis ideis sit tanta ut certus sim eandem nec
formaliter nec eminenter in me esse, nec proinde me
ipsum ejus ideæ causam esse posse, hinc necessario

autre, elle doit sans doute avoir cela de quelque cause,
dans laquelle il se rencontre pour le moins autant de
réalité formelle que cette idée contient de réalité objective. Car si nous supposons qu'il se trouve quelque
chose dans l'idée, qui ne se rencontre pas dans sa cause,
il faut donc qu'elle tienne cela du néant ; mais, pour
imparfaite que soit cette façon d'être, par laquelle une
chose est objectivement ou par représentation dans
l'entendement par son idée, certes, on ne peut pas
néanmoins dire que cette façon et manière-là ne soit
rien, ni par conséquent que cette idée tire son origine
du néant. Je ne dois pas aussi douter qu'il ne soit
nécessaire que la réalité soit formellement dans les
causes de mes idées, quoique la réalité que je considère
dans ces idées soit seulement objective, ni penser qu'il
suffit que cette réalité se rencontre objectivement dans
leurs causes ; car, tout ainsi que cette manière d'être
objectivement appartient aux idées de leur propre
nature, de même aussi la manière ou la façon d'être
formellement appartient aux causes de ces idées (à tout
le moins aux premières et principales) de leur propre
nature. Et encore qu'il puisse arriver qu'une idée donne
la naissance à une autre idée, cela ne peut pas toutefois
être à l'infini, mais il faut à la fin parvenir à une
première idée, dont la cause soit comme un patron ou
un original, dans lequel toute la réalité ou perfection
soit contenue formellement et en effet, qui se rencontre
seulement objectivement ou par représentation dans ces
idées. En sorte que la lumière naturelle me fait
connaître évidemment que les idées sont en moi comme
des tableaux, ou des images, qui peuvent à la vérité
facilement déchoir de la perfection des choses dont elles
ont été tirées, mais qui ne peuvent jamais rien contenir
de plus grand ou de plus parfait.

Et d'autant plus longuement et soigneusement j'examine toutes ces choses, d'autant plus clairement et
distinctement je connais qu'elles sont vraies. Mais enfin
que conclurai-je de tout cela ? C'est à savoir que, si la
réalité objective de quelqu'une de mes idées est telle,
que je connaisse clairement qu'elle n'est point en moi,

sequi, non me solum esse in mundo, sed aliquam aliam rem, quæ istius ideæ est causa, etiam existere. Si vero nulla talis in me idea reperiatur, nullum plane habebo argumentum quod me de alicujus rei a me diversæ existentia certum reddat; omnia enim diligentissime circumspexi, & nullum aliud potui hactenus reperire.

Ex his autem meis ideis, præter illam quæ me ipsum mihi exhibet, de qua hic nulla difficultas esse potest, 43 alia est quæ Deum, aliæ quæ res corporeas & inanimes, aliæ quæ Angelos, aliæ quæ animalia, ac denique aliæ quæ alios homines mei similes repræsentant.

Et quantum ad ideas quæ alios homines, vel animalia, vel Angelos exhibent, facile intelligo illas ex iis quas habeo mei ipsius & rerum corporalium & Dei posse componi, quamvis nulli præter me homines, nec animalia, nec Angeli, in mundo essent.

Quantum autem ad ideas rerum corporalium, nihil in illis occurrit, quod sit tantum ut non videatur a me ipso potuisse proficisci; nam si penitius inspiciam, & singulas examinem eo modo quo heri examinavi ideam ceræ, animadverto, perpauca tantum esse quæ in illis clare & distincte percipio : nempe magnitudinem, sive extensionem in longum, latum, & profundum; figuram, quæ ex terminatione istius extensionis exsurgit; situm, quem diversa figurata inter se obtinent; & motum, sive mutationem istius situs; quibus addi possunt substantia, duratio, & numerus : cætera autem, ut lumen & colors, soni, odores, sapores, calor & frigus, aliæque tactiles qualitates, nonnisi valde confuse & obscure a me cogitantur, adeo ut etiam ignorem an sint veræ, vel falsæ, hoc est, an ideæ, quas de illis habeo, sint rerum quaraundam ideæ, an non rerum. Quamvis enim falsitatem proprie dictam, sive formalem, nonnisi in judiciis

ni formellement, ni éminemment, et que par conséquent je ne puis pas moi-même en être la cause, il suit de là nécessairement que je ne suis pas seul dans le monde, mais qu'il y a encore quelque autre chose qui existe, et qui est la cause de cette idée ; au lieu que, s'il ne se rencontre point en moi de telle idée, je n'aurai aucun argument qui me puisse convaincre et rendre certain de l'existence d'aucune autre chose que de moi-même ; car je les ai tous soigneusement recherchés, et je n'en ai pu trouver aucun autre jusqu'à présent.

34

Or entre ces idées, outre celle qui me représente à moi-même, de laquelle il ne peut y avoir ici aucune difficulté, il y en a une autre qui me représente un Dieu, d'autres des choses corporelles et inanimées, d'autres des anges, d'autres des animaux, et d'autres enfin qui me représentent des hommes semblables à moi. Mais pour ce qui regarde les idées qui me représentent d'autres hommes, ou des animaux, ou des anges, je conçois facilement qu'elles peuvent être formées par le mélange et la composition des autres idées que j'ai des choses corporelles et de Dieu, encore que hors de moi il n'y eût point d'autres hommes dans le monde, ni aucun animal, ni aucun ange. Et pour ce qui regarde les idées des choses corporelles, je n'y reconnais rien de si grand ni de si excellent, qui ne me semble pouvoir venir de moi-même ; car, si je les considère de plus près, et si je les examine de la même façon que j'examinai hier l'idée de la cire, je trouve qu'il ne s'y rencontre que fort peu de chose que je conçoive clairement et distinctement : à savoir, la grandeur ou bien l'extension en longueur, largeur et profondeur ; la figure qui est formée par les termes et les bornes de cette extension ; la situation que les corps diversement figurés gardent entre eux ; et le mouvement ou le changement de cette situation ; auxquelles on peut ajouter la substance, la durée, et le nombre. Quant aux autres choses, comme la lumière, les couleurs, les sons, les odeurs, les saveurs, la chaleur, le froid, et les autres qualités qui tombent sous l'attouchement, elles se rencontrent dans ma pensée avec tant d'obscurité et de

posse reperiri paulo ante notaverim, est tamen profecto
quædam alia falsitas materialis in ideis, cum non rem
tanquam rem repræsentant : ita, exempli causa, ideæ
44 quas habeo caloris & frigoris, tam parum claræ &
distinctæ sunt, ut ab iis discere non possim, an frigus sit
tantum privatio caloris, vel calor privatio frigoris, vel
utrumque sit realis qualitas, vel neutrum. Et quia nullæ
ideæ nisi tanquam rerum esse possunt, siquidem verum
sit frigus nihil aliud esse quam privationem caloris, idea
quæ mihi illud tanquam reale quid & positivum repræsentat, non immerito falsa dicetur, & sic de cæteris.
Quibus profecto non est necesse ut aliquem authorem a
me diversum assignem ; nam, si quidem sint falsæ, hoc
est nullas res repræsentent, lumine naturali notum mihi
est illas a nihilo procedere, hoc est, non aliam ob
causam in me esse quam quia deest aliquid naturæ
meæ, nec est plane perfecta ; si autem sint veræ, quia
tamen tam parum realitatis mihi exhibent, ut ne quidem illud a non re possim distinguere, non video cur a
me ipso esse non possint.

Ex iis vero quæ in ideis rerum corporalium clara &
distincta sunt, quædam ab idea mei ipsius videor
mutuari potuisse, nempe substantiam, durationem,
numerum, & si quæ alia sint ejusmodi ; nam cum cogito
lapidem esse substantiam, sive esse rem quæ per se apta

confusion, que j'ignore même si elles sont véritables, ou fausses et seulement apparentes, c'est-à-dire si les idées que je conçois de ces qualités sont en effet les idées de quelques choses réelles, ou bien si elles ne me représentent que des êtres chimériques, qui ne peuvent exister. Car, encore que j'aie remarqué ci-devant, qu'il n'y a que dans les jugements que se puisse rencontrer la vraie et formelle fausseté, il se peut néanmoins trouver dans les idées une certaine fausseté matérielle, à savoir, lorsqu'elles représentent ce qui n'est rien comme si c'était quelque chose. Par exemple, les idées que j'ai du froid et de la chaleur sont si peu claires et si peu distinctes, que par leur moyen je ne puis pas discerner si le froid est seulement une privation de la chaleur, ou la chaleur une privation du froid, ou bien si l'une et l'autre sont des qualités réelles, ou si elles ne le sont pas ; et d'autant que, les idées étant comme des images, il n'y en peut avoir aucune qui ne nous semble représenter quelque chose, s'il est vrai de dire que le froid ne soit autre chose qu'une privation de la chaleur, l'idée qui me le représente comme quelque chose de réel et de positif, ne sera pas mal à propos appelée fausse, et ainsi des autres semblables idées ; auxquelles certes il n'est pas nécessaire que j'attribue d'autre auteur que moi-même. Car, si elles sont fausses, c'est-à-dire si elles représentent des choses qui ne sont point[1], la lumière naturelle me fait connaître qu'elles procèdent du néant, c'est-à-dire qu'elles ne sont en moi, que parce qu'il manque quelque chose à ma nature, et qu'elle n'est pas toute parfaite. Et si ces idées sont vraies, néanmoins, parce qu'elles me font paraître si peu de réalité, que même je ne puis pas nettement discerner la chose représentée d'avec le non être, je ne vois point de raison pourquoi elles ne puissent être produites par moi-même, et que je n'en puisse être l'auteur.

Quant aux idées claires et distinctes que j'ai des choses corporelles, il y en a quelques-unes qu'il semble que j'ai pu tirer de l'idée que j'ai de moi-même, comme

---

1. Si elles *ne représentent aucune chose*.

est existere, itemque me esse substantiam, quamvis
concipiam me esse rem cogitantem & non extensam,
lapidem vero esse rem extensam & non cogitantem, ac
proinde maxima inter utrumque conceptum sit diversi-
tas, in ratione tamen substantiæ videntur convenire;
itemque, cum percipio me nunc esse, & prius etiam
aliquamdiu fuisse recordor, cumque varias habeo cogi-
45 tationes quarum numerum intelligo, acquiro / ideas
durationis & numeri, quas deinde ad quascunque alias
res possum transferre.

Cætera autem omnia ex quibus rerum corporearum
ideæ conflantur, nempe extensio, figura, situs, &
motus, in me quidem, cum nihil aliud sim quam res
cogitans, formaliter non continuentur; sed quia sunt
tantum modi quidam substantiæ, ego autem substantia,
videntur in me contineri posse eminenter.

Itaque sola restat idea Dei, in qua considerandum est
an aliquid sit quod a me ipso non potuerit proficisci.
Dei nomine intelligo substantiam quandam infinitam,
independentem, summe intelligentem, summe potentem, & a qua tum ego ipse, tum aliud omne, si quid
aliud extat, quodcumque extat, est creatum. Quæ sane
omnia talia sunt ut, quo diligentius attendo, tanto
minus a me solo profecta esse posse videantur. Ideoque
ex antedictis, Deum necessario existere, est concludendum.

Nam quamvis substantiæ quidem idea in me sit ex
hoc ipso quod sim substantia, non tamen idcirco esset

celle que j'ai de la substance, de la durée, du nombre, et d'autres choses semblables. Car, lorsque je pense que la pierre est une substance, ou bien une chose qui de soi est capable d'exister, puisque je suis une substance, quoique je conçoive bien que je suis une chose qui pense et non étendue, et que la pierre au contraire est une chose étendue et qui ne pense point, et qu'ainsi entre ces deux conceptions il se rencontre une notable différence, toutefois elles semblent convenir en ce qu'elles représentent des substances. De même, quand je pense que je suis maintenant, et que je me ressouviens outre cela d'avoir été autrefois, et que je conçois plusieurs diverses pensées dont je connais le nombre, alors j'acquiers en moi les idées de la durée et du nombre, lesquelles, par après, je puis transférer à toutes les autres choses que je voudrai.

Pour ce qui est des autres qualités dont les idées des choses corporelles sont composées, à savoir, l'étendue, la figure, la situation, et le mouvement de lieu, il est vrai qu'elles ne sont point formellement en moi, puisque je ne suis qu'une chose qui pense ; mais parce que ce sont seulement de certains modes de la substance, et comme les vêtements sous lesquels la substance corporelle nous paraît[1], et que je suis aussi moi-même une substance, il semble qu'elles puissent être contenues en moi éminemment.

Partant il ne reste que la seule idée de Dieu, dans laquelle il faut considérer s'il y a quelque chose qui n'ait pu venir de moi-même. Par le nom de Dieu j'entends une substance infinie, éternelle, immuable, indépendante, toute connaissante, toute puissante, et par laquelle moi-même, et toutes les autres choses qui sont (s'il est vrai qu'il y en ait qui existent) ont été créées et produites. Or ces avantages sont si grands et si éminents, que plus attentivement je les considère, et moins je me persuade que l'idée que j'en ai puisse tirer son origine de moi seul. Et par conséquent il faut néces-

36

---

1. *Et comme les vêtements sous lesquels la substance corporelle nous paraît :* addition de la version française.

idea substantiæ infinitæ, cum sim finitus, nisi ab aliqua
substantia, quæ revera esset infinita, procederet.

Nec putare debeo me non percipere infinitum per
veram ideam, sed tantum per negationem finiti, ut
percipio quietem & tenebras per negationem motus &
lucis, nam contra manifeste intelligo plus realitatis esse
in substantia infinita quam in finita, ac proinde priorem
quodammodo in me esse perceptionem infiniti quam
finiti, hoc est Dei quam mei ipsius. Qua enim ratione
intelligerem me dubitare, me / cupere, hoc est, aliquid
mihi deesse, & me non esse omnino perfectum, si nulla
idea entis perfectioris in me esset, ex cujus compara-
tione defectus meos agnoscerem?

Nec dici potest hanc forte ideam Dei materialiter
falsam esse, ideoque a nihilo esse posse, ut paulo ante
de ideis caloris & frigoris, & similium, animadverti;
nam contra, cum maxime clara & distincta sit, & plus
realitatis objectivæ quam ulla alia contineat, nulla est
per se magis vera, nec in qua minor falsitatis suscipio
reperiatur. Est, inquam, hæc idea entis summe perfecti
& infiniti maxime vera; nam quamvis forte fingi possit
tale ens non existere, non tamen fingi potest ejus ideam
nihil reale mihi exhibere, ut de idea frigoris ante dixi.
Est etiam maxime clara & distincta; nam quidquid
clare & distincte percipio, quod est reale & verum, &
quod perfectionem aliquam importat, totum in ea continetur. Nec obstat quod non comprehendam infinitum, vel quod alia innumera in Deo sint, quæ nec
comprehendere, nec forte etiam attingere cogitatione,
ullo modo possum; est enim de ratione infiniti, ut a me,
qui sum finitus, non comprehendatur; & sufficit me
hoc ipsum intelligere, ac judicare, illa omnia quæ clare

sairement conclure de tout ce que j'ai dit auparavant, que Dieu existe ; car, encore que l'idée de la substance soit en moi, de cela même que je suis une substance, je n'aurais pas néanmoins l'idée d'une substance infinie, moi qui suis un être fini, si elle n'avait été mise en moi par quelque substance qui fût véritablement infinie.

Et je ne me dois pas imaginer que je ne conçois pas l'infini par une véritable idée, mais seulement par la négation de ce qui est fini, de même que je comprends le repos et les ténèbres par la négation du mouvement et de la lumière : puisqu'au contraire je vois manifestement qu'il se rencontre plus de réalité dans la substance infinie que dans la substance finie, et partant que j'ai en quelque façon premièrement en moi la notion de l'infini, que du fini, c'est-à-dire de Dieu, que de moi-même. Car comment serait-il possible que je pusse connaître que je doute et que je désire, c'est-à-dire qu'il me manque quelque chose et que je ne suis pas tout parfait, si je n'avais en moi aucune idée d'un être plus parfait que le mien, par la comparaison duquel je connaîtrais les défauts de ma nature ?

Et l'on ne peut pas dire que peut-être cette idée de Dieu est matériellement fausse, et que par conséquent je la puis tenir du néant, c'est-à-dire qu'elle peut être en moi pour ce que j'ai du défaut, comme j'ai dit ci-devant des idées de la chaleur et du froid, et d'autres choses semblables : car, au contraire, cette idée étant fort claire et fort distincte, et contenant en soi plus de réalité objective qu'aucune autre, il n'y en a point qui soit de soi plus vraie, ni qui puisse être moins soupçonnée d'erreur et de fausseté.

L'idée, dis-je, de cet être souverainement parfait et infini est entièrement vraie ; car, encore que peut-être l'on puisse feindre qu'un tel être n'existe point, on ne peut pas feindre néanmoins que son idée ne me représente rien de réel, comme j'ai tantôt dit de l'idée du froid.

Cette même idée est aussi fort claire et fort distincte, puisque tout ce que mon esprit conçoit clairement et distinctement de réel et de vrai, et qui contient en soi

percipio, & perfectionem aliquam importare scio, atque
etiam forte alia innumera quæ ignoro, vel formaliter vel
eminenter in Deo esse, ut idea quam de illo habeo sit
omnium quæ in me sunt maxime vera, & maxime clara
& distincta.

Sed forte majus aliquid sum quam ipse intelligam,
omnesque illæ perfectiones quas Deo tribuo, potentia
quodammodo in me sunt, etiamsi nondum sese exe-
47 rant, neque / ad actum reducantur. Experior enim jam
cognitionem meam paulatim augeri; nec video quid
obstet quo minus ita magis & magis augeatur in infinitum, nec etiam cur, cognitione sic aucta, non possim
ejus ope reliquas omnes Dei perfectiones adipisci; nec
denique cur potentia ad istas perfectiones, si jam in me
est, non sufficiat ad illarum ideam producendam. Imo
nihil horum esse potest. Nam primo, ut verum sit
cognitionem meam gradatim augeri, & multa in me esse
potentia quæ actu nondum sunt, nihil tamen horum ad
ideam Dei pertinet, in qua nempe nihil omnino est
potentiale; namque hoc ipsum, gradatim augeri certissimum est imperfectionis argumentum. Præterea,
etiamsi cognitio mea semper magis & magis augeatur,
nihilominus intelligo nunquam illam idcirco fore actu
infinitam, quia nunquam eo devenietur, ut majoris
adhuc incrementi non sit capax; Deum autem ita judico
esse actu infinitum, ut nihil ejus perfectioni addi possit.
Ac denique percipio esse objectivum ideæ non a solo
esse potentiali, quod proprie loquendo nihil est, sed
tantummodo ab actuali sive formali posse produci.

quelque perfection, est contenu et renfermé tout entier dans cette idée.

37   Et ceci ne laisse pas d'être vrai, encore que je ne comprenne pas l'infini, ou même qu'il se rencontre en Dieu une infinité de choses que je ne puis comprendre, ni peut-être aussi atteindre aucunement par la pensée : car il est de la nature de l'infini, que ma nature, qui est finie et bornée, ne le puisse comprendre ; et il suffit que je conçoive bien cela, et que je juge que toutes les choses que je conçois clairement, et dans lesquelles je sais qu'il y a quelque perfection, et peut-être aussi une infinité d'autres que j'ignore, sont en Dieu formellement ou éminemment, afin que l'idée que j'en ai soit la plus vraie, la plus claire et la plus distincte de toutes celles qui sont en mon esprit.

Mais peut-être aussi que je suis quelque chose de plus que je ne m'imagine, et que toutes les perfections que j'attribue à la nature d'un Dieu, sont en quelque façon en moi en puissance, quoiqu'elles ne se produisent pas encore, et ne se fassent point paraître par leurs actions. En effet j'expérimente déjà que ma connaissance s'augmente et se perfectionne peu à peu, et je ne vois rien qui la puisse empêcher de s'augmenter de plus en plus jusques à l'infini ; puis, étant ainsi accrue et perfectionnée, je ne vois rien qui empêche que je ne puisse m'acquérir par son moyen toutes les autres perfections de la nature divine ; et enfin il semble que la puissance que j'ai pour l'acquisition de ces perfections, si elle est en moi, peut être capable d'y imprimer et d'y introduire leurs idées. Toutefois, en y regardant un peu de près, je reconnais que cela ne peut être ; car, premièrement, encore qu'il fût vrai que ma connaissance acquît tous les jours de nouveaux degrés de perfection, et qu'il y eût en ma nature beaucoup de choses en puissance, qui n'y sont pas encore actuellement, toutefois tous ces avantages n'appartiennent et n'approchent en aucune sorte de l'idée que j'ai de la Divinité, dans laquelle rien ne se rencontre seulement en puissance, mais tout y est actuellement et en effet. Et même n'est-ce pas un argument infaillible et très certain

Neque profecto quicquam est in his omnibus, quod diligenter attendenti non sit lumine naturali manifestum; sed quia, cum minus attendo, & rerum sensibilium imagines mentis aciem excæcant, non ita facile recordor, cur idea entis me perfectioris necessario ab ente aliquo procedat quod sit revera perfectius, ulterius 48 quærere libet an ego / ipse habens illam edeam esse possem, si tale ens nullum existeret.

Nempe a quo essem? A me scilicet, vel a parentibus, vel ab aliis quibuslibet Deo minus perfectis; nihil enim ipso perfectius, nec etiam æque perfectum, cogitari aut fingi potest.

Atqui, si a me essem, nec dubitarem, nec optarem, nec omnino quicquam mihi deesset; omnes enim perfectiones quarum idea aliqua in me est, mihi dedissem, atque ita ipsemet Deus essem. Nec putare debeo illa forsan quæ mihi desunt difficilius acquiri posse, quam illa quæ jam in me sunt; nam contra, manifestum est longe difficilius fuisse me, hoc est rem sive substantiam cogitantem, ex nihilo emergere, quam multarum rerum

d'imperfection en ma connaissance, de ce qu'elle s'accroît peu à peu, et qu'elle s'augmente par degrés ? Davantage, encore que ma connaissance s'augmentât de plus en plus, néanmoins je ne laisse pas de concevoir qu'elle ne saurait être actuellement infinie, puisqu'elle n'arrivera jamais à un si haut point de perfection, qu'elle ne soit encore capable d'acquérir quelque plus grand accroissement. Mais je conçois Dieu actuelle ment infini en un si haut degré, qu'il ne se peut rien ajouter à la souveraine perfection qu'il possède. Et enfin je comprends fort bien que l'être objectif d'une idée ne peut être produit par un être qui existe seule-

38 ment en puissance, lequel à proprement parler n'est rien, mais seulement par un être formel ou actuel.

Et certes je ne vois rien en tout ce que je viens de dire, qui ne soit très aisé à connaître par la lumière naturelle à tous ceux qui voudront y penser soigneuse-ment ; mais lorsque je relâche quelque chose de mon attention, mon esprit se trouvant obscurci et comme aveuglé par les images des choses sensibles, ne se ressouvient pas facilement de la raison pourquoi l'idée que j'ai d'un être plus parfait que le mien, doit néces-sairement avoir été mise en moi par un être qui soit en effet plus parfait.

C'est pourquoi je veux ici passer outre, et considérer si moi-même, qui ai cette idée de Dieu, je pourrais être, en cas qu'il n'y eût point de Dieu. Et je demande, de qui aurais-je mon existence ? Peut-être de moi-même, ou de mes parents, ou bien de quelques autres causes moins parfaites que Dieu ; car on ne se peut rien imaginer de plus parfait, ni même d'égal à lui.

Or, si j'étais indépendant de tout autre, et que je fusse moi-même l'auteur de mon être, certes je ne douterais d'aucune chose, je ne concevrais plus de désirs, et enfin il ne me manquerait aucune perfection ; car je me serais donné moi-même toutes celles dont j'ai en moi quelque idée, et ainsi je serais Dieu.

Et je ne me dois point imaginer que les choses qui me manquent sont peut-être plus difficiles à acquérir, que celles dont je suis déjà en possession ; car au contraire il

quas ignoro cognitiones[1], quæ tantum istius substantiæ
accidentia sunt, acquirere. Ac certe, si majus illud a me
haberem, non mihi illa saltem, quæ facilius haberi
possunt, denegassem, sed neque etiam ulla alia ex iis,
quæ in idea Dei contineri percipio; quia nempe nulla
difficiliora factu mihi videntur; si quæ autem difficiliora factu essent, certe etiam mihi difficiliora viderentur, siquidem reliqua quæ habeo, a me haberem, quoniam in illis potentiam meam terminari experirer.

Neque vim harum rationum effugio, si supponam me
forte semper fuisse ut nunc sum, tanquam si inde
sequeretur, nullum existentiæ meæ authorem esse quærendum. Quoniam enim omne tempus vitæ in partes
49 innumeras / dividi potest, quarum singulæ a reliquis
nullo modo dependent, ex eo quod paulo ante fuerim,
non sequitur me nunc debere esse, nisi aliqua causa me
quasi rursus creet ad hoc momentum, hoc est me
conservet. Perspicuum enim est attendenti ad temporis
naturam, eadam plane vi & actione opus esse ad rem
quamlibet singulis momentis quibus durat conservan-
dam, qua opus esset ad eandem de novo creandam, si
nondum existeret; adeo ut conservationem sola ratione
a creatione differre, sit etiam unum ex iis quæ lumine
naturali manifesta sunt.

---

1. La première édition porte *cogitationes* au lieu de *cognitiones*.

est très certain qu'il a été beaucoup plus difficile que moi, c'est-à-dire une chose ou une substance qui pense, sois sorti du néant, qu'il ne me serait d'acquérir les lumières et les connaissances de plusieurs choses que j'ignore, et qui ne sont que des accidents de cette substance. Et ainsi sans difficulté, si je m'étais moi-même donné ce plus que je viens de dire, c'est-à-dire si j'étais l'auteur de ma naissance et de mon existence, je ne me serais pas privé au moins des choses qui sont de plus facile acquisition, à savoir de beaucoup de connaissances dont ma nature est dénuée ; je ne me serais pas privé non plus d'aucune des choses qui sont contenues dans l'idée que je conçois de Dieu, parce qu'il n'y en a aucune qui me semble de plus difficile acquisition[1] ; et s'il en avait quelqu'une, certes elle me paraîtrait telle (supposé que j'eusse de moi toutes les autres choses que je possède), puisque j'expérimenterais que ma puissance s'y terminerait, et ne serait pas capable d'y arriver.

Et encore que je puisse supposer que peut-être j'ai toujours été comme je suis maintenant, je ne saurais pas pour cela éviter la force de ce raisonnement, et ne laisse pas de connaître qu'il est nécessaire que Dieu soit l'auteur de mon existence[2]. Car tout le temps de ma vie peut être divisé en une infinité de parties, chacune desquelles ne dépend en aucune façon des autres ; et ainsi, de ce qu'un peu auparavant j'ai été, il ne s'ensuit pas que je doive maintenant être, si ce n'est qu'en ce moment quelque cause me produise et me crée, pour ainsi dire, derechef, c'est-à-dire me conserve.

En effet, c'est une chose bien claire et bien évidente (à tous ceux qui considéreront avec attention la nature du temps), qu'une substance, pour être conservée dans tous les moments qu'elle dure, a besoin du même pouvoir et de la même action qui serait nécessaire pour la produire et la créer tout de nouveau, si elle n'était point encore. En sorte que la lumière naturelle nous fait

1. Qui me semble *plus difficile à faire*.
2. De ce raisonnement, *comme s'il s'ensuivait qu'il n'y a pas à chercher d'auteur à mon existence*.

Itaque debeo nunc interrogare me ipsum, an habeam aliquam vim, per quam possim efficere ut ego ille, qui jam sum, paulo post etiam sim futurus : nam, cum nihil aliud sim quam res cogitans, vel saltem cum de ea tantum mei parte præcise nunc agam quæ est res cogitans, si quæ talis vis in me esset, ejus proculdubio conscius essem. Sed & nullam esse experior, & ex hoc ipso evidentissime cognosco me ab aliquo ente a me diverso pendere.

Forte vero illud ens non est Deus, sumque vel a parentibus productus, vel a quibuslibet aliis causis Deo minus perfectis. Imo, ut jam ante dixi, perspicuum est tantumdem ad minumum esse debere in causa quantum est in effectu; & idciro, cum sim res cogitans, ideamque quandam Dei in me habens, qualiscunque tandem mei causa assignetur, illam etiam esse rem cogitantem, & omnium perfectionum, quas Deo tribuo, ideam habere fatendum est. Potestque de illa rursus quæri, an sit a se, vel ab alia. Nam si a se, patet ex dictis 50 illam ipsam Deum esse, quia nempe, cum vim / habeat per se existendi, habet proculdubio etiam vim possidendi actu omnes perfectiones quarum edeam in se habet, hoc est omnes quas in Deo esse concipio. Si autem sit ab alia, rursus eodem modo de hac altera quæretur, an sit a se, vel ab alia, donec tandem ad causam ultimam deveniatur, quæ erit Deus. Satis enim apertum est nullum hic dari posse progressum in infinitum, præsertim cum non tantum de causa, quæ me olim produxit, hic agam, sed maxime etiam de illa quæ me tempore præsenti conservat.

voir clairement que la conservation et la création ne diffèrent qu'au regard de notre façon de penser, et non point en effet.

Il faut donc seulement ici que je m'interroge moi-même, pour savoir si je possède quelque pouvoir et quelque vertu, qui soit capable de faire en sorte que moi, qui suis maintenant, sois encore à l'avenir : car, puisque je ne suis rien qu'une chose qui pense (ou du moins puisqu'il ne s'agit encore jusques ici précisément que de cette partie-là de moi-même), si une telle puissance résidait en moi, certes je devrais à tout le moins le penser, et en avoir connaissance[1], mais je n'en ressens aucune dans moi, et par là je connais évidemment que je dépends de quelque être différent de moi.

Peut-être aussi que cet être-là, duquel je dépends, n'est pas ce que j'appelle Dieu, et que je suis produit, ou par mes parents, ou par quelques autres causes moins parfaites que lui ? Tant s'en faut, cela ne peut être ainsi. Car, comme j'ai déjà dit auparavant, c'est une chose très évidente qu'il doit y avoir au moins autant de réalité dans la cause que dans son effet. Et partant, puisque je suis une chose qui pense, et qui ai en moi quelque idée de Dieu, quelle que soit enfin la cause que l'on attribue à ma nature, il faut nécessairement avouer qu'elle doit pareillement être une chose qui pense, et posséder en soi l'idée de toutes les perfections que j'attribue à la nature Divine. Puis l'on peut derechef rechercher si cette cause tient son origine et son existence de soi-même, ou de quelque autre chose. Car si elle la tient de soi-même, il s'ensuit, par les raisons que j'ai ci-devant alléguées, qu'elle-même doit être Dieu ; puisqu'ayant la vertu d'être et d'exister par soi, elle doit aussi avoir sans doute la puissance de posséder actuellement toutes les perfections dont elle conçoit les idées, c'est-à-dire toutes celles que je conçois être en Dieu. Que si elle tient son existence de quelque autre cause que de soi, on demandera derechef, par la même raison, de cette seconde cause, si elle est par soi, ou par autrui,

1. Certes *j'en serais conscient.*

Nec fingi potest plures forte causas partiales ad me efficiendum concurrisse, & ab una ideam unius ex perfectionibus quas Deo tribuo, ab alia ideam alterius me accepisse, adeo ut omnes quidem illæ perfectiones alicubi in universo reperiantur, sed non omnes simul junctæ in uno aliquo, qui sit Deus. Nam contra, unitas, simplicitas, sive inseparabilitas eorum omnium quæ in Deo sunt, una est ex præcipuis perfectionibus quas in eo esse intelligo. Nec certe istius omnium ejus perfectionum unitatis idea in me potuit poni ab ulla causa, a qua etiam aliarum perfectionum·ideas non habuerim : neque enim efficere potuit ut illas simul junctas & inseparabiles intelligerem, nisi simul effecerit ut quænam illæ essent agnoscerem.

Quantum denique ad parentes attinet, ut omnia vera sint quæ de illis unquam putavi, non tamen profecto illi me conservant, nec etiam ullo modo me, quatenus sum res cogitans, effecerunt; sed tantum dispositiones quasdam in ea materia posuerunt, cui me, hoc est mentem, quam solam nunc pro me accipio, inesse judicavi. Ac 51 proinde hic nulla / de iis difficultas esse potest; sed omnino est concludendum, ex hoc solo quod existam, quædamque idea entis perfectissimi, hoc est Dei, in me sit, evidentissime demonstrari Deum etiam existere.

jusques à ce que de degrés en degrés on parvienne enfin à une dernière cause qui se trouvera être Dieu. Et il est très manifeste qu'en cela il ne peut y avoir de progrès à l'infini, vu qu'il ne s'agit pas tant ici de la cause qui m'a produit autrefois, comme de celle qui me conserve présentement.

On ne peut pas feindre aussi que peut-être plusieurs causes ont ensemble concouru en partie à ma production, et que de l'une j'ai reçu l'idée d'une des perfections que j'attribue à Dieu, et d'une autre l'idée de quelque autre, en sorte que toutes ces perfections se trouvent bien à la vérité quelque part dans l'Univers, mais ne se rencontrent pas toutes jointes et assemblées dans une seule qui soit Dieu. Car, au contraire, l'unité, la simplicité, ou l'inséparabilité de toutes les choses qui sont en Dieu, est une des principales perfections que je conçois être en lui; et certes l'idée de cette unité et assemblage de toutes les perfections de Dieu, n'a pu être mise en moi par aucune cause, de qui je n'aie point aussi reçu les idées de toutes les autres perfections. Car elle ne peut pas me les avoir fait comprendre[1] ensemblement jointes et inséparables, sans avoir fait en sorte en même temps que je susse ce qu'elles étaient, et que je les connusse toutes en quelque façon.

Pour ce qui regarde mes parents, desquels il semble que je tire ma naissance, encore que tout ce que j'en ai jamais pu croire soit véritable, cela ne fait pas toutefois que ce soit eux qui me conservent, ni qui m'aient fait et produit en tant que je suis une chose qui pense, puisqu'ils ont seulement mis quelques dispositions dans cette matière, en laquelle je juge que moi, c'est-à-dire mon esprit, lequel seul je prends maintenant pour moi-même, se trouve renfermé; et partant il ne peut y avoir ici à leur égard aucune difficulté, mais il faut nécessairement conclure que, de cela seul que j'existe, et que l'idée d'un être souverainement parfait (c'est-à-dire de Dieu) est en moi, l'existence de Dieu est très évidemment démontrée.

---

1. Me les avoir fait *entendre*.

Superest tantum ut examinem qua ratione ideam istam a Deo accepi; necque enim illam sensibus hausi, nec unquam non expectanti mihi advenit, ut solent rerum sensibilium ideæ, cum istæ res externis sensuum organis occurunt, vel occurrere videntur; nec etiam a me efficta est, nam nihil ab illa detrahere, nihil illi superaddere plane possum; ac proinde superest ut mihi sit innata, quemadmodum etiam mihi est innata idea mei ipsius.

Et sane non mirum est Deum, me creando, ideam illam mihi indidisse, ut esset tanquam nota artificis operi suo impressa; nec etiam opus est ut nota illa sit aliqua res ab opere ipso diversa. Sed ex hoc uno quod Deus me creavit, valde credibile est me quodammodo ad imaginem & similitudinem ejus factum esse, illamque similitudinem, in qua Dei ïdea continetur, a me percipi per eandem facultatem, per quam ego ipse a me percipior : hoc est, dum in meipsum mentis aciem converto, non modo intelligo me esse rem incompletam & ab alio dependentem, remque ad majora & majora sive meliora indefinite aspirantem; sed simul etiam intelligo illum, a quo pendeo, majora ista omnia non indefinite & potentia tantum, sed reipsa infinite in se habere, atque ita Deum esse. Totaque vis argumenti in eo est, quod agnoscam fieri non posse ut existam talis 52 naturæ qualis / sum, nempe ideam Dei in me habens, nisi revera Deus etiam existeret, Deus, inquam, ille idem cujus idea in me est, hoc est, habens omnes illas perfectiones, quas ego non comprehendere, sed quocunque modo attingere cogitatione possum, & nullis plane defectibus obnoxius.

Il me reste seulement à examiner de quelle façon j'ai acquis cette idée. Car je ne l'ai pas reçue par les sens, et jamais elle ne s'est offerte à moi contre mon attente, ainsi que font les idées des choses sensibles, lorsque ces choses se présentent ou semblent se présenter aux

41 organes extérieurs de mes sens. Elle n'est pas aussi une pure production ou fiction de mon esprit; car il n'est pas en mon pouvoir d'y diminuer ni d'y ajouter aucune chose. Et par conséquent il ne reste plus autre chose à dire, sinon que, comme l'idée de moi-même, elle est née et produite avec moi dès lors que j'ai été créé.

Et certes on ne doit pas trouver étrange que Dieu, en me créant, ait mis en moi cette idée pour être comme la marque de l'ouvrier empreinte sur son ouvrage; et il n'est pas aussi nécessaire que cette marque soit quelque chose de différent de ce même ouvrage. Mais de cela seul que Dieu m'a créé, il est fort croyable qu'il m'a en quelque façon produit à son image et semblance, et que je conçois cette ressemblance (dans laquelle l'idée de Dieu se trouve contenue) par la même faculté par laquelle je me conçois moi-même; c'est-à-dire que, lorsque je fais réflexion sur moi, non seulement je connais que je suis une chose imparfaite, incomplète, et dépendante d'autrui, qui tend et qui aspire sans cesse à quelque chose de meilleur et de plus grand que je ne suis, mais je connais aussi, en même temps, que celui duquel je dépends, possède en soi toutes ces grandes choses auxquelles j'aspire, et dont je trouve en moi les idées, non pas indéfiniment et seulement en puissance, mais qu'il en jouit en effet, actuellement et infiniment, et ainsi qu'il est Dieu. Et toute la force de l'argument dont j'ai ici usé pour prouver l'existence de Dieu, consiste en ce que je reconnais qu'il ne serait pas possible que ma nature fût telle qu'elle est, c'est-à-dire que j'eusse en moi l'idée d'un Dieu, si Dieu n'existait véritablement; ce même Dieu, dis-je, duquel l'idée est en moi, c'est-à-dire qui possède toutes ces hautes perfections, dont notre esprit peut bien avoir quelque idée sans pourtant les comprendre toutes, qui n'est sujet à aucun défaut, et qui n'a rien de toutes les choses qui manquent quelque imperfection.

Ex quibus satis patet illum fallacem esse non posse; omnem enim fraudem & deceptionem a defectu aliquo pendere, lumine naturali manifestum est.

Sed priusquam hoc diligentius examinem, simulque in alias veritates quæ inde colligi possunt inquiram, placet hic aliquandu in ipsius Dei contemplatione immorari, ejus attributa apud me expendere, & immensi hujus luminis pulchritudinem, quantum caligantis ingenii mei acies ferre poterit, intueri, admirari, adorare. Ut enim in hac sola divinæ majestatis contemplatione summam alterius vitæ fœlicitatem consistere fide credimus, ita etiam jam ex eadem, licet multo minus perfecta, maximam, cujus in hac vita capaces simus, voluptatem percipi posse experimur.

D'où il est assez évident qu'il ne peut être trompeur, puisque la lumière naturelle nous enseigne que la tromperie dépend nécessairement de quelque défaut.

Mais, auparavant que j'examine cela plus soigneusement, et que je passe à la considération des autres vérités que l'on en peut recueillir, il me semble très à propos de m'arrêter quelque temps à la contemplation de ce Dieu tout parfait, de peser tout à loisir ses merveilleux attributs, de considérer, d'admirer et d'adorer l'incomparable beauté de cette immense lumière, au moins autant que la force de mon esprit, qui en demeure en quelque sorte ébloui, me le pourra permettre.

42   Car, comme la foi nous apprend que la souveraine félicité de l'autre vie ne consiste que dans cette contemplation de la Majesté divine, ainsi expérimentons-nous dès maintenant qu'une semblable méditation, quoique incomparablement moins parfaite, nous fait jouir du plus grand contentement que nous soyons capables de ressentir en cette vie.

MEDITATIO QUARTA

De vero & falso

Ita me his diebus assuefeci in mente a sensibus abducenda, tamque accurate animadverti perpauca esse quæ de rebus corporeis vere percipiantur, multoque plura de mente humana, multo adhuc plura de Deo cognosci, ut jam absque ulla difficultate cogitationem a rebus imaginabilibus ad intelligibiles tantum, atque ab omni materia secretas, convertam. Et sane multo magis distinctam habeo ideam mentis humanæ, quatenus est res cogitans, non extensa in longum, latum, & profundum, nec aliud quid a corpore habens, quam ideam ullius rei corporeæ. Cumque attendo me dubitare, sive esse rem incompletam & dependentem, adeo clara & distincta idea entis independentis & completi hoc est Dei, mihi occurrit; & ex hoc uno quod talis idea in me sit, sive quod ego ideam illam habens existam, adeo manifeste concludo Deum etiam existere, atque ab illo singulis momentis totam existentiam meam dependere, ut nihil evidentius, nihil certius ab humano ingenio cognosci posse confidam. Jamque videre videor aliquam viam per quam ab ista contemplatione veri Dei, in quo nempe sunt omnes thesauri scientiarum & sapientiæ absconditi, ad cæterarum rerum cognitionem deveniatur.

MÉDITATION QUATRIÈME

Du vrai et du faux.

Je me suis tellement accoutumé ces jours passés à détacher mon esprit des sens, et j'ai si exactement remarqué qu'il y a fort peu de choses que l'on connaisse avec certitude touchant les choses corporelles, qu'il y en a beaucoup plus qui nous sont connues touchant l'esprit humain, et beaucoup plus encore de Dieu même, que maintenant je détournerai sans aucune difficulté ma pensée de la considération des choses sensibles ou imaginables, pour la porter à celles qui, étant dégagées de toute matière, sont purement intelligibles.

Et certes l'idée que j'ai de l'esprit humain, en tant qu'il est une chose qui pense, et non étendue en longueur, largeur et profondeur, et qui ne participe à rien de ce qui appartient au corps, est incomparablement plus distincte que l'idée d'aucune chose corporelle. Et lorsque je considère que je doute, c'est-à-dire que je suis une chose incomplète et dépendante, l'idée d'un être complet et indépendant, c'est-à-dire de Dieu, se présente à mon esprit avec tant de distinction et de clarté ; et de cela seul que cette idée se retrouve en moi, ou bien que je suis ou existe, moi qui possède cette idée, je conclus si évidemment l'existence de Dieu, et que la mienne dépend entièrement de lui en tous les moments de ma vie, que je ne pense pas que l'esprit humain puisse rien connaître avec plus d'évidence et de certitude. Et déjà il me semble que je découvre un

In primis enim agnosco fieri non posse ut ille me unquam fallat; in omni enim fallacia vel deceptione aliquid imperfectionis reperitur; & quamvis posse fallere, nonnullum esse videatur acuminis aut potentiæ argumentum, proculdubio velle fallere, vel malitiam vel imbecillitatem testatur, nec proinde in Deum cadit.

Deinde experior quandam in me esse judicandi facultatem, quam certe, ut & reliqua omnia quæ in me sunt, a Deo accepi; cumque ille nolit me fallere, talem profecto non dedit, ut, dum ea recte utor, possim unquam errare.

54

Nec ullum de hac re dubium superesset, nisi inde sequi videretur, me igitur errare nunquam posse; nam si quod-cunque in me est, a Deo habeo, nec ullam ille mihi dederit errandi facultatem, non videor posse unquam errare. Atque ita prorsus, quamdiu de Deo tantum cogito, totusque in eum me converto, nullam erroris aut falsitatis causam deprehendo; sed, postmodum ad me reversus, experior me tamen innumeris erroribus esse obnoxium, quorum causam inquirens animadverto non tantum Dei, sive entis summe perfecti, realem & positivam, sed etiam, ut ita loquar, nihili, sive ejus quod ab omni perfectione summe abest, negativam quandam ideam mihi obversari, & me tanquam medium quid inter Deum & nihil, sive inter summum ens & non ens ita esse constitutum, ut, quatenus a summo ente sum creatus, nihil quidem in me sit, per quod fallar aut in errorem inducar, sed quatenus etiam quodammado de nihilo, sive de non ente, participo, hoc est quatenus non sum ipse summum ens, desuntque mihi quamplurima, non adeo mirum esse quod fallar. Atque ita certe intelligo errorem, quatenus error est, non esse quid reale quod a Deo dependeat, sed tantummodo esse defectum; nec proinde ad errandum mihi opus esse aliqua facultate in hunc finem a Deo tributa, sed contingere ut errem, ex

chemin qui nous conduira de cette contemplation du vrai Dieu (dans lequel tous les trésors de la science et de la sagesse sont renfermés) à la connaissance des autres choses de l'Univers.

Car, premièrement, je reconnais qu'il est impossible que jamais il me trompe, puisqu'en toute fraude et tromperie il se rencontre quelque sorte d'imperfection. Et quoi qu'il semble que pouvoir tromper soit une marque de subtilité, ou de puissance, toutefois vouloir tromper témoigne sans doute de la faiblesse ou de la malice. Et, partant, cela ne peut se rencontrer en Dieu.

En après j'expérimente en moi-même une certaine puissance de juger, laquelle sans doute j'ai reçue de Dieu, de même que tout le reste des choses que je possède; et comme il ne voudrait pas m'abuser, il est certain qu'il ne me l'a pas donnée telle que je puisse jamais faillir, lorsque j'en userai comme il faut. Et il ne resterait aucun doute de cette vérité, si l'on n'en pouvait, ce semble, tirer cette conséquence, qu'ainsi donc je ne me puis jamais tromper; car, si je tiens de Dieu tout ce que je possède, et s'il ne m'a point donné de puissance pour faillir, il semble que je ne me doive jamais abuser. Et de vrai, lorsque je ne pense qu'à Dieu, je ne découvre en moi aucune cause d'erreur ou de fausseté[1]; mais puis après, revenant à moi, l'expérience me fait connaître que je suis néanmoins sujet à une infinité d'erreurs, desquelles recherchant la cause de plus près, je remarque qu'il ne se présente pas seulement à ma pensée une réelle et positive idée de Dieu, ou bien d'un être souverainement parfait, mais aussi, pour ainsi parler, une certaine idée négative du néant, c'est-à-dire de ce qui est infiniment éloigné de toute sorte de perfection; et que je suis comme un milieu entre Dieu et le néant, c'est-à-dire placé de telle sorte entre le souverain être et le non-être, qu'il ne se rencontre, de vrai, rien en moi qui me puisse conduire dans l'erreur[2], en tant qu'un souverain être m'a pro-

1. Dieu, *et que je me tourne tout entier vers lui, je ne découvre aucune cause d'erreur ou de fausseté.*

2. Rien en moi *par quoi je me trompe ou qui me puisse conduire dans l'erreur.*

eo quod facultas verum judicandi, quam ab illo habeo,
non sit in me infinita.

Verumtamen hoc nondum omnino satisfacit; non
55 enim error est pura negatio, sed privatio, sive carentia
cujusdam cognitionis, quæ in me quodammodo esse
deberet; atque attendenti ad Dei naturam non videtur
fieri posse, ut ille aliquam in me posuerit facultatem,
quæ non sit in suo genere perfecta, sive quæ aliqua sibi
debita perfectione sit privata. Nam si, quo peritior est
artifex, eo perfectiora opera ab illo proficiscantur, quid
potest a summo illo rerum omnium conditore factum
esse, quod non sit omnibus numeris absolutum? Nec
dubium est quin potuerit Deus me talem creare, ut
nunquam fallerer; nec etiam dubium est quin velit
semper id quod est optimum : anne ergo melius est me
falli quam non falli?

Dum hæc perpendo attentius, occurrit primo non
mihi esse mirandum, si quædam a Deo fiant quorum
rationes non intelligam; nec de ejus existentia ideo esse
dubitandum, quod forte quædam alia esse experiar,
quæ quare vel quomodo ab illo facta sint non comprehendo. Cum enim jam sciam naturam meam esse valde
infirmam & limitatam, Dei autem naturam esse immensam, incomprehensibilem, infinitam, ex hoc satis etiam
scio innumerabilia illum posse quorum causas igno-

duit ; mais que, si je me considère comme participant en quelque façon du néant ou du non-être, c'est-à-dire en tant que je ne suis pas moi-même le souverain être, je me trouve exposé à une infinité de manquements, de façon que je ne me dois pas étonner si je me trompe.

Ainsi je connais que l'erreur, en tant que telle, n'est pas quelque chose de réel qui dépende de Dieu, mais que c'est seulement un défaut ; et partant, que je n'ai pas besoin pour faillir de quelque puissance qui m'ait été donnée de Dieu particulièrement pour cet effet, mais qu'il arrive que je me trompe, de ce que la puissance que Dieu m'a donnée pour discerner le vrai d'avec le faux n'est pas en moi infinie.

Toutefois cela ne me satisfait pas encore tout à fait ; car l'erreur n'est pas une pure négation, c'est-à-dire, n'est pas le simple défaut ou manquement de quelque 44 perfection qui ne m'est point due, mais plutôt est une privation de quelque connaissance qu'il semble que je devrais posséder. Et considérant la nature de Dieu, il ne me semble pas possible qu'il m'ait donné quelque faculté qui soit imparfaite en son genre, c'est-à-dire, qui manque de quelque perfection qui lui soit due ; car s'il est vrai que plus l'artisan est expert, plus les ouvrages qui sortent de ses mains sont parfaits et accomplis, quel être nous imaginerons-nous avoir été produit par ce souverain Créateur de toutes choses, qui ne soit parfait et entièrement achevé en toutes ses parties ? Et certes il n'y a point de doute que Dieu n'ait pu me créer tel que je ne me pusse jamais tromper[1] ; il est certain aussi qu'il veut toujours ce qui est le meilleur : m'est-il donc plus avantageux de faillir, que de ne point faillir ?

Considérant cela avec plus d'attention, il me vient d'abord en la pensée que je ne me dois point étonner, si mon intelligence n'est pas capable de comprendre pourquoi Dieu fait ce qu'il fait, et qu'ainsi je n'ai aucune raison de douter de son existence, de ce que peut-être je vois par expérience beaucoup d'autres choses, sans pouvoir comprendre pour quelle raison ni comment

1. Tel que je ne me *trompasse jamais*.

rem; atque ob hanc unicam rationem totum illud causarum genus, quod a fine peti solet, in rebus Physicis nullum usum habere existimo; non enim absque temeritate me puto posse investigare fines Dei.

Occurrit etiam non unam aliquam creaturam separatim, sed omnem rerum universitatem esse spectandam, quoties an opera Dei perfecta sint inquirimus; quod enim forte non immerito, si solum esset, valde imperfectum videretur, ut habens / in mundo rationem partis est perfectissimum; & quamvis, ex quo de omnibus volui dubitare, nihil adhuc præter me & Deum existere certo cognovi, non possum tamen, ex quo immensam Dei potentiam animadverti, negare quin multa alia ab illo facta sint, vel saltem fieri possint, adeo ut ego rationem partis in rerum universitate obtineam.

Deinde, ad me propius accedens, & quales nam sint errores mei (qui soli imperfectionem aliquam in me arguunt) investigans, adverto illos a duabus causis simul concurrentibus dependere, nempe a facultate cognoscendi quæ in me est, & a facultate eligendi, sive ab arbitrii libertate, hoc est ab intellectu & simul a voluntate. Nam per solum intellectum percipio tantum ideas de quibus judicium ferre possum, nec ullus error proprie dictus in eo præcise sic spectato reperitur; quamvis enim innumeræ fortasse res existant, quarum ideæ nullæ in me sunt, non tamen proprie illis privatus, sed negative tantum destitutus, sum dicendus, quia

Dieu les a produites. Car, sachant déjà que ma nature est extrêmement faible et limitée, et au contraire que celle de Dieu est immense, incompréhensible, et infinie, je n'ai plus de peine à reconnaître qu'il y a une infinité de choses en sa puissance, desquelles les causes surpassent la portée de mon esprit. Et cette seule raison est suffisante pour me persuader que tout ce genre de causes, qu'on a coutume de tirer de la fin, n'est d'aucun usage dans les choses physiques, ou naturelles ; car il ne me semble pas que je puisse sans témérité rechercher et entreprendre de découvrir les fins impénétrables de Dieu.

De plus il me tombe encore en l'esprit, qu'on ne doit pas considérer une seule créature séparément, lorsqu'on recherche si les ouvrages de Dieu sont parfaits, mais généralement toutes les créatures ensemble. Car la même chose qui pourrait peut-être avec quelque sorte de raison sembler fort imparfaite, si elle était toute seule, se rencontre très parfaite en sa nature, si elle est regardée comme partie de tout cet Univers. Et quoique, depuis que j'ai fait dessein de douter de toutes choses, je n'aie connu certainement que mon existence et celle de Dieu, toutefois aussi, depuis que j'ai reconnu l'infinie puissance de Dieu, je ne saurais nier qu'il n'ait produit beaucoup d'autres choses, ou du moins qu'il n'en puisse produire, en sorte que j'existe et sois placé dans le monde, comme faisant partie de l'université de tous les êtres.

45   En suite de quoi, me regardant de plus près, et considérant quelles sont mes erreurs (lesquelles seules témoignent qu'il y a en moi de l'imperfection), je trouve qu'elles dépendent du concours de deux causes, à savoir, de la puissance de connaître qui est en moi, et de la puissance d'élire, ou bien de mon libre arbitre : c'est-à-dire, de mon entendement, et ensemble de ma volonté. Car par l'entendement seul je n'assure ni ne nie aucune chose, mais je conçois seulement les idées des choses, que je puis assurer ou nier. Or, en le considérant ainsi précisément, on peut dire qu'il ne se trouve jamais en lui aucune erreur, pourvu qu'on

nempe rationem nullam possum afferre, qua probem
Deum mihi majorem quam dederit cognoscendi facultatem dare debuisse; atque quantumvis peritum artifi-
cem esse intelligam, non tamen ideo puto illum in
singulis ex suis operibus omnes perfectiones ponere
debuisse, quas in aliquibus ponere potest. Nec vero
etiam queri possum, quod non satis amplam & perfec-
tam voluntatem, sive arbitrii libertatem, a Deo accepe-
rim; nam sane nullis illam limitibus circumscribi expe-
57 rior. Et quod valde notandum mihi videtur, nulla / alia in
me sunt tam perfecta aut tanta, quin intelligam perfectiora sive majora adhuc esse posse. Nam si, exempli
causa, facultatem intelligendi considero, statim agnosco
perexiguam illam & valde finitam in me esse, simulque
alterius cujusdam multo majoris, imo maximæ atque
infinitæ, ideam formo, illamque ex hoc ipso quod ejus
ideam formare possim, ad Dei naturam pertinere percipio. Eadem ratione, si facultatem recordandi vel imaginandi, vel quaslibet alias examinem, nullam plane
invenio, quam non in me tenuem & circumscriptam, in
Deo immensam esse intelligam. Sola est voluntas, sive
arbitrii libertas, quam tantam in me experior, ut nullius
majoris ideam apprehendam; adeo ut illa præcipue sit,
ratione cujus imaginem quandam & similitudinem Dei
me referre intelligo. Nam quamvis major absque com-
paratione in Deo quam in me sit, tum ratione cognitionis & potentiæ quæ illi adjunctæ sunt, reddduntque
ipsam magis firmam & efficacem, tum ratione objecti,
quoniam ad plura se extendit, non tamen, in se formaliter & præcise spectata, major videtur; quia tantum in
eo consistit, quod idem, vel facere vel non facere (hoc
est affirmare vel negare, prosequi vel fugere) possimus,
vel potius in eo tantum, quod ad id quod nobis ab
intellectu proponitur affirmandum vel negandum, sive
prosequendum vel fugiendum, ita feramur, ut a nulla vi
externa nos ad id determinari sentiamus. Neque enim
opus est me in utramque partem ferri posse, ut sim
liber, sed contra, quo magis in unam propendeo, sive
58 quia rationem / veri & boni in ea evidenter intelligo, sive
quia Deus intima cogitationis meæ ita disponit, tanto

prenne le mot d'erreur en sa propre signification. Et
encore qu'il y ait peut-être une infinité de choses dans le
monde, dont je n'ai aucune idée en mon entendement,
on ne peut pas dire pour cela qu'il soit privé de ces
idées, comme de quelque chose qui soit due à sa nature,
mais seulement qu'il ne les a pas; parce qu'en effet il
n'y a aucune raison qui puisse prouver que Dieu ait dû
me donner une plus grande et plus ample faculté de
connaître, que celle qu'il m'a donnée; et, quelque
adroit et savant ouvrier que je me le représente, je ne
dois pas pour cela penser qu'il ait dû mettre dans
chacun de ses ouvrages toutes les perfections qu'il peut
mettre dans quelques-uns. Je ne puis pas aussi me
plaindre que Dieu ne m'a pas donné un libre arbitre, ou
une volonté assez ample et parfaite, puisqu'en effet je
l'expérimente si vague et si étendue, qu'elle n'est renfermée dans aucune borne. Et ce qui me semble bien
remarquable en cet endroit, est que, de toutes les autres
choses qui sont en moi, il n'y en a aucune si parfaite et si
étendue, que je ne reconnaisse bien qu'elle pourrait être
encore plus grande et plus parfaite. Car, par exemple, si
je considère la faculté de concevoir qui est en moi, je
trouve qu'elle est d'une fort petite étendue, et grandement limitée, et tout ensemble je me représente l'idée
d'une autre faculté beaucoup plus ample, et même
infinie; et de cela seul que je puis me représenter son
idée, je connais sans difficulté qu'elle appartient à la
nature de Dieu. En même façon, si j'examine la
mémoire, ou l'imagination, ou quelqu'autre puissance,
je n'en trouve aucune qui ne soit en moi très petite et
bornée, et qui en Dieu ne soit immense et infinie. Il n'y
a que la seule volonté[1], que j'expérimente en moi être si
grande, que je ne conçois point l'idée d'aucune autre
plus ample et plus étendue : en sorte que c'est elle
principalement qui me fait connaître que je porte
l'image et la ressemblance de Dieu. Car, encore qu'elle
soit incomparablement plus grande dans Dieu, que
46 dans moi, soit à raison de la connaissance et de la

---

1. Volonté *ou libre arbitre*.

liberius illam eligo ; nec sane divina gratia, nec naturalis cognitio unquam imminuunt libertatem, sed potius augent & corroborant. Indifferentia autem illa, quam experior, cum nulla me ratio in unam partem magis quam in alteram impellit, est infimus gradus libertatis, & nullam in ea perfectionem, sed tantummodo in cognitione defectum, sive negationem quandam, testatur ; nam si semper quid verum & bonum sit clare viderem, nunquam de eo quod esset judicandum vel eligendum deliberarem ; atque ita, quamvis plane liber, nunquam tamen indifferens esse possem.

Ex his autem percipio nec vim volendi, quam a Deo habeo, per se spectatam, causam esse errorum meorum, est enim amplissima, atque in suo genere perfecta ; neque etiam vim intelligendi, nam quidquid intelligo, cum a Deo habeam ut intelligam, procul dubio recte intelligo, nec in eo fieri potest ut fallar. Unde ergo nascuntur mei errores ? Nempe ex hoc uno quod, cum latius pateat voluntas quam intellectus, illam non intra eosdem limites contineo, sed etiam ad illa quæ non intelligo extendo ; ad quæ cum sit indiffe-

puissance, qui s'y trouvant jointes la rendent plus ferme
et plus efficace, soit à raison de l'objet, d'autant qu'elle
se porte et s'étend infiniment à plus de choses ; elle ne
me semble pas toutefois plus grande, si je la considère
formellement et précisément en elle-même. Car elle
consiste seulement en ce que nous pouvons faire une
chose, ou ne la faire pas (c'est-à-dire affirmer ou nier,
poursuivre ou fuir), ou plutôt seulement en ce que,
pour affirmer ou nier, poursuivre ou fuir les choses que
l'entendement nous propose, nous agissons en telle
sorte que nous ne sentons point qu'aucune force extérieure nous y contraigne. Car, afin que je sois libre, il
n'est pas nécessaire que je sois indifférent à choisir l'un
ou l'autre des deux contraires[1] ; mais plutôt, d'autant
plus que je penche vers l'un, soit que je connaisse
évidemment que le bien et le vrai s'y rencontrent, soit
que Dieu dispose ainsi l'intérieur de ma pensée,
d'autant plus librement j'en fais choix et je l'embrasse.
Et certes la grâce divine et la connaissance naturelle,
bien loin de diminuer ma liberté, l'augmentent plutôt,
et la fortifient. De façon que cette indifférence que je
sens, lorsque je ne suis point emporté vers un côté
plutôt que vers un autre par le poids d'aucune raison,
est le plus bas degré de la liberté, et fait plutôt paraître
un défaut dans la connaissance, qu'une perfection dans
la volonté[2] ; car si je connaissais toujours clairement ce
qui est vrai et ce qui est bon, je ne serais jamais en peine
de délibérer quel jugement et quel choix je devrais
faire ; et ainsi je serais entièrement libre, sans jamais
être indifférent.

De tout ceci je reconnais que ni la puissance de
vouloir, laquelle j'ai reçue de Dieu, n'est point d'elle-
même la cause de mes erreurs, car elle est très ample et
très parfaite en son espèce ; ni aussi la puissance
d'entendre ou de concevoir : car ne concevant rien que

1. Il n'est pas nécessaire que je *puisse me porter à l'un ou l'autre des
deux contraires*.
2. *Quant à cette indifférence que je sens… elle est le plus bas degré de
la liberté, et elle ne fait paraître en elle aucune perfection, mais seulement,
en la connaissance, un défaut ou une négation*.

rens, facile a vero & bono deflectit, atque ita & fallor & pecco.

Exempli causa, cum examinarem hisce diebus an aliquid in mundo existeret, atque adverterem, ex hoc ipso quod illud examinarem, evidenter sequi me existere, non potui quidem non judicare illud quod tam clare intelligebam verum esse, non quod ab aliqua vi 59 externa fuerim ad id / coactus, sed quia ex magna luce in intellectu magna consequuta est propensio in voluntate, atque ita tanto magis sponte & libere illud credidi, quanto minus fui ad istud ipsum indifferens.

Nunc autem, non tantum scio me, quatenus sum res quædam cogitans, existere, sed præterea etiam idea quædam naturæ corporeæ mihi obversatur, contingitque ut dubitem an natura cogitans quæ in me est, vel potius quæ ego ipse sum, alia sit ab ista natura corporea, vel an ambæ idem sint; & suppono nullam adhuc intellectui meo rationem occurrere, quæ mihi unum magis quam aliud persuadeat. Certe ex hoc ipso sum indifferens ad utrumlibet affirmandum vel negandum, vel etiam ad nihil de ea re judicandum.

Quinimo etiam hæc indifferentia non ad ea tantum se extendit de quibus intellectus nihil plane cognoscit, sed generaliter ad omnia quæ ab illo non satis perspicue cognoscuntur eo ipso tempore, quo de iis a voluntate deliberatur : quantumvis enim probabiles conjecturæ me trahant in unam partem, sola cognitio quod sint

par le moyen de cette puissance que Dieu m'a donnée pour concevoir, sans doute que tout ce que je conçois, je le conçois comme il faut, et il n'est pas possible qu'en cela je me trompe. D'où est-ce donc que naissent mes erreurs ? C'est à savoir de cela seul que, la volonté étant beaucoup plus ample et plus étendue que l'entendement, je ne la contiens pas dans les mêmes limites, mais que je l'étends aussi aux choses que je n'entends pas ; auxquelles étant de soi indifférente, elle s'égare fort aisément, et choisit le mal pour le bien, ou le faux pour le vrai. Ce qui fait que je me trompe et que je pèche.

Par exemple, examinant ces jours passés si quelque chose existait dans le monde, et connaissant que, de cela seul que j'examinais cette question, il suivait très évidemment que j'existais moi-même, je ne pouvais pas m'empêcher de juger qu'une chose que je concevais si clairement était vraie, non que je m'y trouvasse forcé par aucune cause extérieure, mais seulement parce que, d'une grande clarté qui était en mon entendement, a suivi une grande inclination en ma volonté ; et je me suis porté à croire avec d'autant plus de liberté, que je me suis trouvé avec moins d'indifférence. Au contraire, à présent je ne connais pas seulement que j'existe, en tant que je suis quelque chose qui pense, mais il se présente aussi à mon esprit une certaine idée de la nature corporelle : ce qui fait que je doute si cette nature qui pense, qui est en moi, ou plutôt par laquelle je suis ce que je suis, est différente de cette nature corporelle, ou bien si toutes deux ne sont qu'une même chose. Et je suppose ici que je ne connais encore aucune raison, qui me persuade plutôt l'un que l'autre : d'où il suit que je suis entièrement indifférent à le nier, ou à l'assurer, ou bien même à m'abstenir d'en donner aucun jugement.

Et cette indifférence ne s'étend pas seulement aux choses dont l'entendement n'a aucune connaissance, mais généralement aussi à toutes celles qu'il ne découvre pas avec une parfaite clarté, au moment que la volonté en délibère ; car, pour probables que soient les conjectures qui me rendent enclin à juger quelque

tantum conjecturæ, non autem certæ atque indubitabiles rationes, sufficit ad assensionem meam in contrarium impellendam. Quod satis his diebus sum expertus, cum illa omnia quæ prius ut vera quammaxime credideram, propter hoc unum quod de iis aliquo modo posse dubitari deprehendissem, plane falsa esse supposui.

Cum autem quid verum sit non satis clare & distincte percipio, si quidem a judicio ferendo abstineam, clarum est me recte agere, & non falli. Sed si vel affirmem vel negem, tunc libertate arbitrii non recte utor ; atque 60 si in eam partem quæ falsa est me convertam, plane fallar ; si vero alteram amplectar, casu quidem incidam in veritatem, sed non ideo culpa carebo, quia lumine naturali manifestum est perceptionem intellectus præcedere semper debere voluntatis determinationem. Atque in hoc liberi arbitrii non recto usu privatio illa inest quæ formam erroris constituit : privatio, inquam, inest in ipsa operatione, quatenus a me procedit, sed non in facultate quam a Deo accepi, nec etiam in operatione quatenus ab illo dependet.

Neque enim habeo causam ullam conquerendi, quod Deus mihi non majorem vim intelligendi, sive non majus lumen naturale dederit quam dedit, quia est de ratione intellectus finiti ut multa non intelligat, & de ratione intellectus creati ut sit finitus ; estque quod agam gratias illi, qui mihi nunquam quicquam debuit, pro eo quod largitus est, non autem quod putem me ab illo iis esse privatum, sive illum mihi ea abstulisse, quæ non dedit.

Non habeo etiam causam conquerendi, quod voluntatem dederit latius patentem quam intellectum ; cum enim voluntas in una tantum re, & tanquam in indivisi-

chose, la seule connaissance que j'ai que ce ne sont que des conjectures, et non des raisons certaines et indubitables, suffit pour me donner occasion de juger le contraire. Ce que j'ai suffisamment expérimenté ces jours passés, lorsque j'ai posé pour faux tout ce que j'avais tenu auparavant pour très véritable, pour cela seul que j'ai remarqué que l'on en pouvait douter en quelque sorte.

Or si je m'abstiens de donner mon jugement sur une chose, lorsque je ne la conçois pas avec assez de clarté et de distinction, il est évident que j'en use fort bien, et que je ne suis point trompé; mais si je me détermine à la nier, ou assurer, alors je ne me sers plus comme je dois de mon libre arbitre; et si j'assure ce qui n'est pas vrai, il est évident que je me trompe; même aussi, encore que je juge selon la vérité, cela n'arrive que par hasard, et je ne laisse pas de faillir, et d'user mal de mon libre arbitre; car la lumière naturelle[1] nous enseigne que la connaissance de l'entendement doit toujours précéder la détermination de la volonté. Et c'est dans ce mauvais usage du libre arbitre que se rencontre la privation qui constitue la forme de l'erreur. La privation, dis-je, se rencontre dans l'opération, en tant qu'elle procède de moi; mais elle ne se trouve pas dans la puissance que j'ai reçue de Dieu, ni même dans l'opération, en tant qu'elle dépend de lui. Car je n'ai certes aucun sujet de me plaindre, de ce que Dieu ne m'a pas donné une intelligence plus capable, ou une lumière naturelle plus grande que celle que je tiens de lui, puisqu'en effet il est du propre de l'entendement fini de ne pas comprendre une infinité de choses, et du propre d'un entendement créé d'être fini : mais j'ai tout sujet de lui rendre grâces, de ce que, ne m'ayant jamais rien dû, il m'a néanmoins donné tout le peu de perfections qui est en moi : bien loin de concevoir des sentiments si injustes que de m'imaginer qu'il m'ait ôté ou retenu injustement les autres perfections qu'il ne m'a point données. Je n'ai

1. *Et d'user mal de mon libre arbitre* · addition de la version française.

bili consistat, non videtur ferre ejus natura ut quicquam
ab illa demi possit; & sane quo amplior est, tanto
majores debeo gratias ejus datori.

Nec denique etiam queri debeo, quod Deus mecum
concurrat ad eliciendos illos actus voluntatis, sive illa
judicia, in quibus fallor : illi enim actus sunt omnino
veri & boni, quatenus a Deo dependent, & major in me
quodammodo perfectio est, quod illos possim elicere,
quam si non possem. Privatio autem, in qua sola ratio
61 formalis falsitatis & culpæ consistit, nullo Dei concursu
indiget, quia non est res, neque ad illum relata ut
causam privatio, sed tantummodo negatio dici debet.
Nam sane nulla imperfectio in Deo est, quod mihi
libertatem dederit assentiendi vel non assentiendi quibusdam, quorum claram & distinctam perceptionem in
intellectu meo non posuit; sed proculdubio in me
imperfectio est, quod ista libertate non bene utar, & de
iis, quæ non recte intelligo, judicium feram.

Video tamen fieri a Deo facile potuisse, ut, etiamsi
manerem liber, & cognitionis finitæ, nunquam tamen
errarem : nempe si vel intellectui meo claram & distinctam perceptionem omnium de quibus unquam essem
deliberaturus indidisset; vel tantum si adeo firmiter
memoriæ impressisset, de nulla unquam re esse judicandum quam clare & distincte non intelligerem, ut
nunquam ejus possem oblivisci. Et facile intelligo me,
quatenus rationem habeo totius cujusdam, perfectio-
rem futurum fuisse quam nunc sum, si talis a Deo

pas aussi sujet de me plaindre, de ce qu'il m'a donné une volonté plus étendue que l'entendement, puisque, la volonté ne consistant qu'en une seule chose, et son sujet étant comme indivisible, il semble que sa nature est telle qu'on ne lui saurait rien ôter sans la détruire ; et certes plus elle se trouve être grande, et plus j'ai à remercier la bonté de celui qui me l'a donnée. Et enfin je ne dois pas aussi me plaindre, de ce que Dieu concourt avec moi pour former les actes de cette volonté, c'est-à-dire les jugements dans lesquels je me trompe, parce que ces actes-là sont entièrement vrais, et absolument bons, en tant qu'ils dépendent de Dieu ; et il y a en quelque sorte plus de perfection en ma nature, de ce que je les puis former, que si je ne le pouvais pas. Pour la privation, dans laquelle seule consiste la raison formelle de l'erreur et du péché, elle n'a besoin d'aucun concours de Dieu, puisque ce n'est pas une chose ou un être, et que, si on la rapporte à Dieu comme à sa cause, elle ne doit pas être nommée privation, mais seulement négation, selon la signification qu'on donne à ces mots dans l'Ecole.

Car en effet ce n'est point une imperfection en Dieu, de ce qu'il m'a donné la liberté de donner mon jugement, ou de ne le pas donner, sur certaines choses dont il n'a pas mis une claire et distincte connaissance en mon entendement ; mais sans doute c'est en moi une imperfection, de ce que je n'en use pas bien, et que je donne témérairement mon jugement, sur des choses que je ne conçois qu'avec obscurité et confusion.

Je vois néanmoins qu'il était aisé à Dieu de faire en sorte que je ne me trompasse jamais, quoique je demeurasse libre, et d'une connaissance bornée, à savoir, en 49 donnant à mon entendement une claire et distincte intelligence de toutes les choses dont je devais jamais délibérer, ou bien seulement s'il eût si profondément gravé dans ma mémoire la résolution de ne juger jamais d'aucune chose sans la concevoir clairement et distinctement que je ne la pusse jamais oublier. Et je remarque bien qu'en tant que je me considère tout seul, comme s'il n'y avait que moi au monde, j'aurais été

factus essem. Sed non ideo possum negare quin major quodammodo perfectio sit in tota rerum universitate, quod quædam ejus partes ab erroribus immunes non sint, aliæ vero sint, quam si omnes plane similes essent. Et nullum habeo jus conquerendi quod eam me Deus in mundo personam sustinere voluerit, quæ non est omnium præcipua & maxime perfecta. Ac præterea etiam ut non possim ab erroribus abstinere priori illo modo qui pendet ab evidenti eorum omnium perceptione de quibus est deliberandum, possum tamen illo 62 altero qui pendet ab eo tantum, / quod recorder, quoties de rei veritate non liquet, a judicio ferendo esse abstinendum; nam, quamvis eam in me infirmitatem esse experiar, ut non possim semper uni & eidem cognitioni defixus inhærere, possum tamen attenta & sæpius iterata meditatione efficere, ut ejusdem, quoties usus exiget, recorder, atque ita habitum quemdam non errandi acquiram. Qua in re cum maxima & præcipua hominis perfectio consistat, non parum me hodierna meditatione lucratum esse existimo, quod erroris & falsitatis cuasam investigarim.

Et sane nulla alia esse potest ab ea quam explicui; nam quoties voluntatem in judiciis ferendis ita contineo, ut ad ea tantum se extendat quæ illi clare & distincte ab intellectu exhibentur, fieri plane non potest ut errem, quia omnis clara & distincta perceptio proculdubio est aliquid, ac proinde a nihilo esse non potest, sed necessario Deum authorem habet, Deum, inquam, illum summe perfectum, quem fallacem esse repugnat; ideoque proculdubio est vera.

beaucoup plus parfait que je ne suis, si Dieu m'avait créé tel que je ne faillisse jamais. Mais je ne puis pas pour cela nier que ce ne soit en quelque façon une plus grande perfection dans tout l'Univers, de ce que quelques-unes de ses parties ne sont pas exemptes de défauts, que si elles étaient toutes semblables. Et je n'ai aucun droit de me plaindre, si Dieu, m'ayant mis au monde, n'a pas voulu me mettre au rang des choses les plus nobles et les plus parfaites ; même j'ai sujet de me contenter de ce que, s'il ne m'a pas donné la vertu de ne point faillir, par le premier moyen que j'ai ci-dessus déclaré, qui dépend d'une claire et évidente connaissance de toutes les choses dont je puis délibérer, il a au moins laissé en ma puissance l'autre moyen, qui est de retenir fermement la résolution de ne jamais donner mon jugement sur les choses dont la vérité ne m'est pas clairement connue. Car quoique je remarque cette faiblesse en ma nature, que je ne puis attacher continuellement mon esprit à une même pensée, je puis toutefois, par une méditation attentive et souvent réitérée, me l'imprimer si fortement en la mémoire, que je ne manque jamais de m'en ressouvenir, toutes les fois que j'en aurai besoin, et acquérir de cette façon l'habitude de ne point faillir. Et, d'autant que c'est en cela que consiste la plus grande et principale perfection de l'homme, j'estime n'avoir pas peu gagné par cette Méditation, que d'avoir découvert la cause des faussetés et des erreurs.

Et certes il n'y en peut avoir d'autre que celle que j'ai expliquée ; car toutes les fois que je retiens tellement ma volonté dans les bornes de ma connaissance, qu'elle ne fait aucun jugement que des choses qui lui sont clairement et distinctement représentées par l'entendement, il ne se peut faire que je me trompe ; parce que toute conception claire et distincte est sans doute quelque chose de réel et de positif, et partant ne peut tirer son origine du néant, mais doit nécessairement avoir Dieu pour son auteur, Dieu, dis-je, qui, étant souverainement parfait, ne peut être cause d'aucune erreur ; et par

Nec hodie tantum didici quid mihi sit cavendum ut nunquam fallar, sed simul etiam quid agendum ut assequar veritatem; assequar enim illam profecto, si tantum ad omnia quæ perfecte intelligo satis attendam, atque illa a reliquis, quæ confusius & obscurius apprehendo, secernam. Cui rei diligenter imposterum operam dabo.

conséquent il faut conclure qu'une telle conception ou un tel jugement est véritable[1].

Au reste je n'ai pas seulement appris aujourd'hui ce que je dois éviter pour ne plus faillir, mais aussi ce que je dois faire pour parvenir à la connaissance de la vérité. Car certainement j'y parviendrai, si j'arrête suffisamment mon attention sur toutes les choses que je concevrai parfaitement, et si je les sépare des autres que je ne comprends[2] qu'avec confusion et obscurité. A quoi dorénavant je prendrai soigneusement garde.

1. Qu'une telle *conception est véritable*.
2. Que je ne *saisis*.

MEDITATIO QUINTA

De essentia rerum materialium; & iterum de Deo, quod existat.

Multa mihi supersunt de Dei attributis, multa de mei ipsius sive mentis meæ natura investiganda ; sed illa forte alias resumam, jamque nihil magis urgere videtur (postquam animadverti quid cavendum atque agendum sit ad assequendam veritatem), quam ut ex dubiis, in quæ superioribus diebus incidi, coner emergere, videamque an aliquid certi de rebus materialibus haberi possit.

Et quidem, priusquam inquiram an aliquæ tales res extra me existant, considerare debeo illarum ideas, quatenus sunt in mea cogitatione, & videre quænam ex iis sint distinctæ, quænam confusæ.

Nempe distincte imaginor quantitatem, quam vulgo Philosophi appellant continuam, sive ejus quantitatis aut potius rei quantæ extensionem in longum, latum & profundum ; numero in ea varias partes ; quaslibet istis partibus magnitudines, figuras, situs, & motus locales, motibusque istis quaslibet durationes assigno.

Nec tantum illa, sic in genere spectata, mihi plane nota & perspecta sunt, sed præterea etiam particularia

MÉDITATION CINQUIÈME

*De l'essence des choses matérielles;
et, derechef de Dieu, qu'il existe.*

Il me reste beaucoup d'autres choses à examiner, touchant les attributs de Dieu, et touchant ma propre nature, c'est-à-dire celle de mon esprit : mais j'en reprendrai peut-être une autre fois la recherche. Maintenant (après avoir remarqué ce qu'il faut faire ou éviter pour parvenir à la connaissance de la vérité), ce que j'ai principalement à faire, est d'essayer de sortir et me débarrasser de tous les doutes où je suis tombé ces jours passés, et voir si l'on ne peut rien connaître de certain touchant les choses matérielles.

Mais avant que j'examine s'il y a de telles choses qui existent hors de moi, je dois considérer leurs idées, en tant qu'elles sont en ma pensée, et voir quelles sont celles qui sont distinctes, et quelles sont celles qui sont confuses.

En premier lieu, j'imagine distinctement cette quantité que les philosophes appellent vulgairement la quantité continue, ou bien l'extension en longueur, largeur et profondeur, qui est en cette quantité, ou plutôt en la chose à qui on l'attribue. De plus, je puis nombrer en elle plusieurs diverses parties, et attribuer à chacune de ces parties toutes sortes de grandeurs, de figures, de situations, et de mouvements; et enfin, je puis assigner à chacun de ces mouvements toutes sortes de durée.

Et je ne connais pas seulement ces choses avec distinction, lorsque je les considère en général; mais

innumera de figuris, de numero, de motu, & similibus,
attendendo percipio, quorum veritas adeo aperta est &
64 naturæ meæ consentanea, ut, dum illa primum detego,
non tam videar aliquid novi addiscere, quam eorum
quæ jam ante sciebam reminisci, sive ad ea primum
advertere, quæ dudum quidem in me erant, licet non
prius in illa obtutum mentis convertissem.

Quodque hic maxime considerandum puto, invenio
apud me innumeras ideas quarumdam rerum, quæ,
etiam si extra me fortasse nullibi existant, non tamen
dici possunt nihil esse; & quamvis a me quodammodo
ad arbitrium cogitentur, non tamen a me finguntur, sed
suas habent veras & immutabiles naturas. Ut cum,
exempli causa, triangulum imaginor, etsi fortasse talis
figura nullibi gentium extra cogitationem meam existat,
nec unquam extiterit, est tamen profecto determinata
quædam ejus natura, sive essentia, sive forma, immutabilis & æterna, quæ a me non efficta est, nec a mente
mea dependet; ut patet ex eo quod demonstrari possint
variæ proprietates de isto triangulo, nempe quod ejus
tres anguli sint æquales duobus rectis, quod maximo
ejus angulo maximum latus subtendatur, & similes,
quas velim nolim clare nunc agnosco, etiamsi de iis
nullo modo antea cogitaverim, cum triangulum imagi-
natus sum, nec proinde a me fuerint effictæ.

Neque ad rem attinet, si dicam mihi forte a rebus
externis per organa sensuum istam trianguli ideam
advenisse, quia nempe corpora triangularem figuram
habentia interdum vidi; possum enim alias innumeras
figuras excogitare, de quibus nulla suspicio esse potest
quod mihi unquam per sensus illapsæ sint, & tamen

aussi, pour peu que j'y applique mon attention, je
51 conçois une infinité de particularités touchant les
nombres, les figures, les mouvements, et autres choses
semblables, dont la vérité se fait paraître avec tant
d'évidence et s'accorde si bien avec ma nature, que
lorsque je commence à les découvrir, il ne me semble
pas que j'apprenne rien de nouveau, mais plutôt que je
me ressouviens de ce que je savais déjà auparavant,
c'est-à-dire que j'aperçois des choses qui étaient déjà
dans mon esprit, quoique je n'eusse pas encore tourné
ma pensée vers elles.

Et ce que je trouve ici de plus considérable, est que je
trouve en moi une infinité d'idées de certaines choses,
qui ne peuvent pas être estimées un pur néant, quoique
peut-être elles n'aient aucune existence hors de ma
pensée, et qui ne sont pas feintes par moi, bien qu'il soit
en ma liberté de les penser ou ne les penser pas ; mais
elles ont leurs natures vraies et immuables. Comme,
par exemple, lorsque j'imagine un triangle, encore qu'il
n'y ait peut-être en aucun lieu du monde hors de ma
pensée une telle figure, et qu'il n'y en ait jamais eu, il ne
laisse pas néanmoins d'y avoir une certaine nature, ou
forme, ou essence déterminée de cette figure, laquelle
est immuable et éternelle, que je n'ai point inventée, et
qui ne dépend en aucune façon de mon esprit ; comme il
paraît de ce que l'on peut démontrer diverses propriétés
de ce triangle, à savoir, que ses trois angles sont égaux à
deux droits, que le plus grand angle est soutenu par le
plus grand côté, et autres semblables, lesquelles maintenant, soit que je le veuille ou non, je reconnais très
clairement et très évidemment être en lui, encore que je
n'y aie pensé auparavant en aucune façon, lorsque je me
suis imaginé la première fois un triangle ; et partant on
ne peut pas dire que je les aie feintes et inventées.

Et je n'ai que faire ici de m'objecter, que peut-être
cette idée du triangle est venue en mon esprit par
l'entremise de mes sens, parce que j'ai vu quelquefois
des corps de figure triangulaire ; car je puis former en
mon esprit une infinité d'autres figures, dont on ne peut
avoir le moindre soupçon que jamais elles me soient

65 varias de iis, non minus quam de triangulo, proprietates demonstrare. Quæ sane omnes sunt veræ, quandoquidem a me clare cognoscuntur, ideoque aliquid sunt,
non merum nihil : patet enim illud omne quod verum
est esse aliquid ; & jam fuse demonstravi illa omnia quæ
clare cognosco esse vera. Atque quamvis id non demon-
strassem, ea certe est natura mentis meæ ut nihilominus
non possem iis non assentiri, saltem quamdiu ea clare
percipio, meminique me semper, etiam ante hoc tempus, cum sensuum objectis quammaxime inhærerem,
ejusmodi veritates, quæ nempe de figuris, aut numeris,
aliisve ad Arithmeticam vel Geometriam vel in genere
ad puram atque abstractam Mathesim pertinentibus,
evidenter agnoscebam, pro omnium certissimis
habuisse.

    Jam vero si ex eo solo, quod alicujus rei ideam
possim ex cogitatione mea depromere, sequitur ea
omnia, quæ ad illam rem pertinere clare & distincte
percipio, revera ad illam pertinere, nunquid inde
haberi etiam potest argumentum, quo Dei existentia
probetur ? Certe ejus ideam, nempe entis summe perfecti, non minus apud me invenio, quam ideam cuju-
svis figuræ aut numeri ; nec minus clare & distincte
intelligo ad ejus naturam pertinere ut semper existat,
quam id quod de aliqua figura aut numero demonstro
ad ejus figuræ aut numeri naturam etiam pertinere ; ac
proinde, quamvis non omnia, quæ superioribus hisce
diebus meditatus sum, vera essent, in eodem ad minimum certitudinis gradu esse deberet apud me Dei
66 existentia in quo fuerunt hactenus Mathematicæ veritates.

tombées sous les sens, et je ne laisse pas toutefois de pouvoir démontrer diverses propriétés touchant leur nature, aussi bien que touchant celle du triangle : lesquelles certes doivent être toutes vraies, puisque je les conçois clairement. Et partant elles sont quelque chose, et non pas un pur néant; car il est très évident que tout ce qui est vrai est quelque chose, et j'ai déjà amplement démontré ci-dessus que toutes les choses 52 que je connais clairement et distinctement sont vraies. Et quoique je ne l'eusse pas démontré, toutefois la nature de mon esprit est telle, que je ne me saurais empêcher de les estimer vraies, pendant que[1] je les conçois clairement et distinctement. Et je me ressouviens que, lors même que j'étais encore fortement attaché aux objets des sens, j'avais tenu au nombre des plus constantes vérités celles que je concevais clairement et distinctement touchant les figures, les nombres, et les autres choses qui appartiennent à l'arithmétique et à la géométrie[2].

Or maintenant, si de cela seul que je puis tirer de ma pensée l'idée de quelque chose, il s'ensuit que tout ce que je reconnais clairement et distinctement appartenir à cette chose, lui appartient en effet, ne puis-je pas tirer de ceci un argument et une preuve démonstrative de l'existence de Dieu ? Il est certain que je ne trouve pas moins en moi son idée, c'est-à-dire l'idée d'un être souverainement parfait, que celle de quelque figure ou de quelque nombre que ce soit. Et je ne connais pas moins clairement et distinctement qu'une actuelle et éternelle existence[3] appartient à sa nature, que je connais que tout ce que je puis démontrer de quelque figure ou de quelque nombre, appartient véritablement à la nature de cette figure ou de ce nombre. Et partant, encore que tout ce que j'ai conclu dans les méditations précédentes ne se trouvât point véritable, l'existence de

1. Vraies, *au moins pendant que*.
2. A l'arithmétique, *à la géométrie ou en général à la mathématique pure et abstraite*.
3. La 2e éd. latine a remplacé *actu* (1re éd.) par *semper*. Le texte français traduit les deux mots.

Quanquam sane hoc prima fronte non est omnino perspicuum, sed quandam sophismatis speciem refert. Cum enim assuetus sim in omnibus aliis rebus existentiam ab essentia distinguere, facile mihi persuadeo illam etiam ab essentia Dei sejungi posse, atque ita Deum ut non existentem cogitari. Sed tamen diligentius attendenti fit manifestum, non magis posse existentiam ab essentia Dei separari, quam ab essentia trianguli magnitudinem trium ejus angulorum æqualium duobus rectis, sive ab idea montis ideam vallis : adeo ut non magis repugnet cogitare Deum (hoc est ens summe perfectum) cui desit existentia (hoc est cui desit aliqua perfectio), quam cogitare montem cui desit vallis.

Verumtamen, ne possim quidem cogitare Deum nisi existentem, ut neque montem sine valle, at certe, ut neque ex eo quod cogitem montem cum valle, ideo sequitur aliquem montem in mundo esse, ita neque ex eo quod cogitem Deum ut existentem, ideo sequi videtur Deum existere : nullam enim necessitatem cogitatio mea rebus imponit; & quemadmodum imaginari licet equum alatum, etsi nullus equus habeat alas, ita forte Deo existentiam possum affingere, quamvis nullus Deus existat.

Imo sophisma hic latet; neque enim, ex eo quod non possim cogitare montem nisi cum valle, sequitur alicubi montem & vallem existere, sed tantum montem & vallem, sive existant, sive non existant, a se mutuo sejungi non posse. Atqui ex eo quod non possim cogitare Deum nisi existentem, sequitur existentiam a Deo esse inseparabilem, ac proinde illum revera existere; non quod mea cogitatio hoc efficiat, sive aliquam necessitatem ulli rei imponat, sed contra quia ipsius rei,

Dieu doit passer en mon esprit au moins pour aussi certaine, que j'ai estimé jusques ici toutes les vérités des mathématiques, qui ne regardent que les nombres et les figures : bien qu'à la vérité cela ne paraisse pas d'abord entièrement manifeste, mais semble avoir quelque apparence de sophisme. Car, ayant accoutumé dans toutes les autres choses de faire distinction entre l'existence et l'essence, je me persuade aisément que l'existence peut être séparée de l'essence de Dieu, et qu'ainsi on peut concevoir Dieu comme n'étant pas actuellement[1]. Mais néanmoins, lorsque j'y pense avec plus d'attention, je trouve manifestement que l'existence ne peut non plus être séparée de l'essence de Dieu, que de l'essence d'un triangle rectiligne la grandeur de ses trois angles égaux à deux droits, ou bien de l'idée d'une montagne l'idée d'une vallée ; en sorte qu'il n'y a pas moins de répugnance de concevoir un Dieu (c'est-à-dire un être souverainement parfait) auquel manque l'existence (c'est-à-dire auquel manque quelque perfection), que de concevoir une montagne qui n'ait point de vallée.

Mais encore qu'en effet je ne puisse pas concevoir un Dieu sans existence, non plus qu'une montagne sans vallée, toutefois, comme de cela seul que je conçois une montagne avec une vallée, il ne s'ensuit pas qu'il y ait aucune montagne dans le monde, de même aussi, quoique je conçoive Dieu avec l'existence, il semble qu'il ne s'ensuit pas pour cela qu'il y en ait aucun qui existe : car ma pensée n'impose aucune nécessité aux choses ; et comme il ne tient qu'à moi d'imaginer un cheval ailé, encore qu'il n'y en ait aucun qui ait des ailes, ainsi je pourrais peut-être attribuer l'existence à Dieu, encore qu'il n'y eût aucun Dieu qui existât. Tant s'en faut, c'est ici qu'il y a un sophisme caché sous l'apparence de cette objection : car de ce que je ne puis concevoir une montagne sans vallée, il ne s'ensuit pas qu'il y ait au monde aucune montagne, ni aucune

---

1. Le texte français traduit le mot *actu* (1re éd. latine) absent dans la 2e éd.

nempe existentiæ Dei, necessitas me determinat ad hoc cogitandum : neque enim mihi liberum est Deum absque existentia (hoc est ens summe perfectum absque summa perfectione) cogitare, ut liberum est equum vel cum alis vel sine alis imaginari.

Neque etiam hic dici debet, necesse quidem esse ut ponam Deum existentem, postquàm posui illum habere omnes perfectiones, quandoquidem existentia una est ex illis, sed priorem positionem necessariam non fuisse ; ut neque necesse est me putare figuras omnes quadrilateras circulo inscribi, sed posito quod hoc putem, necesse erit me fateri rhombum circulo inscribi, quod aperte tamen est falsum. Nam, quamvis non necesse sit ut incidam unquam in ullam de Deo cogitationem, quoties tamen de ente primo & summo libet cogitare, atque ejus ideam tanquam ex mentis meæ thesauro depromere, necesse est ut illi omnes perfectiones attribuam, etsi nec omnes tunc enumerem, nec ad singulas attendam : quæ necessitas plane sufficit ut postea, cum animadverto existentiam esse perfectionem, recte concludam ens primum & summum existere : quemadmodum non est necesse me ullum triangulum unquam imaginari, sed quoties volo figuram rectilineam tres tantum angulos habentem considerare, necesse est ut 68 illi ea tribuam, ex quibus recte infertur ejus tres angulos non majores esse duobus rectis, etiamsi hoc ipsum tunc non advertam. Cum vero examino quænam figuræ circulo inscribantur, nullo modo necesse est ut putem omnes quadrilateras ex eo numero esse ; imo

vallée, mais seulement que la montagne et la vallée, soit qu'il y en ait, soit qu'il n'y en ait point, ne se peuvent en aucune façon séparer l'une d'avec l'autre ; au lieu que, de cela seul que je ne puis concevoir Dieu sans existence, il s'ensuit que l'existence est inséparable de lui, et partant qu'il existe véritablement : non pas que ma pensée puisse faire que cela soit de la sorte, et qu'elle impose aux choses aucune nécessité ; mais, au contraire, parce que la nécessité de la chose même, à savoir de l'existence de Dieu, détermine ma pensée à le concevoir de cette façon. Car il n'est pas en ma liberté de concevoir un Dieu sans existence (c'est-à-dire un être souverainement parfait sans une souveraine perfection), comme il m'est libre d'imaginer un cheval sans ailes ou avec des ailes.

Et on ne doit pas dire ici qu'il est à la vérité nécessaire que j'avoue que Dieu existe, après que j'ai supposé qu'il possède toutes sortes de perfections, puisque l'existence en est une, mais qu'en effet ma première supposition n'était pas nécessaire ; de même qu'il n'est point nécessaire de penser que toutes les figures de quatre côtés se peuvent inscrire dans le cercle, mais que, supposant que j'aie cette pensée, je suis contraint d'avouer que le rhombe se peut inscrire dans le cercle, puisque c'est une figure de quatre côtés ; et ainsi je serai contraint d'avouer une chose fausse. On ne doit point, dis-je, alléguer cela : car encore qu'il ne soit pas nécessaire que je tombe jamais dans aucune pensée de Dieu, néanmoins, toutes les fois qu'il m'arrive de penser à un être premier et souverain, et de tirer, pour ainsi dire, son idée du trésor de mon esprit, il est nécessaire que je lui attribue toutes sortes de perfections, quoique je ne vienne pas à les nombrer toutes, et à appliquer mon attention sur chacune d'elles en particulier. Et cette nécessité est suffisante pour me faire conclure (après que j'ai reconnu que l'existence est une perfection), que cet être premier et souverain existe
54 véritablement : de même qu'il n'est pas nécessaire que j'imagine jamais aucun triangle ; mais toutes les fois que je veux considérer une figure rectiligne composée seule-

etiam idipsum nequidem fingere possum, quamdiu nihil volo admittere nisi quod clare & distincte intelligo. Ac proinde magna differentia est inter ejusmodi falsas positiones, & ideas veras mihi ingenitas, quarum prima & præcipua est idea Dei. Nam sane multis modis intelligo illam non esse quid fictitium a cogitatione mea dependens, sed imaginem veræ & immutabilis naturæ : ut, primo, quia nulla alia res potest a me excogitari, ad cujus essentiam existentia pertineat, præter solum Deum ; deinde, quia non possum duos aut plures ejusmodi Deos intelligere, & quia, posito quod jam unus existat, plane videam esse necessarium ut & ante ab æterno extiterit, & in æternum sit mansurus ; ac denique, quod multa alia in Deo percipiam, quorum nihil a me detrahi potest nec mutari.

Sed vero, quacumque tandem utar probandi ratione, semper eo res redit, ut ea me sola plane persuadeant, quæ clare & distincte percipio. Et quidem ex iis quæ ita percipio, etsi nonnulla unicuique obvia sint, alia vero nonnisi ab iis qui propius inspiciunt & diligenter investigant deteguntur, postquam tamen detecta sunt, hæc non minus certa quam illa existimantur. Ut quamvis non tam facile appareat in triangulo rectangulo quadra-
69 tum basis æquale esse quadratis laterum, quam istam basim maximo ejus angulo subtendi, non tamen minus

ment de trois angles, il est absolument nécessaire que je lui attribue toutes les choses qui servent à conclure que ses trois angles ne sont pas plus grands que deux droits, encore que peut-être je ne considère pas alors cela en particulier. Mais quand j'examine quelles figures sont capables d'être inscrites dans le cercle, il n'est en aucune façon nécessaire que je pense que toutes les figures de quatre côtés sont de ce nombre ; au contraire, je ne puis pas même feindre que cela soit, tant que je ne voudrai rien recevoir en ma pensée, que ce que je pourrai concevoir clairement et distinctement. Et par conséquent il y a une grande différence entre les fausses suppositions, comme est celle-ci, et les véritables idées qui sont nées avec moi, dont la première et principale est celle de Dieu.

Car en effet je reconnais en plusieurs façons que cette idée n'est point quelque chose de feint ou d'inventé, dépendant seulement de ma pensée, mais que c'est l'image d'une vraie et immuable nature. Premièrement, à cause que je ne saurais concevoir autre chose que Dieu seul, à l'essence de laquelle l'existence appartienne avec nécessité. Puis aussi, parce qu'il ne m'est pas possible de concevoir deux ou plusieurs Dieux de même façon. Et, posé qu'il y en ait un maintenant qui existe, je vois clairement qu'il est nécessaire qu'il ait été auparavant de toute éternité, et qu'il soit éternellement à l'avenir. Et enfin, parce que je connais une infinité d'autres choses en Dieu, desquelles je ne puis rien diminuer ni changer.

Au reste, de quelque preuve et argument que je me serve, il en faut toujours revenir là, qu'il n'y a que les choses que je conçois clairement et distinctement, qui aient la force de me persuader entièrement. Et quoiqu'entre les choses que je conçois de cette sorte, il y en ait à la vérité quelques-unes manifestement connues d'un chacun, et qu'il y en ait d'autres aussi qui ne se découvrent qu'à ceux qui les considèrent de plus près et qui les examinent plus exactement ; toutefois, après qu'elles sont une fois découvertes, elles ne sont pas estimées moins certaines les unes que les autres.

creditur, postquam semel est perspectum. Quod autem
ad Deum attinet, certe nisi præjudiciis obruerer, &
rerum sensibilium imagines cogitationem meam omni
ex parte obsiderent, nihil illo prius aut facilius agnoscerem; nam quid ex se est apertius, quam summum ens
esse, sive Deum, ad cujus solius essentiam existentia
pertinet, existere?

Atque, quamvis mihi attenta consideratione opus
fuerit ad hoc ipsum percipiendum, nunc tamen non
modo de eo æque certus sum ac de omni alio quod
certissimum videtur, sed præterea etiam animadverto
cæterarum rerum certitudinem ab hoc ipso ita pendere,
ut absque eo nihil unquam perfecte sciri possit.

Etsi enim ejus sim naturæ ut, quamdiu aliquid valde
clare & distincte percipio, non possim non credere
verum esse, quia tamen ejus etiam sum naturæ ut non
possim obtutum mentis in eanderm rem semper defi-
gere ad illam clare percipiendam, recurratque sæpe
memoria judicii ante facti, cum non amplius attendo ad
rationes propter quas tale quid judicavi, rationes aliæ
afferri possunt quæ me, si Deum ignorarem, facile ab
opinione dejicerent, atque ita de nulla unquam re
veram & certam scientiam, sed vagas tantum & mutabi-
les opiniones, haberem. Sic, exempli causa, cum naturam trianguli considero, evidentissime quidem mihi,
utpote Geometriæ principiis imbuto, apparet ejus tres
angulos æquales esse duobus rectis, nec possum non
70 credere id verum esse, quamdiu ad / ejus demonstratio-

Comme par exemple, en tout triangle rectangle, encore qu'il ne paraisse pas d'abord si facilement que le carré de la base est égal aux carrés des deux autres côtés, comme il est évident que cette base est opposée au plus grand angle, néanmoins, depuis que cela a été une fois reconnu, on est autant persuadé de la vérité de l'un que de l'autre. Et pour ce qui est de Dieu, certes, si mon esprit n'était prévenu d'aucun préjugé, et que ma pensée ne se trouvât point divertie par la présence 55 continuelle des images des choses sensibles, il n'y aurait aucune chose que je connusse plutôt ni plus facilement que lui. Car y a-t-il rien de soi plus clair et plus manifeste, que de penser qu'il y a un Dieu, c'est-à-dire un être souverain et parfait, en l'idée duquel seul l'existence nécessaire ou éternelle est comprise, et par conséquent qui existe[1] ?

Et quoique, pour bien concevoir cette vérité, j'aie eu besoin d'une grande application d'esprit, toutefois à présent je ne m'en tiens pas seulement aussi assuré que de tout ce qui me semble le plus certain : mais, outre cela, je remarque que la certitude de toutes les autres choses en dépend si absolument, que sans cette connaissance il est impossible de pouvoir jamais rien savoir parfaitement.

Car encore que je sois d'une telle nature, que, dès aussitôt que je comprends quelque chose fort clairement et fort distinctement, je suis naturellement porté à la croire vraie[2], néanmoins, parce que je suis aussi d'une telle nature, que je ne puis pas avoir l'esprit toujours attaché à une même chose, et que souvent je me ressouviens d'avoir jugé une chose être vraie; lorsque je cesse de considérer les raisons qui m'ont obligé à la juger telle, il peut arriver pendant ce temps-là que d'autres raisons se présentent à moi, lesquelles me feraient aisément changer d'opinion, si j'ignorais qu'il y eût un Dieu. Et ainsi je n'aurais jamais

---

1. Car y a-t-il rien de soi plus *manifeste que l'être du souverain être, c'est-à-dire l'existence de Dieu, à l'essence duquel seul appartient l'existence ?*
2. Je *ne peux pas croire qu'elle est vraie.*

nem attendo; sed statim atque mentis aciem ab illa deflexi, quantumvis adhuc recorder me illam clarissime perspexisse, facile tamen potest accidere ut dubitem an sit vera, si quidem Deum ignorem. Possum enim mihi persuadere me talem a natura factum esse, ut interdum in iis fallar quæ me puto quam evidentissime percipere, cum præsertim meminerim me sæpe multa pro veris & certis habuisse, quæ postmodum, aliis rationibus adductus, falsa esse judicavi.

Postquam vero percepi Deum esse, quia simul etiam intellexi cætera omnia ab eo pendere, illumque non esse fallacem; atque inde collegi illa omnia, quæ clare & distincte percipio, necessario esse vera; etiamsi non attendam amplius ad rationes propter quas istud verum esse judicavi, modo tantum recorder me clare & distincte perspexisse, nulla ratio contraria afferri potest, quæ me ad dubitandum impellat, sed veram & certam de hoc habeo scientiam. Neque de hoc tantum, sed & de reliquis omnibus quæ memini me aliquando demonstrasse, ut de Geometricis & similibus. Quid enim nunc mihi opponetur? Mene talem factum esse ut sæpe fallar? At jam scio me in iis, quæ perspicue intelligo, falli non posse. Mene multa alias pro veris & certis habuisse, quæ postea falsa esse deprehendi? Atqui nulla ex iis clare & distincte perceperam, sed hujus regulæ veritatis ignarus ob alias causas forte credideram, quas postea minus firmas esse detexi. Quid ergo dicetur? Anne (ut nuper mihi objiciebam) me forte somniare, sive illa omnia, quæ jam cogito, non magis vera esse quam ea quæ dormienti occurrunt? Imo etiam
71 hoc nihil mutat; nam certe, / quamvis somniarem, si

une vraie et certaine science d'aucune chose que ce soit,
mais seulement de vagues et inconstantes opinions.

Comme, par exemple, lorsque je considère la nature
du triangle, je connais évidemment, moi qui suis un
peu versé dans la géométrie, que ses trois angles sont
égaux à deux droits, et il ne m'est pas possible de ne le
point croire, pendant que j'applique ma pensée à sa
démonstration ; mais aussitôt que je l'en détourne,
encore que je me ressouvienne de l'avoir clairement
comprise, toutefois il se peut faire aisément que je doute
de sa vérité, si j'ignore qu'il y ait un Dieu. Car je puis
me persuader d'avoir été fait tel par la nature, que je me
puisse aisément tromper, même dans les choses que je
crois comprendre avec le plus d'évidence et de certitude ; vu principalement que je me ressouviens d'avoir
souvent estimé beaucoup de choses pour vraies et
certaines, lesquelles par après d'autres raisons m'ont
porté à juger absolument fausses.

Mais après que j'ai reconnu qu'il y a un Dieu, parce
qu'en même temps j'ai reconnu aussi que toutes choses
dépendent de lui, et qu'il n'est point trompeur, et qu'en
suite de cela j'ai jugé que tout ce que je conçois
clairement et distinctement ne peut manquer d'être
vrai : encore que je ne pense plus aux raisons pour
lesquelles j'ai jugé cela être véritable, pourvu que je me
ressouvienne de l'avoir clairement et distinctement
compris, on ne me peut apporter aucune raison
contraire, qui me le fasse jamais révoquer en doute ; et
ainsi j'en ai une vraie et certaine science. Et cette même
science s'étend aussi à toutes les autres choses que je me
ressouviens d'avoir autrefois démontrées, comme aux
vérités de la géométrie, et autres semblables : car
qu'est-ce que l'on me peut objecter, pour m'obliger à
les révoquer en doute ? Me dira-t-on que ma nature est
telle que je suis fort sujet à me méprendre ? Mais je sais
déjà que je ne puis me tromper dans les jugements dont
je connais clairement les raisons. Me dira-t-on que j'ai
tenu autrefois beaucoup de choses pour vraies et certaines, lesquelles j'ai reconnu par après être fausses ?
Mais je n'avais connu clairement ni distinctement

quid intellectui meo sit evidens, illud omnino est verum.

Atque ita plane video omnis scientiæ certitudinem & veritatem ab una veri Dei cognitione pendere, adeo ut, priusquam illum nossem, nihil de ulla alia re perfecte scire potuerim. Jam vero innumera, tum de ipso Deo aliisque rebus intellectualibus, tum etiam de omni illa natura corporea, quæ est puræ Matheseos objectum, mihi plane nota & certa esse possunt.

aucune de ces choses-là, et, ne sachant point encore cette règle par laquelle je m'assure de la vérité, j'avais été porté à les croire par des raisons que j'ai reconnu depuis être moins fortes que je me les étais pour lors imaginées. Que me pourra-t-on donc objecter davantage ? Que peut-être je dors (comme je me l'étais moi-même objecté ci-devant), ou bien que toutes les pensées que j'ai maintenant ne sont pas plus vraies que les rêveries que nous imaginons étant endormis ? Mais quand bien même[1] je dormirais, tout ce qui se présente à mon esprit avec évidence, est absolument véritable.

Et ainsi je reconnais très clairement que la certitude et la vérité de toute science dépend de la seule connaissance du vrai Dieu : en sorte qu'avant que je le connusse, je ne pouvais savoir parfaitement aucune autre chose. Et à présent que je le connais, j'ai le moyen d'acquérir une science parfaite touchant une infinité de choses, non seulement de celles qui sont en lui, mais aussi de celles qui appartiennent à la nature corporelle, en tant qu'elle peut servir d'objet aux démonstrations des géomètres, lesquels n'ont point d'égard à son existence[2].

1. Mais *cela non plus ne change rien : car en tout cas quand bien même*.

2. Mais à présent une infinité de choses, non seulement de Dieu lui-même, et des autres choses intellectuelles, mais aussi de toute cette nature corporelle qui est l'objet de la mathématique pure, peuvent m'être entièrement connues et certaines.

Dans la méditation suivante, *géométrie*, ou *géométrie spéculative*, traduit de même *pura Mathesis*.

MEDITATIO SEXTA

De rerum materialium existentia, & reali mentis a corpor distinctione.

Reliquum est ut examinem an res materiales existant. Et quidem jam ad minimum scio illas, quatenus sunt puræ Matheseos objectum, posse existere, quandoquidem ipsas clare & distincte percipio. Non enim dubium est quin Deus sit capax ea omnia efficiendi quæ ego sic percipiendi sum capax; nihilque unquam ab illo fieri non posse judicavi, nisi propter hoc quod illud a me distincte percipi repugnaret. Præterea ex imaginandi facultate, qua me uti experior, dum circa res istas materiales versor, sequi videtur illas existere; nam 72 attentius consideranti quidnam sit imaginatio, / nihil aliud esse apparet quam quædam applicatio facultatis cognoscitivæ ad corpus ipsi intime præsens, ac proinde existens.

Quod ut planum fiat, primo examino differentiam quæ est inter imaginationem & puram intellectionem. Nempe, exempli causa, cum triangulum imaginor, non tantum intelligo illud esse figuram tribus lineis comprehensam, sed simul etiam istas tres lineas tanquam præsentes acie mentis intueor, atque hoc est quod imaginari appello. Si vero de chiliogono velim cogitare, equidem æque bene intelligo illud esse figuram con-

MÉDITATION SIXIÈME

*De l'existence des choses matérielles, et de la réelle
distinction entre l'âme et le corps de l'homme.*

Il ne me reste plus maintenant qu'à examiner s'il y a
des choses matérielles : et certes au moins sais-je déjà
l'objet des démonstrations de géométrie, vu que de
cette façon je les conçois fort clairement et fort distinctement. Car il n'y a point de doute que Dieu n'ait la
puissance de produire toutes les choses que je suis
capable de concevoir avec distinction ; et je n'ai jamais
jugé qu'il lui fût impossible de faire quelque chose,
qu'alors que je trouvais de la contradiction à la pouvoir
bien concevoir. De plus, la faculté d'imaginer qui est en
moi, et de laquelle je vois par expérience que je me sers
lorsque je m'applique à la considération des choses
matérielles, est capable de me persuader leur existence : car quand je considère attentivement ce que
c'est que l'imagination, je trouve qu'elle n'est autre
chose qu'une certaine application de la faculté qui
connaît, au corps qui lui est intimement présent, et
partant qui existe.

Et pour rendre cela très manifeste, je remarque
premièrement la différence qui est entre l'imagination
et la pure intellection ou conception. Par exemple,
lorsque j'imagine un triangle, je ne le conçois pas
seulement comme une figure composée et comprise de
trois lignes, mais outre cela je considère ces trois lignes
comme présentes par la force et l'application intérieure
de mon esprit ; et c'est proprement ce que j'appelle

stantem mille lateribus, ac intelligo triangulum esse figuram constantem tribus; sed non eodem modo illa mille latera imaginor, sive tanquam præsentia intueor. Et quamvis tunc, propter consuetudinem aliquid semper imaginandi, quoties de re corporea cogito, figuram forte aliquam confuse mihi repræsentem, patet tamen illam non esse chiliogonum, quia nulla in re est diversa ab ea quam mihi etiam repræsentarem, si de myriogono aliave quavi figura plurimorum laterum cogitarem; nec quicquam juvat ad eas proprietates, quibus chiliogonum ab aliis polygonis differt, agnoscendas. Si vero de pentagono quæstio sit, possum quidem ejus figuram intelligere, sicut figuram chiliogoni, absque ope imaginationis; sed possum etiam imaginari eandem, applicando scilicet aciem mentis ad ejus quinque latera, simulque ad aream iis contentam; & manifeste hic animadverto mihi pecu-liari quadam animi contentione opus esse ad imaginandum, qua non utor ad intelligendum : quæ nova animi contentio differentiam inter imaginationem & intellectionem puram clare ostendit.

73

Ad hæc considero istam vim imaginandi quæ in me est, prout differt a vi intelligendi, ad mei ipsius, hoc est ad mentis meæ essentiam non requiri; nam quamvis illa a me abesset, procul dubio manerem nihilominus ille idem qui nunc sum; unde sequi videtur illam ab aliqua re a me diversa pendere. Atque facile intelligo, si corpus aliquod existat cui mens sit ita conjuncta ut ad illud veluti inspiciendum pro arbitrio se applicet, fieri posse ut per hoc ipsum res corporeas imaginer; adeo ut hic modus cogitandi in eo tantum a pura intellectione

imaginer. Que si je veux penser à un chiliogone, je
conçois bien à la vérité que c'est une figure composée de
mille côtés, aussi facilement que je conçois qu'un
triangle est une figure composée de trois côtés seulement; mais je ne puis pas imaginer les mille côtés d'un
chiliogone, comme je fais les trois d'un triangle, ni,
pour ainsi dire, les regarder comme présents avec les
yeux de mon esprit. Et quoique, suivant la coutume
que j'ai de me servir toujours de mon imagination,
lorsque je pense aux choses corporelles, il arrive qu'en
concevant un chiliogone je me représente confusément
quelque figure, toutefois il est très évident que cette
figure n'est point un chiliogone, puisqu'elle ne diffère
nullement de celle que je me représenterais, si je
pensais à un myriogone, ou à quelque autre figure de
beaucoup de côtés; et qu'elle ne sert en aucune façon à
58 découvrir les propriétés qui font la différence du chiliogone d'avec les autres polygones.

Que s'il est question de considérer un pentagone, il
est bien vrai que je puis concevoir sa figure, aussi bien
que celle d'un chiliogone, sans le secours de l'imagination; mais je la puis aussi imaginer en appliquant
l'attention de mon esprit à chacun de ses cinq côtés, et
tout ensemble à l'aire, ou à l'espace qu'ils renferment.
Ainsi je connais clairement que j'ai besoin d'une particulière contention d'esprit pour imaginer, de laquelle je
ne me sers point pour concevoir; et cette particulière
contention d'esprit montre évidemment la différence
qui est entre l'imagination et l'intellection ou conception pure.

Je remarque outre cela que cette vertu d'imaginer qui
est en moi, en tant qu'elle diffère de la puissance de
concevoir, n'est en aucune sorte nécessaire à ma nature
ou à mon essence, c'est-à-dire à l'essence de mon
esprit; car, encore que je ne l'eusse point, il est sans
doute que je demeurerais toujours le même que je suis
maintenant : d'où il semble que l'on puisse conclure
qu'elle dépend de quelque chose qui diffère de mon
esprit. Et je conçois facilement que, si quelque corps
existe, auquel mon esprit soit conjoint et uni de telle

differat, quod mens, dum intelligit, se ad seipsam quodammodo convertat, respiciatque aliquam ex ideis quæ illi ipsi insunt; dum autem imaginatur, se convertat ad corpus, & aliquid in eo ideæ vel a se intellectæ vel sensu perceptæ conforme intueatur. Facile, inquam, intelligo imaginationem ita perfici posse, siquidem corpus existat; & quia nullus alius modus æque conveniens occurrit ad illam explicandam, probabiliter inde conjicio corpus existere; sed probabiliter tantum, & quamvis accurate omnia investigem, nondum tamen video ex ea naturæ corporeæ idea distincta, quam in imaginatione mea invenio, ullum sumi posse argumentum, quod necessario concludat aliquod corpus existere.

74   Soleo vero alia multa imaginari præter illam naturam corpoream, quæ est puræ Matheseos objectum, ut colores, sonos, sapores, dolorem, & similia, sed nulla tam distincte; & quia hæc percipio melius sensu, a quo videntur ope memoriæ ad imaginationem pervenisse, ut commodius de ipsis agam, eadam opera etiam de sensu est agendum, videndumque an ex iis quæ isto cogitandi modo, quem sensum appello, percipiuntur, certum aliquod argumentum pro[1] rerum corporearum existentia habere possim.

Et primo quidem apud me hic repetam quænam illa sint quæ antehac, ut sensu percepta, vera esse putavi, & quas ob causas id putavi; deinde etiam causas expendam propter quas eadem postea in dubium revocavi; ac denique considerabo quid mihi nunc de iisdem sit credendum.

Primo itaque sensi me habere caput, manus, pedes,

---

1. Au lieu de *pro* la 1re édition porte *de*.

sorte qu'il se puisse appliquer à le considérer quand il
lui plaît, il se peut faire que par ce moyen il imagine les
choses corporelles : en sorte que cette façon de penser
diffère seulement de la pure intellection, en ce que
l'esprit en concevant se tourne en quelque façon vers
soi-même, et considère quelqu'une des idées qu'il a en
soi ; mais en imaginant il se tourne vers le corps, et y
considère quelque chose de conforme à l'idée qu'il a
formée de soi-même ou qu'il a reçue par les sens. Je
conçois, dis-je, aisément que l'imagination se peut faire
de cette sorte, s'il est vrai qu'il y ait des corps ; et parce
que je ne puis rencontrer aucune autre voie pour
expliquer comment elle se fait, je conjecture de là
probablement qu'il y en a : mais ce n'est que probablement, et quoique j'examine soigneusement toutes
choses, je ne trouve pas néanmoins que de cette idée
distincte de la nature corporelle, que j'ai en mon
imagination, je puisse tirer aucun argument qui conclue
avec nécessité l'existence de quelque corps.

Or j'ai accoutumé d'imaginer beaucoup d'autres
choses, outre cette nature corporelle qui est l'objet de la
géométrie, à savoir les couleurs, les sons, les saveurs, la
douleur, et autres choses semblables, quoique moins
distinctement. Et d'autant que j'aperçois beaucoup
mieux ces choses-là par les sens, par l'entremise desquels, et de la mémoire, elles semblent être parvenues
59 jusqu'à mon imagination, je crois que, pour les examiner plus commodément, il est à propos que j'examine
en même temps ce que c'est que sentir, et que je voie si
des idées que je reçois en mon esprit par cette façon de
penser, que j'appelle sentir, je puis tirer quelque
preuve certaine de l'existence des choses corporelles.

Et premièrement je rappellerai dans ma mémoire
quelles sont les choses que j'ai ci-devant tenues pour
vraies, comme les ayant reçues par les sens, et sur quels
fondements ma créance était appuyée. Et après, j'exa-
minerai les raisons qui m'ont obligé depuis à les révoquer en doute. Et enfin je considérerai ce que j'en dois
maintenant croire.

Premièrement donc j'ai senti que j'avais une tête, des

& membra cætera ex quibus constat illud corpus, quod
tanquam mei partem, vel forte etiam tanquam me
totum spectabam ; sensique hoc corpus inter alia multa
corpora versari, a quibus variis commodis vel incommodis affici potest, & commoda ista sensu quodam
voluptatis, & incommoda sensu doloris metiebar.
Atque, præter dolorem & voluptatem, sentiebam etiam
in me famem, sitim, aliosque ejusmodi appetitus ; itemque corporeas quasdam propensiones ad hilaritatem, ad
tristitiam, ad iram, similesque alios affectus ; foris vero,
75 præter corporum extensionem, & figuras, & / motus,
sentiebam etiam in illis duritiem, & calorem, aliasque
tactiles qualitates ; ac præterea lumen, & colores, &
odores, & sapores, & sonos, ex quorum varietate
cælum, terram, maria, & reliqua corpora ab invicem
distinguebam. Nec sane absque ratione, ob ideas istarum omnium qualitatum quæ cogitationi meæ se offere-
bant, & quas solas proprie & immediate sentiebam,
putabam me sentire res quasdam a mea cogitatione
plane diversas, nempe corpora a quibus ideæ istæ
procederent ; experiebar enim illas absque ullo meo
consensu mihi advenire, adeo ut neque possem objectum ullum sentire, quamvis vellem, nisi illud sensus
organo esset præsens, nec possem non sentire cum erat
præsens. Cumque ideæ sensu perceptæ essent multo
magis vividæ & expressæ, & suo etiam modo magis
distinctæ, quam ullæ ex iis quas ipse prudens & sciens
meditando effingebam, vel memoriæ meæ impressas
advertebam, fieri non posse videbatur ut a meipso
procederent ; ideoque supererat ut ab aliis quibusdam
rebus advenirent. Quarum rerum cum nullam aliunde

mains, des pieds, et tous les autres membres dont est composé ce corps que je considérais comme une partie de moi-même, ou peut-être aussi comme le tout. De plus j'ai senti que ce corps était placé entre beaucoup d'autres, desquels il était capable de recevoir diverses commodités et incommodités, et je remarquais ces commodités par un certain sentiment de plaisir ou volupté, et les incommodités par un sentiment de douleur. Et outre ce plaisir et cette douleur, je ressentais aussi en moi la faim, la soif, et d'autres semblables appétits, comme aussi de certaines inclinations corporelles vers la joie, la tristesse, la colère, et autres semblables passions. Et au-dehors, outre l'extension, les figures, les mouvements des corps, je remarquais en eux de la dureté, de la chaleur, et toutes les autres qualités qui tombent sous l'attouchement. De plus j'y remarquais de la lumière, des couleurs, des odeurs, des saveurs et des sons, dont la variété me donnait moyen de distinguer le ciel, la terre, la mer, et généralement tous les autres corps les uns d'avec les autres.

Et certes, considérant les idées de toutes ces qualités qui se présentaient à ma pensée, et lesquelles seules je sentais proprement et immédiatement, ce n'était pas sans raison que je croyais sentir des choses entièrement différentes de ma pensée, à savoir des corps d'où procédaient ces idées. Car j'expérimentais qu'elles se présentaient à elle, sans que mon consentement y fût requis, en sorte que je ne pouvais sentir aucun objet, quelque volonté que j'en eusse, s'il ne se trouvait présent à l'organe d'un de mes sens; et il n'était nullement en mon pouvoir de ne le pas sentir, lorsqu'il s'y trouvait présent.

60   Et parce que les idées que je recevais par les sens étaient beaucoup plus vives, plus expresses, et même à leur façon plus distinctes, qu'aucunes de celles que je pouvais feindre[1] de moi-même en méditant, ou bien que je trouvais imprimées en ma mémoire, il semblait qu'elles ne pouvaient procéder de mon esprit; de façon

----

1. Que, *avec dessein et de propos délibéré, je feignais.*

notitiam haberem quam ex istis ipsis ideis, non poterat
aliud mihi venire in mentem quam illas iis similes esse.
Atque etiam quia recordabar me prius usum fuisse
sensibus quam ratione, videbamque ideas quas ipse
effingebam non tam expressas esse, quam illæ erant
quas sensu percipiebam, & plerumque ex earum partibus componi, facile mihi persuadebam nullam plane
me habere in intellectu, quam non prius habuissem in
sensu. Non etiam sine ratione corpus illud, quod spe-
76 ciali quodam jure meum ap-pellabam, magis ad me
pertinere quam alia ulla arbitrabar : neque enim ab illo
poteram unquam sejungi, ut a reliquis; omnes appetitus & affectus in illo & pro illo sèntiebam; ac denique
dolorem & titillationem voluptatis in ejus partibus, non
autem in aliis extra illud positis, advertebam. Cur vero
ex isto nescio quo doloris sensu quædam animi tristitia,
& ex sensu titillationis lætitia quædam consequatur,
curve illa nescio quæ vellicatio ventriculi, quam famem
voco, me de cibo sumendo admoneat, gutturis vero
ariditas de potu, & ita de cæteris, non aliam sane
habebam rationem, nisi quia ita doctus sum a natura;
neque enim ulla plane est affinitas (saltem quam ego
intelligam) inter istam vellicationem & cibi sumendi
voluntatem, sive inter sensum rei dolorem inferentis, &
cogitationem, tristitiæ ab isto sensu exortæ. Sed &
reliqua omnia, quæ de sensuum objectis judicabam,
videbar a natura didicisse : prius enim illa ita se habere
mihi persuaseram, quam rationes ullas quibus hoc
ipsum probaretur expendissem.

qu'il était nécessaire qu'elles fussent causées en moi par quelques autres choses. Desquelles choses n'ayant aucune connaissance, sinon celle que me donnaient ces mêmes idées, il ne me pouvait venir autre chose en l'esprit, sinon que ces choses-là étaient semblables aux idées qu'elles causaient.

Et parce que je me ressouvenais aussi que je m'étais plutôt servi des sens que de la raison, et que je reconnaissais que les idées que je formais de moi-même n'étaient pas si expresses, que celles que je recevais par les sens, et même qu'elles étaient le plus souvent composées des parties de celles-ci, je me persuadais aisément que je n'avais aucune idée dans mon esprit, qui n'eût passé auparavant par mes sens.

Ce n'était pas aussi sans quelque raison que je croyais que ce corps (lequel par un certain droit particulier j'appelais mien) m'appartenait plus proprement et plus étroitement que pas un autre. Car en effet je n'en pouvais jamais être séparé comme des autres corps ; je ressentais en lui et pour lui tous mes appétits et toutes mes affections ; et enfin j'étais touché des sentiments de plaisir et de douleur en ses parties, et non pas en celles des autres corps qui en sont séparés.

Mais quand j'examinais pourquoi de ce je ne sais quel sentiment de douleur suit la tristesse en l'esprit, et du sentiment de plaisir naît la joie, ou bien pourquoi cette je ne sais quelle émotion de l'estomac, que j'appelle faim, nous fait avoir envie de manger, et la sécheresse du gosier nous fait avoir envie de boire, et ainsi du reste, je n'en pouvais rendre aucune raison, sinon que la nature me l'enseignait de la sorte ; car il n'y a certes aucune affinité ni aucun rapport (au moins que je puisse comprendre) entre cette émotion de l'estomac et le désir de manger, non plus qu'entre le sentiment de la chose qui cause de la douleur, et la pensée de tristesse que fait naître ce sentiment. Et en même façon il me semblait que j'avais appris de la nature toutes les autres choses que je jugeais touchant les objets de mes sens ; parce que je remarquais que les jugements que j'avais coutume de faire de ces objets se formaient en moi avant

Postea vero multa paulatim experimenta fidem omnem quam sensibus habueram labefactarunt; nam & interdum turres, quæ rotundæ visæ fuerant e longinquo, quadratæ apparebant e propinquo, & statuæ permagnæ, in eorum[1] fastigiis stantes, non magnæ e terra spectanti videbantur; & talibus aliis innumeris in rebus sensuum externorum judicia falli deprehendebam. Nec externorum duntaxat, sed etiam internorum; nam quid 77 dolore intimius esse potest? / Atqui audiveram aliquando ab iis, quibus crus aut brachium fuerat abscissum, se sibi videri adhuc interdum dolorem sentire in ea parte corporis qua carebant; ideoque etiam in me non plane certum esse videbatur membrum aliquod mihi dolere, quamvis sentirem in eo dolorem. Quibus etiam duas maxime generales dubitandi causas nuper adjeci : prima erat, quod nulla unquam, dum vigilo, me sentire crediderim, quæ non etiam inter dormiendum possim aliquando putare me sentire; cumque illa, quæ sentire mihi videor in somnis, non credam a rebus extra me positis mihi advenire, non advertebam quare id potius crederem de iis quæ sentire mihi videor vigilando. Altera erat, quod cum authorem meæ originis adhuc ignorarem, vel saltem ignorare me fingerem, mihil videbam obstare quominus essem natura ita constitutus ut fallerer, etiam in iis quæ mihi verissima apparebant. Et quantum ad rationes quibus antea rerum sensibilium veritatem mihi persuaseram, non difficulter ad illas respondebam. Cum enim viderer ad multa impelli a natura, quæ ratio dissuadebat, non multum fidendum esse putabam iis quæ a natura docentur. Et quamvis sensuum perceptiones a voluntate mea non penderent, non ideo concludendum esse putabam illas a rebus a me diversis procedere, quia forte aliqua esse potest in meipso facultas, etsi mihi nondum cognita, illarum effectrix.

---

1. Erreur, pour *earum*, signalée par G. Crapulli.

que j'eusse le loisir de peser et considérer aucunes
raisons qui me pussent obliger à les faire.

61   Mais par après plusieurs expériences ont peu à peu
ruiné toute la créance que j'avais ajoutée aux sens. Car
j'ai observé plusieurs fois que des tours, qui de loin
m'avaient semblé rondes, me paraissaient de près être
carrées, et que des colosses, élevés sur les plus hauts
sommets de ces tours, me paraissaient de petites statues
à les regarder d'en bas; et ainsi, dans une infinité
d'autres rencontres, j'ai trouvé de l'erreur dans les
jugements fondés sur les sens extérieurs. Et non pas
seulement sur les sens extérieurs, mais même sur les
intérieurs : car y a-t-il chose plus intime ou plus intérieure que la douleur ? Et cependant j'ai autrefois appris
de quelques personnes qui avaient les bras et les jambes
coupés, qu'il leur semblait encore quelquefois sentir de
la douleur dans la partie qui leur avait été coupée; ce
qui me donnait sujet de penser, que je ne pouvais aussi
être assuré d'avoir mal à quelqu'un de mes membres,
quoique je sentisse en lui de la douleur.

Et à ces raisons de douter j'en ai encore ajouté depuis
peu deux autres fort générales. La première est que je
n'ai jamais rien cru sentir étant éveillé, que je ne puisse
aussi quelquefois croire sentir quand je dors; et comme
je ne crois pas que les choses qu'il me semble que je
sens en dormant procèdent de quelques objets hors de
moi, je ne voyais pas pourquoi je devais plutôt avoir
cette créance, touchant celles qu'il me semble que je
sens étant éveillé. Et la seconde, que, ne connaissant
pas encore, ou plutôt feignant de ne pas connaître
l'auteur de mon être, je ne voyais rien qui pût empêcher
que je n'eusse été fait tel par la nature, que je me
trompasse même dans les choses qui me paraissaient les
plus véritables.

Et pour les raisons qui m'avaient ci-devant persuadé
la vérité des choses sensibles, je n'avais pas beaucoup
de peine à y répondre. Car la nature semblant me porter
à beaucoup de choses dont la raison me détournait, je
ne croyais pas me devoir confier beaucoup aux enseignements de cette nature. Et quoique les idées que je

Nunc autem, postquam incipio meipsum meæque authorem originis melius nosse, non quidem omnia, quæ habere videor a sensibus, puto esse temere admit78 tenda ; sed neque / etiam omnia in dubium revocanda.

Et primo, quoniam scio omnia quæ clare & distincte intelligo, talia a Deo fieri posse qualia illa intelligo, satis est quod possim unam rem absque altera clare & distincte intelligere, ut certus sim unam ab altera esse diversam, quia potest saltem a Deo seorsim poni ; & non refert a qua potentia id fiat, ut diversa existimetur ; ac proinde, ex hoc ipso quod sciam me existere, quodque interim nihil plane aliud ad naturam sive essentiam meam pertinere animadvertam, præter hoc solum quod sim res cogitans, recte concludo meam essentiam in hoc uno consistere, quod sim res cogitans. Et quamvis fortasse (vel potius, ut postmodum dicam, pro certo) habeam corpus, quod mihi valde arcte conjunctum est, quia tamen ex una parte claram & distinctam habeo ideam mei ipsius, quatenus sum tantum res cogitans, non extensa, & ex alia parte distinctam ideam corporis, quatenus est tantum res extensa, non cogitans, certum est me a corpore meo revera esse distinctum, & absque illo posse existere.

reçois par les sens ne dépendent pas de ma volonté, je ne pensais pas que l'on dût pour cela conclure qu'elles procédaient de choses différentes de moi, puisque peut-être il se peut rencontrer en moi quelque faculté (bien qu'elle m'ait été jusques ici inconnue), qui en soit la cause, et qui les produise.

Mais maintenant que je commence à me mieux connaître moi-même et à découvrir plus clairement l'auteur de mon origine, je ne pense pas à la vérité que je doive témérairement admettre toutes les choses que les sens semblent nous enseigner, mais je ne pense pas aussi que je les doive toutes généralement révoquer en doute.

62   Et premièrement, parce que je sais que toutes les choses que je conçois clairement et distinctement peuvent être produites par Dieu telles que je les conçois, il suffit que je puisse concevoir clairement et distinctement une chose sans une autre, pour être certain que l'une est distincte ou différente de l'autre, parce qu'elles peuvent être posées séparément au moins par la toute-puissance de Dieu; et il n'importe pas par quelle puissance cette séparation se fasse, pour m'obliger à les juger différentes. Et partant, de cela même que je connais avec certitude que j'existe, et que cependant je ne remarque point qu'il appartienne nécessairement aucune autre chose à ma nature ou à mon essence, sinon que je suis une chose qui pense, je conclus fort bien que mon essence consiste en cela seul, que je suis une chose qui pense, ou une substance dont toute l'essence ou la nature n'est que de penser. Et quoique peut-être (ou plutôt certainement, comme je le dirai tantôt) j'aie un corps auquel je suis très étroitement conjoint; néanmoins, parce que d'un côté j'ai une claire et distincte idée de moi-même, en tant que je suis seulement une chose qui pense et non étendue et que d'un autre j'ai une idée distincte du corps, en tant qu'il est seulement une chose étendue et qui ne pense point, il est certain que ce moi, c'est-à-dire mon âme, par laquelle je suis ce que je suis, est entièrement et véritablement distincte de mon corps, et qu'elle peut être ou exister sans lui.

Præterea invenio in me facultates specialibus quibusdam modis cogitandi, puta facultates imaginandi & sentiendi, sine quibus totum me possum clare & distincte intelligere, sed non vice versa illas sine me, hoc est sine substantia intelligente cui insint : intellectionem enim nonnullam in suo formali conceptu includunt, unde percipio illas a me, ut modos a re, distingui. Agnosco etiam quasdam alias facultates, ut locum mutandi, varias figuras induendi, & similes, quæ quidem non magis quam præcedentes absque / aliqua substantia cui insint, possunt intelligi, nec proinde etiam absque illa existere : sed manifestum est has, siquidem existant, inesse debere substantiæ corporeæ sive extensæ, non autem intelligenti, quia nempe aliqua extensio, non autem ulla plane intellectio, in earum claro & distincto conceptu continetur. Jam vero est quidem in me passiva quædam facultas sentiendi, sive ideas rerum sensibilium recipiendi & cognoscendi, sed ejus nullum usum habere possem, nisi quædam activa etiam existeret, sive in me, sive in alio, facultas istas ideas producendi vel efficiendi. Atque hæc sane in me ipso esse non potest, quia nullam plane intellectionem præsupponit, & me non cooperante, sed sæpe etiam invito, ideæ istæ producuntur : ergo superest ut sit in aliqua substantia a me diversa, in qua quoniam omnis realitas vel formaliter vel eminenter inesse debet, quæ est objective in ideis ab ista facultate productis (ut jam supra animadverti), vel hæc substantia est corpus, sive natura corporea, in qua nempe omnia formaliter continentur quæ in ideis objective ; vel certe Deus est, vel aliqua creatura corpore nobilior, in qua continentur eminenter. Atqui, cum Deus non sit fallax, omnino manifestum est illum nec per se immediate istas ideas mihi immittere, nec etiam mediante aliqua creatura, in qua earum realitas objectiva, non formaliter, sed eminenter tantum contineatur. Cum enim nullam plane facultatem mihi dederit ad hoc agnoscendum, sed contra magnam / propensionem ad credendum illas a rebus corporeis emitti, non video qua ratione posset intelligi

Davantage, je trouve en moi des facultés de penser toutes particulières, et distinctes de moi[1], à savoir les facultés d'imaginer et de sentir, sans lesquelles je puis bien me concevoir clairement et distinctement tout entier, mais non pas elles sans moi, c'est-à-dire sans une substance intelligente à qui elles soient attachées. Car dans la notion que nous avons de ces facultés, ou (pour me servir des termes de l'Ecole) dans leur concept formel, elles enferment quelque sorte d'intellection : d'où je conçois qu'elles sont distinctes de moi, comme les figures, les mouvements, et les autres modes ou accidents des corps, le sont des corps mêmes qui les soutiennent[2].

Je reconnais aussi en moi[3] quelques autres facultés, comme celles de changer de lieu, de se mettre en plusieurs postures[4], et autres semblables, qui ne peuvent être conçues, non plus que les précédentes, sans quelque substance à qui elles soient attachées, ni par conséquent exister sans elles ; mais il est très évident que ces facultés, s'il est vrai qu'elles existent, doivent être attachées à quelque substance corporelle ou étendue, et non pas à une substance intelligente, puisque, dans leur concept clair et distinct, il y a bien quelque sorte d'extension qui se trouve contenue, mais point du tout d'intelligence.

63   De plus, il se rencontre en moi une certaine faculté passive de sentir[5], c'est-à-dire de recevoir et de connaître les idées des choses sensibles ; mais elle me serait inutile, et je ne m'en pourrais aucunement servir, s'il n'y avait en moi, ou en autrui, une autre faculté, active[6], capable de former et produire ces idées. Or cette faculté active ne peut être en moi en tant que je ne suis qu'une chose qui pense, vu qu'elle ne présuppose

1. *Et distinctes de moi :* addition de la version française.
2. Distinctes de moi, comme *les modes le sont de la chose.*
3. *En moi :* addition de la version française.
4. De *revêtir diverses figures.*
5. *Maintenant, c'est en moi que se rencontre une certaine faculté passive de sentir.*
6. S'il n'y avait *aussi, en moi ou en autrui,* une faculté active.

ipsum non esse fallacem, si aliunde quam a rebus corporeis emitterentur. Ac proinde rec corporeæ existunt.

Non tamen forte omnes tales omnio existunt, quales illas sensu comprehendo, quoniam ista sensuum comprehensio in multis valde obscura est & confusa; sed saltem illa omnia in iis sunt, quæ clare & distincte intelligo, id est omnia, generaliter spectata, quæ in puræ Matheseos objecto comprehenduntur.

Quantum autem attinet ad reliqua quæ vel tantum particularia sunt, ut quod sol sit talis magnitudinis aut figuræ &c., vel minus clare intellecta, ut lumen, sonus, dolor, & similia, quamvis vlade dubia & incerta sint, hoc tamen ipsum, quod Deus non sit fallax, quodque idcirco fieri non possit ut ulla falsitas in meis opinionibus reperiatur, nisi aliqua etiam sit in me facultas a Deo

point ma pensée[1], et aussi que ces idées-là me sont souvent représentées sans que j'y contribue en aucune sorte, et même souvent contre mon gré; il faut donc nécessairement qu'elle soit en quelque substance différente de moi, dans laquelle toute la réalité, qui est objectivement dans les idées qui en sont produites, soit contenue formellement ou éminemment (comme je l'ai remarqué ci-devant). Et cette substance est ou un corps, c'est-à-dire une nature corporelle, dans laquelle est contenu formellement et en effet tout ce qui est objectivement et par représentation dans les idées; ou bien c'est Dieu même, ou quelqu'autre créature plus noble que le corps, dans laquelle cela même est contenu éminemment.

Or, Dieu n'étant point trompeur, il est très manifeste qu'il ne m'envoie point ces idées immédiatement par lui-même, ni aussi par l'entremise de quelque créature, dans laquelle leur réalité ne soit pas contenue formellement, mais seulement éminemment. Car ne m'ayant donné aucune faculté pour connaître que cela soit, mais au contraire une très grande inclination à croire qu'elles me sont envoyées ou qu'elles partent des choses corporelles, je ne vois pas comment on pourrait l'excuser de tromperie, si en effet ces idées partaient ou étaient produites par d'autres causes que par des choses corporelles. Et partant il faut confesser qu'il y a des choses corporelles qui existent.

Toutefois elles ne sont peut-être pas entièrement telles que nous les apercevons par les sens, car cette perception des sens est fort obscure et confuse en plusieurs choses; mais au moins faut-il avouer que toutes les choses que j'y conçois clairement et distinctement, c'est-à-dire toutes les choses, généralement parlant, qui sont comprises dans l'objet de la géométrie spéculative, s'y retrouvent véritablement. Mais pour ce qui est des autres choses, lesquelles ou sont seulement particulières, par exemple, que le soleil soit de telle

---

1. *Et cette faculté active ne peut assurément pas être en moi, parce qu'elle ne présuppose absolument aucune intellection.*

tributa ad illam emendandam, certam mihi spem ostendi veritatis etiam in iis assequendæ. Et sane non dubium est quin ea omnia quæ doceor a natura aliquid habeant veritatis : per naturam enim, generaliter spectatam, nihil nunc aliud quam vel Deum ipsum, vel rerum creatarum coordinationem a Deo institutam intelligo ; nec aliud per naturam meam in particulari, quam complexionem eorum omnium quæ mihi a Deo sunt tributa.

Nihil autem est quod me ista natura magis expresse doceat, quam quod habeam corpus, cui male est cum dolorem sentio, quod cibo vel potu indiget, cum famem aut sitim patior, & similia ; nec proinde dubitare debeo, quin aliquid in eo sit veritatis.

81 Docet etiam natura, per istos sensus doloris, famis, sitis &c., me non tantum adesse meo corpori ut nauta adest navigio, sed illi arctissime esse conjunctum & quasi permixtum, adeo ut unum quid cum illo componam. Alioqui enim, cum corpus læditur, ego, qui nihil aliud sum quam res cogitans, non sentirem idcirco dolorem, sed puro intellectu læsionem istam perciperem, ut nauta visu percipit si quid in nave frangatur ; & cum corpus cibo vel potu indiget, hoc ipsum expresse intelligerem, non confusos famis & sitis sensus haberem. Nam certe isti sensus sitis, famis, doloris &c., nihil aliud sunt quam confusi quidam cogitandi modi ab unione & quasi permixtione mentis cum corpore exorti.

grandeur et de telle figure, etc., ou bien sont conçues moins clairement et moins distinctement, comme la lumière, le son, la douleur, et autres semblables, il est certain qu'encore qu'elles soient fort douteuses et incertaines, toutefois de cela seul que Dieu n'est point trompeur, et que par conséquent il n'a point permis qu'il pût y avoir aucune fausseté dans mes opinions, qu'il ne m'ait aussi donné quelque faculté capable de la corriger, je crois pouvoir conclure assurément que j'ai en moi les moyens de les connaître avec certitude[1].

Et premièrement il n'y a point de doute que tout ce que la nature m'enseigne contient quelque vérité. Car par la nature, considérée en général, je n'entends maintenant autre chose que Dieu même, ou bien l'ordre et la disposition que Dieu a établie dans les choses créées. Et par ma nature en particulier, je n'entends autre chose que la complexion ou l'assemblage de toutes les choses que Dieu m'a données.

Or il n'y a rien que cette nature m'enseigne plus expressément, ni plus sensiblement, sinon que j'ai un corps qui est mal disposé quand je sens de la douleur, qui a besoin de manger ou de boire, quand j'ai les sentiments de la faim ou de la soif, etc. Et partant je ne dois aucunement douter qu'il n'y ait en cela quelque vérité.

La nature m'enseigne aussi par ces sentiments de douleur, de faim, de soif, etc., que je ne suis pas seulement logé dans mon corps, ainsi qu'un pilote en son navire, mais, outre cela, que je lui suis conjoint très étroitement et tellement confondu et mêlé, que je compose comme un seul tout avec lui. Car, si cela n'était, lorsque mon corps est blessé, je ne sentirais pas pour cela de la douleur, moi qui ne suis qu'une chose qui pense, mais j'apercevrais cette blessure par le seul entendement, comme un pilote aperçoit par la vue si quelque chose se rompt dans son vaisseau ; et lorsque mon corps a besoin de boire ou de manger, je connaî-

---

1. Toutefois, de cela seul... corriger, *j'ai tiré pour moi un espoir certain d'atteindre même en elles la vérité.*

Præterea etiam doceor a natura varia circa meum corpus alia corpora existere, ex quibus nonnulla mihi prosequenda sunt, alia fugienda. Et certe, ex eo quod valde diversos sentiam colores, sonos, odores, sapores, calorem, duritiem, & similia, recte concludo, aliquas esse in corporibus, a quibus variæ istæ sensuum perceptiones adveniunt, varietates iis respondentes, etiamsi forte iis non similes ; atque ex eo quod quædam ex illis perceptionibus mihi gratæ sint, aliæ ingratæ, plane certum est meum corpus, sive potius me totum, quatenus ex corpore & mente sum compositus, variis commodis & incommodis a circumjacentibus corporibus affici posse.

82   Multa vero alia sunt quæ, etsi videar a natura doctus esse, non tamen revera ab ipsa, sed a consuetudine quadam inconsiderate judicandi accepi, atque ideo falsa esse facile contingit : ut quod omne spatium, in quo nihil plane occurit quod meos sensus moveat, sit vacuum ; quod in corpore, exempli gratia, calido aliquid sit plane simile ideæ caloris quæ in me est, in albo aut viridi sit eadem albedo aut viriditas quam sentio, in amaro aut dulci idem sapor, & sic de cæteris ; quod & astra & turres, & quævis alia remota corpora ejus sint tantum magnitudinis & figuræ, quam sensibus meis exhibent, & alia ejusmodi. Sed ne quid in hac re non satis distincte percipiam, accuratius debeo definire quid proprie intelligam, cum dico me aliquid doceri a natura. Nempe hic naturam strictius sumo, quam pro complexione eorum omnium quæ mihi a Deo tributa sunt ; in hac enim complexione multa continentur quæ ad mentem solam pertinent, ut quod percipiam id quod

trais simplement cela même, sans en être averti par des sentiments confus de faim et de soif. Car en effet tous ces sentiments de faim, de soif, de douleur, etc., ne sont autre chose que de certaines façons confuses de penser, qui proviennent et dépendent de l'union et comme du mélange de l'esprit avec le corps.

Outre cela, la nature m'enseigne que plusieurs autres corps existent autour du mien, entre lesquels je dois poursuivre les uns et fuir les autres. Et certes, de ce que je sens différentes sortes de couleurs, d'odeurs, de saveurs, de sons, de chaleur, de dureté, etc., je conclus fort bien qu'il y a dans les corps, d'où procèdent toutes ces diverses perceptions de sens, quelques variétés qui leur répondent, quoique peut-être ces variétés ne leur soient point en effet semblables. Et aussi, de ce qu'entre ces diverses perceptions des sens, les unes me sont
65 agréables, et les autres désagréables, je puis tirer une conséquence tout à fait certaine, que mon corps (ou plutôt moi-même tout entier, en tant que je suis composé du corps et de l'âme) peut recevoir diverses commodités ou incommodités des autres corps qui l'environnent.

Mais il y a plusieurs autres choses qu'il semble que la nature m'ait enseignées, lesquelles toutefois je n'ai pas véritablement reçues d'elle, mais qui se sont introduites en mon esprit par une certaine coutume que j'ai de juger inconsidérément des choses ; et ainsi il peut aisément arriver qu'elles contiennent quelque fausseté. Comme, par exemple, l'opinion que j'ai que tout espace dans lequel il n'y a rien qui meuve, et fasse impression sur mes sens, soit vide ; que dans un corps qui est chaud, il y ait quelque chose de semblable à l'idée de la chaleur qui est en moi ; que dans un corps blanc ou noir, il y ait la même blancheur ou noirceur que je sens ; que dans un corps amer ou doux, il y ait le même goût ou la même saveur, et ainsi des autres ; que les astres, les tours et tous les autres corps éloignés soient de la même figure et grandeur qu'ils paraissent de loin à nos yeux, etc.

Mais afin qu'il n'y ait rien en ceci que je ne conçoive

factum est infectum esse non posse, & reliqua omnia quæ lumine naturali sunt nota, de quibus hic non est sermo; multa etiam quæ ad solum corpus spectant, ut quod deorsum tendat, & similia, de quibus etiam non ago, sed de iis tantum quæ mihi, ut composito ex mente & corpore, a Deo tributa sunt. Ideoque hæc natura docet quidem ea refugere quæ sensum doloris inferunt, & ea prosequi quæ sensum voluptatis, & talia; sed non apparet illam præterea nos docere ut quicquam ex istis sensuum perceptionibus sine prævio intellectus examine de rebus extra nos positis concludamus, quia de 83 iis verum scire / ad mentem solam, non autem ad compositum, videtur pertinere. Ita quamvis stella non magis oculum meum quam ignis exiguæ facis afficiat, nulla tamen in eo realis sive positiva propensio est ad credendum illam non esse màjorem, sed hoc sine ratione ab ineunte ætate judicavi; & quamvis ad ignem accedens

distinctement, je dois précisément définir[1] ce que j'entends proprement lorsque je dis que la nature m'enseigne quelque chose. Car je prends ici la nature en une signification plus resserrée, que lorsque je l'appelle un assemblage ou une complexion de toutes les choses que Dieu m'a données; vu que cet assemblage ou complexion comprend beaucoup de choses qui n'appartiennent qu'à l'esprit seul, desquelles je n'entends point ici parler, en parlant de la nature : comme, par exemple, la notion que j'ai de cette vérité, que ce qui a une fois été fait ne peut plus n'avoir point été fait, et une infinité d'autres semblables, que je connais par la lumière naturelle, sans l'aide du corps, et qu'il en comprend aussi plusieurs autres qui n'appartiennent qu'au corps seul, et ne sont point ici non plus contenues sous le nom de nature : comme la qualité qu'il a d'être pesant, et plusieurs autres semblables, desquelles je ne parle pas aussi, mais seulement des choses que Dieu m'a données, comme étant composé de l'esprit et du corps. Or cette nature m'apprend bien à fuir les choses qui causent en moi le sentiment de la douleur, et à me porter vers celles qui me communiquent quelque sentiment de plaisir; mais je ne vois point qu'outre cela elle m'apprenne que de ces diverses perceptions des sens nous devions jamais rien conclure touchant les choses qui sont hors de nous, sans que l'esprit les ait soigneusement et mûrement examinées. 66 Car c'est, ce me semble, à l'esprit seul, et non point au composé de l'esprit et du corps, qu'il appartient de connaître la vérité de ces choses-là.

Ainsi, quoiqu'une étoile ne fasse pas plus d'impression en mon œil que le feu d'un petit flambeau, il n'y a toutefois en moi aucune faculté réelle ou naturelle[2] qui me porte à croire qu'elle n'est pas plus grande que ce feu, mais je l'ai jugé ainsi dès mes premières années sans aucun raisonnable fondement. Et quoiqu'en approchant du feu je sente de la chaleur, et même que

1. Que je ne *perçoive avec une distinction suffisante, je dois définir plus précisément.*
2. Aucune *inclination réelle ou positive.*

sentio calorem, ut etiam ad eundem nimis prope accedens sentio dolorem, nulla profecto ratio est quæ sua-
deat in igne aliquid esse simile isti calori, ut neque
etiam isti dolori, sed tantummodo in eo aliquid esse,
quodcunque demum sit, quod istos in nobis sensus
caloris vel doloris efficiat; & quamvis etiam in aliquo
spatio nihil sit quod moveat sensum, non ideo sequitur
in eo nullum esse corpus : sed video me in his aliisque
permultis ordinem naturæ pervertere esse assuetum,
quia nempe sensuum perceptionibus, quæ proprie tantum a natura datæ sunt ad menti significandum quænam composito, cujus pars est, commoda sint vel
incommoda, & eatenus sunt satis claræ & distinctæ,
utor tanquam regulis certis ad immediate dignoscen-
dum quænam sit corporum extra nos positorum essentia, de qua tamen nihil nisi valde obscure & confuse
significant.

Atqui jam ante satis perspexi qua ratione, non
obstante Dei bonitate, judicia mea falsa esse contingat.
Sed nova hic occurrit difficultas circa illa ipsa quæ
tanquam persequenda vel fugienda mihi a natura exhibentur, atque etiam circa internos sensus in quibus
errores videor deprehendisse : ut cum quis, grato cibi
alicujus sapore delusus, venenum intus latens assumit.
84 Sed nempe tunc / tantum a natura impellitur ad illud
appetendum in quo gratus sapor consistit, non autem
ad venenum, quod plane ignorat; nihilque hinc aliud
concludi potest, quam naturam istam non esse omni-
sciam : quod non mirum, quia, cum homo sit res
limitata, non alia illi competit quam limitatæ perfec-
tionis.

m'en approchant un peu trop près je ressente de la douleur, il n'y a toutefois aucune raison qui me puisse persuader qu'il y a dans le feu quelque chose de semblable à cette chaleur, non plus qu'à cette douleur; mais seulement j'ai raison de croire qu'il y a quelque chose en lui, quelle qu'elle puisse être, qui excite en moi ces sentiments de chaleur ou de douleur.

De même aussi, quoiqu'il y ait des espaces dans lesquels je ne trouve rien qui excite et meuve mes sens, je ne dois pas conclure pour cela que ces espaces ne contiennent en eux aucun corps; mais je vois que, tant en ceci qu'en plusieurs autres choses semblables, j'ai accoutumé de pervertir et confondre l'ordre de la nature, parce que ces sentiments ou perceptions des sens n'ayant été mises en moi que pour signifier à mon esprit quelles choses sont convenables ou nuisibles au composé dont il est partie, et jusque-là étant assez claires et assez distinctes, je m'en sers néanmoins comme si elles étaient des règles très certaines, par lesquelles je puisse connaître immédiatement l'essence et la nature des corps qui sont hors de moi, de laquelle toutefois elles ne me peuvent rien enseigner que de fort obscur et confus.

Mais j'ai déjà ci-devant assez examiné comment, nonobstant la souveraine bonté de Dieu, il arrive qu'il y ait de la fausseté dans les jugements que je fais en cette sorte. Il se présente seulement encore ici une difficulté touchant les choses que la nature m'enseigne devoir être suivies ou évitées, et aussi touchant les sentiments intérieurs qu'elle a mis en moi; car il me semble y avoir quelquefois remarqué de l'erreur et ainsi que je suis directement trompé par ma nature. Comme, par exemple, le goût agréable de quelque viande, en laquelle on aura mêlé du poison, peut m'inviter à prendre ce poison, et ainsi me tromper. Il est vrai toutefois qu'en ceci la nature peut être excusée, car elle me porte seulement à désirer la viande dans laquelle je rencontre une saveur agréable, et non point à désirer le poison, lequel lui est inconnu; de façon que je ne puis conclure de ceci autre chose, sinon que ma nature ne

At vero non raro etiam in iis erramus ad quæ a natura
impellimur : ut cum ii qui ægrotant, potum vel cibum
appetunt sibi paulo post nociturum. Dici forsan hic
poterit, illos ob id errare, quod natura eorum sit corrupta ; sed hoc difficultatem non tollit, quia non minus
vere homo ægrotus creatura Dei est quam sanus ; nec
proinde minus videtur repugnare illum a Deo fallacem
naturam habere. Atque ut horologium ex rotis & ponderibus confectum non minus accurate leges omnes
naturæ observat, cum male fabricatum est & horas non
recte indicat, quam cum omni ex parte artificis voto
satisfacit : ita, si considerem hominis corpus, quatenus
machinamentum quoddam est ex ossibus, nervis,
musculis, venis, sanguine & pellibus ita aptum &
compositum, ut, etiamsi nulla in eo mens existeret,
eosdem tamen haberet omnes motus qui nunc in eo non
ab imperio voluntatis nec proinde a mente procedunt,
facile agnosco illi æque naturale fore, si, exempli causa,
hydrope laboret, eam faucium ariditatem pati, quæ sitis
sensum menti inferre solet, atque etiam ab illa ejus
nervos & reliquas partes ita disponi ut putum sumat ex
85 quo morbus augeatur, quam, cum nullum tale in eo
vitium est, a simili faucium siccitate moveri ad potum
sibi utile[1] assumendum. Et quamvis, respiciens ad
præconceptum horologii usum, dicere possim illud,
cum horas non recte indicat, a natura sua deflectere ;
atque eodem modo, considerans machinamentum
humani corporis tanquam comparatum ad motus qui in
eo fieri solent, putem illud etiam a natura sua aberrare,
si ejus fauces sint aridæ, cum potus ad ipsius conservationem non prodest ; satis tamen animadverto hanc
ultimam naturæ acceptionem ab altera multum differre : hæc enim nihil aliud est quam denominatio a

---

1. Erreur, pour *utilem*, signalée par G. Crapulli.

connaît pas entièrement et universellement toutes choses : de quoi certes il n'y a pas lieu de s'étonner, puisque l'homme, étant d'une nature finie, ne peut aussi avoir qu'une connaissance d'une perfection limitée.

Mais nous nous trompons aussi assez souvent, même dans les choses auxquelles nous sommes directement portés par la nature, comme il arrive aux malades, lorsqu'ils désirent de boire ou de manger des choses qui leur peuvent nuire. On dira peut-être ici que ce qui est cause qu'ils se trompent, est que leur nature est corrompue ; mais cela n'ôte pas la difficulté, parce qu'un homme malade n'est pas moins véritablement la créature de Dieu, qu'un homme qui est en pleine santé ; et partant il répugne autant à la bonté de Dieu qu'il ait une nature trompeuse et fautive, que l'autre. Et comme une horloge, composée de roues et de contrepoids, n'observe pas moins exactement toutes les lois de la nature, lorsqu'elle est mal faite, et qu'elle ne montre pas bien les heures, que lorsqu'elle satisfait entièrement au désir de l'ouvrier ; de même aussi, si je considère le corps de l'homme comme étant une machine tellement bâtie et composée d'os, de nerfs, de muscles, de veines, de sang et de peau, qu'encore bien qu'il n'y eût en lui aucun esprit, il ne laisserait pas de se mouvoir en toutes les mêmes façons qu'il fait à présent, lorsqu'il ne se meut point par la direction de sa volonté, ni par conséquent par l'aide de l'esprit, mais seulement par la disposition de ses organes, je reconnais facilement qu'il serait aussi naturel à ce corps, étant, par exemple, hydropique, de souffrir la sécheresse du gosier, qui a coutume de signifier à l'esprit le sentiment de la soif, et d'être disposé par cette sécheresse à mouvoir ses nerfs et ses autres parties, en la façon qui est requise pour boire, et ainsi d'augmenter son mal et se nuire à soi-même, qu'il lui est naturel, lorsqu'il n'a aucune indisposition, d'être porté à boire pour son utilité par une semblable sécheresse de gosier. Et quoique, regardant à l'usage auquel l'horloge a été destinée par son ouvrier, je puisse dire qu'elle se détourne de sa nature,

cogitatione mea, hominem ægrotum & horologium male fabricatum cum idea hominis sani & horologii recte facti comparante, dependens, rebusque de quibus dicitur extrinseca; per illam vero aliquid intelligo quod revera in rebus reperitur, ac proinde nonnihil habet veritatis.

At certe etiamsi, respiciendo ad corpus hydrope laborans, sit tantum denominatio extrinseca, cum dicitur ejus natura esse corrupta, ex eo quod aridas habeat fauces, nec tamen egeat potu; respiciendo tamen ad compositum, sive ad mentem tali corpori unitam, non est pura denominatio, sed verus error naturæ, quod sitiat cum potus est ipsi nociturus; ideoque hic remanet inquirendum, quo pacto bonitas Dei non impediat quominus natura sic sumpta sit fallax.

Nempe imprimis hic adverto magnam esse differentiam inter mentem & corpus, in eo quod corpus ex natura sua sit semper divisibile, mens autem plane 86 indivisibilis; nam sane cum hanc considero, sive meipsum quatenus sum tantum res cogitans, nullas in me partes possum distinguere, sed rem plane unam & integram me esse intelligo; & quamvis toti corpori tota mens unita esse videatur, abscisso tamen pede, vel brachio, vel quavis alia corporis parte, nihil ideo de mente subductum esse cognosco; neque etiam facultates volendi, sentiendi, intelligendi &c. ejus partes dici possunt, quia una & eadem mens est quæ vult, quæ

lorsqu'elle ne marque pas bien les heures; et qu'en même façon, considérant la machine du corps humain comme ayant été formée de Dieu pour avoir en soi tous les mouvements qui ont coutume d'y être, j'aie sujet de penser qu'elle ne suit pas l'ordre de sa nature, quand son gosier est sec, et que le boire nuit à sa conservation; je reconnais toutefois que cette dernière façon d'expliquer la nature est beaucoup différente de l'autre. Car celle-ci n'est autre chose qu'une simple dénomination, laquelle dépend entièrement de ma pensée, qui compare un homme malade et une horloge mal faite, avec l'idée que j'ai d'un homme sain et d'une horloge bien faite, et laquelle ne signifie rien qui se retrouve en la chose dont elle se dit; au lieu que, par l'autre façon d'expliquer la nature, j'entends quelque chose qui se rencontre véritablement dans les choses, et partant qui n'est point sans quelque vérité.

Mais certes, quoiqu'au regard du corps hydropique, ce ne soit qu'une dénomination extérieure, lorsqu'on dit que sa nature est corrompue, en ce que, sans avoir besoin de boire, il ne laisse pas d'avoir le gosier sec et aride; toutefois, au regard de tout le composé, c'est-à-dire de l'esprit ou de l'âme unie à ce corps, ce n'est pas une pure dénomination, mais bien une véritable erreur de nature, en ce qu'il a soif, lorsqu'il lui est très nuisible de boire; et partant, il reste encore à examiner comment la bonté de Dieu n'empêche pas que la nature de l'homme, prise de cette sorte, soit fautive et trompeuse.

Pour commencer donc cet examen, je remarque ici, premièrement, qu'il y a une grande différence entre l'esprit et le corps, en ce que le corps, de sa nature, est toujours divisible, et que l'esprit est entièrement indivisible. Car en effet, lorsque je considère mon esprit, c'est-à-dire moi-même en tant que je suis seulement une chose qui pense, je n'y puis distinguer aucunes parties, mais je me conçois comme une chose seule et entière. Et quoique tout l'esprit semble être uni à tout le corps, toutefois un pied, ou un bras, ou quelqu'autre partie étant séparée de mon corps, il est certain que pour cela il n'y aura rien de retranché de mon esprit. Et les

sentit, quæ intelligit. Contra vero nulla res corporea
sive extensa potest a me cogitari[1], quam non facile in
partes cogitatione dividam, atque hoc ipso illam divisi-
bilem esse intelligam : quod unum sufficeret ad me
docendum, mentem a corpore omnino esse diversam, si
nondum illud[2] aliunde satis scirem.

Deinde adverto mentem non ab omnibus corporis
partibus immediate affici, sed tantummodo a cerebro,
vel forte etiam ab una tantum exigua ejus parte, nempe
ab ea in qua dicitur esse sensus communis; quæ,
quotiescunque eodem modo est disposita, menti idem
exhibet, etiamsi reliquæ corporis partes diversis interim
modis possint se habere, ut probànt innumera experimenta, quæ hic recensere non est opus.

Adverto præterea eam esse corporis naturam, ut
nulla ejus pars possit ab alia parte aliquantum remota
moveri, quin possit etiam moveri eodem modo a quali-
bet ex iis quæ interjacent, quamvis illa remotior nihil
agat. Ut, exempli causa, in fune A, B, C, D, si trahatur
87 ejus ultima pars D, non alio pacto movebitur prima A,
quam moveri etiam posset, si traheretur una ex intermediis B vel C, & ultima D maneret immota. Nec
dissimili ratione, cum sentio dolorem pedis, docuit me
Physica sensum illum fieri ope nervorum per pedem
sparsorum, qui, inde ad cerebrum usque funium instar
extensi, dum trahuntur in pede, trahunt etiam intimas
cerebri partes ad quas pertingunt, quemdamque
motum in iis excitant, qui institutus est a natura ut
mentem afficiat sensu doloris tanquam in pede existen-
tis. Sed quia illi nervi per tibiam, crus, lumbos, dor-

1. La première édition porte : *excogitari*.
2. La première édition porte : *si non illud*.

facultés de vouloir, de sentir, de concevoir, etc., ne peuvent pas proprement être dites ses parties : car le même esprit s'emploie tout entier à vouloir, et aussi tout entier à sentir, à concevoir, etc. Mais c'est tout le contraire dans les choses corporelles ou étendues : car il n'y a pas une que je ne mette aisément en pièces par ma pensée, que mon esprit ne divise fort facilement en plusieurs parties et par conséquent que je ne connaisse être divisible. Ce qui suffirait pour m'enseigner que l'esprit ou l'âme de l'homme est entièrement différente du corps, si je ne l'avais déjà d'ailleurs assez appris.

69   Je remarque aussi que l'esprit ne reçoit pas immédiatement l'impression de toutes les parties du corps, mais seulement du cerveau, ou peut-être même d'une de ses plus petites parties, à savoir de celle où s'exerce cette faculté qu'ils appellent le sens commun, laquelle, toutes les fois qu'elle est disposée de même façon, fait sentir la même chose à l'esprit, quoique cependant les autres parties du corps puissent être diversement disposées, comme le témoignent une infinité d'expériences, lesquelles il n'est pas ici besoin de rapporter.

Je remarque, outre cela, que la nature du corps est telle, qu'aucune de ses parties ne peut être mue par une autre partie un peu éloignée, qu'elle ne le puisse être aussi de la même sorte par chacune des parties qui sont entre deux, quoique cette partie plus éloignée n'agisse point. Comme, par exemple, dans la corde A B C D qui est toute tendue, si l'on vient à tirer et remuer la dernière partie D, la première A ne sera pas remuée d'une autre façon, qu'on la pourrait aussi faire mouvoir, si on tirait une des parties moyennes, B ou C, et que la dernière D demeurât cependant immobile. Et en même façon, quand je ressens de la douleur au pied, la physique m'apprend que ce sentiment se communique par le moyen des nerfs dispersés dans le pied, qui se trouvant étendus comme des cordes depuis là jusqu'au cerveau, lorsqu'ils sont tirés dans le pied, tirent aussi en même temps l'endroit du cerveau d'où ils viennent et auquel ils aboutissent et y excitent un certain mouvement, que la nature a institué pour faire sentir de la

sum, & collum transire debent, ut a pede ad cerebrum perveniant, potest contingere ut, etiamsi eorum pars, quæ est in pede, non attingatur, sed aliqua tantum ex intermediis, idem plane ille motus fiat in cerebro qui fit pede male affecto, ex quo necesse erit ut mens sentiat eundem dolorem. Et idem de quolibet alio sensu est putandum.

Adverto denique, quandoquidem unusquisque ex motibus, qui fiunt in ea parte cerebi quæ immediate mentem afficit, non nisi unum aliquem sensum illi infert, nihil hac in re melius posse excogitari, quam si eum inferat qui, ex omnibus quos inferre potest, ad hominis sani conservationem quammaxime & quam frequentissime conducit. Experientiam autem testari, tales esse omnes sensus nobis a natura inditos; ac proinde nihil plane in iis reperiri, quod non immensam Dei potentiam bonitatemque testetur. Ita, exempli causa, cum nervi qui sunt in pede vehementer & 88 praeter consuetudinem moventur, ille eorum motus, per spinæ dorsi medullam ad intima cerebri pertingens, ibi menti signum dat ad aliquid sentiendum, nempe dolorem tanquam in pede existentem, a quo illa excitatur ad ejus causam, ut pedi infestam, quantum in se est, amovendam. Potuisset vero natura hominis a Deo sic constitui, ut ille idem motus in cerebro quidvis aliud menti exhiberet : nempe vel seipsum, quatenus est in cerebro, vel quatenus est in pede, vel in aliquo ex locis intermediis, vel denique aliud quidlibet, sed nihil aliud ad corporis conservationem æque conduxisset. Eodem modo, cum potu indigemus, quædam inde oritur siccitas in gutture, nervos ejus movens & illorum ope cerebri interiora; hicque motus mentem afficit sensu sitis, quia nihil in toto hoc negotio nobis utilius est scire, quam quod potu ad conservationem valetudinis egeamus, & sic de cæteris.

douleur à l'esprit, comme si cette douleur était dans le pied. Mais parce que ces nerfs doivent passer par la jambe, par la cuisse, par les reins, par le dos et par le col, pour s'étendre depuis le pied jusqu'au cerveau, il peut arriver qu'encore bien que leurs extrémités qui sont dans le pied ne soient point remuées, mais seulement quelques-unes de leurs parties qui passent par les reins ou par le col, cela néanmoins excite les mêmes mouvements dans le cerveau, qui pourraient y être excités par une blessure reçue dans le pied, en suite de quoi il sera nécessaire que l'esprit ressente dans le pied la même douleur que s'il y avait reçu une blessure. Et il faut juger le semblable de toutes les autres perceptions de nos sens.

Enfin je remarque que, puisque de tous les mouvements qui se font dans la partie du cerveau dont l'esprit reçoit immédiatement l'impression, chacun ne cause qu'un certain sentiment, on ne peut rien en cela souhaiter ni imaginer de mieux, sinon que ce mouvement fasse ressentir à l'esprit, entre tous les sentiments qu'il est capable de causer, celui qui est le plus propre et le plus ordinairement utile à la conservation du corps humain, lorsqu'il est en pleine santé. Or l'expérience nous fait connaître, que tous les sentiments que la nature nous a donnés sont tels que je viens de dire ; et partant, il ne se trouve rien en eux qui ne fasse paraître la puissance et la bonté du Dieu qui les a produits.

Ainsi, par exemple, lorsque les nerfs qui sont dans le pied sont remués fortement, et plus qu'à l'ordinaire, leur mouvement, passant par la moelle de l'épine du dos jusqu'au cerveau[1], fait une impression à l'esprit qui lui fait sentir quelque chose, à savoir de la douleur, comme étant dans le pied, par laquelle l'esprit est averti et excité à faire son possible pour en chasser la cause, comme très dangereuse et nuisible au pied.

Il est vrai que Dieu pouvait établir la nature de l'homme de telle sorte, que ce même mouvement dans le cerveau fît sentir toute autre chose à l'esprit : par

1. Jusqu'*aux parties les plus intérieures du cerveau.*

Ex quibus omnino manifestum est, non obstante immensa Dei bonitate, naturam hominis ut ex mente & corpore compositi non posse non aliquando esse fallacem. Nam si quæ causa, non in pede, sed in alia quavis ex partibus per quas nervi a pede ad cerebrum porriguntur, vel etiam in ipso cerebro, eundem plane motum excitet qui solet excitari pede male affecto, sentietur dolor tanquam in pede, sensusque naturaliter falletur, quia, cum ille idem motus in cerebro non possit nisi eundem semper sensum menti inferre, multoque frequentius oriri soleat a causa quæ lædit pedem, 89 quam ab alia alibi existente, rationi consentaneum est ut pedis potius quam alterius partis dolorem menti semper exhibeat. Et si quando faucium ariditas, non ut solet ex eo quod ad corporis valetudinem potus conducat, sed ex contraria aliqua causa oriatur, ut in hydropico contingit, longe melius est illam tunc fallere, quam si contra semper falleret, cum corpus est bene constitutum ; & sic de reliquis.

Atque hæc consideratio plurimum juvat, non modo

exemple, qu'il se fît sentir soi-même, ou en tant qu'il est dans le cerveau, ou en tant qu'il est dans le pied, ou bien en tant qu'il est en quelqu'autre endroit entre le pied et le cerveau, ou enfin quelqu'autre chose telle qu'elle peut être; mais rien de tout cela n'eût si bien contribué à la conservation du corps, que ce qu'il lui fait sentir.

De même, lorsque nous avons besoin de boire, il naît de là une certaine sécheresse dans le gosier, qui remue ses nerfs, et par leur moyen les parties intérieures du cerveau; et ce mouvement fait ressentir à l'esprit le sentiment de la soif, parce qu'en cette occasion-là il n'y a rien qui nous soit plus utile que de savoir que nous avons besoin de boire, pour la conservation de notre santé; et ainsi des autres.

D'où il est entièrement manifeste que, nonobstant la souveraine bonté de Dieu, la nature de l'homme, en tant qu'il est composé de l'esprit et du corps, ne peut qu'elle ne soit quelquefois fautive et trompeuse.

Car s'il y a quelque cause qui excite, non dans le pied, mais en quelqu'une des parties du nerf qui est tendu depuis le pied jusqu'au cerveau, ou même dans le cerveau, le même mouvement qui se fait ordinairement quand le pied est mal disposé, on sentira de la douleur comme si elle était dans le pied, et le sens sera naturellement trompé; parce qu'un même mouvement dans le cerveau ne pouvant causer en l'esprit qu'un même 71 sentiment, et ce sentiment étant beaucoup plus souvent excité par une cause qui blesse le pied, que par une autre qui soit ailleurs, il est bien plus raisonnable qu'il porte à l'esprit la douleur du pied que celle d'aucune autre partie. Et quoique la sécheresse du gosier ne vienne pas toujours, comme à l'ordinaire, de ce que le boire est nécessaire pour la santé du corps, mais quelquefois d'une cause toute contraire, comme expérimentent les hydropiques, toutefois il est beaucoup mieux qu'elle trompe en ce rencontre-là, que si, au contraire, elle trompait toujours lorsque le corps est bien disposé; et ainsi des autres.

Et certes cette considération me sert beaucoup, non

ut errores omnes quibus natura mea obnoxia est animadvertam, sed etiam ut illos aut emendare aut vitare
facile possim. Nam sane, cum sciam omnes sensus circa
ea, quæ ad corporis commodum spectant, multo frequentius verum indicare[1] quam falsum, possimque uti
fere semper pluribus ex iis ad eandem rem examinan-
dam, & insuper memoria, quæ præsentia cum præce-
dentibus connectit, & intellectu, qui jam omnes errandi
causas perspexit; non amplius vereri debeo ne illa, quæ
mihi quotidie a sensibus exhibentur, sint falsa, sed
hyperbolicæ superiorum dierum dubitationes, ut risu
dignæ, sunt explodendæ. Præsertim summa illa de
somno, quem a vigilia non distinguebam; nunc enim
adverto permagnum inter utrumque esse discrimen, in
eo quod nunquam insomnia cum reliquis omnibus
actionibus vitæ a memoria conjungantur, ut ea quæ
vigilanti occurrunt; nam sane, si quis, dum vigilo, mihi
derepente appareret, statimque postea dispareret, ut fit
in somnis, itas cilicet ut nec unde venisset, nec quo
abiret, viderem, non immerito spectrum potius, aut
90 phantasma in cerebro meo effictum, quam verum
hominem esse judicarem. Cum vero eæ res occurrunt,
quas distincte, unde, ubi, & quando mihi adveniant,
adverto, earumque perceptionem absque ulla interrup-
tione cum tota reliqua vita connecto, plane certus sum,
non in somnis, sed vigilanti occurre. Nec de ipsarum
veritate debeo vel minimum dubitare, si, postquam
omnes sensus, memoriam & intellectum ad illas exami-
nandas convocavi, nihil mihi, quod cum cæteris
pugnet, ab ullo ex his nuntietur. Ex eo enim quod Deus
non sit fallax, sequitur omnino in talibus me non falli.
Sed quia rerum agendarum necessitas non semper tam
accurati examinis moram concedit, fatendum est huma-
nam vitam circa res particulares sæpe erroribus esse
obnoxiam, & naturæ nostræ infirmitas est agnoscenda.

---

1. La première édition porte : *Judicare*.

seulement pour reconnaître toutes les erreurs auxquelles ma nature est sujette, mais aussi pour les éviter,
ou pour les corriger plus facilement : car sachant que
tous mes sens me signifient plus ordinairement le vrai
que le faux, touchant les choses qui regardent les
commodités ou incommodités du corps, et pouvant
presque toujours me servir de plusieurs d'entre eux
pour examiner une même chose, et outre cela, pouvant
user de ma mémoire pour lier et joindre les connaissances présentes aux passées, et de mon entendement
qui a déjà découvert toutes les causes de mes erreurs, je
ne dois plus craindre désormais qu'il se rencontre de la
fausseté dans les choses qui me sont le plus ordinairement représentées par mes sens. Et je dois rejeter tous
les doutes de ces jours passés, comme hyperboliques et
ridicules, particulièrement cette incertitude si générale
touchant le sommeil, que je ne pouvais distinguer de la
veille : car à présent j'y rencontre une très notable
différence, en ce que notre mémoire ne peut jamais lier
et joindre nos songes les uns aux autres et avec toute la
suite de notre vie, ainsi qu'elle a de coutume de joindre
les choses qui nous arrivent étant éveillés. Et, en effet,
si quelqu'un, lorsque je veille, m'apparaissait tout
soudain et disparaissait de même, comme font les
images que je vois en dormant, en sorte que je ne pusse
remarquer ni d'où il viendrait, ni où il irait, ce ne serait
pas sans raison que je l'estimerais un spectre ou un
fantôme formé dans mon cerveau, et semblable à ceux
qui s'y forment quand je dors, plutôt qu'un vrai
homme. Mais lorsque j'aperçois des choses dont je
connais distinctement et le lieu d'où elles viennent, et
celui où elles sont, et le temps auquel elles m'apparaissent, et que, sans aucune interruption, je puis lier le
sentiment que j'en ai avec la suite du reste de ma vie, je
suis entièrement assuré que je les aperçois en veillant, et
non point dans le sommeil. Et je ne dois en aucune
72 façon douter de la vérité de ces choses-là, si après avoir
appelé tous mes sens, ma mémoire et mon entendement
pour les examiner, il ne m'est rien rapporté par aucun
d'eux, qui ait de la répugnance avec ce qui m'est

rapporté par les autres. Car de ce que Dieu n'est point trompeur, il suit nécessairement que je ne suis point en cela trompé.

Mais parce que la nécessité des affaires nous oblige souvent à nous déterminer, avant que nous ayons eu le loisir de les examiner si soigneusement, il faut avouer que la vie de l'homme est sujette à faillir fort souvent dans les choses particulières ; et enfin il faut reconnaître l'infirmité et la faiblesse de notre nature.

OBJECTIONS

FAITES PAR DES PERSONNES TRÈS DOCTES

CONTRE LES PRÉCÉDENTES MÉDITATIONS

AVEC LES RÉPONSES DE L'AUTEUR

PREMIÈRES OBJECTIONS

D'UN SAVANT THÉOLOGIEN DU PAYS-BAS

Messieurs[1],

Aussitôt que j'ai reconnu le désir que vous aviez que j'examinasse soigneusement les écrits de Monsieur Descartes, j'ai pensé qu'il était de mon devoir de satisfaire en cette occasion à des personnes qui me sont si chères, tant pour vous témoigner par là l'estime que je fais de votre amitié, que pour vous faire connaître ce qui manque à ma suffisance et à la perfection de mon esprit ; afin que dorénavant vous ayez un peu plus de charité pour moi, si j'en ai besoin, et que vous m'épargniez une autre fois, si je ne puis porter la charge que vous m'avez imposée.

On peut dire avec vérité, selon que j'en puis juger, que Monsieur Descartes est un homme d'un très grand esprit et d'une très profonde modestie, et sur lequel je ne pense pas que Momus, le plus médisant de son siècle, pût trouver à reprendre[2]. Je pense, dit-il, donc je suis ; voire même je suis la pensée même, ou l'esprit. Cela est vrai. Or est-il qu'en pensant j'ai en moi les idées des choses, et premièrement celle

1. Les objections de Caterus (J. de Kater), prêtre catholique d'Alkmaar, ont été transmises à Descartes par l'intermédiaire de deux amis communs, Bannius et Bloemaert, auxquels Descartes adressera ses réponses.
2. Momus, dieu de la raillerie selon la *Théogonie* d'Hésiode, confondu par une erreur de typographie, dans la première édition latine, avec le poète Mævius, contemporain et ennemi de Virgile et d'Horace.

d'un être très parfait et infini. Je l'accorde. Mais je n'en suis pas la cause, moi qui n'égale pas la réalité objective d'une telle idée ; donc quelque chose de plus parfait que moi en est cause ; et partant il y a un être différent de moi qui 74 *existe, et qui a plus de perfections que je n'ai pas. Ou, comme dit saint Denis, au chapitre cinquième des* NOMS DIVINS[1] : Il y a quelque nature qui ne possède pas l'être à la façon des autres choses, mais qui embrasse et contient en soi très simplement, et sans aucune circonscription, tout ce qu'il y a d'essence dans l'être, et en qui toutes choses sont renfermées comme dans une cause première et universelle.

Mais je suis ici contraint de m'arrêter un peu, de peur de me fatiguer trop : car j'ai déjà l'esprit aussi agité que le flottant Euripe[2]. J'accorde, je nie, j'approuve, je réfute, je ne veux pas m'éloigner de l'opinion de ce grand homme, et toutefois, je n'y puis consentir. Car, je vous prie, quelle cause requiert une idée ? Ou dites-moi ce que c'est qu'idée ? C'est donc la chose pensée, en tant qu'elle est objectivement dans l'entendement. *Mais qu'est-ce qu'être objectivement dans l'entendement ? Si je l'ai bien appris, c'est terminer à la façon d'un objet l'acte de l'entendement, ce qui en effet n'est qu'une dénomination extérieure, et qui n'ajoute rien de réel à la chose. Car, tout ainsi qu'être vu n'est en moi autre chose sinon que l'acte que la vision tend vers moi[3], de même être pensé, ou être objectivement dans l'entendement, c'est terminer et arrêter en soi la pensée de l'esprit ; ce qui se peut faire sans aucun mouvement et changement en la chose, voire même sans que la chose soit. Pourquoi donc recherché-je la cause d'une chose, qui actuellement n'est point, qui n'est qu'une simple dénomination et un pur néant ?*

Et néanmoins, dit ce grand esprit, afin qu'une idée contienne une réalité objective, plutôt qu'une autre,

1. Ouvrage néoplatonicien, sans doute écrit vers l'an 500, attribué par la tradition à Denys l'Aréopagite, premier évêque d'Athènes (1er siècle).
2. Détroit entre l'Eubée et la Grèce continentale, célèbre par le renversement des courants qui s'y produit plusieurs fois par jour.
3. Le latin dit : *sinon que d'attirer sur moi l'acte de la vision.*

elle doit sans doute avoir cela de quelque cause. *Au contraire, d'aucune; car la réalité objective est une pure dénomination; actuellement elle n'est point. Or l'influence que donne une cause est réelle et actuelle; ce qui actuellement n'est point, ne la peut pas recevoir, et partant ne peut pas dépendre ni procéder d'aucune véritable cause, tant s'en faut qu'il en requiert. Donc j'ai des idées, mais il n'y a point de causes de ces idées; tant s'en faut qu'il y en ait une plus grande que moi et infinie.*

Mais quelqu'un me dira peut-être : si vous ne donnez point la cause des idées, donnez au moins la raison pourquoi cette idée contient plutôt cette réalité objective que celle-là. C'est très bien dit; car je n'ai pas coutume d'être réservé avec mes amis, mais je traite avec eux libéralement. Je dis universellement de toutes les idées ce que Monsieur Descartes a dit autrefois du triangle : Encore que peut-être, dit-il, il n'y ait en aucun lieu du monde hors de ma pensée une telle figure, et qu'il n'y en ait jamais eu, il ne laisse pas néanmoins d'y avoir une certaine nature, ou forme, ou essence déterminée de cette figure, laquelle est immuable et éternelle. *Ainsi cette vérité est éternelle, et elle ne requiert point de cause. Un bateau est un bateau, et rien autre chose; Davus est Davus, et non Œdipus[1]. Si néanmoins vous me pressez de vous dire une raison, je vous dirai que c'est l'imperfection de notre esprit, qui n'est pas infini; car, ne pouvant par une seule appréhension embrasser l'universel, qui est tout ensemble et tout à la fois, il le divise et le partage; et ainsi ce qu'il ne saurait enfanter ou produire tout entier, il le conçoit petit à petit, ou bien, comme on dit en l'Ecole* (inadæquate) *imparfaitement et par partie.*

Mais ce grand homme poursuit : Or, pour imparfaite que soit cette façon d'être, par laquelle une chose est objectivement dans l'entendement par son idée, certes on ne peut pas néanmoins dire que cette façon et manière-là ne soit rien, ni par conséquent que cette idée vienne du néant.

---

1. « Je suis Davus et non Œdipe », vers de Térence (*Andrienne*, 194) signifiant : je n'entends rien aux énigmes.

Il y a ici de l'équivoque ; car, si ce mot Rien *est la même chose que n'être pas actuellement, en effet ce n'est rien, parce qu'elle n'est pas actuellement, et ainsi elle vient du néant, c'est-à-dire qu'elle n'a point de cause. Mais si ce mot* Rien *dit quelque chose de feint par l'esprit, qu'ils appellent vulgairement* Etre de raison, *ce n'est pas un* Rien *mais quelque chose de réel, qui est conçue distinctement. Et néanmoins, parce qu'elle est seulement conçue, et qu'actuellement elle n'est pas, elle peut à la vérité être conçue, mais elle ne peut aucunement être causée, ou mise hors de l'entendement.*

Mais je veux, *dit-il,* outre cela examiner, si moi, qui ai cette idée de Dieu, je pourrais être, en cas qu'il n'y eût point de Dieu, *ou comme il dit immédiatement auparavant,* en cas qu'il n'y eût point d'être plus parfait que le mien, et qui ait mis en moi son idée. Car, *dit-il,* de qui aurais-je mon existence ? Peut-être de moi-même, ou de mes parents, ou de quelques autres, etc. Or est-il que, si je l'avais de moi-même, je ne douterai point, ni ne désirerais point, et il ne me manquerait aucune chose ; car je me serais donné toutes les perfections dont j'ai en moi quelque idée, et ainsi moi-même je serais Dieu. Que si j'ai mon existence d'autrui, je viendrai enfin à ce qui l'a de soi ; et ainsi le même raisonnement que je viens de faire pour moi est pour lui, et prouve qu'il est Dieu. *Voilà certes, à mon avis, la même voie que suit saint Thomas, qu'il appelle la voie de la causalité de la cause efficiente, laquelle il a tirée du Philosophe ; hormis que saint Thomas ni Aristote[1] ne se sont pas souciés des causes des idées. Et peut-être n'en était-il pas besoin ; car pourquoi ne suivrai-je pas la voie la plus droite et la moins écartée ? Je pense, donc je suis, voire même je suis l'esprit même et la pensée ; or, cette pensée et cet esprit, ou il est par soi-même, ou par autrui ; si par autrui, celui-là enfin par qui est-il ? s'il est par soi, donc il est Dieu ; car ce qui est par soi se sera aisément donné toutes choses.*

76

---

1. Saint Thomas d'Aquin (1225-1274) recense dans la *Somme Théologique* (Ia, q. 2, art. 3) cinq voies vers Dieu : la voie « par l'ordre des causes efficientes » retrouverait les leçons du *Philosophe*, c'est-à-dire d'Aristote (384-322) en sa *Métaphysique* (livre Lambda).

Je prie ici ce grand personnage, et le conjure de ne se point cacher à un lecteur qui est désireux d'apprendre, et qui peut-être n'est pas beaucoup intelligent. Car ce mot Par soi *est pris en deux façons. En la première, il est pris positivement, à savoir par soi-même comme par une cause ; et ainsi ce qui serait par soi et se donnerait l'être à soi même, si par un choix prévu et prémédité il se donnait ce qu'il voudrait, sans doute qu'il se donnerait toutes choses, et partant il serait Dieu. En la seconde, ce mot* Par soi *est pris négativement, et est la même chose que* de soi-même *ou* non par autrui *; et de cette façon, si je m'en souviens, il est pris de tout le monde.*

Or maintenant, si quelque chose est par soi, *c'est-à-dire* non par autrui, *comment prouverez-vous pour cela qu'elle comprend tout, et qu'elle est infinie ? Car, à présent, je ne vous écoute point, si vous dites :* puisqu'elle est par soi, elle se sera aisément donné toutes choses ; *d'autant qu'elle n'est pas par soi comme par une cause, et qu'il ne lui a pas été possible, avant qu'elle fût, de prévoir ce qu'elle pourrait être, pour choisir ce qu'elle serait après. Il me souvient d'avoir autrefois entendu Suarez[1] raisonner de la sorte :* Toute limitation vient d'une cause ; car une chose est finie et limitée, ou parce que la cause ne lui a pu donner rien de plus grand ni de plus parfait, ou parce qu'elle ne l'a pas voulu ; si donc quelque chose est par soi et non par une cause, il est vrai de dire qu'elle est infinie et non limitée.

Pour moi, je n'acquiesce pas tout à fait à ce raisonnement. Car, qu'une chose soit par soi *tant qu'il vous plaira, c'est-à-dire qu'elle ne soit point* par autrui, *que pourrez-vous dire si cette limitation vient de ses principes internes et constituants, c'est-à-dire de sa forme même et de son essence, laquelle néanmoins vous n'avez pas encore prouvé être infinie ? Certainement, si vous supposez que le chaud est chaud, il sera chaud par ses principes internes et constituants, et non pas froid, encore que vous imaginiez*

1. Francisco Suarez, théologien espagnol (1548-1617) dont les *Disputationes Metaphysicæ* (1597) seront citées par Descartes, dans les *Quatrièmes Réponses* (AT-IX-182), comme ouvrage de référence pour l'Ecole.

qu'il ne soit pas par autrui *ce qu'il est. Je ne doute point que Monsieur Descartes ne manque pas de raisons pour* 77 *substituer à ce que les autres n'ont peut-être pas assez suffisamment expliqué, ni déduit assez clairement.*

Enfin je conviens avec ce grand homme, en ce qu'il établit pour règle générale, que les choses que nous concevons fort clairement et fort distinctement sont toutes vraies. *Même je crois que tout ce que je pense est vrai, et il y a déjà longtemps que j'ai renoncé à toutes les chimères et à tous les êtres de raison, car aucune puissance ne se peut détourner de son propre objet : si la volonté se meut, elle tend au bien ; les sens mêmes ne se trompent point, car la vue voit ce qu'elle voit, l'oreille entend ce qu'elle entend, et si on voit de l'oripeau, on voit bien ; mais on se trompe lorsqu'on détermine par son jugement, que ce que l'on voit est de l'or. De sorte que Monsieur Descartes attribue avec beaucoup de raison toutes les erreurs au jugement et à la volonté.*

Mais maintenant voyons si ce qu'il veut inférer de cette règle est véritable. Je connais, *dit-il,* clairement et distinctement l'Etre infini ; donc c'est un être vrai et qui est quelque chose. *Quelqu'un lui demandera : Connaissez-vous clairement et distinctement l'Etre infini ? Que veut donc dire cette commune sentence, laquelle est connue d'un chacun :* L'infini, en tant qu'infini, est inconnu ? *Car si, lorsque je pense à un chiliogone, me représentant confusément quelque figure, je n'imagine ou ne connais pas distinctement le chiliogone, parce que je ne me représente pas distinctement ses mille côtés, comment est-ce que je concevrais distinctement, et non pas confusément, l'Etre infini, en tant qu'infini, vu que je ne puis pas voir clairement, et comme au doigt et à l'œil, les infinies perfections dont il est composé ?*

Et c'est peut-être ce qu'a voulu dire saint Thomas ; car, ayant nié que cette proposition Dieu est, *fût claire et connue sans preuve, il se fait à soi-même cette objection des paroles de saint Damascène :* La connaissance que Dieu est, est naturellement empreinte en l'esprit de tous les hommes ; donc c'est une chose claire, et qui n'a point besoin de preuve pour être connue. *A quoi il répond :* Connaître que Dieu est, en général, et, *comme il dit,* sous quelque confusion, à savoir en tant qu'il est la béatitude de l'homme, cela est naturellement imprimé en nous ; mais ce n'est pas, *dit-il*, connaître simplement que Dieu est ; tout ainsi que connaître que quelqu'un vient, ce n'est pas connaître Pierre, encore que ce soit Pierre qui vienne, etc. *Comme s'il voulait dire que Dieu est connu sous une raison commune, ou de fin dernière, ou même de premier être, et très parfait, ou enfin sous la raison d'un être qui comprend et embrasse confusément et en général toutes choses, mais non pas sous la raison précise de son être, car ainsi il est infini et nous est inconnu. Je sais que Monsieur Descartes répondra facilement à celui qui l'interrogera de la sorte ; je crois néanmoins que les choses que j'allègue ici, seulement par forme d'entretien et d'exercice, feront qu'il se ressouviendra de ce que dit Boèce[1],* qu'il y a certaines notions communes, qui ne peuvent être connues sans preuve que par les savants ; *de sorte qu'il ne se faut pas fort étonner, si ceux-là interrogent beaucoup, qui désirent savoir plus que les autres, et s'ils s'arrêtent longtemps à considérer ce qu'ils savent avoir été dit et avancé, comme le premier et principal fondement de toute l'affaire, et que néanmoins ils ne peuvent entendre sans une longue recherche et une très grande attention d'esprit.*

Mais demeurons d'accord de ce principe, et supposons que quelqu'un ait l'idée claire et distincte d'un être souverain et souverainement parfait : que prétendez-vous inférer de là ? C'est à savoir, que cet être infini existe, et cela si certainement, que je dois être au moins aussi assuré de l'existence de Dieu, que je l'ai été jusques ici de la vérité des démonstrations mathématiques ; en sorte qu'il n'y a pas moins de répugnance de concevoir un Dieu (c'est-à-dire un être souverainement parfait) auquel manque l'existence (c'est-à-dire auquel manque quelque perfection), que de concevoir une montagne qui n'ait point de vallée. *C'est ici le nœud de toute la question : qui cède à présent, il faut qu'il se confesse vaincu ; pour moi, qui ai à*

---

1. Saint Thomas, dans le passage de la *Somme Théologique* ici commenté (Ia, q. 2, art. 1), cite saint Jean Damascène (675-749), théologien et docteur de l'Église, et Boèce (470-525), philosophe et homme d'État latin.

faire avec un puissant adversaire, il faut que j'esquive un peu, afin qu'ayant à être vaincu, je diffère, au moins pour quelque temps, ce que je ne puis éviter.

Et premièrement, encore que nous n'agissions pas ici par autorité, mais seulement par raison, néanmoins, de peur qu'il ne semble que je me veuille opposer sans sujet à ce grand esprit, écoutez plutôt saint Thomas, qui se fait à soi-même cette objection[1] : Aussitôt qu'on a compris et entendu ce que signifie ce nom *Dieu*, on sait que Dieu est ; car, par ce nom, on entend une chose telle, que rien de plus grand ne peut être conçu. Or ce qui est dans l'entendement et en effet, est plus grand que ce qui est seulement dans l'entendement. C'est pourquoi, puisque, ce nom *Dieu* étant entendu, Dieu est dans l'entendement, il s'ensuit aussi qu'il est en effet. *Lequel argument je rends ainsi en forme : Dieu est ce qui est tel que rien de plus grand ne peut être conçu ; mais ce qui est tel que rien de plus grand ne peut être conçu enferme l'existence ; donc Dieu, par son nom ou par son concept, enferme l'existence ; et partant il ne peut être, ni être conçu sans* 79 *existence. Maintenant, dites-moi, je vous prie, n'est-ce pas là le même argument de Monsieur Descartes ? Saint Thomas définit Dieu ainsi :* Ce qui est tel que rien de plus grand ne peut être conçu. *Monsieur Descartes l'appelle* un être souverainement parfait ; *certes rien de plus grand que lui ne peut être conçu. Saint Thomas poursuit :* Ce qui est tel que rien de plus grand ne peut être conçu, enferme l'existence ; autrement quelque chose de plus grand que lui pourrait être conçu, à savoir ce qui est conçu enfermer aussi l'existence. *Mais Monsieur Descartes ne semble-t-il pas se servir de la même mineure dans son argument ? Dieu est un être souverainement parfait ; or est-il que l'être souverainement parfait enferme l'existence, autrement il ne serait pas souverainement parfait. Saint Thomas infère :* Donc, puisque, ce nom *Dieu* étant compris et entendu, il est dans l'entendement, il s'ensuit aussi qu'il est en effet ; c'est-à-dire, de ce que,

1. Saint Thomas, en ce même passage de la *Somme*, discute l'argument dit « ontologique », sans nommer saint Anselme (1033-1109) qui l'avait proposé dans le *Proslogion* (ch. II).

dans le concept ou la notion essentielle d'un être tel que
rien de plus grand ne peut être conçu, l'existence est
comprise et enfermée, il s'ensuit que cet être existe.
Monsieur Descartes infère la même chose. Mais, *dit-il*, de
cela seul que je ne puis concevoir Dieu sans existence, il
s'ensuit que l'existence est inséparable de lui, et partant
qu'il existe véritablement. *Que maintenant saint Thomas
réponde à soi-même et à Monsieur Descartes.* Posé, *dit-il*,
que chacun entende que par ce nom *Dieu* il est signifié
ce qui a été dit, à savoir ce qui est tel que rien de plus
grand ne peut être conçu, il ne s'ensuit pas pour cela
qu'on entende que la chose qui est signifiée par ce nom
soit dans la nature, mais seulement dans l'appréhension
de l'entendement. Et on ne peut pas dire qu'elle soit en
effet, si on ne demeure d'accord qu'il y a en effet
quelque chose telle que rien de plus grand ne peut être
conçu ; ce que ceux-là nient ouvertement, qui disent
qu'il n'y a point de Dieu. *D'où je réponds aussi en peu de
paroles : encore que l'on demeure d'accord que l'être souverainement parfait par son propre nom emporte l'existence,
néanmoins il ne s'ensuit pas que cette même existence soit
dans la nature actuellement quelque chose, mais seulement
qu'avec le concept, ou la notion de l'être souverainement
parfait, celui de l'existence est inséparablement conjoint.
D'où vous ne pouvez pas inférer que l'existence de Dieu soit
actuellement quelque chose, si vous ne supposez que cet être
souverainement parfait existe actuellement ; car pour lors il
contiendra actuellement toutes les perfections, et celle aussi
d'une existence réelle.*

    *Trouvez bon maintenant, Messieurs, qu'après tant de
fatigues je délasse un peu mon esprit. Ce composé,* lion
existant, *enferme essentiellement ces deux parties, à savoir,
lion et l'existence ; car si vous ôtez l'une ou l'autre, ce ne
sera plus le même composé. Maintenant Dieu n'a-t-il pas de
toute éternité connu clairement et distinctement ce composé ?
Et l'idée de ce composé, en tant que tel, n'enferme-t-elle pas
essentiellement l'une et l'autre de ces parties ? c'est-à-dire
l'existence n'est-elle pas de l'essence de ce composé* lion
existant ? *Et néanmoins la distincte connaissance que Dieu
a eue de toute éternité, ne fait pas nécessairement que l'une*

ou l'autre partie de ce composé soit, si on ne suppose que tout ce composé est actuellement; car alors il enfermera et contiendra en soi toutes ses perfections essentielles, et partant aussi l'existence actuelle. De même, encore que je connaisse clairement et distinctement l'être souverain, et encore que l'être souverainement parfait dans son concept essentiel enferme l'existence, néanmoins il ne s'ensuit pas que cette existence soit actuellement quelque chose, si vous ne supposez que cet être souverain existe; car alors, avec toutes ses autres perfections, il enfermera aussi actuellement celle de l'existence; et ainsi il faut prouver d'ailleurs que cet être souverainement parfait existe.

J'en dirai peu touchant l'existence de l'âme et sa distinction réelle d'avec le corps; car je confesse que ce grand esprit m'a déjà tellement fatigué, qu'au-delà je ne puis quasi plus rien. S'il y a une distinction entre l'âme et le corps, il semble la prouver de ce que ces deux choses peuvent être conçues distinctement et séparément l'une de l'autre. Et sur cela je mets ce savant homme aux prises avec Scot[1], qui dit qu'afin qu'une chose soit conçue distinctement et séparément d'une autre, il suffit qu'il y ait entre elles une distinction, qu'il appelle formelle et objective, *laquelle il met entre* la distinction réelle et celle de raison; *et c'est ainsi qu'il distingue la justice de Dieu d'avec sa miséricorde;* car elles ont, *dit-il,* avant aucune opération de l'entendement, des raisons formelles différentes, en sorte que l'une n'est pas l'autre; et néanmoins ce serait une mauvaise conséquence de dire : la justice peut être conçue séparément d'avec la miséricorde, donc elle peut aussi exister séparément. *Mais je ne vois pas que j'ai déjà passé les bornes d'une lettre.*

Voilà, Messieurs, les choses que j'avais à dire touchant ce que vous m'avez proposé, c'est à vous maintenant d'en être les juges. Si vous prononcez en ma faveur, il ne sera pas malaisé d'obliger Monsieur Descartes à ne me vouloir point

---

1. Jean Duns Scot (1266-1308), surnommé dans l'Eqole le Docteur Subtil, avait défini la « distinction formelle » comme la plus petite des distinctions fondées dans le réel avant l'acte d'intellection (*Opus oxoniense* I, D2, q. 4).

de mal, si je lui ai un peu contredit ; que si vous êtes pour lui, je donne dès à présent les mains, et me confesse vaincu, et ce d'autant plus volontiers que je craindrais de l'être encore une autre fois. *Adieu.*

RÉPONSES DE L'AUTEUR

Messieurs,

Je vous confesse que vous avez suscité contre moi un puissant adversaire, duquel l'esprit et la doctrine eussent pu me donner beaucoup de peine, si cet officieux et dévot théologien n'eût mieux aimé favoriser la cause de Dieu et celle de son faible défenseur, que de la combattre à force ouverte. Mais quoiqu'il lui ait été très honnête d'en user de la sorte, je ne pourrais pas m'exempter de blâme, si je tâchais de m'en prévaloir; c'est pourquoi mon dessein est plutôt de découvrir ici l'artifice dont il s'est servi pour m'assister, que de lui répondre comme à un adversaire.

Il a commencé par une brève déduction de la principale raison dont je me sers pour prouver l'existence de Dieu, afin que les lecteurs s'en ressouvinssent d'autant mieux. Puis, ayant succinctement accordé les choses qu'il a jugé être suffisamment démontrées, et ainsi les ayant appuyées de son autorité, il est venu au nœud de la difficulté, qui est de savoir ce qu'il faut ici entendre par le nom *d'idée*, et quelle cause cette idée requiert.

Or j'ai écrit en quelque part, *que l'idée est la chose même conçue, ou pensée, en tant qu'elle est objectivement dans l'entendement*, lesquelles paroles il feint d'entendre tout autrement que je ne les ai dites, afin de me donner occasion de les expliquer plus clairement. *Etre*, dit-il, *objectivement dans l'entendement, c'est terminer à la façon d'un objet l'acte de l'entendement, ce qui n'est qu'une dénomination extérieure, et qui n'ajoute rien de réel à la chose, etc.* Où il faut remarquer qu'il a égard à la chose même, comme étant hors de l'entendement, au respect de laquelle c'est de vrai une dénomination extérieure, qu'elle soit objectivement dans l'entendement; mais que je parle de l'idée, qui n'est jamais hors de l'entendement, et au respect de laquelle *être objectivement* ne signifie autre chose, qu'être dans l'entendement en la manière que les objets ont coutume d'y être. Ainsi, par exemple, si quelqu'un demande, qu'est-ce qu'il arrive au soleil de ce qu'il est objectivement dans mon entendement, on répond fort bien qu'il ne lui arrive rien qu'une dénomination extérieure, à savoir qu'il termine à la façon d'un objet l'opération de mon entendement; mais si on demande de l'idée du soleil ce que c'est, et qu'on réponde que c'est la chose pensée, en tant qu'elle est objectivement dans l'entendement, personne n'entendra que c'est le soleil même, en tant que cette extérieure dénomination est en lui. Et là *être objectivement dans l'entendement* ne signifiera pas terminer son opération à la façon d'un objet, mais bien être dans l'entendement en la manière que ses objets ont coutume d'y être; en telle sorte que l'idée du soleil est le soleil même existant dans l'entendement, non pas à la vérité formellement, comme il est au ciel, mais objectivement, c'est-à-dire en la manière que les objets ont coutume d'exister dans l'entendement : laquelle façon d'être est de vrai bien plus imparfaite que celle par laquelle les choses existent hors de l'entendement; mais pourtant ce n'est pas un pur rien, comme j'ai déjà dit ci-devant.

Et lorsque ce savant théologien dit qu'il y a de l'équivoque en ces paroles, *un pur rien*, il semble avoir voulu m'avertir de celle que je viens tout maintenant de remarquer, de peur que je n'y prisse pas garde. Car il dit, premièrement, qu'une chose ainsi existante dans l'entendement par son idée, n'est pas un être réel ou actuel, c'est-à-dire, que ce n'est pas quelque chose qui soit hors de l'entendement; ce qui est vrai. En après il dit aussi que ce n'est pas quelque chose de feint par l'esprit, ou un être de raison, mais quelque chose de réel, qui est conçu distinctement; par lesquelles paroles il admet entièrement tout ce que j'ai avancé. Mais néanmoins il ajoute, *parce que cette chose est seulement conçue, et qu'actuellement elle n'est pas* (c'est-à-dire, parce qu'elle est seulement une idée, et non pas quelque chose hors de l'entendement), *elle peut à la vérité être conçue, mais elle ne peut aucunement être causée*, c'est-à-dire, qu'elle n'a pas besoin de cause pour exister hors de l'entendement; ce que je confesse, mais certes elle a

83　besoin de cause pour être conçue, et de celle-là seule il est ici question. Ainsi, si quelqu'un a dans l'esprit l'idée de quelque machine fort artificielle, on peut avec raison demander quelle est la cause de cette idée; et celui-là ne satisferait pas, qui dirait que cette idée hors de l'entendement n'est rien, et partant qu'elle ne peut être causée, mais seulement conçue; car on ne demande ici rien autre chose, sinon quelle est la cause pourquoi elle est conçue. Celui-là ne satisfera pas aussi, qui dira que l'entendement même en est la cause, en tant que c'est une de ses opérations; car on ne doute point de cela, mais seulement on demande quelle est la cause de l'artifice objectif qui est en elle. Car que cette idée contienne un tel artifice objectif plutôt qu'un autre, elle doit sans doute avoir cela de quelque cause, et l'artifice objectif est la même chose au respect de cette idée, qu'au respect de l'idée de Dieu la réalité objective. Et de vrai on peut assigner diverses causes de cet artifice; car ou c'est une réelle et semblable machine qu'on aura vue auparavant, à la ressemblance de laquelle cette idée a été formée, ou une grande connaissance de la mécanique qui est dans l'entendement, ou peut-être une grande subtilité d'esprit, par le moyen de laquelle il a pu l'inventer sans aucune connaissance précédente. Et il faut remarquer que tout l'artifice, qui n'est qu'objectivement dans cette idée, doit être formellement ou éminemment dans sa cause, quelle que cette cause puisse être. Le même aussi faut-il penser de la réalité objective qui est dans l'idée de Dieu. Mais en qui est-ce que toute cette réalité, ou perfection, se pourra rencontrer telle, sinon en Dieu réellement existant ? Et cet esprit excellent a fort bien vu toutes ces choses ; c'est pourquoi il confesse qu'on peut demander pourquoi cette idée contient cette réalité objective plutôt qu'une autre : à laquelle demande il a répondu, premièrement, *que de toutes les idées, il en est de même que de ce que j'ai écrit de l'idée du triangle, savoir est que, bien que peut-être il n'y ait point de triangle en aucun lieu du monde, il ne laisse pas d'y avoir une certaine nature, ou forme, ou essence déterminée du triangle, laquelle est immuable et éternelle,* et *laquelle* il dit *n'avoir pas besoin de cause.* Ce que néanmoins il a bien jugé ne pouvoir pas satisfaire ; car, encore que la nature du triangle soit immuable et éternelle, il n'est pas pour cela moins permis de demander pourquoi son idée est en nous. C'est pourquoi il a ajouté : *Si néanmoins vous me pressez de vous dire une raison, je vous dirai que c'est l'imperfection de notre esprit, etc.* Par laquelle réponse il semble n'avoir voulu signifier autre chose, sinon que ceux qui se voudront ici éloigner de mon sentiment, ne pourront rien répondre

84 de vraisemblable. Car, en effet, il n'est pas plus probable de dire que la cause pourquoi l'idée de Dieu est en nous, soit l'imperfection de notre esprit, que si on disait que l'ignorance des mécaniques fût la cause pourquoi nous imaginons plutôt une machine fort pleine d'artifice qu'une autre moins parfaite. Car, tout au contraire, si quelqu'un a l'idée d'une machine, dans laquelle soit contenu tout l'artifice que l'on saurait imaginer, l'on infère fort bien de là, que cette idée procède d'une cause dans laquelle il y avait réellement et en effet tout l'artifice imaginable, encore qu'il ne soit qu'objectivement et non point en effet dans cette idée. Et par la même raison, puisque nous avons en nous l'idée de Dieu, dans laquelle toute la perfection est contenue que l'on puisse jamais concevoir, on peut de là conclure très évidemment, que cette idée dépend et procède de quelque cause, qui contient en soi véritablement toute cette perfection, à savoir, de Dieu réellement existant. Et certes la difficulté ne paraîtrait pas

plus grande en l'un qu'en l'autre, si comme tous les hommes ne sont pas savants en la mécanique, et pour cela ne peuvent pas avoir des idées de machines fort artificielles, ainsi tous n'avaient pas la même faculté de concevoir l'idée de Dieu. Mais, parce qu'elle est empreinte d'une même façon dans l'esprit de tout le monde, et que nous ne voyons pas qu'elle nous vienne jamais d'ailleurs que de nous-mêmes, nous supposons qu'elle appartient à la nature de notre esprit. Et certes non mal à propos ; mais nous oublions une autre chose que l'on doit principalement considérer, et d'où dépend toute la force, et toute la lumière, ou l'intelligence de cet argument, qui est *que cette faculté d'avoir en soi l'idée de Dieu ne pourrait pas être en nous, si notre esprit était seulement une chose finie, comme il est en effet, et qu'il n'eut point, pour cause de son être, une cause qui fût Dieu. C'est pourquoi, outre cela, j'ai demandé savoir si je pourrais être, en cas que Dieu ne fût point, non tant pour apporter une raison différente de la précédente, que pour expliquer la même plus exactement*[1].

Mais ici la courtoisie de cet adversaire me jette dans un passage assez difficile, et capable d'attirer sur moi l'envie et la jalousie de plusieurs ; car il compare mon argument avec un autre tiré de saint Thomas et d'Aristote[2], comme s'il voulait par ce moyen m'obliger à dire la raison pourquoi, étant entré avec eux dans un même chemin, je ne l'ai pas néanmoins suivi en toutes choses ; mais je le prie de me permettre de ne point parler des autres, et de rendre seulement raison des choses que j'ai écrites. Premièrement donc, je n'ai point tiré mon argument de ce que je voyais, que dans les choses sensibles il y avait un ordre ou une certaine succession de causes efficientes, partie à cause que j'ai pensé que l'existence de Dieu était beaucoup plus évidente que celle d'aucune chose sensible, et partie aussi parce que je ne voyais pas que cette succession de causes me pût conduire ailleurs qu'à me faire connaître l'imperfection de mon esprit, en ce que je ne puis comprendre

---

1. Le latin dit : *absolutius, de façon plus absolue.*
2. Voir *Premières Objections* (AT-IX-76), note 1.

comment une infinité de telles causes ont tellement succédé les unes aux autres de toute éternité, qu'il n'y en ait point eu de première. Car certainement, de ce que je ne puis comprendre cela, il ne s'ensuit pas qu'il y en doive avoir une première : comme aussi, de ce que je ne puis comprendre une infinité de divisions en une quantité finie, il ne s'ensuit pas que l'on puisse venir à une dernière, après laquelle cette quantité ne puisse plus être divisée ; mais bien il suit seulement que mon entendement, qui est fini, ne peut comprendre l'infini. C'est pourquoi j'ai mieux aimé appuyer mon raisonnement sur l'existence de moi-même, laquelle ne dépend d'aucune suite de causes, et qui m'est si connue que rien ne le peut être davantage ; et, m'interrogeant sur cela moi-même, je n'ai pas tant cherché par quelle cause j'ai autrefois été produit, que j'ai cherché quelle est la cause qui à présent me conserve, afin de me délivrer par ce moyen de toute suite et succession de causes. Outre cela, je n'ai pas cherché quelle est la cause de mon être, en tant que je suis composé de corps et d'âme, mais seulement et précisément en tant que je suis une chose qui pense. Ce que je crois ne servir pas peu à ce sujet, car ainsi j'ai pu beaucoup mieux me délivrer des préjugés, considérer ce que dicte la lumière naturelle, m'interroger moi-même, et tenir pour certain que rien ne peut être en moi, dont je n'aie quelque connaissance. Ce qui en effet est autre chose que si, de ce que je vois que je suis né de mon père, je considérais que mon père vient aussi de mon aïeul ; et si, parce qu'en cherchant ainsi les pères de mes pères je ne pourrais pas continuer ce progrès à l'infini, pour mettre fin à cette recherche, je concluais qu'il y a une première cause. De plus, je n'ai pas seulement cherché quelle est la cause de mon être, en tant que je suis une chose qui pense, mais principalement en tant qu'entre plusieurs autres pensées, je reconnais que j'ai en moi l'idée d'un être souverainement parfait ; car de cela seul dépend toute la force de ma démonstration. Premièrement, parce que cette idée me fait connaître ce que c'est que Dieu, au moins autant que je suis capable de le connaître ; et,

86 selon les lois de la vraie logique, on ne doit jamais demander d'aucune chose, *si elle est*, qu'on ne sache premièrement *ce qu'elle est*. En second lieu, parce que c'est cette même idée qui me donne occasion d'examiner si je suis par moi ou par autrui, et de reconnaître mes défauts. Et en dernier lieu, c'est elle qui m'apprend que non seulement il y a une cause de mon être, mais de plus aussi, que cette cause contient toutes sortes de perfections, et partant qu'elle est Dieu.

Enfin, je n'ai point dit qu'il est impossible qu'une chose soit la cause efficiente de soi-même; car, encore que cela soit manifestement véritable, lorsqu'on restreint la signification d'efficient à ces causes qui sont différentes de leurs effets, ou qui les précèdent en temps, il semble toutefois que dans cette question elle ne doit pas être ainsi restreinte, tant parce que ce serait une question frivole : car qui ne sait qu'une même chose ne peut pas être différente de soi-même ni se précéder en temps ? comme aussi parce que la lumière naturelle ne nous dicte point, que ce soit le propre de la cause efficiente de précéder en temps son effet : car au contraire, à proprement parler, elle n'a point le nom ni la nature de cause efficiente, sinon lorsqu'elle produit son effet, et partant elle n'est point devant lui. Mais certes la lumière naturelle nous dicte qu'il n'y a aucune chose de laquelle il ne soit loisible de demander pourquoi elle existe, ou dont on ne puisse rechercher la cause efficiente, ou bien, si elle n'en a point, demander pourquoi elle n'en a pas besoin; de sorte que, si je pensais qu'aucune chose ne peut en quelque façon être, à l'égard de soi-même, ce que la cause efficiente est à l'égard de son effet[1], tant s'en faut que de là je voulusse conclure qu'il y a une première cause, qu'au contraire de celle-là même qu'on appellerait première, je rechercherais derechef la cause, et ainsi je ne viendrais jamais

---

1. Descartes avait demandé à Mersenne, le 18 mars 1641, que l'on ajoute ici : « Il faut noter que, par ces mots, on entend seulement que l'essence d'une chose peut être telle qu'elle n'ait besoin d'aucune cause efficiente pour exister ». Cette adjonction a été faite dans la première édition (latine), et omise dans les éditions ultérieures.

à une première. Mais certes j'avoue franchement qu'il peut y avoir quelque chose dans laquelle il y ait une puissance si grande et si inépuisable, qu'elle n'ait jamais eu besoin d'aucun secours pour exister, et qui n'en ait pas encore besoin maintenant pour être conservée, et ainsi qui soit en quelque façon la cause de soi-même ; et je conçois que Dieu est tel. Car, tout de même que, bien que j'eusse été de toute éternité, et que par conséquent il n'y eût rien eu avant moi, néanmoins, parce que je vois que les parties du temps peuvent être séparées les unes d'avec les autres, et qu'ainsi, de ce que je suis maintenant, il ne s'ensuit pas que je doive être encore après, si, pour ainsi parler, je ne suis créé de nouveau à chaque moment par quelque cause, je ne ferais point difficulté d'appeler *efficiente* la cause qui me crée continuellement en cette façon, c'est-à-dire qui me conserve. Ainsi, encore que Dieu ait toujours été, néanmoins, parce que c'est lui-même qui en effet se conserve, il semble qu'assez proprement, il peut être dit et appelé *la cause de soi-même*. (Toutefois il faut remarquer que je n'entends pas ici parler d'une conservation qui se fasse par aucune influence réelle et positive de la cause efficiente, mais que j'entends seulement que l'essence de Dieu est telle, qu'il est impossible qu'il ne soit ou n'existe pas toujours[1].)

Cela étant posé, il me sera facile de répondre à la distinction du mot *par soi*, que ce très docte théologien m'avertit devoir être expliqué. Car, encore bien que ceux qui, ne s'attachant qu'à la propre et étroite signification d'efficient, pensent qu'il est impossible qu'une chose soit la cause efficiente de soi-même, et ne remarquent ici aucun autre genre de cause, qui ait rapport et analogie avec la cause efficiente, encore, dis-je, que ceux-là n'aient pas de coutume d'entendre autre chose, lorsqu'ils disent que quelque chose est *par soi*, sinon qu'elle n'a point de cause, si toutefois ils veulent plutôt s'arrêter à la chose qu'aux paroles, ils

87 (marginal, left of "conserve. Ainsi")

---

1. Adjonction demandée par Descartes à Mersenne le 18 mars 1641.

reconnaîtront facilement que la signification négative
du mot *par soi* ne procède que de la seule imperfection
de l'esprit humain, et qu'elle n'a aucun fondement dans
les choses ; mais qu'il y en a une autre positive, tirée de
la vérité des choses ; et sur laquelle seule mon argument
est appuyé. Car si, par exemple, quelqu'un pense
qu'un corps soit par soi, il peut n'entendre par là autre
chose, sinon que ce corps n'a point de cause ; et ainsi il
n'assure point ce qu'il pense par aucune raison positive,
mais seulement d'une façon négative, parce qu'il ne
connaît aucune cause de ce corps. Mais cela témoigne
quelque imperfection en son jugement, comme il
reconnaîtra facilement après, s'il considère que les
parties du temps ne dépendent point les unes des
autres, et que partant, de ce qu'il a supposé que ce
corps jusqu'à cette heure a été par soi, c'est-à-dire sans
cause, il ne s'ensuit pas pour cela qu'il doive être encore
à l'avenir, si ce n'est qu'il y ait en lui quelque puissance
réelle et positive, laquelle, pour ainsi dire, le reproduise
continuellement. Car alors, voyant que dans l'idée du
corps il ne se rencontre aucune puissance de cette sorte,
il lui sera aisé d'inférer de là que ce corps n'est pas par
soi, et ainsi il prendra ce mot *par soi* positivement. De
même, lorsque nous disons que Dieu est par soi, nous
pouvons aussi à la vérité entendre cela négativement, et
n'avoir point d'autre pensée, sinon qu'il n'y a aucune
cause de son existence, mais si nous avons auparavant
recherché la cause pourquoi il est, ou pourquoi il ne
cesse point d'être, et que, considérant l'immense et
88 incompréhensible puissance qui est contenue dans son
idée, nous l'ayons reconnue si pleine et si abondante
qu'en effet elle soit la cause pourquoi il est et ne cesse
point d'être, et qu'il n'y en puisse avoir d'autre que
celle-là, nous disons que Dieu est *par soi*, non plus
négativement, mais au contraire très positivement. Car,
encore qu'il ne soit pas besoin de dire qu'il est la cause
efficiente de soi-même, de peur que peut-être on
n'entre en dispute du mot, néanmoins, parce que nous
voyons que ce qui fait qu'il est par soi, ou qu'il n'a point
de cause différente de soi-même, ne procède pas du

néant, mais de la réelle et véritable immensité de sa puissance, il nous est tout à fait loisible de penser qu'il fait en quelque façon la même chose à l'égard de soi-même, que la cause efficiente à l'égard de son effet, et partant, qu'il est par soi positivement. Il est aussi loisible à un chacun de s'interroger soi-même, savoir si en ce même sens il est par soi, et lorsqu'il ne trouve en soi aucune puissance capable de le conserver seulement un moment, il conclut avec raison qu'il est par un autre, et même par un autre qui est par soi, parce qu'étant ici question du temps présent, et non point du passé ou du futur, le progrès ne peut pas être continué à l'infini. Voire même j'ajouterai ici de plus (ce que néanmoins je n'ai point écrit ailleurs), qu'on ne peut pas seulement aller jusqu'à une seconde cause, parce que celle qui a tant de puissance que de conserver une chose qui est hors de soi, se conserve à plus forte raison soi-même par sa propre puissance, et ainsi elle est *par soi*.

Maintenant, lorsqu'on dit que toute limitation est par une cause, je pense, à la vérité, qu'on entend une chose
89 vraie, mais qu'on ne l'exprime pas en termes assez propres, et qu'on n'ôte pas la difficulté ; car, à proprement parler, la limitation est seulement une négation d'une plus grande perfection, laquelle négation n'est point par une cause, mais bien la chose limitée. Et encore qu'il soit vrai que toute chose est limitée par une cause, cela néanmoins n'est pas de soi manifeste, mais il le faut prouver d'ailleurs. Car, comme répond fort bien ce subtil théologien, une chose peut être limitée en deux façons, ou parce que celui qui l'a produite ne lui a pas donné plus de perfections, ou parce que sa nature est telle qu'elle n'en peut recevoir qu'un certain nombre, comme il est de la nature du triangle de n'avoir pas plus de trois côtés. Mais il me semble que c'est une chose de soi évidente et qui n'a pas besoin de preuve, que tout ce qui existe, est ou par une cause, ou par soi comme par une cause ; car puisque nous concevons et entendons fort bien, non seulement l'existence, mais aussi la négation de l'existence, il n'y a rien que nous puissions feindre être tellement par soi, qu'il ne faille donner

aucune raison pourquoi plutôt il existe, qu'il n'existe point ; et ainsi nous devons toujours interpréter ce mot *être par soi* positivement, et comme si c'était être par une cause, à savoir par une surabondance de sa propre puissance, laquelle ne peut être qu'en Dieu seul, ainsi qu'on peut aisément démontrer.

Ce qui m'est ensuite accordé par ce savant docteur, bien qu'en effet il ne reçoive aucun doute, est néanmoins ordinairement si peu considéré, et est d'une telle importance pour tirer toute la philosophie hors des ténèbres où elle semble être ensevelie, que lorsqu'il le confirme par son autorité, il m'aide beaucoup en mon dessein.

Et il demande ici, avec beaucoup de raison, si je connais clairement et distinctement l'infini ; car bien que j'aie tâché de prévenir cette objection, néanmoins elle se présente si facilement à un chacun, qu'il est nécessaire que j'y réponde un peu amplement. C'est pourquoi je dirai ici premièrement que l'infini, en tant qu'infini, n'est point à la vérité compris, mais que néanmoins il est entendu ; car, entendre clairement et distinctement qu'une chose soit telle qu'on ne puisse y rencontrer de limites, c'est clairement entendre qu'elle est infinie. Et je mets ici de la distinction entre l'*indéfini* et l'*infini*. Et il n'y a rien que je nomme proprement infini, sinon ce en quoi de toutes parts je ne rencontre point de limites, auquel sens Dieu seul est infini. Mais les choses auxquelles sous quelque considération seulement je ne vois point de fin, comme l'étendue des espaces imaginaires, la multitude des nombres, la divisibilité des parties de la quantité et autres choses semblables, je les appelle *indéfinies*, et non pas *infinies*, parce que de toutes parts elles ne sont pas sans fin ni sans limites. Davantage, je mets distinction entre la raison formelle de l'infini, ou l'infinité, et la chose qui est infinie. Car, quand à l'infinité, encore que nous la concevions être très positive, nous ne l'entendons néanmoins que d'une façon négative, savoir est, de ce que nous ne remarquons en la chose aucune limitation. Et quand à la chose qui est infinie, nous la concevons à la

vérité positivement, mais non pas selon toute son étendue, c'est-à-dire que nous ne comprenons pas tout ce
qui est intelligible en elle. Mais tout ainsi que, lorsque
nous jetons les yeux sur la mer, on ne laisse pas de dire
que nous la voyons, quoique notre vue n'en atteigne pas
toutes les parties et n'en mesure pas la vaste étendue : et
de vrai, lorsque nous ne le regardons que de loin,
comme si nous la voulions embrasser toute avec les
yeux, nous ne la voyons que confusément, comme aussi
n'imaginons-nous que confusément un chiliogone,
lorsque nous tâchons d'imaginer tous ses côtés
ensemble ; mais, lorsque notre vue s'arrête sur une
partie de la mer seulement, cette vision alors peut être
fort claire et fort distincte, comme aussi l'imagination
d'un chiliogone, lorsqu'elle s'étend seulement sur un
ou deux de ses côtés. De même j'avoue avec tous les
théologiens, que Dieu ne peut être compris par l'esprit
humain et même qu'il ne peut être distinctement connu
par ceux qui tâchent de l'embrasser tout entier et tout à
la fois par la pensée, et qui le regardent comme de loin :
auquel sens saint Thomas a dit, au lieu ci-devant cité,
que la connaissance de Dieu est en nous sous une espèce
de confusion seulement, et comme sous une image
obscure ; mais ceux qui considèrent attentivement chacune de ses perfections, et qui appliquent toutes les
forces de leur esprit à les contempler, non point à
dessein de les comprendre, mais plutôt de les admirer,
et reconnaître combien elles sont au-delà de toute
compréhension, ceux-là, dis-je, trouvent en lui
incomparablement plus de choses qui peuvent être
clairement et distinctement connues, et avec plus de
facilité, qu'il ne s'en trouve en aucune des choses
créées. Ce que saint Thomas a fort bien reconnu
lui-même en ce lieu-là, comme il est aisé de voir de ce
qu'en l'article suivant il assure que l'existence de Dieu
peut être démontrée. Pour moi, toutes les fois que j'ai
dit que Dieu pouvait être connu clairement et distinctement, je n'ai jamais entendu parler que de cette
connaissance finie, et accommodée à la petite capacité
de nos esprits. Aussi n'a-t-il pas été nécessaire de

l'entendre autrement pour la vérité des choses que j'ai
91 avancées, comme on verra facilement, si on prend
garde que je n'ai dit cela qu'en deux endroits. En l'un
desquels il était question de savoir si quelque chose de
réel était contenu dans l'idée que nous formons de
Dieu, ou bien s'il n'y avait qu'une négation de chose
(ainsi qu'on peut douter si, dans l'idée du froid, il n'y a
rien qu'une négation de chaleur), ce qui peut aisément
être connu, encore qu'on ne comprenne pas l'infini. Et
en l'autre, j'ai maintenu que l'existence n'appartenait
pas moins à la nature de l'être souverainement parfait,
que trois côtés appartiennent à la nature du triangle : ce
qui se peut aussi assez entendre, sans qu'on ait une
connaissance de Dieu si étendue, qu'elle comprenne
tout ce qui est en lui.

Il compare ici derechef un de mes arguments avec un
autre de saint Thomas, afin de m'obliger en quelque
façon de montrer lequel des deux a le plus de force. Et il
me semble que je le puis faire sans beaucoup d'envie,
parce que saint Thomas ne s'est pas servi de cet
argument comme sien, et il ne conclut pas la même
chose que celui dont je me sers ; et enfin, je ne
m'éloigne ici en aucune façon de l'opinion de cet
angélique docteur. Car on lui demande, savoir, si la
connaissance de l'existence de Dieu est si naturelle à
l'esprit humain qu'il ne soit point besoin de la prouver,
c'est-à-dire si elle est claire et manifeste à un chacun ; ce
qu'il nie, et moi avec lui. Or l'argument qu'il s'objecte à
soi-même, se peut ainsi proposer. Lorsqu'on comprend
et entend ce que signifie ce nom *Dieu*, on entend une
chose telle que rien de plus grand ne peut être conçu ;
mais c'est une chose plus grande d'être en effet et dans
l'entendement, que d'être seulement dans l'entendement ; donc, lorsqu'on comprend et entend ce que
signifie ce nom *Dieu*, on entend que Dieu est en effet et
dans l'entendement : où il y a une faute manifeste en la
forme, car on devrait seulement conclure : donc,
lorsqu'on comprend et entend ce que signifie ce nom
Dieu, on entend qu'il signifie une chose qui est en effet
et dans l'entendement ; or ce qui est signifié par un mot,

ne paraît pas pour cela être vrai. Mais mon argument a
été tel : ce que nous concevons clairement et distinctement appartenir à la nature, ou à l'essence, ou à la
forme immuable et vraie de quelque chose, cela peut
être dit ou affirmé avec vérité de cette chose ; mais après
que nous avons assez soigneusement recherché ce que
c'est que Dieu, nous concevons clairement et distinctement qu'il appartient à sa vraie et immuable nature
qu'il existe ; donc alors nous pouvons affirmer avec
vérité qu'il existe. Où du moins la conclusion est
légitime. Mais la majeure ne se peut aussi nier, parce
qu'on est déjà tombé d'accord ci-devant, que tout ce
92 que nous entendons ou concevons clairement et distinctement est vrai. Il ne reste plus que la mineure, où
je confesse que la difficulté n'est pas petite. Premièrement, parce que nous sommes tellement accoutumés
dans toutes les autres choses de distinguer l'existence de
l'essence, que nous ne prenons pas assez garde comment elle appartient à l'essence de Dieu, plutôt qu'à
celle des autres choses ; et aussi parce que, ne distinguant pas les choses qui appartiennent à la vraie et
immuable essence de quelque chose, de celles qui ne lui
sont attribuées que par la fiction de notre entendement,
encore que nous apercevions assez clairement que
l'existence appartient à l'essence de Dieu, nous ne
concluons pas toutefois de là que Dieu existe, parce que
nous ne savons pas si son essence est immuable et vraie,
ou si elle a seulement été inventée. Mais, pour ôter la
première partie de cette difficulté, il faut faire distinction entre l'existence possible et la nécessaire ; et remarquer que l'existence possible est contenue dans le
concept ou l'idée de toutes les choses que nous concevons clairement et distinctement, mais que l'existence
nécessaire n'est contenue que dans la seule idée de
Dieu. Car je ne doute point que ceux qui considéreront
avec attention cette différence qui est entre l'idée de
Dieu et toutes les autres idées, n'aperçoivent fort bien,
qu'encore que nous ne concevions jamais les autres
choses, sinon comme existantes, il ne s'ensuit pas
néanmoins de là qu'elles existent, mais seulement

qu'elles peuvent exister ; parce que nous ne concevons pas qu'il soit nécessaire que l'existence actuelle soit conjointe avec leurs autres propriétés ; mais que, de ce que nous concevons clairement que l'existence actuelle est nécessairement et toujours conjointe avec les autres attributs de Dieu, il suit de là que Dieu nécessairement existe. Puis, pour ôter l'autre partie de la difficulté, il faut prendre garde que les idées qui ne contiennent pas de vraies et immuables natures, mais seulement de feintes et composées par l'entendement, peuvent être divisées par le même entendement, non seulement par une abstraction ou restriction de sa pensée, mais par une claire et distincte opération ; en sorte que les choses que l'entendement ne peut pas ainsi diviser, n'ont point sans doute été faites ou composées par lui. Par exemple, lorsque je me représente un cheval ailé, ou un lion actuellement existant, ou un triangle inscrit dans un carré, je conçois facilement que je puis aussi tout au contraire me représenter un cheval qui n'ait point d'ailes, un lion qui ne soit point existant, un triangle sans carré, et partant, que ces choses n'ont point de vraies et immuables natures. Mais si je me représente 93 un triangle, ou un carré (je ne parle point ici du lion ni du cheval, parce que leurs natures ne nous sont pas encore entièrement connues), alors certes toutes les choses que je reconnaîtrai être contenues dans l'idée du triangle, comme que ses trois angles sont égaux à deux droits, etc., je l'assurerai avec vérité d'un triangle ; et d'un carré, tout ce que je trouverai être contenu dans l'idée du carré ; car encore que je puisse concevoir un triangle, en restreignant tellement ma pensée, que je ne conçoive en aucune façon que ses trois angles sont égaux à deux droits, je ne puis pas néanmoins nier cela de lui par une claire et distincte opération, c'est-à-dire entendant nettement ce que je dis. De plus, si je considère un triangle inscrit dans un carré, non afin d'attribuer au carré ce qui appartient seulement au triangle, ou d'attribuer au triangle ce qui appartient au carré, mais pour examiner seulement les choses qui naissent de la conjonction de l'un et de l'autre, la nature de cette figure composée du triangle et du carré ne sera pas moins vraie et immuable, que celle du seul carré ou du seul triangle. De façon que je pourrai assurer avec vérité que le carré n'est pas moindre que le double du triangle qui lui est inscrit, et autres choses semblables qui appartiennent à la nature de cette figure composée. Mais si je considère que dans l'idée d'un corps très parfait, l'existence est contenue, et cela parce que c'est une plus grande perfection d'être en effet et dans l'entendement que d'être seulement dans l'entendement, je ne puis pas de là conclure que ce corps très parfait existe, mais seulement qu'il peut exister. Car je reconnais assez que cette idée a été faite par mon entendement, lequel a joint ensemble toutes les perfections corporelles; et aussi que l'existence ne résulte point des autres perfections qui sont comprises en la nature du corps, parce que l'on peut également affirmer ou nier qu'elles existent. Et de plus, à cause qu'en examinant l'idée du corps, je ne vois en lui aucune force par laquelle il se produise ou se conserve lui-même, je conclus fort bien que l'existence nécessaire, de laquelle seule il est ici question, convient aussi peu à la nature du corps, tant parfait qu'il puisse être, qu'il appartient à la nature d'une montagne de n'avoir point de vallée, ou à la nature du triangle d'avoir ses trois angles plus grands que deux droits. Mais maintenant, si nous demandons, non d'un corps, mais d'une chose, telle qu'elle puisse être, qui ait toutes les perfections qui peuvent être ensemble, savoir si l'existence doit être comptée parmi elles; il est vrai que d'abord nous en pourrons douter, parce que notre esprit, qui est fini, n'ayant pas coutume de les considérer que séparées, 94 n'apercevra peut-être pas du premier coup, combien nécessairement elles sont jointes entre elles. Mais si nous examinons soigneusement, savoir, si l'existence convient à l'être souverainement puissant, et quelle sorte d'existence, nous pourrons clairement et distinctement connaître, premièrement, qu'au moins l'existence possible lui convient, comme à toutes les autres choses dont nous avons en nous quelque idée

distincte, même à celles qui sont composées par les
fictions de notre esprit. En après, parce que nous ne
pouvons penser que son existence est possible, qu'en
même temps, prenant garde à sa puissance infinie, nous
ne connaissions qu'il peut exister par sa propre force,
nous conclurons de là que réellement il existe, et qu'il a
été de toute éternité. Car il est très manifeste, par la
lumière naturelle, que ce qui peut exister par sa propre
force, existe toujours; et ainsi nous connaîtrons que
l'existence nécessaire est contenue dans l'idée d'un être
souverainement puissant, non par aucune fiction de
l'entendement, mais parce qu'il appartient à la vraie et
immuable nature d'un tel être, d'exister; et nous
connaîtrons aussi facilement qu'il est impossible que cet
être souverainement puissant n'ait point en lui toutes
les autres perfections qui sont contenues dans l'idée de
Dieu, en sorte que, de leur propre nature, et sans
aucune fiction de l'entendement, elles soient toutes
jointes ensemble, et existent dans Dieu. Toutes lesquelles choses sont manifestes à celui qui y pense
sérieusement, et ne diffèrent point de celles que j'avais
déjà ci-devant écrites, si ce n'est seulement en la façon
dont elles sont ici expliquées, laquelle j'ai expressément
changée pour m'accommoder à la diversité des esprits.
Et je confesserai ici librement que cet argument est tel,
que ceux qui ne se ressouviendront pas de toutes les
choses qui servent à sa démonstration, le prendront
aisément pour un sophisme; et que cela m'a fait douter
au commencement si je m'en devais servir, de peur de
donner occasion à ceux qui ne le comprendront pas, de
se défier aussi des autres. Mais parce qu'il n'y a que
deux voies par lesquelles on puisse prouver qu'il y a un
Dieu, savoir : l'une par ses effets, et l'autre par son
essence, ou sa nature même; et que j'ai expliqué, autant
qu'il m'a été possible, la première dans la troisième
Méditation, j'ai cru qu'après cela je ne devais pas
omettre l'autre.

Pour ce qui regarde la distinction formelle que ce très
docte théologien dit avoir prise de Scot[1], je réponds

1. Voir *Premières Objections* (AT-IX-80), note.

brièvement qu'elle ne diffère point de la modale, et qu'elle ne s'étend que sur les êtres incomplets, lesquels j'ai soigneusement distingués de ceux qui sont complets ; et qu'à la vérité elle suffit pour faire qu'une
95 chose soit conçue séparément et distinctement d'une autre, par une abstraction de l'esprit qui conçoive la chose imparfaitement, mais non pas pour faire que deux choses soient conçues tellement distinctes et séparées l'une de l'autre, que nous entendions que chacune est un être complet et différent de tout autre ; car pour cela il est besoin d'une distinction réelle. Ainsi, par exemple, entre le mouvement et la figure d'un même corps, il y a une distinction formelle, et je puis fort bien concevoir le mouvement sans la figure, et la figure sans le mouvement, et l'un et l'autre sans penser particulièrement au corps qui se meut ou qui est figuré ; mais je ne puis pas néanmoins concevoir pleinement et parfaitement le mouvement sans quelque corps auquel ce mouvement soit attaché, ni la figure sans quelque corps où réside cette figure ; ni enfin je ne puis pas feindre que le mouvement soit en une chose dans laquelle la figure ne puisse pas être, ou la figure en une chose incapable du mouvement. De même je ne puis pas concevoir la justice sans un juste, ou la miséricorde sans un miséricordieux ; et on ne peut pas feindre que celui-là même qui est juste, ne puisse pas être miséricordieux. Mais je conçois pleinement ce que c'est que le corps (c'est-à-dire je conçois le corps comme une chose complète), en pensant seulement que c'est une chose étendue, figurée, mobile, etc., encore que je nie de lui toutes les choses qui appartiennent à la nature de l'esprit ; et je conçois aussi que l'esprit est une chose complète, qui doute, qui entend, qui veut, etc., encore que je n'accorde point qu'il y ait en lui aucune des choses qui sont contenues en l'idée du corps ; ce qui ne se pourrait aucunement faire, s'il n'y avait une distinction réelle entre le corps et l'esprit.

Voilà, Messieurs, ce que j'ai eu à répondre aux objections subtiles et officieuses de votre ami commun. Mais si je n'ai pas été assez heureux d'y satisfaire entièrement, je vous prie que je puisse être averti des lieux qui méritent une plus ample explication, ou peut-être même sa censure. Que si je puis obtenir cela de lui par votre moyen, je me tiendrai à tous infiniment votre obligé.

SECONDES OBJECTIONS

RECUEILLIES PAR LE R. P. MERSENNE
DE LA BOUCHE DE DIVERS THÉOLOGIENS
ET PHILOSOPHES[1]

Monsieur,

96   *Puisque, pour confondre les nouveaux géants du siècle,
qui osent attaquer l'auteur de toutes choses, vous avez
entrepris d'en affermir le trône en démontrant son existence,
et que votre dessein semble si bien conduit que les gens de
bien peuvent espérer qu'il ne se trouvera désormais personne
qui, après avoir lu attentivement vos Méditations, ne
confesse qu'il y a une divinité éternelle de qui toutes choses
dépendent, nous avons jugé à propos de vous avertir et vous
prier tout ensemble de répandre encore sur de certains lieux,
que nous vous marquerons ci-après, une telle lumière qu'il
ne reste rien dans tout votre ouvrage qui ne soit, s'il est
possible, très clairement et très manifestement démontré.
Car d'autant que depuis plusieurs années vous avez, par de
continuelles méditations, tellement exercé votre esprit, que
les choses qui semblent aux autres obscures et incertaines
vous peuvent paraître plus claires, et que vous les concevez
peut-être par une simple inspection de l'esprit, sans vous
apercevoir de l'obscurité que les autres y trouvent, il sera
bon que vous soyez averti de celles qui ont besoin d'être plus
clairement et plus amplement expliquées et démontrées ; et,*

---

1. Mersenne (1588-1648), ami et correspondant de Descartes, est
peut-être le principal auteur de ces objections, envoyées à la hâte de
Paris en Hollande (lettres à Mersenne du 24 décembre 1640 et à
Huygens du 16 janvier 1641).

lorsque vous nous aurez satisfaits en ceci, nous ne jugeons pas qu'il y ait guère personne qui puisse nier que les raisons dont vous avez commencé la déduction pour la gloire de Dieu et l'utilité du public doivent être prises pour des démonstrations.

Premièrement, *vous vous ressouviendrez que ce n'est pas actuellement et en vérité, mais seulement par une fiction de l'esprit, que vous avez rejeté, autant qu'il vous a été possible, les idées de tous les corps, comme des choses feintes ou des fantômes trompeurs, pour conclure que vous étiez seulement une chose qui pense, de peur qu'après cela vous ne croyiez peut-être que l'on puisse conclure qu'en effet et sans fiction vous n'êtes rien autre chose qu'un esprit ou une chose qui pense ; ce que nous avons seulement trouvé digne d'observation touchant vos deux premières Méditations,* 97 *dans lesquelles vous faites voir clairement qu'au moins il est certain que vous qui pensez êtes quelque chose. Mais arrêtons-nous un peu ici. Jusque-là vous connaissez que vous êtes une chose qui pense, mais vous ne savez pas encore ce que c'est que cette chose qui pense. Et que savez-vous si ce n'est point un corps qui, par ses divers mouvements et rencontres, fait cette action que nous appelons du nom de pensée ? Car encore que vous croyiez avoir rejeté toutes sortes de corps, vous vous êtes pu tromper en cela que vous ne vous êtes pas rejeté vous-même, qui êtes un corps. Car comment prouvez-vous qu'un corps ne peut penser, ou que des mouvements corporels ne sont point la pensée même ? Et pourquoi tout le système de votre corps, que vous croyez avoir rejeté, ou quelques parties d'icelui, par exemple, celles du cerveau, ne peuvent-elles pas concourir à former ces mouvements que nous appelons des pensées ? Je suis, dites-vous, une chose qui pense ; mais que savez-vous si vous n'êtes point aussi un mouvement corporel ou un corps remué ?*

Secondement, *de l'idée d'un être souverain, laquelle vous soutenez ne pouvoir être produite par vous, vous osez conclure l'existence d'un souverain être, duquel seul peut procéder l'idée qui est en votre esprit. Mais nous trouvons en nous-mêmes un fondement suffisant, sur lequel étant seulement appuyés nous pouvons former cette idée, quoiqu'il n'y*

eût point de souverain être, ou que nous ne sussions pas s'il y
en a un, et que son existence ne nous vînt pas même en la
pensée ; car ne vois-je pas qu'ayant la faculté de penser, j'ai
en moi quelque degré de perfection ? Et ne vois-je pas aussi
que d'autres que moi ont un semblable degré ? Ce qui me sert
de fondement pour penser à quelque nombre que ce soit, et
aussi pour ajouter un degré de perfection sur l'autre jusqu'à
l'infini ; tout de même que, quand il n'y aurait au monde
qu'un degré de chaleur ou de lumière, je pourrais néanmoins
en ajouter et en feindre toujours de nouveaux jusques à
l'infini. Pourquoi pareillement ne pourrais-je pas ajouter à
quelque degré d'être que j'aperçois être en moi, tel autre
degré que ce soit, et, de tous les degrés capables d'être
ajoutés, former l'idée d'un être parfait ? Mais dites-vous,
l'effet ne peut avoir aucun degré de perfection, ou de réalité,
qui n'ait été auparavant dans sa cause. Mais (outre que
nous voyons tous les jours que les mouches, et plusieurs
autres animaux, comme aussi les plantes, sont produites par
le soleil, la pluie et la terre, dans lesquels il n'y a point de vie
comme en ces animaux, laquelle vie est plus noble qu'aucun
autre degré purement corporel, d'où il arrive que l'effet tire
98 *quelque réalité de sa cause, qui néanmoins n'était pas dans*
sa cause) ; mais, dis-je, cette idée n'est rien autre chose
qu'un être de raison, qui n'est pas plus noble que votre esprit
qui la conçoit. De plus, que savez-vous si cette idée se fût
jamais offerte à votre esprit, si vous eussiez passé toute votre
vie dans un désert, et non point en la compagnie de
personnes savantes ? Et ne peut-on pas dire que vous l'avez
puisée des pensées que vous avez eues auparavant, des
enseignements des livres, des discours et entretiens de vos
amis, etc., et non pas de votre esprit seul, ou d'un souverain
être existant ? Et partant il faut prouver plus clairement que
cette idée ne pourrait être en vous, s'il n'y avait point de
souverain être ; et alors nous serons les premiers à nous
rendre à votre raisonnement, et nous y donnerons tous les
mains. Or, que cette idée procède de ces notions anticipées,
cela paraît, ce semble, assez clairement, de ce que les
Canadiens, les Hurons et les autres hommes sauvages n'ont
point en eux une telle idée, laquelle vous pouvez même
former de la connaissance que vous avez des choses cor-

porelles ; en sorte que votre idée ne représente rien que ce monde corporel, qui embrasse toutes les perfections que vous sauriez imaginer ; de sorte que vous ne pouvez conclure autre chose, sinon qu'il y a un être corporel très parfait ; si ce n'est que vous ajoutiez quelque chose de plus, qui élève votre esprit jusqu'à la connaissance des choses spirituelles ou incorporelles. Nous pouvons ici encore dire, que l'idée d'un ange peut être en vous, aussi bien que celle d'un être très parfait, sans qu'il soit besoin pour cela qu'elle soit formée en vous par un ange réellement existant, bien que l'ange soit plus parfait que vous. Mais vous n'avez pas l'idée de Dieu, non plus que celle d'un nombre ou d'une ligne infinie ; laquelle quand vous pourriez avoir, ce nombre néanmoins est entièrement impossible. Ajoutez à cela que l'idée de l'unité et simplicité d'une seule perfection qui embrasse et contienne toutes les autres, se fait seulement par l'opération de l'entendement qui raisonne, tout ainsi que se font les unités universelles, qui ne sont point dans les choses, mais seulement dans l'entendement, comme on peut voir par l'unité générique, transcendantale, etc.[1]

En troisième lieu, *puisque vous n'êtes pas encore assuré de l'existence de Dieu, et que vous dites néanmoins que vous ne sauriez être assuré d'aucune chose, ou que vous ne pouvez rien connaître clairement et distinctement si premièrement vous ne connaissez certainement et clairement que Dieu existe, il s'ensuit que vous ne savez pas encore que* 99 *vous êtes une chose qui pense, puisque, selon vous, cette connaissance dépend de la connaissance claire d'un Dieu existant, laquelle vous n'avez pas encore démontrée, aux lieux où vous concluez que vous connaissez clairement ce que vous êtes*[2]. *Ajoutez à cela qu'un athée connaît clairement et distinctement que les trois angles d'un triangle sont égaux à deux droits, quoique néanmoins il soit fort éloigné de croire l'existence de Dieu, puisqu'il la nie tout à fait : parce que, dit-il, si Dieu existait, il y aurait un souverain*

---

1. L'unité générique rassemble la diversité des individus d'un même genre ; l'unité des transcendantaux (l'un, le vrai, le bien) rassemble la diversité des genres d'êtres.
2. Le latin dit : *quod sis*, que vous êtes (et non pas *ce que vous êtes, quid sis*).

être et un souverain bien, c'est-à-dire un infini ; or ce qui est
infini en tout genre de perfection exclut tout autre chose que
ce soit, non seulement toute sorte d'être et de bien, mais
aussi toute sorte de non-être et de mal ; et néanmoins il y a
plusieurs êtres et plusieurs biens, comme aussi plusieurs
non-êtres et plusieurs maux ; à laquelle objection nous
jugeons qu'il est à propos que vous répondiez, afin qu'il ne
reste plus rien aux impies à objecter, et qui puisse servir de
prétexte à leur impiété.

En quatrième lieu, *vous niez que Dieu puisse mentir ou*
décevoir ; quoique néanmoins il se trouve des scolastiques
qui tiennent le contraire, comme Gabriel, Ariminensis, et
quelques autres, qui pensent que Dieu ment, absolument
parlant[1], c'est-à-dire qu'il signifie quelque chose aux
hommes contre son intention, et contre ce qu'il a décrété et
résolu, comme lorsque, sans ajouter de condition, il dit aux
Ninivites par son prophète : Encore quarante jours, et
Ninive sera subvertie, *et lorsqu'il a dit plusieurs autres*
choses qui ne sont point arrivées, parce qu'il n'a pas voulu
que telles paroles répondissent à son intention ou à son
décret. Que s'il a endurci et aveuglé Pharaon, et s'il a mis
dans les prophètes un esprit de mensonge, comment pouvez-
vous dire que nous ne pouvons être trompés par lui[2] ? Dieu
ne peut-il pas se comporter envers les hommes, comme un
médecin envers ses malades, et un père envers ses enfants,
lesquels l'un et l'autre trompent si souvent, mais toujours
avec prudence et utilité ? Car si Dieu nous montrait la vérité
toute nue, quel œil ou plutôt quel esprit aurait assez de force
pour la supporter ?

Combien qu'à vrai dire il ne soit pas nécessaire de feindre
un Dieu trompeur, afin que vous soyez déçu dans les choses
que vous pensez connaître clairement et distinctement, vu
que la cause de cette déception peut être en vous, quoique
vous n'y songiez seulement pas. Car que savez-vous si votre
nature n'est point telle qu'elle se trompe toujours, ou du

---

1. Les théologiens Gabriel Biel (1418-1495), Grégoire de Rimini (1300-1349), avec toute une tradition dite nominaliste, reconnais-saient à Dieu une « puissance absolue » de tromper.

2. Allusions aux textes bibliques de l'*Exode* (7,3 et 9,12) et de *Jonas* (3, 4 et 10).

moins fort souvent ? Et d'où avez-vous appris que, touchant les choses que vous pensez connaître clairement et distincte-ment, il est certain que vous n'êtes jamais trompé, et que 100 *vous ne le pouvez être ? Car combien de fois avons-nous vu que des personnes se sont trompées en des choses qu'elles pensaient voir plus clairement que le soleil ! Et partant, ce principe d'une claire et distincte connaissance doit être expliqué si clairement et si distinctement, que personne désormais, qui ait l'esprit raisonnable, ne puisse être déçu dans les choses qu'il croira savoir clairement et distincte-ment ; autrement nous ne voyons point encore que nous puissions répondre avec certitude de la vérité d'aucune chose.*

En cinquième lieu, *si la volonté ne peut jamais faillir, ou ne pèche point, lorsqu'elle suit et se laisse conduire par les lumières claires et distinctes de l'esprit qui la gouverne, et si, au contraire, elle se met en danger, lorsqu'elle poursuit et embrasse les connaissances obscures et confuses de l'entende-ment, prenez garde que de là il semble que l'on puisse inférer que les Turcs et les autres infidèles non seulement ne pèchent point lorsqu'ils n'embrassent pas la religion chrétienne et catholique, mais même qu'ils pèchent lorsqu'ils l'embrassent, puisqu'ils n'en connaissent point la vérité ni clairement ni distinctement. Bien plus, si cette règle que vous établissez est vraie, il ne sera permis à la volonté d'embrasser que fort peu de choses, vu que nous ne connais-sons quasi rien avec cette clarté et distinction que vous requérez, pour former une certitude qui ne puisse être sujette à aucun doute. Prenez donc garde, s'il vous plaît, que, voulant affermir le parti de la vérité, vous ne pouviez plus qu'il ne faut, et qu'au lieu de l'appuyer vous ne la renver-siez.*

En sixième lieu, *dans vos réponses aux précédentes objections, il semble que vous ayez manqué de bien tirer la conclusion, dont voici l'argument :* Ce que clairement et distinctement nous entendons appartenir à la nature, ou à l'essence, ou à la forme immuable et vraie de quelque chose, cela peut être dit ou affirmé avec vérité de cette chose ; mais (après que nous avons assez soigneusement observé ce que c'est que Dieu) nous entendons claire-

ment et distinctement qu'il appartient à sa vraie et immuable nature, qu'il existe. *Il faudrait conclure : Donc (après que nous avons assez soigneusement observé ce que c'est que Dieu), nous pouvons dire ou affirmer avec vérité, qu'il appartient à la nature de Dieu qu'il existe. D'où il ne suit pas que Dieu existe en effet, mais seulement qu'il doit exister, si sa nature est possible, ou ne répugne point ; c'est-à-dire que la nature ou l'essence de Dieu ne peut être conçue sans existence, en telle sorte que, si cette essence est, il existe réellement. Ce qui se rapporte à cet argument que d'autres proposent de la sorte : s'il n'implique point que Dieu soit, il est certain qu'il existe ; or il n'implique point*
101 *qu'il existe ; donc, etc. Mais on est en question de la mineure, à savoir, qu'il n'implique point qu'il existe, la vérité de laquelle quelques-uns de nos adversaires révoquent en doute, et d'autres la nient. Davantage, cette clause de votre raisonnement* (après que nous avons assez claire- ment reconnu et observé ce que c'est que Dieu) *est supposée comme vraie, dont tout le monde ne tombe pas encore d'accord, vu que vous avouez vous-même que vous ne comprenez l'infini qu'imparfaitement ; le même faut-il dire de tous ses autres attributs : car, tout ce qui est en Dieu étant entièrement infini, quel est l'esprit qui puisse comprendre la moindre chose qui soit en Dieu, que très imparfaitement ? Comment donc pouvez-vous avoir assez clairement et distinctement observé ce que c'est que Dieu ?*

En septième lieu, *nous ne trouvons pas un seul mot dans vos Méditations touchant l'immortalité de l'âme de l'homme, laquelle néanmoins vous deviez principalement prouver ; et en faire une très exacte démonstration pour confondre ces personnes indignes de l'immortalité, puisqu'ils la nient, et que peut-être ils la détestent. Mais, outre cela, nous craignons que vous n'ayez pas encore assez prouvé la distinction qui est entre l'âme et le corps de l'homme, comme nous avons déjà remarqué en la première de nos observa- tions, à laquelle nous ajoutons qu'il ne semble pas que, de cette distinction de l'âme d'avec le corps, il s'ensuive qu'elle soit incorruptible ou immortelle ; car qui sait si sa nature n'est point limitée selon la durée de la vie corporelle, et si Dieu n'a point tellement mesuré ses forces et son existence, qu'elle finisse avec le corps ?*

Voilà, Monsieur, les choses auxquelles nous désirons que vous apportiez une plus grande lumière, afin que la lecture de vos très subtiles, et, comme nous estimons, très véritables Méditations soit profitable à tout le monde. C'est pourquoi ce serait une chose fort utile, si, à la fin de vos solutions, après avoir premièrement avancé quelques définitions, demandes et axiomes, vous concluiez le tout selon la méthode des géomètres, en laquelle vous êtes si bien versé, afin que tout d'un coup, et comme d'une seule œillade, vos lecteurs y puissent voir de quoi se satisfaire, et que vous remplissiez leur esprit de la connaissance de la divinité.

RÉPONSES DE L'AUTEUR

AUX SECONDES OBJECTIONS
RECUEILLIES DE PLUSIEURS THÉOLOGIENS
ET PHILOSOPHES
PAR LE R.P. MERSENNE

Messieurs,

102   C'est avec beaucoup de satisfaction que j'ai lu les
observations que vous avez faites sur mon petit traité de
la première philosophie ; car elles m'ont fait connaître la
bienveillance que vous avez pour moi, votre piété
envers Dieu, et le soin que vous prenez pour l'avance-
ment de sa gloire ; et je ne puis que je me réjouisse non
seulement de ce que vous avez jugé mes raisons dignes
de votre censure, mais aussi de ce que vous n'avancez
rien contre elles à quoi il ne me semble que je pourrai
répondre assez commodément.

En premier lieu, vous m'avertissez de me ressouvenir
*que ce n'est pas actuellement et en vérité, mais seulement
par une fiction de l'esprit, que j'ai rejeté les idées ou les
fantômes des corps pour conclure que je suis une chose qui
pense, de peur que peut-être je n'estime qu'il suit de là que je
ne suis qu'une chose qui pense.* Mais j'ai déjà fait voir dans
ma seconde Méditation que je m'en étais assez sou-
venu, vu que j'y ai mis ces paroles : *Mais aussi peut-il
arriver que ces mêmes choses que je suppose n'être point,
parce qu'elles me sont inconnues, ne sont point en effet
différentes de moi que je connais : je n'en sais rien, je ne
dispute pas maintenant de cela,* etc. ; par lesquelles j'ai
voulu expressément avertir le lecteur que je ne cher-
chais pas encore en ce lieu-là si l'esprit était différent du

plusieurs, je ne puis admettre sans distinction ce que vous ajoutez ensuite : *que je ne sais pas néanmoins ce que c'est qu'une chose qui pense*. Car, bien que j'avoue que je ne savais pas encore si cette chose qui pense n'était point différente du corps, ou si elle l'était, je n'avoue pas pour cela que je ne la connaissais point ; car qui a jamais tellement connu aucune chose qu'il sût n'y avoir rien en elle que cela même qu'il connaissait ? Mais nous pensons d'autant mieux connaître une chose qu'il y a plus de particularités en elle que nous connaissons : ainsi nous avons plus de connaissance de ceux avec qui nous conversons tous les jours que de ceux dont nous ne connaissons que le nom ou le visage ; et toutefois nous ne jugeons pas que ceux-ci nous soient tout à fait inconnus ; auquel sens je pense avoir assez démontré que l'esprit, considéré sans les choses que l'on a de coutume d'attribuer au corps, est plus connu que le corps considéré sans l'esprit : et c'est tout ce que j'avais dessein de prouver en cette seconde Méditation.

Mais je vois bien ce que vous voulez dire : c'est à savoir que, n'ayant écrit que six Méditations touchant la première philosophie, les lecteurs s'étonneront que dans les deux premières je ne conclue rien autre chose que ce que je viens de dire tout maintenant, et que pour cela ils les trouveront trop stériles, et indignes d'avoir été mises en lumière. A quoi je réponds seulement que je ne crains pas que ceux qui auront lu avec jugement le reste de ce que j'ai écrit aient occasion de soupçonner que la matière m'ait manqué, mais qu'il m'a semblé très raisonnable que les choses qui demandent une particulière attention, et qui doivent être considérées séparément d'avec les autres, fussent mïses dans des Méditations séparées.

C'est pourquoi, ne sachant rien de plus utile pour parvenir à une ferme et assurée connaissance des choses, que si, auparavant que de rien établir, on s'accoutume à douter de tout et principalement des

choses corporelles, encore que j'eusse vu il y a longtemps plusieurs livres écrits par les sceptiques et acadé-
miciens touchant cette matière, et que ce ne fût pas sans
quelque dégoût que je remâchais une viande si
commune, je n'ai pu toutefois me dispenser de lui
donner une Méditation tout entière; et je voudrais que
les lecteurs n'employassent pas seulement le peu de
temps qu'il faut pour la lire, mais quelques mois, ou du
moins quelques semaines, à considérer les choses dont
elle traite, auparavant que de passer outre; car ainsi je
ne doute point qu'ils ne fissent bien mieux leur profit de
la lecture du reste.

De plus, à cause que nous n'avons eu jusques ici
aucune idée des choses qui appartiennent à l'esprit qui
n'aient été très confuses et mêlées avec les idées des
choses sensibles, et que cela a été la première et
principale raison pourquoi on n'a pu entendre assez
clairement aucune des choses qui se disaient de Dieu et
de l'âme, j'ai pensé que je ne ferais pas peu si je
montrais comment il faut distinguer les propriétés ou
qualités de l'esprit des propriétés ou qualités du corps,
et comment il les faut reconnaître; car, encore qu'il ait
déjà été dit par plusieurs que, pour bien entendre les
choses immatérielles ou métaphysiques, il faut éloigner
son esprit de sens, néanmoins personne, que je sache,
n'avait encore montré par quel moyen cela se peut faire.
Or le vrai et, à mon jugement, l'unique moyen pour
cela est contenu dans ma seconde Méditation; mais il
est tel que ce n'est pas assez de l'avoir envisagé une fois,
il le faut examiner souvent et le considérer longtemps,
afin que l'habitude de confondre les choses intellectuelles avec les corporelles, qui s'est enracinée en nous
pendant tout le cours de notre vie, puisse être effacée
par une habitude contraire de les distinguer, acquise
par l'exercice de quelques journées. Ce qui m'a semblé
une cause assez juste pour ne point traiter d'autre
matière en la seconde Méditation.

Vous demandez ici comment je démontre que le
corps ne peut penser; mais pardonnez-moi si je réponds
que je n'ai pas encore donné lieu à cette question,

n'ayant commencé d'en traiter que dans la sixième
Méditation, par ces paroles : *C'est assez que je puisse
clairement et distinctement concevoir une chose sans une
autre pour être certain que l'une est distincte ou différente de
l'autre*, etc. ; et un peu après : *Encore que j'aie un corps
qui me soit fort étroitement conjoint, néanmoins, parce que,
d'un côté, j'ai une claire et distincte idée de moi-même en
tant que je suis seulement une chose qui pense, et non
étendue, et que, d'un autre, j'ai une claire et distincte idée
du corps, en tant qu'il est seulement une chose étendue et qui
ne pense point, il est certain que moi, c'est-à-dire mon esprit
ou mon âme, par laquelle je suis ce que je suis, est
entièrement et véritablement distincte de mon corps, et
qu'elle peut être ou exister sans lui.* A quoi il est aisé
d'ajouter : *Tout ce qui peut penser est esprit ou s'appelle
esprit. Mais, puisque le corps et l'esprit sont réellement
distincts, nul corps n'est esprit.* Donc nul corps ne peut
penser. Et, certes, je ne vois rien en cela que vous
puissiez nier ; car nierez-vous qu'il suffit que nous
concevions clairement une chose sans une autre pour
savoir qu'elles sont réellement distinctes ? Donnez-nous
donc quelque signe plus certain de la distinction réelle,
si toutefois on en peut donner aucun. Car que direz-
vous ? Sera-ce que ces choses-là sont réellement distinctes, chacune desquelles peut exister sans l'autre ?
Mais derechef je vous demanderai d'où vous connaissez
qu'une chose peut exister sans une autre : car, afin, que
ce soit un signe de distinction il est nécessaire qu'il soit
connu.

   Peut-être direz-vous que les sens vous le font
connaître, parce que vous voyez une chose en l'absence
de l'autre, ou que vous la touchez, etc. Mais la foi des
105 sens est plus incertaine que celle de l'entendement ; et il
se peut faire en plusieurs façons qu'une seule et même
chose paraisse à nos sens sous diverses formes, ou en
plusieurs lieux ou manières, et qu'ainsi elle soit prise
pour deux. Et enfin, si vous vous ressouvenez de ce qui
a été dit de la cire à la fin de la seconde Méditation, vous
saurez que les corps mêmes ne sont pas proprement
connus par les sens, mais par le seul entendement ; en

telle sorte que sentir une chose sans une autre n'est rien
sinon avoir l'idée d'une chose, et entendre que cette
idée n'est pas la même que l'idée d'une autre : or cela
ne peut être connu d'ailleurs que de ce qu'une chose est
conçue sans l'autre ; et cela ne peut être certainement
connu si l'on n'a l'idée claire et distincte de ces deux
choses : et ainsi ce signe de réelle distinction doit être
réduit au mien pour être certain.

Que s'il y en a qui nient qu'ils aient des idées
distinctes de l'esprit et du corps, je ne puis autre chose
que les prier de considérer assez attentivement les
choses qui sont contenues dans cette seconde Méditation, et de remarquer que l'opinion qu'ils ont que les
parties du cerveau concourent avec l'esprit pour former
nos pensées n'est point fondée sur aucune raison positive, mais seulement sur ce qu'ils n'ont jamais expérimenté d'avoir été sans corps, et qu'assez souvent ils ont
été empêchés par lui dans leurs opérations, et c'est le
même que si quelqu'un, de ce que dès son enfance il
aurait eu des fers aux pieds, estimait que ces fers fissent
une partie de son corps, et qu'ils lui fussent nécessaires
pour marcher.

En second lieu, lorsque vous dites *que nous avons en
nous-mêmes un fondement suffisant pour former l'idée de
Dieu*, vous ne dites rien de contraire à mon opinion ; car
j'ai dit moi-même en terme exprès, à la fin de la
troisième Méditation, *que cette idée est née avec moi, et
qu'elle ne me vient point d'ailleurs que de moi-même*.
J'avoue aussi *que nous la pourrions former encore que nous
ne sussions pas qu'il y a un souverain Etre*, mais non pas si
en effet il n'y en avait point ; car au contraire j'ai averti
*que toute la force de mon argument consiste en ce qu'il ne se
pourrait faire que la faculté de former cette idée fût en moi si
je n'avais été créé de Dieu*.

Et ce que vous dites des mouches, des plantes, etc.,
ne prouve en aucune façon que quelque degré de
perfection peut être dans un effet qui n'ait point été
auparavant dans sa cause. Car, ou il est certain qu'il n'y
a point de perfection dans les animaux qui n'ont point
de raison qui ne se rencontre aussi dans les corps

inanimés, ou, s'il y en a quelqu'une, qu'elle leur vient d'ailleurs, et que le soleil, la pluie et la terre ne sont point les causes totales de ces animaux. Et ce serait une chose fort éloignée de la raison si quelqu'un, de cela qu'il ne connaît point de cause qui concoure à la génération d'une mouche et qui ait autant de degrés de perfection qu'en a une mouche, n'étant pas cependant assuré qu'il n'y en ait point d'autres que celles qu'il connaît, prenait de là occasion de douter d'une chose laquelle, comme je dirai tantôt plus au long, est manifeste par la lumière naturelle.

A quoi j'ajoute que ce que vous objectez ici des mouches, étant tiré de la considération des choses matérielles, ne peut venir en l'esprit de ceux qui, suivant l'ordre de mes méditations, détourneront leurs pensées des choses sensibles pour commencer à philosopher.

Il ne me semble pas aussi que vous prouviez rien contre moi en disant *que l'idée de Dieu qui est en nous n'est qu'un être de raison*. Car cela n'est pas vrai, si par un *être de raison* l'on entend une chose qui n'est point, mais seulement si toutes les opérations de l'entendement sont prises pour des *êtres de raison*, c'est-à-dire pour des êtres qui partent de la raison ; auquel sens tout ce monde peut aussi être appelé un être de raison divine, c'est-à-dire un être créé par un simple acte de l'entendement divin. Et j'ai déjà suffisamment averti en plusieurs lieux que je parlais seulement de la perfection ou réalité objective de cette idée de Dieu, laquelle ne requiert pas moins une cause en qui soit contenu en effet tout ce qui n'est contenu en elle qu'objectivement ou par représentation, que fait l'artifice objectif ou représenté qui est en l'idée que quelque artisan a d'une machine fort artificielle.

Et certes je ne vois pas que l'on puisse rien ajouter pour faire connaître plus clairement que cette idée ne peut être en nous si un souverain Etre n'existe, si ce n'est que le lecteur, prenant garde de plus près aux choses que j'ai déjà écrites, se délivre lui-même des préjugés qui offusquent peut-être sa lumière naturelle, et qu'il s'accoutume à donner créance aux premières notions, dont les connaissances sont si vraies et si évidentes que rien ne le peut être davantage, plutôt qu'à des opinions obscures et fausses, mais qu'un long usage a profondément gravées en nos esprits.

Car, qu'il n'y ait rien dans un effet qui n'ait été d'une semblable ou plus excellente façon dans sa cause, c'est une première notion, et si évidente qu'il n'y en a point de plus claire; et cette autre commune notion, que *de rien rien ne se fait*, la comprend en soi, parce que, si on accorde qu'il y ait quelque chose dans l'effet qui n'ait point été dans sa cause, il faut aussi demeurer d'accord que cela procède du néant; et s'il est évident que le rien ne peut être la cause de quelque chose, c'est seulement parce que dans cette cause il n'y aurait pas la même chose que dans l'effet.

C'est aussi une première notion que toute la réalité, ou toute la perfection, qui n'est qu'objectivement dans les idées, doit être formellement ou éminemment dans leurs causes; et toute l'opinion que nous avons jamais eue de l'existence des choses qui sont hors de notre esprit n'est appuyée que sur elle seule. Car d'où nous a pu venir le soupçon qu'elles existaient, sinon de cela seul que leurs idées venaient par les sens frapper notre esprit?

Or, qu'il y ait en nous quelque idée d'un être souverainement puissant et parfait, et aussi que la réalité objective de cette idée ne se trouve point en nous, ni formellement, ni éminemment, cela deviendra manifeste à ceux qui y penseront sérieusement, et qui voudront avec moi prendre la peine d'y méditer; mais je ne le saurais pas mettre par force en l'esprit de ceux qui ne liront mes Méditations que comme un roman, pour se désennuyer, et sans y avoir grande attention. Or de tout cela on conclut très manifestement que Dieu existe. Et toutefois, en faveur de ceux dont la lumière naturelle est si faible qu'ils ne voient pas que c'est une première notion *que toute la perfection qui est objectivement dans une idée doit être réellement dans quelqu'une de ces causes*, je l'ai encore démontré d'une façon plus aisée à concevoir[1], en montrant que l'esprit qui a cette idée ne peut pas exister par soi-même ; et partant je ne vois pas ce que vous pouvez désirer de plus pour donner les mains, ainsi que vous l'avez promis.

Je ne vois pas aussi que vous prouviez rien contre moi en disant que j'ai peut-être reçu l'idée qui me représente Dieu *des pensées que j'ai eues auparavant des enseignements des livres, des discours et entretiens de mes amis, etc., et non pas de mon esprit seul.* Car mon argument aura toujours la même force, si, m'adressant à ceux de qui l'on dit que je l'ai reçue, je leur demande s'ils l'ont par eux-mêmes ou bien par autrui, au lieu de le demander de moi-même ; et je conclurai toujours que celui-là est Dieu de qui elle est premièrement dérivée.

Quant à ce que vous ajoutez en ce lieu-là, qu'elle peut être formée de la considération des choses corporelles, cela ne me semble pas plus vraisemblable que si vous disiez que nous n'avons aucune faculté pour ouïr, mais que, par la seule vue des couleurs, nous parvenons à la connaissance des sons. Car on peut dire qu'il y a plus d'analogie ou de rapport entre les couleurs et les sons qu'entre les choses corporelles et Dieu. Et lorsque vous demandez que *j'ajoute quelque chose qui nous élève jusqu'à la connaissance de l'être immatériel ou spirituel,* je ne puis mieux faire que de vous renvoyer à ma seconde Méditation, afin qu'au moins vous connaissiez qu'elle n'est pas tout à fait inutile ; car que pourrais-je faire ici par une ou deux périodes, si je n'ai pu rien avancer par un long discours préparé seulement pour ce sujet, et auquel il me semble n'avoir pas moins apporté d'industrie qu'en aucun autre écrit que j'aie publié !

Et encore qu'en cette Méditation j'aie seulement traité de l'esprit humain, elle n'est pas pour cela moins utile à faire connaître la différence qui est entre la nature divine et celle des choses matérielles. Car je veux bien ici avouer franchement que l'idée que nous avons, par exemple, de l'entendement divin ne me semble point différer de celle que nous avons de notre propre entendement, sinon seulement comme l'idée d'un

---

1. Le latin dit : *palpabilius, d'une façon plus palpable.*

nombre infini diffère de l'idée du nombre binaire ou du ternaire ; et il en est de même de tous les attributs de Dieu dont nous reconnaissons en nous quelque vestige.

Mais outre cela, nous concevons en Dieu une immensité, simplicité ou unité absolue, qui embrasse et contient tous ses autres attributs, et de laquelle nous ne trouvons ni en nous ni ailleurs aucun exemple ; mais elle est, ainsi que j'ai dit auparavant, *comme la marque de l'ouvrier imprimée sur son ouvrage*. Et, par son moyen, nous connaissons qu'aucune des choses que nous concevons être en Dieu et en nous, et que nous considérons en lui par parties, et comme si elles étaient distinctes, à cause de la faiblesse de notre entendement, et que nous les expérimentons telles en nous, ne conviennent point à Dieu et à nous en la façon qu'on nomme univoque dans les écoles. Comme aussi nous connaissons que de plusieurs choses particulières qui n'ont point de fin, dont nous avons les idées, comme d'une connaissance sans fin, d'une puissance, d'un nombre, d'une longueur, etc., qui sont aussi sans fin[1], il y en a quelques-unes qui sont contenues formellement dans l'idée que nous avons de Dieu, comme la connaissance et la puissance, et d'autres qui n'y sont qu'éminemment, comme le nombre et la longueur ; ce qui certes ne serait pas ainsi si cette idée n'était rien autre chose en nous qu'une fiction.

Et elle ne serait pas aussi conçue si exactement de la même façon de tout le monde ; car c'est une chose très remarquable que tous les métaphysiciens s'accordent unanimement dans la description qu'ils font des attributs de Dieu, au moins de ceux qui peuvent être connus par la seule raison humaine, en telle sorte qu'il n'y a aucune chose physique ni sensible, aucune chose dont nous ayons une idée si expresse et si palpable, 109 touchant la nature de laquelle il ne se rencontre chez les philosophes une plus grande diversité d'opinions qu'il ne s'en rencontre touchant celle de Dieu.

Et certes jamais les hommes ne pourraient s'éloigner

1. Le latin dit : *indefinitae sive infinitae*, indéfinies ou infinies.

de la vraie connaissance de cette nature divine s'ils voulaient seulement porter leur attention sur l'idée qu'ils ont de l'Etre souverainement parfait. Mais ceux qui mêlent quelques autres idées avec celle-là composent par ce moyen un Dieu chimérique, en la nature duquel il y a des choses qui se contrarient ; et, après l'avoir ainsi composé, ce n'est pas merveille, s'ils nient qu'un tel Dieu, qui leur est représenté par une fausse idée, existe. Ainsi, lorsque vous parlez ici d'un *être corporel très parfait*, si vous prenez le nom de très parfait absolument, en sorte que vous entendiez que le corps est un être dans lequel se rencontrent toutes les perfections, vous dites des choses qui se contrarient : d'autant que la nature du corps enferme plusieurs imperfections : par exemple, que le corps soit divisible en parties, que chacune de ses parties ne soit pas l'autre, et autres semblables ; car c'est une chose de soi manifeste que c'est une plus grande perfection de ne pouvoir être divisé que de le pouvoir être, etc. Que si vous entendez seulement ce qui est très parfait dans le genre du corps, cela n'est point le vrai Dieu.

Ce que vous ajoutez de l'*idée d'un ange, laquelle est plus parfaite que nous*, à savoir, *qu'il n'est pas besoin qu'elle ait été mise en nous par un ange*, j'en demeure aisément d'accord ; car j'ai déjà dit moi-même, dans la troisième Méditation, *qu'elle peut être composée des idées que nous avons de Dieu et de l'homme*. Et cela ne m'est en aucune façon contraire.

Quant à ceux qui nient d'avoir en eux l'idée de Dieu, et qui au lieu d'elle forgent quelque idole, etc., ceux-là, dis-je, nient le nom et accordent la chose. Car certainement je ne pense pas que cette idée soit de même nature que les images des choses matérielles dépeintes en la fantaisie ; mais, au contraire, je crois qu'elle ne peut être conçue que par le seul entendement, et qu'en effet elle n'est rien autre chose que ce qu'il nous en fait connaître, soit par la première, soit par la seconde, soit par la troisième de ses opérations[1]. Et je prétends

---

1. Les trois opérations de l'entendement sont : le concept ou idée, le jugement et le raisonnement.

maintenir que de cela seul que quelque perfection, qui est au-dessus de moi, devient l'objet de mon entendement en quelque façon que ce soit qu'elle se présente à lui : par exemple, de cela seul que j'aperçois que je ne puis jamais, en nombrant, arriver au plus grand de tous les nombres, et que de là je connais qu'il y a quelque
110 chose en matière de nombrer qui surpasse mes forces, je puis conclure nécessairement, non pas à la vérité qu'un nombre infini existe, ni aussi que son existence implique contradiction, comme vous dites ; mais que cette puissance que j'ai de comprendre qu'il y a toujours quelque chose de plus à concevoir dans le plus grand des nombres que je ne puis jamais concevoir[1], ne me vient pas de moi-même, et que je l'ai reçue de quelque autre être qui est plus parfait que je ne suis.

Et il importe fort peu qu'on donne le nom d'idée à ce concept d'un nombre indéfini, ou qu'on ne le lui donne pas. Mais, pour entendre quel est cet être plus parfait que je ne suis, et si ce n'est point ce même nombre dont je ne puis trouver la fin qui est réellement existant et infini, ou bien si c'est quelque autre chose, il faut considérer toutes les autres perfections, lesquelles, outre la puissance de me donner cette idée, peuvent être en la même chose en qui est cette puissance ; et ainsi on trouvera que cette chose est Dieu.

Enfin, lorsque Dieu est dit être *inconcevable*, cela s'entend d'une pleine et entière conception qui comprenne et embrasse parfaitement tout ce qui est en lui, et non pas de cette médiocre et imparfaite qui est en nous, laquelle néanmoins suffit pour connaître qu'il existe. Et vous ne prouvez rien contre moi en disant que *l'idée de l'unité de toutes les perfections qui sont en Dieu soit formée de la même façon que l'unité générique et celle des autres universaux.* Mais néanmoins elle en est fort différente ; car elle dénote une particulière et positive perfection en Dieu, au lieu que l'unité générique n'ajoute rien de réel à la nature de chaque individu.

---

1. Le latin dit : *cette puissance que j'ai de concevoir qu'est toujours pensable un nombre plus grand que je n'en peux jamais penser.*

En troisième lieu, où j'ai dit *que nous ne pouvons rien savoir certainement, si nous ne connaissons premièrement que Dieu existe*, j'ai dit, en termes exprès, que je ne parlais que de la science de ces conclusions, *dont la mémoire nous peut revenir en l'esprit, lorsque nous ne pensons plus aux raisons d'où nous les avons tirées*. Car la connaissance des premiers principes ou axiomes n'a pas accoutumé d'être appelée science par les dialecticiens. Mais quand nous apercevons que nous sommes des choses qui pensent, c'est une première notion qui n'est tirée d'aucun syllogisme ; et lorsque quelqu'un dit : *Je pense, donc je suis, ou j'existe*, il ne conclut pas son existence de sa pensée comme par la force de quelque syllogisme, mais comme une chose connue de soi ; il la voit par une simple inspection de l'esprit[1]. Comme il paraît de ce que, s'il la déduisait par le syllogisme, il aurait dû auparavant connaître cette majeure : *Tout ce qui pense, est ou existe*. Mais, au contraire, elle lui est

111 enseignée de ce qu'il sent en lui-même qu'il ne se peut pas faire qu'il pense, s'il n'existe. Car c'est le propre de notre esprit, de former les propositions générales de la connaissance des particulières.

Or, *qu'un athée puisse connaître clairement que les trois angles d'un triangle sont égaux à deux droits*, je ne le nie pas ; mais je maintiens seulement qu'il ne le connaît pas par une vraie et certaine science, parce que toute connaissance qui peut être rendüe douteuse ne doit pas être appelée science ; et puisqu'on suppose que celui-là est un athée, il ne peut pas être certain de n'être point déçu dans les choses qui lui semblent être très évidentes, comme il a déjà été montré ci-devant ; et encore que peut-être ce doute ne lui vienne point en la pensée, il lui peut néanmoins venir, s'il l'examine, ou s'il lui est proposé par un autre ; et jamais il ne sera hors du danger de l'avoir, si premièrement il ne reconnaît un Dieu.

Et il n'importe pas que peut-être il estime qu'il a des

---

1. Le latin dit : *il ne déduit pas l'existence de la pensée par syllogisme, mais il la reconnaît comme une chose connue de soi par simple intuition de l'esprit.*

démonstrations pour prouver qu'il n'y a point de Dieu ; car, ces démonstrations prétendues étant fausses, on lui en peut toujours faire connaître la fausseté, et alors on le fera changer d'opinion. Ce qui à la vérité ne sera pas difficile, si pour toutes raisons il apporte seulement ce que vous ajoutez ici, c'est à savoir, *que l'infini en tout genre de perfection exclut tout autre sorte d'être, etc.*

Car, premièrement, si on lui demande d'où il a appris que cette exclusion de tous les autres êtres appartient à la nature de l'infini, il n'aura rien qu'il puisse répondre pertinemment ; d'autant que, par le nom d'infini, on n'a pas coutume d'entendre ce qui exclut l'existence des choses finies, et qu'il ne peut rien savoir de la nature d'une chose qu'il pense n'être rien du tout, et par conséquent n'avoir point de nature, sinon ce qui est contenu dans la seule et ordinaire signification du nom de cette chose. De plus, à quoi servirait l'infinie puissance de cet infini imaginaire, s'il ne pouvait jamais rien créer ? Et enfin de ce que nous expérimentons avoir en nous-mêmes quelque puissance de penser, nous concevons facilement qu'une telle puissance peut être en quelque autre, et même plus grande qu'en nous ; mais encore que nous pensions que celle-là s'augmente à l'infini, nous ne craindrons pas pour cela que la nôtre devienne moindre. Il en est de même de tous les autres attributs de Dieu, même de la puissance de produire quelques effets hors de soi, pourvu que nous supposions qu'il n'y en a point en nous qui ne soit soumise à la volonté de Dieu ; et partant il peut être entendu tout à fait infini sans aucune exclusion des choses créées.

112 *En quatrième lieu, lorsque je dis que Dieu ne peut mentir ni être trompeur*, je pense convenir avec tous les théologiens qui ont jamais été et qui seront à l'avenir. Et tout ce que vous alléguez au contraire n'a pas plus de force que si, ayant nié que Dieu se mît en colère ou qu'il fût sujet aux autres passions de l'âme, vous m'objectiez les lieux de l'Ecriture où il semble que quelques passions humaines lui sont attribuées.

Car tout le monde connaît assez la distinction qui est entre ces façons de parler de Dieu dont l'Ecriture se sert ordinairement, qui sont accommodées à la capacité du vulgaire, et qui contiennent bien quelque vérité, mais seulement en tant qu'elle est rapportée aux hommes ; et celles qui expriment une vérité plus simple et plus pure, et qui ne change point de nature, encore qu'elle ne leur soit point rapportée, desquelles chacun doit user en philosophant, et dont j'ai dû principalement me servir dans mes Méditations, vu qu'en ce lieu-là même je ne supposais pas encore qu'aucun homme me fût connu, et que je ne me considérais pas non plus en tant que composé de corps et d'esprit, mais comme un esprit seulement.

D'où il est évident que je n'ai point parlé en ce lieu-là du mensonge qui s'exprime par des paroles, mais seulement de la malice interne et formelle qui est contenue dans la tromperie, quoique néanmoins ces paroles que vous apportez du prophète : *Encore quarante jours, et Ninive sera subvertie*, ne soient pas même un mensonge verbal, mais une simple menace, dont l'événement dépendait d'une condition ; et lorsqu'il est dit que *Dieu a endurci le cœur de Pharaon*, ou quelque chose de semblable, il ne faut pas penser qu'il ait fait cela positivement, mais seulement négativement, à savoir, ne donnant pas à Pharaon une grâce efficace pour se convertir[1].

Je ne voudrais pas néanmoins condamner ceux qui disent que Dieu peut proférer par ses prophètes quelque mensonge verbal, tels que sont ceux dont se servent les médecins quand ils déçoivent leurs malades pour les guérir, c'est-à-dire qui fût exempt de toute la malice qui se rencontre ordinairement dans la tromperie ; mais, bien davantage, nous voyons quelquefois que nous sommes réellement trompés par cet instinct naturel qui nous a été donné de Dieu, comme lorsqu'un hydropique a soif ; car alors il est réellement poussé à boire par la nature qui lui a été donnée de Dieu pour la conservation de son corps, quoique néanmoins cette nature le trompe, puisque le boire lui doit être nuisible ;

1. Voir *Secondes Objections* (AT-IX-99), note 1 p. 229.

mais j'ai expliqué dans la sixième Méditation comment cela peut compatir avec la bonté et la vérité de Dieu.

113   Mais dans les choses qui ne peuvent pas être ainsi expliquées, à savoir, dans nos jugements très clairs et très exacts, lesquels, s'ils étaient faux, ne pourraient être corrigés par d'autres plus clairs, ni par l'aide d'aucune autre faculté naturelle, je soutiens hardiment que nous ne pouvons être trompés. Car Dieu étant le souverain Etre, il faut nécessairement qu'il soit aussi le souverain bien et la souveraine vérité, et partant il répugne que quelque chose vienne de lui qui tende positivement à la fausseté. Mais puisqu'il ne peut y avoir rien en nous de réel qui ne nous ait été donné par lui, comme il a été démontré en prouvant son existence, et puisque nous avons en nous une faculté réelle pour connaître le vrai et le distinguer d'avec le faux (comme on peut prouver de cela seul que nous avons en nous les idées du vrai et du faux), si cette faculté ne tendait au vrai, au moins lorsque nous nous en servons comme il faut (c'est-à-dire lorsque nous ne donnons notre consentement qu'aux choses que nous concevons clairement et distinctement, car on ne peut pas feindre un autre bon usage de cette faculté), ce ne serait pas sans raison que Dieu, qui nous l'a donnée, serait tenu pour un trompeur.

Et ainsi vous voyez qu'après avoir connu que Dieu existe il est nécessaire de feindre qu'il soit trompeur si nous voulons révoquer en doute les choses que nous concevons clairement et distinctement; et parce que cela ne se peut pas même feindre, il faut nécessairement admettre ces choses comme très vraies et très assurées.

Mais d'autant que je remarque ici que vous vous arrêtez encore aux doutes que j'ai proposés dans ma première Méditation, et que je pensais avoir levés assez exactement dans les suivantes, j'expliquerai ici derechef le fondement sur lequel il me semble que toute la certitude humaine peut être appuyée.

Premièrement, aussitôt que nous pensons concevoir clairement quelque vérité, nous sommes naturellement portés à la croire. Et si cette croyance est si forte que nous ne puissions jamais avoir aucune raison de douter de ce que nous croyons de la sorte, il n'y a rien à rechercher davantage : nous avons touchant cela toute la certitude qui se peut raisonnablement souhaiter.

Car que nous importe si peut-être quelqu'un feint que cela même de la vérité duquel nous sommes si fortement persuadés paraît faux aux yeux de Dieu ou des anges, et que partant, absolument parlant, il est faux ? Qu'avons-nous à faire de nous mettre en peine de cette fausseté absolue, puisque nous ne la croyons point du tout, et que nous n'en avons pas même le moindre soupçon ? Car nous supposons une croyance ou une persuasion si ferme qu'elle ne puisse être ôtée, laquelle par conséquent est en tout la même chose qu'une très parfaite certitude. Mais on peut bien douter si l'on a quelque certitude de cette nature, ou quelque persuasion ferme et immuable.

Et certes, il est manifeste qu'on n'en peut pas avoir des choses obscures et confuses, pour peu d'obscurité ou de confusion que nous y remarquions ; car cette obscurité, quelle qu'elle soit, est une cause assez suffisante pour nous faire douter de ces choses. On n'en peut pas aussi avoir des choses qui ne sont aperçues que par les sens, quelque clarté qu'il y ait en leur perception, parce que nous avons souvent remarqué que dans le sens il peut y avoir de l'erreur, comme lorsqu'un hydropique a soif ou que la neige paraît jaune à celui qui a la jaunisse ; car celui-là ne la voit pas moins clairement et distinctement de la sorte que nous à qui elle paraît blanche ; il reste donc que, si on en peut avoir, ce soit seulement des choses que l'esprit conçoit clairement et distinctement.

Or, entre ces choses, il y en a de si claires et tout ensemble de si simples, qu'il nous est impossible de penser à elles que nous ne les croyions être vraies : par exemple, que j'existe lorsque je pense ; que les choses qui ont une fois été faites ne peuvent pas n'avoir point été faites, et autres choses semblables, dont il est manifeste que l'on a une parfaite certitude.

Car nous ne pouvons pas douter de ces choses-là sans

penser à elles, mais nous n'y pouvons jamais penser
sans croire qu'elles sont vraies comme je viens de dire ;
donc nous n'en pouvons douter que nous ne les
croyions être vraies, c'est-à-dire que nous n'en pouvons
jamais douter.

Et il ne sert de rien de dire *que nous avons souvent
expérimenté que des personnes se sont trompées en des choses
qu'elles pensaient voir plus clairement que le soleil.* Car
nous n'avons jamais vu, ni nous ni personne, que cela
soit arrivé à ceux qui ont tiré toute la clarté de leur
perception de l'entendement seul, mais bien à ceux qui
l'ont prise des sens ou de quelque faux préjugé. Il ne
sert de rien aussi que quelqu'un feigne que ces choses
semblent fausses à Dieu ou aux anges, parce que
l'évidence de notre perception ne permettra pas que
nous écoutions celui qui l'aura feint et nous le voudra
persuader.

Il y a d'autres choses que notre entendement conçoit
aussi fort clairement lorsque nous prenons garde de
115 près aux raisons d'où dépend leur connaissance, et pour
ce nous ne pouvons pas alors en douter ; mais parce que
nous pouvons oublier les raisons, et cependant nous
ressouvenir des conclusions qui en ont été tirées, on
demande si on peut avoir une ferme et immuable
persuasion de ces conclusions tandis que nous nous
ressouvenons qu'elles ont été déduites de principes très
évidents ; car ce souvenir doit être supposé pour pouvoir être appelées conclusions. Et je réponds que
ceux-là en peuvent avoir qui connaissent tellement
Dieu qu'ils savent qu'il ne se peut pas faire que la
faculté d'entendre, qui leur a été donnée par lui, ait
autre chose que la vérité pour objet ; mais que les autres
n'en ont point : et cela a été si clairement expliqué à la
fin de la cinquième Méditation, que je ne pense pas y
devoir ici rien ajouter.

En cinquième lieu, je m'étonne que vous niiez *que la
volonté se met en danger de faillir lorsqu'elle poursuit et
embrasse les connaissances obscures et confuses de l'entendement* ; car, qu'est-ce qui la peut rendre certaine si ce
qu'elle suit n'est pas clairement connu ? Et quel a jamais

été le philosophe ou le théologien, ou bien seulement l'homme usant de raison, qui n'ait confessé que le danger de faillir où nous nous exposons est d'autant moindre que plus claire est la chose que nous concevons auparavant que d'y donner notre consentement ; et que ceux-là pèchent qui, sans connaissance de cause, portent quelque jugement ? Or, nulle conception n'est dite obscure ou confuse, sinon parce qu'il y a en elle quelque chose de contenu qui n'est pas connu.

Et partant, ce que vous objectez *touchant la foi qu'on doit embrasser* n'a pas plus de force contre moi que contre tous ceux qui ont jamais cultivé la raison humaine, et, à vrai dire, elle n'en a aucune contre pas un. Car, encore qu'on die que la foi a pour objet des choses obscures, néanmoins ce pourquoi nous le croyons n'est pas obscur, mais il est plus clair qu'aucune lumière naturelle. D'autant qu'il faut distinguer entre la matière ou la chose à laquelle nous donnons notre créance et la raison formelle qui meut notre volonté à la donner, car c'est dans cette seule raison formelle que nous voulons qu'il y ait de la clarté et de l'évidence.

Et quant à la matière, personne n'a jamais nié qu'elle peut être obscure, voire l'obscurité même ; car, quand je juge que l'obscurité doit être ôtée de nos pensées pour leur pouvoir donner notre consentement sans aucun danger de faillir, c'est l'obscurité même qui me sert de matière, pour former un jugement clair et distinct.

116   Outre cela, il faut remarquer que la clarté ou l'évidence par laquelle notre volonté peut être excitée à croire est de deux sortes : l'une qui part de la lumière naturelle, et l'autre qui vient de la grâce divine.

Or, quoiqu'on die ordinairement que la foi est des choses obscures, toutefois cela s'entend seulement de sa matière, et non point de la raison formelle pour laquelle nous croyons ; car, au contraire, cette raison formelle consiste en une certaine lumière intérieure, de laquelle Dieu nous ayant surnaturellement éclairés, nous avons une confiance certaine que les choses qui nous sont proposées à croire ont été révélées par lui, et qu'il est entièrement impossible qu'il soit menteur et qu'il nous trompe : ce qui est plus assuré que tout autre lumière naturelle, et souvent même plus évident à cause de la lumière de la grâce.

Et certes les Turcs et les autres infidèles, lorsqu'ils n'embrassent point la religion chrétienne, ne pèchent pas pour ne vouloir point ajouter foi aux choses obscures comme étant obscures ; mais ils pèchent, ou de ce qu'ils résistent à la grâce divine qui les avertit intérieurement, ou que, péchant en d'autres choses, ils se rendent indignes de cette grâce. Et je dirai hardiment qu'un infidèle qui, destitué de toute grâce surnaturelle et ignorant tout à fait que les choses que nous autres chrétiens croyons ont été révélées de Dieu, néanmoins, attiré par quelques faux raisonnements, se porterait à croire ces mêmes choses qui lui seraient obscures, ne serait pas pour cela fidèle, mais plutôt qu'il pècherait en ce qu'il ne se servirait pas comme il faut de sa raison.

Et je ne pense pas que jamais aucun théologien orthodoxe ait eu d'autres sentiments touchant cela ; et ceux aussi qui liront mes Méditations n'auront pas sujet de croire que je n'aie point connu cette lumière surnaturelle, puisque, dans la quatrième, où j'ai soigneusement recherché la cause de l'erreur ou fausseté, j'ai dit, en paroles expresses, *qu'elle dispose l'intérieur de notre pensée à vouloir, et que néanmoins elle ne diminue point la liberté.*

Au reste, je vous prie ici de vous souvenir que, touchant les choses que la volonté peut embrasser, j'ai toujours mis une très grande distinction entre l'usage de la vie et la contemplation de la vérité. Car, pour ce qui regarde l'usage de la vie, tant s'en faut que je pense qu'il ne faille suivre que les choses que nous connaissons très clairement, qu'au contraire je tiens qu'il ne faut pas même toujours attendre les plus vraisemblables, mais qu'il faut quelquefois, entre plusieurs choses tout à fait
117 inconnues et incertaines, en choisir une et s'y déterminer, et après cela ne la pas croire moins fermement (tant que nous ne voyons point de raisons au contraire) que si

nous l'avions choisie pour des raisons certaines et très évidentes, ainsi que j'ai déjà expliqué dans le *Discours de la Méthode*, p. 26[1]. Mais où il ne s'agit que de la contemplation de la vérité, qui a jamais nié qu'il faille suspendre son jugement à l'égard des choses obscures et qui ne sont pas assez distinctement connues ? Or, que cette seule contemplation de la vérité ait lieu dans mes Méditations, outre que cela se reconnaît assez clairement par elles-mêmes, je l'ai de plus déclaré en paroles expresses sur la fin de la première, en disant *que je ne pouvais trop douter ni user de trop de défiance en ce lieu-là, d'autant que je ne m'appliquais pas alors aux choses qui regardent l'usage de la vie, mais seulement à la recherche de la vérité.*

En sixième lieu, où vous reprenez la conclusion d'un syllogisme que j'avais mis en forme, il semble que vous péchiez vous-mêmes en la forme ; car, pour conclure ce que vous voulez, la majeure devait être telle : *Ce que clairement et distinctement nous concevons appartenir à la nature de quelque chose, cela peut être dit ou affirmé avec vérité appartenir à la nature de cette chose.* Et ainsi elle ne contiendrait rien qu'une inutile et superflue répétition. Mais la majeur de mon argument a été telle : *Ce que clairement et distinctement nous concevons appartenir à la nature de quelque chose, cela peut être dit ou affirmé avec vérité de cette chose.* C'est-à-dire, si être animal appartient à l'essence ou à la nature de l'homme, on peut assurer que l'homme est animal ; si avoir les trois angles égaux à deux droits appartient à la nature du triangle rectiligne, on peut assurer que le triangle rectiligne a ses trois angles égaux à deux droits ; si exister appartient à la nature de Dieu, on peut assurer que Dieu existe, etc. Et la mineure a été telle : *Or est-il qu'il appartient à la nature de Dieu d'exister.* D'où il est évident qu'il faut conclure comme j'ai fait, c'est à savoir : *Donc on peut avec vérité assurer de Dieu qu'il existe* ; et non pas comme vous voulez : *Donc nous pouvons assurer avec vérité qu'il appartient à la nature de Dieu d'exister.*

1. Voir AT, VI, 24-25 ; allusion à la seconde maxime de la morale par provision, dite maxime de la résolution.

Et partant, pour user de l'exception que vous apportez ensuite, il vous eût fallu nier la majeure, et dire que
ce que nous concevons clairement et distinctement
appartenir à la nature de quelque chose, ne peut pas
pour cela être dit ou affirmé de cette chose, si ce n'est
que sa nature soit possible, ou ne répugne point. Mais
118 voyez, je vous prie, la faiblesse de cette exception. Car,
ou bien par ce mot de *possible* vous entendez, comme
l'on fait d'ordinaire, tout ce qui ne répugne point à la
pensée humaine, auquel sens il est manifeste que la
nature de Dieu, de la façon que je l'ai décrite, est
possible, parce que je n'ai rien supposé en elle, sinon ce
que nous concevons clairement et distinctement lui
devoir appartenir, et ainsi je n'ai rien supposé qui
répugne à la pensée ou au concept humain; ou bien
vous feignez quelque autre possibilité, de la part de
l'objet même, laquelle, si elle ne convient avec la
précédente, ne peut jamais être connue par l'entendement humain; et partant elle n'a pas plus de force pour
nous obliger à nier la nature de Dieu ou son existence,
que pour renverser toutes les autres choses qui tombent
sous la connaissance des hommes. Car, par la même
raison qu'on l'on nie que la nature de Dieu est possible,
encore qu'il ne se rencontre aucune impossibilité de la
part du concept ou de la pensée, mais qu'au contraire
toutes les choses qui sont contenues dans ce concept de
la nature divine, soient tellement connexes entre elles,
qu'il nous semble y avoir de la contradiction à dire qu'il
y en ait quelqu'une qui n'appartienne pas à la nature de
Dieu, on pourra aussi nier qu'il soit possible que les
trois angles d'un triangle soient égaux à deux droits, ou
que celui qui pense actuellement existe; et à bien plus
forte raison l'on pourra nier qu'il n'y ait rien de vrai de
toutes les choses que nous apercevons par les sens; et
ainsi toute la connaissance humaine sera renversée,
mais ce ne sera pas avec aucune raison ou fondement.

Et pour ce qui est de cet argument que vous comparez avec le mien, à savoir : *S'il n'implique point que Dieu
existe, il est certain qu'il existe; mais il n'implique point;
donc, etc.*, matériellement parlant il est vrai, mais for-

mellement c'est un sophisme. Car, dans la majeure, ce mot *il implique* regarde le concept de la cause par laquelle Dieu peut être, et, dans la mineure, il regarde le seul concept de l'existence et de la nature de Dieu, comme il paraît de ce que, si on nie la majeure, il la faudra ainsi prouver :

Si Dieu n'existe point encore, il implique qu'il existe, parce qu'on ne saurait assigner de cause suffisante pour le produire ; mais il n'implique point qu'il existe, comme il a été accordé dans la mineure ; donc, etc.

Et si on nie la mineure, il la faudra prouver ainsi :

Cette chose n'implique point, dans le concept formel de laquelle il n'y a rien qui enferme contradiction ; mais dans le concept formel de l'existence ou de la nature divine, il n'y a rien qui enferme contradiction ; donc, etc. Et ainsi ce mot *il implique* est pris en deux divers sens.

Car il se peut faire qu'on ne concevra rien dans la chose même qui empêche qu'elle ne puisse exister, et que cependant on concevra quelque chose de la part de sa cause, qui empêche qu'elle ne soit produite.

Or, encore que nous ne concevions Dieu que très imparfaitement, cela n'empêche pas qu'il ne soit certain que sa nature est possible, ou qu'elle n'implique point ; ni aussi que nous ne puissions assurer avec vérité que nous l'avons assez soigneusement examinée, et assez clairement connue (à savoir autant qu'il suffit pour connaître qu'elle est possible, et aussi que l'existence nécessaire lui appartient). Car toute impossibilité, ou, s'il m'est permis de me servir ici du mot de l'Ecole, toute implicance consiste seulement en notre concept ou pensée, qui ne peut conjoindre les idées qui se contrarient les unes les autres[1] ; et elle ne peut consister en aucune chose qui soit hors de l'entendement, parce que, de cela même qu'une chose est hors de l'entendement, il est manifeste qu'elle n'implique point, mais qu'elle est possible.

1. Le latin dit : *male conjungente, qui conjoint mal à propos des idées qui se contrarient.*

Or l'impossibilité que nous trouvons en nos pensées ne vient que de ce qu'elles sont obscures et confuses, et il n'y en peut avoir aucune dans celles qui sont claires et distinctes; et partant, afin que nous puissions assurer que nous connaissions assez la nature de Dieu pour savoir qu'il n'y a point de répugnance qu'elle existe, il suffit que nous entendions clairement et distinctement toutes les choses que nous apercevons être en elle, quoique ces choses ne soient qu'en petit nombre, au regard de celles que nous n'apercevons pas, bien qu'elles soient aussi en elle; et qu'avec cela nous remarquions que l'existence nécessaire est l'une des choses que nous apercevons ainsi être en Dieu.

En septième lieu, j'ai déjà donné la raison, dans l'abrégé de mes Méditations, pourquoi je n'ai rien dit ici touchant l'immortalité de l'âme; j'ai aussi fait voir ci-devant comme quoi j'ai suffisamment prouvé la distinction qui est entre l'esprit et toute sorte de corps.

Quant à ce que vous ajoutez, *que de la distinction de l'âme d'avec le corps il ne s'ensuit pas qu'elle soit immortelle, parce que nonobstant cela on peut dire que Dieu l'a faite d'une telle nature, que sa durée finit avec celle de la vie du corps*, je confesse que je n'ai rien à y répondre; car je n'ai pas tant de présomption que d'entreprendre de déterminer, par la force du raisonnement humain, une chose qui ne dépend que de la pure volonté de Dieu.

La connaissance naturelle nous apprend que l'esprit est différent du corps, et qu'il est une substance; et aussi que le corps humain, en tant qu'il diffère des autres corps, est seulement composé d'une certaine configuration de membres, et autres semblables accidents; et enfin que la mort du corps dépend seulement de quelque division ou changement de figure. Or nous n'avons aucun argument ni aucun exemple, qui nous persuade que la mort, ou l'anéantissement d'une substance telle qu'est l'esprit, doive suivre d'une cause si légère comme est un changement de figure, qui n'est autre chose qu'un mode, et encore un mode, non de l'esprit, mais du corps, qui est réellement distinct de l'esprit. Et même nous n'avons aucun argument ni exemple, qui nous puisse persuader qu'il y a des substances qui sont sujettes à être anéanties. Ce qui suffit pour conclure que l'esprit, ou l'âme de l'homme, autant que cela peut être connu par la philosophie naturelle, est immortelle.

Mais si on demande si Dieu, par son absolue puissance, n'a point peut-être déterminé que les âmes humaines cessent d'être, au même temps que les corps auxquels elles sont unies sont détruits, c'est à Dieu seul d'en répondre. Et puisqu'il nous a maintenant révélé que cela n'arrivera point, il ne nous doit plus rester touchant cela aucun doute.

Au reste, j'ai beaucoup à vous remercier de ce que vous avez daigné si officieusement, et avec tant de franchise, m'avertir non seulement des choses qui vous ont semblé dignes d'explication, mais aussi des difficultés qui pouvaient m'être faites par les athées, ou par quelques envieux et médisants.

Car encore que je ne voie rien, entre les choses que vous m'avez proposées, que je n'eusse auparavant rejeté ou expliqué dans mes Méditations (comme, par exemple, ce que vous avez allégué des mouches qui sont produites par le soleil, des Canadiens, des Ninivites, des Turcs, et autres choses semblables, ne peut venir en l'esprit à ceux qui, suivant l'ordre de ces Méditations, mettront à part pour quelque temps toutes les choses qu'ils ont apprises des sens, pour prendre garde à ce que dicte la plus pure et plus saine raison, c'est pourquoi je pensais avoir déjà rejeté toutes ces choses), encore, dis-je, que cela soit, je juge néanmoins que ces objections seront utiles à mon dessein, d'autant que je ne me promets pas d'avoir beaucoup de lecteurs qui veuillent apporter tant d'attention aux choses que j'ai écrites, qu'étant parvenus à la fin, ils se ressouviennent de tout ce qu'ils auront lu auparavant ; et ceux qui ne le feront pas, tomberont aisément en des difficultés, auxquelles ils verront, puis après, que j'aurai satisfait par cette réponse, ou du moins ils prendront de là occasion d'examiner plus soigneusement la vérité.

Pour ce qui regarde le conseil que vous me donnez,

de disposer mes raisons selon la méthode des géomètres, afin que tout d'un coup les lecteurs les puissent
comprendre, je vous dirai ici en quelle façon j'ai déjà
tâché ci-devant de la suivre, et comment j'y tâcherai
encore ci-après.

Dans la façon d'écrire des géomètres, je distingue
deux choses, à savoir l'ordre, et la manière de démontrer.

L'ordre consiste en cela seulement, que les choses
qui sont proposées les premières doivent être connues
sans l'aide des suivantes, et que les suivantes doivent
après être disposées de telle façon, qu'elles soient
démontrées par les seules choses qui les précèdent. Et
certainement j'ai tâché, autant que j'ai pu, de suivre cet
ordre en mes Méditations. Et c'est ce qui a fait que je
n'ai pas traité, dans la seconde, de la distinction de
l'esprit d'avec le corps, mais seulement dans la sixième,
et que j'ai omis de parler de beaucoup de choses dans
tout ce traité, parce qu'elles présupposaient l'explication de plusieurs autres.

La manière de démontrer est double : l'une se fait
par l'analyse ou résolution, et l'autre par la synthèse ou
composition.

L'analyse montre la vraie voie par laquelle une chose
a été méthodiquement inventée, et fait voir comment
les effets dépendent des causes[1]; en sorte que, si le
lecteur la veut suivre, et jeter les yeux soigneusement
sur tout ce qu'elle contient, il n'entendra pas moins
parfaitement la chose ainsi démontrée, et ne la rendra
pas moins sienne, que si lui-même l'avait inventée.

Mais cette sorte de démonstration n'est pas propre à
convaincre les lecteurs opiniâtres ou peu attentifs : car
si on laisse échapper, sans y prendre garde, la moindre
des choses qu'elle propose, la nécessité de ses conclusions ne paraîtra point; et on n'a pas coutume d'y
exprimer fort amplement les choses qui sont assez
claires de soi-même, bien que ce soit ordinairement
celles auxquelles il faut le plus prendre garde.

---

1. Le latin dit : *l'analyse montre la vraie voie par laquelle une chose a
été méthodiquement et comme a priori inventée.*

122   La synthèse, au contraire, par une voie tout autre, et comme en examinant les causes par leurs effets (bien que la preuve qu'elle contient soit souvent aussi des effets par les causes)[1], démontre à la vérité clairement ce qui est contenu en ses conclusions, et se sert d'une longue suite de définitions, de demandes, d'axiomes, de théorèmes et de problèmes, afin que, si on lui nie quelques conséquences, elle fasse voir comment elles sont contenues dans les antécédents, et qu'elle arrache le consentement du lecteur, tant obstiné et opiniâtre qu'il puisse être, mais elle ne donne pas, comme l'autre, une entière satisfaction aux esprits de ceux qui désirent d'apprendre, parce qu'elle n'enseigne pas la méthode par laquelle la chose a été inventée.

Les anciens géomètres avaient coutume de se servir seulement de cette synthèse dans leurs écrits, non qu'ils ignorassent entièrement l'analyse, mais, à mon avis, parce qu'ils en faisaient tant d'état, qu'ils la réservaient pour eux seuls, comme un secret d'importance.

Pour moi, j'ai suivi seulement la voie analytique dans mes Méditations, parce qu'elle me semble être la plus vraie, et la plus propre pour enseigner ; mais quant à la synthèse, laquelle sans doute est celle que vous désirez ici de moi, encore que, touchant les choses qui se traitent en la géométrie, elle puisse utilement être mise après l'analyse, elle ne convient pas toutefois si bien aux matières qui appartiennent à la métaphysique. Car il y a cette différence, que les premières notions qui sont supposées pour démontrer les propositions géométriques, ayant de la convenance avec les sens, sont reçues facilement d'un chacun ; c'est pourquoi il n'y a point là de difficulté, sinon à bien tirer les conséquences, ce qui se peut faire par toutes sortes de personnes, même par les moins attentives, pourvu seulement qu'elles se ressouviennent des choses précédentes ; et on les oblige aisément à s'en souvenir, en distinguant autant de diverses propositions qu'il y a de

---

1. Le latin dit : *la synthèse au contraire, par une voie opposée et recherchée comme a posteriori (bien que la preuve elle-même y soit souvent davantage a priori que dans l'analyse).*

choses à remarquer dans la difficulté proposée, afin
qu'elles s'arrêtent séparément sur chacune, et qu'on les
leur puisse citer par après, pour les avertir de celles
auxquelles elles doivent penser. Mais au contraire,
touchant les questions qui appartiennent à la métaphysique, la principale difficulté est de concevoir clairement et distinctement les premières notions. Car,
encore que de leur nature elles ne soient pas moins
claires, et même que souvent elles soient plus claires
que celles qui sont considérées par les géomètres,
néanmoins, d'autant qu'elles semblent ne s'accorder
123 pas avec plusieurs préjugés que nous avons reçus par les
sens, et auxquels nous sommes accoutumés dès notre
enfance, elles ne sont parfaitement comprises que par
ceux qui sont fort attentifs et qui s'étudient à détacher,
autant qu'ils peuvent, leur esprit du commerce des
sens ; c'est pourquoi, si on les proposait toutes seules,
elles seraient aisément niées par ceux qui ont l'esprit
porté à la contradiction.

Ce qui a été la cause pourquoi j'ai plutôt écrit des
Méditations que des disputes ou des questions, comme
font les philosophes, ou bien des théorèmes ou des
problèmes, comme les géomètres, afin de témoigner
par là que je n'ai écrit que pour ceux qui se voudront
donner la peine de méditer avec moi sérieusement et
considérer les choses avec attention. Car, de cela même
que quelqu'un se prépare pour impugner la vérité, il se
rend moins propre à la comprendre, d'autant qu'il
détourne son esprit de la considération des raisons qui
la persuadent, pour l'appliquer à la recherche de celles
qui la détruisent.

Mais néanmoins, pour témoigner combien je défère à
votre conseil, je tâcherai ici d'imiter la synthèse des
géomètres, et y ferai un abrégé des principales raisons
dont j'ai usé pour démontrer l'existence de Dieu, et la
distinction qui est entre l'esprit et le corps humain : ce
qui ne servira peut-être pas peu pour soulager l'attention des lecteurs[1].

---

1. Ce paragraphe remplace, dans la traduction française, un texte
latin beaucoup plus long (AT-VII, 157 à 159), dont nous donnons,
entre crochets, une traduction.

Traduit de
AT, VII,
157
158 [Mais, objectera-t-on peut-être ici, si l'on ne doit pas chercher de raisons pour contredire quand on sait que ce qui nous est proposé est bien la vérité, on a le droit, tant que cela reste douteux, de peser toutes les raisons pour et contre, afin de découvrir lesquelles sont les plus solides, et mon exigence est donc injuste de vouloir qu'on admette mes raisons pour vraies avant de les avoir examinées, et d'interdire qu'on en considère d'autres qui les contredisent.

Cette objection serait certes légitime si, parmi les choses pour lesquelles je réclame un lecteur attentif et non porté à contredire, il en était de telles qu'elles pussent le détourner d'en considérer certaines autres dans lesquelles on pourrait, si peu que ce soit, espérer trouver plus de vérité que dans les miennes. Mais entre celles que je propose se trouve ce grand doute universel, et je recommande surtout d'examiner toutes choses une à une avec le plus grand soin et de n'admettre absolument rien qui n'ait été si clairement et distinctement perçu que nous ne puissions pas ne pas l'accorder ; et, tout au contraire, celles dont je désire détourner l'esprit des lecteurs sont celles-là mêmes qu'ils n'ont jamais suffisamment examinées et qu'ils n'ont tirées d'aucune raison solide, mais seulement des sens. Je ne pense donc pas que personne puisse croire qu'il sera en plus grand danger de se tromper, s'il considère seulement les choses que je lui propose, que s'il en détourne son esprit, et le tourne vers d'autres qui en quelque manière leur font obstacle et répandent sur elles des ténèbres (c'est-à-dire vers les préjugés des sens).

C'est pourquoi, non seulement c'est à bon droit que je réclame de mes lecteurs une attention particulière, et que j'ai choisi de préférence à toutes les autres cette façon d'écrire par laquelle j'ai pensé pouvoir me la concilier le plus possible, et de laquelle je me persuade
159 que les lecteurs recueilleront plus de profit qu'ils n'en apercevront eux-mêmes, alors qu'au contraire, de la façon d'écrire synthétique, ils ont coutume de s'imaginer avoir appris plus qu'ils n'en ont effectivement appris ; mais encore, j'estime qu'il est juste que je

récuse absolument les jugements que ceux qui n'auront pas voulu méditer avec moi et qui s'attacheront aux opinions qui les ont préoccupés porteront sur les miennes, et que je les méprise comme de nulle importance.

Mais parce que je sais combien il sera difficile, même à ceux qui feront attention et chercheront sérieusement la vérité, de voir dans sa totalité le corps de mes Méditations, et en même temps d'en discerner chacun des membres un à un, deux choses qu'il faut à mon avis faire ensemble pour en retirer tout le fruit, j'ajouterai ici un petit nombre de choses dans le style de la synthèse qui, je l'espère, ne seront pas sans les aider, pourvu cependant qu'on remarque, s'il vous plaît, que je ne veux pas en embrasser ici autant que dans les Méditations, parce que je devrais être beaucoup plus prolixe qu'en celles-là, et que même ce que j'embrasserai, je ne l'expliquerai pas avec exactitude, en partie pour faire bref, et en partie de crainte que, estimant cet exposé suffisant, on examine plus négligemment les Méditations elles-mêmes, d'où je me persuade qu'on peut recueillir beaucoup plus de profit.]

RAISONS

QUI PROUVENT L'EXISTENCE DE DIEU
ET LA DISTINCTION QUI EST ENTRE L'ESPRIT
ET LE CORPS HUMAIN
DISPOSÉES D'UNE FAÇON GÉOMÉTRIQUE

Définitions.

I. Par le nom de *pensée*, je comprends tout ce qui est
tellement en nous, que nous en sommes immédiatement connaissants[1]. Ainsi toutes les opérations de la
volonté, de l'entendement, de l'imagination et des sens,
sont des pensées. Mais j'ai ajouté *immédiatement*, pour
exclure les choses qui suivent et dépendent de nos
pensées : par exemple, le mouvement volontaire a bien,
à la vérité, la volonté pour son principe, mais lui-même
néanmoins n'est pas une pensée.

II. Par le nom d'*idée*, j'entends cette forme de chacune de nos pensées, par la perception immédiate de
laquelle nous avons connaissance de ces mêmes pensées. En telle sorte que je ne puis rien exprimer par des
paroles, lorsque j'entends ce que je dis, que de cela
même il ne soit certain que j'ai en moi l'idée de la chose
qui est signifiée par mes paroles. Et ainsi je n'appelle
pas du nom d'idée les seules images qui sont dépeintes
en la fantaisie ; au contraire, je ne les appelle point ici de
ce nom, en tant qu'elles sont en la fantaisie corporelle,
c'est-à-dire en tant qu'elles sont dépeintes en quelques
parties du cerveau, mais seulement en tant qu'elles

---

1. Le latin dit : *consci, conscients* (de même, à la définition suivante, *nous avons connaissance* traduit le latin *conscius sum, je suis
conscient*).

informent l'esprit même, qui s'applique à cette partie du cerveau.

III. Par la *réalité objective d'une idée*, j'entends l'entité ou l'être de la chose représentée par l'idée, en tant que cette entité est dans l'idée; et de la même façon, on peut dire une perfection objective, ou un artifice objectif, etc. Car tout ce que nous concevons comme étant dans les objectifs des idées, tout cela est objectivement, ou par représentation, dans les idées mêmes.

125 IV. Les mêmes choses sont dites être *formellement* dans les objets des idées, quand elles sont en eux telles que nous les concevons; et elles sont dites y être *éminemment*, quand elles n'y sont pas à la vérité telles, mais qu'elles sont si grandes, qu'elles peuvent suppléer à ce défaut par leur excellence.

V. Toute chose dans laquelle réside immédiatement comme dans son sujet, ou par laquelle existe quelque chose que nous concevons, c'est-à-dire quelque propriété, qualité, ou attribut, dont nous avons en nous une réelle idée, s'appelle *Substance*. Car nous n'avons point d'autre idée de la substance précisément prise, sinon qu'elle est une chose dans laquelle existe formellement, ou éminemment, ce que nous concevons, ou ce qui est objectivement dans quelqu'une de nos idées, d'autant que la lumière naturelle nous enseigne que le néant ne peut avoir aucun attribut réel.

VI. La substance, dans laquelle réside immédiatement la pensée, est ici appelée *Esprit*. Et toutefois ce nom est équivoque, en ce qu'on l'attribue aussi quelquefois au vent et aux liqueurs fort subtiles; mais je n'en sache point de plus propre.

VII. La substance, qui est le sujet immédiat de l'extension et des accidents qui présupposent l'extension, comme de la figure, de la situation, du mouvement local, etc., s'appelle *Corps*. Mais de savoir si la substance qui est appelée *Esprit* est la même que celle que nous appelons *Corps*, ou bien si elles sont deux substances diverses et séparées, c'est ce qui sera examiné ci-après.

VIII. La substance que nous entendons être souverainement parfaite, et dans laquelle nous ne concevons rien qui enferme quelque défaut, ou limitation de perfection, s'appelle *Dieu*.

IX. Quand nous disons que quelque attribut est contenu dans la nature ou dans le concept d'une chose, c'est de même que si nous disions que cet attribut est vrai de cette chose, et qu'on peut assurer qu'il est en elle.

X. Deux substances sont dites être distinguées réellement, quand chacune d'elles peut exister sans l'autre.

Demandes.

Je demande, *premièrement*, que les lecteurs considèrent combien faibles sont les raisons qui leur ont fait jusques ici ajouter foi à leurs sens, et combien sont incertains tous les jugements qu'ils ont depuis appuyés sur eux; et qu'ils repassent si longtemps et si souvent cette considération en leur esprit, qu'enfin ils acquièrent l'habitude de ne plus confier si fort en leurs sens; car j'estime que cela est nécessaire pour se rendre capable de connaître la vérité des choses métaphysiques, lesquelles ne dépendent point des sens.

En second lieu, je demande qu'ils considèrent leur propre esprit, et tous ceux de ses attributs dont ils reconnaîtront ne pouvoir en aucune façon douter, encore même qu'ils supposassent que tout ce qu'ils ont jamais reçu par les sens fût entièrement faux; et qu'ils ne cessent point de le considérer, que premièrement ils n'aient acquis l'usage de le concevoir distinctement, et de croire qu'il est plus aisé à connaître que toutes les choses corporelles.

En troisième lieu, qu'ils examinent diligemment les propositions qui n'ont pas besoin de preuve pour être connues, et dont chacun trouve les notions en soi-même, comme sont celles-ci : *qu'une même chose ne peut pas être et n'être point tout ensemble; que le rien ne peut pas être la cause efficiente d'aucune chose*, et autres semblables; et qu'ainsi ils exercent cette clarté de l'entende-

ment qui leur a été donnée par la nature, mais que les
perceptions des sens ont accoutumé de troubler et
d'obscurcir, qu'ils l'exercent, dis-je, toute pure et déli-
vrée de leurs préjugés ; car par ce moyen la vérité des
axiomes suivants leur sera fort évidente.

En quatrième lieu, qu'ils examinent les idées de ces
natures, qui contiennent en elles un assemblage de
plusieurs attributs ensemble, comme est la nature du
triangle, celle du carré ou de quelque autre figure ;
comme aussi la nature de l'esprit, la nature du corps, et,
par-dessus toutes, la nature de Dieu ou d'un être
souverainement parfait. Et qu'ils prennent garde qu'on
peut assurer avec vérité, que toutes ces choses-là sont
en elles, que nous concevons clairement y être contenues. Par exemple, parce que, dans la nature du
triangle rectiligne, il est contenu que ses trois angles
sont égaux à deux droits, et que dans la nature du corps
ou d'une chose étendue la divisibilité y est comprise
(car nous ne concevons point de chose étendue si petite,
que nous ne la puissions diviser, au moins par la
pensée), il est vrai de dire que les trois angles de tout
triangle rectiligne sont égaux à deux droits, et que tout
corps est divisible.

En cinquième lieu, je demande qu'ils s'arrêtent longtemps à contempler la nature de l'être souverainement
parfait ; et, entre autres choses, qu'ils considèrent que,
dans les idées de toutes les autres natures, l'existence
possible se trouve bien contenue, mais que, dans l'idée
de Dieu, non seulement l'existence possible y est contenue, mais de plus la nécessaire. Car, de cela seul, et
sans aucun raisonnement, ils connaîtront que Dieu
127 existe ; et il ne leur sera pas moins clair et évident, sans
autre preuve, qu'il leur est manifeste que deux est un
nombre pair, et que trois est un nombre impair, et
choses semblables. Car il y a des choses qui sont ainsi
connues sans preuves par quelques-uns, que d'autres
n'entendent que par un long discours et raisonnement.

En sixième lieu, que, considérant avec soin tous les
exemples d'une claire et distincte perception, et tous
ceux dont la perception est obscure et confuse, desquels

j'ai parlé dans mes Méditations, ils s'accoutument à distinguer les choses qui sont clairement connues, de celles qui sont obscures; car cela s'apprend mieux par des exemples que par des règles, et je pense qu'on n'en peut donner aucun exemple, dont je n'aie touché quelque chose.

En septième lieu, je demande que les lecteurs, prenant garde qu'ils n'ont jamais reconnu aucune fausseté dans les choses qu'ils ont clairement conçues, et qu'au contraire ils n'ont jamais rencontré, sinon par hasard, aucune vérité dans les choses qu'ils n'ont conçues qu'avec obscurité, ils considèrent que ce serait une chose entièrement déraisonnable, si, pour quelques préjugés des sens, ou pour quelques suppositions faites à plaisir, et fondées sur quelque chose d'obscur et d'inconnu, ils révoquaient en doute les choses que l'entendement conçoit clairement et distinctement. Au moyen de quoi ils admettront facilement les axiomes suivants pour vrais et indubitables, bien que j'avoue que plusieurs d'entre eux eussent pu être mieux expliqués et eussent dû être plutôt proposés comme des théorèmes que comme des axiomes, si j'eusse voulu être plus exact.

Axiomes ou Notions communes.

I. Il n'y a aucune chose existante de laquelle on ne puisse demander quelle est la cause pourquoi elle existe. Car cela même se peut demander de Dieu; non qu'il ait besoin d'aucune cause pour exister, mais parce que l'immensité même de sa nature est la cause ou la raison pour laquelle il n'a besoin d'aucune cause pour exister.

II. Le temps présent ne dépend point de celui qui l'a immédiatement précédé; c'est pourquoi il n'est pas besoin d'une moindre cause pour conserver une chose, que pour la produire la première fois.

III. Aucune chose, ni aucune perfection de cette chose actuellement existante, ne peut avoir le *Néant*, ou une chose non existante, pour la cause de son existence.

128 IV. Toute la réalité ou perfection qui est dans une chose se rencontre formellement, ou éminemment, dans sa cause première et totale.

V. D'où il suit aussi que la réalité objective de nos idées requiert une cause, dans laquelle cette même réalité soit contenue, non seulement objectivement, mais même formellement, ou éminemment. Et il faut remarquer que cet axiome doit si nécessairement être admis, que de lui seul dépend la connaissance de toutes les choses, tant sensibles qu'insensibles. Car d'où savons-nous, par exemple, que le ciel existe ? Est-ce parce que nous le voyons ? Mais cette vision ne touche point l'esprit, sinon en tant qu'elle est une idée : une idée, dis-je, inhérente en l'esprit même, et non pas une image dépeinte en la fantaisie ; et, à l'occasion de cette idée, nous ne pouvons pas juger que le ciel existe, si ce n'est que nous supposons que toute idée doit avoir une cause de sa réalité objective, qui soit réellement existante ; laquelle cause nous jugeons que c'est le ciel même ; et ainsi des autres.

VI. Il y a divers degrés de réalité ou d'entité : car la substance a plus de réalité que l'accident ou le mode, et la substance infinie que la finie. C'est pourquoi aussi il y a plus de réalité objective dans l'idée de la substance que dans celle de l'accident, et dans l'idée de la substance infinie que dans l'idée de la substance finie.

VII. La volonté se porte volontairement, et librement (car cela est de son essence), mais néanmoins infailliblement, au bien qui lui est clairement connu. C'est pourquoi, si elle vient à connaître quelques perfections qu'elle n'ait pas, elle se les donnera aussitôt, si elles sont en sa puissance ; car elle connaîtra que ce lui est un plus grand bien de les avoir, que de ne les avoir pas.

VIII. Ce qui peut faire le plus, ou le plus difficile, peut aussi faire le moins, ou le plus aisé.

IX. C'est une chose plus grande et plus difficile de créer ou conserver une substance, que de créer ou conserver ses attributs ou propriétés ; mais ce n'est pas une chose plus grande, ou plus difficile, de créer une chose que de la conserver, ainsi qu'il a déjà été dit.

X. Dans l'idée ou le concept de chaque chose, l'exis-

tence y est contenue, parce que nous ne pouvons rien
concevoir que sous la forme d'une chose qui existe ;
mais avec cette différence que, dans le concept d'une
chose limitée, l'existence possible ou contingente est
seulement contenue, et dans le concept d'un être souverainement parfait, la parfaite et nécessaire y est
comprise.

PROPOSITION PREMIÈRE
L'EXISTENCE DE DIEU SE CONNAÎT
DE LA SEULE CONSIDÉRATION DE SA NATURE

Démonstration.

129   Dire que quelque attribut est contenu dans la nature
ou dans le concept d'une chose, c'est le même que de
dire que cet attribut est vrai de cette chose, et qu'on
peut assurer qu'il est en elle (par la définition neuvième).

Or est-il que l'existence nécessaire est contenue dans
la nature ou dans le concept de Dieu (par l'axiome
dixième).

Donc il est vrai de dire que l'existence nécessaire est
en Dieu, ou bien que Dieu existe.

Et ce syllogisme est le même dont je me suis servi en
ma réponse au sixième article de ces objections ; et sa
conclusion peut être connue sans preuve par ceux qui
sont libres de tous préjugés, comme il a été dit en la
cinquième demande. Mais parce qu'il n'est pas aisé de
parvenir à une si grande clarté d'esprit, nous tâcherons
de prouver la même chose par d'autres voies.

PROPOSITION SECONDE
L'EXISTENCE DE DIEU EST DÉMONTRÉE PAR SES
EFFETS,
DE CELA SEUL QUE SON IDÉE EST EN NOUS

Démonstration.

La réalité objective de chacune de nos idées requiert
une cause dans laquelle cette même réalité soit contenue, non pas objectivement, mais formellement ou
éminemment (par l'axiome cinquième).

Or est-il que nous avons en nous l'idée de Dieu (par la définition deuxième et huitième), et que la réalité objective de cette idée n'est point contenue en nous, ni formellement, ni éminemment (par l'axiome sixième), et qu'elle ne peut être contenue dans aucun autre que dans Dieu même (par la définition huitième).

Donc cette idée de Dieu, qui est en nous, demande Dieu pour sa cause : et par conséquent Dieu existe (par l'axiome troisième).

PROPOSITION TROISIÈME

L'EXISTENCE DE DIEU EST ENCORE DÉMONTRÉE DE CE QUE NOUS-MÊMES, QUI AVONS EN NOUS SON IDÉE, NOUS EXISTONS

Démonstration.

130 Si j'avais la puissance de me conserver moi-même, j'aurais aussi, à plus forte raison, le pouvoir de me donner toutes les perfections qui me manquent (par l'axiome 8 et 9); car ces perfections ne sont que des attributs de la substance, et moi je suis une substance.

Mais je n'ai pas la puissance de me donner toutes ces perfections, car autrement je les posséderais déjà (par l'axiome 7).

Donc je n'ai pas la puissance de me conserver moi-même.

En après, je ne puis exister sans être conservé tant que j'existe, soit par moi-même, supposé que j'en aie le pouvoir, soit par un autre qui ait cette puissance (par l'axiome 1 et 2).

Or est-il que j'existe, et toutefois je n'ai pas la puissance de me conserver moi-même, comme je viens de prouver.

Donc je suis conservé par un autre.

De plus, celui par qui je suis conservé a en soi formellement, ou éminemment, tout ce qui est en moi (par l'axiome 4).

Or est-il que j'ai en moi l'idée ou la notion de

plusieurs perfections qui me manquent, et ensemble l'idée d'un Dieu (par la définition 2 et 8).

Donc la notion de ces mêmes perfections est aussi en celui par qui je suis conservé.

Enfin, celui-là même par qui je suis conservé ne peut avoir la notion d'aucunes perfections qui lui manquent, c'est-à-dire qu'il n'ait point en soi formellement, ou éminemment (par l'axiome 7); car, ayant la puissance de me conserver, comme il a été dit maintenant, il aurait à plus forte raison le pouvoir de se les donner lui-même, s'il ne les avait pas (par l'axiome 8 et 9).

Or est-il qu'il a la notion de toutes les perfections que je reconnais me manquer, et que je conçois ne pouvoir être qu'en Dieu seul, comme je viens de prouver.

Donc il les a déjà toutes en soi formellement, ou éminemment; et ainsi il est Dieu.

COROLLAIRE

131 DIEU A CRÉÉ LE CIEL ET LA TERRE, ET TOUT CE QUI Y EST CONTENU, ET OUTRE CELA, IL PEUT FAIRE TOUTES LES CHOSES QUE NOUS CONCEVONS CLAIREMENT, EN LA MANIÈRE QUE NOUS LES CONCEVONS

Démonstration.

Toutes ces choses suivent clairement de la proposition précédente. Car nous y avons prouvé l'existence de Dieu, parce qu'il est nécessaire qu'il y ait un être qui existe, dans laquelle toutes les perfections, dont il y a en nous quelque idée, soient contenues formellement, ou éminemment.

Or est-il que nous avons en nous l'idée d'une puissance si grande, que, par celui-là seul en qui elle se retrouve, non seulement le ciel et la terre, etc., doivent avoir été créés, mais aussi toutes les autres choses que nous connaissons comme possibles[1].

---

1. Le latin dit : *non seulement le ciel et la terre, etc., ont été créés, mais aussi toutes les autres choses que nous connaissons comme possibles peuvent se produire, fieri possint.*

Donc, en prouvant l'existence de Dieu, nous avons aussi prouvé de lui toutes ces choses.

Proposition Quatrième

L'ESPRIT ET LE CORPS SONT RÉELLEMENT DISTINCTS

Démonstration.

Tout ce que nous concevons clairement peut être fait par Dieu en la manière que nous le concevons (par le corollaire précédent).

Mais nous concevons clairement l'esprit, c'est-à-dire une substance qui pense, sans le corps, c'est-à-dire sans une substance étendue (par la demande 2); et d'autre part nous concevons aussi clairement le corps sans l'esprit (ainsi que chacun accorde facilement).

Donc, au moins par la toute-puissance de Dieu, l'esprit peut être sans le corps, et le corps sans l'esprit.

Maintenant les substances qui peuvent être l'une sans l'autre sont réellement distinctes (par la définition 10).

132   Or est-il que l'esprit et le corps sont des substances (par les définitions 5, 6 et 7) qui peuvent être l'une sans l'autre (comme je le viens de prouver).

Donc l'esprit et le corps sont réellement distincts.

Et il faut remarquer que je me suis ici servi de la toute-puissance de Dieu pour en tirer ma preuve; non qu'il soit besoin de quelque puissance extraordinaire pour séparer l'esprit d'avec le corps, mais parce que, n'ayant traité que de Dieu seul sans les propositions précédentes, je ne la pouvais tirer d'ailleurs que de lui. Et il n'importe aucunement par quelle puissance deux choses soient séparées, pour que nous connaissions qu'elles sont réellement distinctes.

TROISIÈMES OBJECTIONS

FAITES PAR
UN CÉLÈBRE PHILOSOPHE ANGLAIS[1]
AVEC LES RÉPONSES DE L'AUTEUR

OBJECTION PREMIÈRE
SUR LA PREMIÈRE MÉDITATION
DES CHOSES
QUI PEUVENT ÊTRE RÉVOQUÉES EN DOUTE

133 *Il paraît assez, par les choses qui ont été dites dans cette Méditation, qu'il n'y a point de marque certaine et évidente par laquelle nous puissions reconnaître et distinguer nos songes de la veille et d'une vraie perception des sens; et partant, que les images des choses que nous sentons étant éveillés, ne sont point des accidents attachés à des objets extérieurs, et qu'elles ne sont point des preuves suffisantes pour montrer que ces objets extérieurs existent en effet. C'est pourquoi si, sans nous aider d'aucun autre raisonnement, nous suivons seulement nos sens, nous avons juste sujet de douter si quelque chose existe ou non. Nous reconnaissons donc la vérité de cette Méditation. Mais d'autant que Platon a parlé de cette incertitude des choses sensibles, et plusieurs autres anciens philosophes avant et après lui, et qu'il est aisé de remarquer la difficulté qu'il y a de discerner la veille du sommeil, j'eusse voulu que cet excellent auteur*

---

1. Thomas Hobbes (1588-1679) s'opposa à Descartes sur les principes de la physique et de la métaphysique. Descartes ne rendra justice qu'à sa grandeur de philosophe politique (lettre de 1643, AT-IV-67).

de nouvelles spéculations se fût abstenu de publier des choses si vieilles.

RÉPONSE

Les raisons de douter, qui sont ici reçues pour vraies par ce philosophe, n'ont été proposées par moi que comme vraisemblables ; et je m'en suis servi, non pour les débiter comme nouvelles, mais en partie pour préparer les esprits des lecteurs à considérer les choses intellectuelles et les distinguer des corporelles, à quoi elles m'ont toujours semblé très nécessaires ; en partie pour y répondre dans les Méditations suivantes ; et en partie aussi pour faire voir combien les vérités que je propose ensuite sont fermes et assurées, puisqu'elles ne peuvent être ébranlées par des doutes si généraux et si
134 extraordinaires. Et ce n'a point été pour acquérir de la gloire que je les ai rapportées, mais je pense n'avoir pas été moins obligé de les expliquer, qu'un médecin de décrire la maladie dont il a entrepris d'enseigner la cure.

OBJECTION SECONDE
SUR LA SECONDE MÉDITATION

DE LA NATURE DE L'ESPRIT HUMAIN

Je suis une chose qui pense. *C'est fort bien dit ; car, de ce que je pense, ou de ce que j'ai une idée, soit en veillant, soit en dormant, l'on infère que je suis pensant : car ces deux choses*, je pense et je suis pensant, *signifient la même chose. De ce que je suis pensant, il s'ensuit que je suis, parce que ce qui pense n'est pas un rien. Mais où notre auteur ajoute :* c'est-à-dire, un esprit, une âme, un entendement, une raison, *de là naît un doute. Car ce raisonnement ne me semble pas bien déduit, de dire* : je suis pensant, donc je suis une pensée ; *ou bien* je suis intelligent, donc *je suis un entendement. Car de la même façon je pourrais dire* : je suis promenant, donc *je suis* une promenade. *Monsieur Descartes donc prend la chose intelligente et l'intellection, qui en est l'acte, pour une même chose ; ou du moins il dit que c'est le même que la chose qui entend et l'entendement, qui est une puissance ou faculté d'une chose intelligente. Néanmoins tous les philosophes distinguent le sujet de ses facultés et de ses actes, c'est à-dire de ses propriétés et de ses essences, car c'est autre chose que la chose même qui est, et autre chose que son* essence. *Il se peut donc faire qu'une chose qui pense soit le sujet de l'esprit, de la raison, ou de l'entendement, et partant, que ce soit quelque chose de corporel, dont le contraire est pris, ou avancé, et n'est pas prouvé. Et néanmoins c'est en cela que consiste le fondement de la conclusion qu'il semble que Monsieur Descartes veuille établir.*

Au même endroit il dit : J'ai reconnu que j'existe, je cherche maintenant qui je suis, moi que j'ai reconnu être. Or il est très certain que cette notion et connaissance de moi-même, ainsi précisément prise, ne dépend point des choses dont l'existence ne m'est pas encore connue.

Il est très certain que la connaissance de cette proposition : j'existe, *dépend de celle-ci :* je pense, *comme il nous a fort bien enseigné. Mais d'où nous vient la connaissance de celle-ci :* je pense? *Certes, ce n'est point d'autre chose, que de ce que nous ne pouvons concevoir aucun acte sans son sujet, comme la pensée sans une chose qui pense, la science sans une chose qui sache, et la promenade sans une chose qui se promène.*

135 *Et de là il semble suivre, qu'une chose qui pense est quelque chose de corporel; car les sujets de tous les actes semblent être seulement entendus sous une raison corporelle, ou sous une raison de matière, comme il a lui-même montré un peu après par l'exemple de la cire, laquelle, quoique sa couleur, sa dureté, sa figure, et tous ses autres actes soient changés, est toujours conçue être la même chose, c'est-à-dire la même matière sujette à tous ces changements. Or ce n'est pas par une autre pensée qu'on infère que je pense; car, encore que quelqu'un puisse penser qu'il a pensé (laquelle pensée n'est rien autre chose qu'un souvenir), néanmoins il est tout à fait impossible de penser qu'on pense, ni de savoir*

qu'on sait ; car ce serait une interrogation qui ne finirait jamais : d'où savez-vous que vous savez que vous savez que vous savez, etc. ?

Et partant, puisque la connaissance de cette proposition : j'existe, *dépend de la connaissance de celle-ci :* je pense ; *et la connaissance de celle-ci, de ce que nous ne pouvons séparer la pensée d'une matière qui pense ; il semble qu'on doit plutôt inférer qu'une chose qui pense est matérielle, qu'immatérielle.*

RÉPONSE

Où j'ai dit : *c'est-à-dire un esprit, une âme, un entendement, une raison, etc.*, je n'ai point entendu par ces noms les seules facultés, mais les choses douées de la faculté de penser, comme par les deux premiers on a coutume d'entendre, et assez souvent aussi par les deux derniers : ce que j'ai si souvent expliqué, et en termes si exprès, que je ne vois pas qu'il y ait eu lieu d'en douter.

Et il n'y a point ici de rapport ou de convenance entre la promenade et la pensée, parce que la promenade n'est jamais prise autrement que pour l'action même ; mais la pensée se prend quelquefois pour l'action, quelquefois pour la faculté, et quelquefois pour la chose en laquelle réside cette faculté.

Et je ne dis pas que l'intellection et la chose qui entend soient une même chose, non pas même la chose qui entend et l'entendement, si l'entendement est pris pour une faculté, mais seulement lorsqu'il est pris pour la chose même qui entend. Or j'avoue franchement que pour signifier une chose ou une substance, laquelle je voulais dépouiller de toutes les choses qui ne lui appartiennent point, je me suis servi de termes autant simples et abstraits que j'ai pu, comme au contraire ce philo-
136 sophe, pour signifier la même substance, en emploie d'autres fort concrets et composés, à savoir ceux de sujet, de matière et de corps, afin d'empêcher, autant qu'il peut, qu'on ne puisse séparer la pensée d'avec le corps. Et je ne crains pas que la façon dont il se sert, qui est de joindre ainsi plusieurs choses ensemble, soit

trouvée plus propre pour parvenir à la connaissance de la vérité, qu'est la mienne, par laquelle je distingue, autant que je puis, chaque chose. Mais ne nous arrêtons pas davantage aux paroles, venons à la chose dont il est question.

Il se peut faire, dit-il, *qu'une chose qui pense soit quelque chose de corporel, dont le contraire est pris et n'est pas prouvé.* Tant s'en faut. Je n'ai point avancé le contraire, et ne m'en suis en façon quelconque servi pour fondement, mais je l'ai laissé entièrement indéterminé jusqu'à la sixième Méditation, dans laquelle il est prouvé.

En après, il dit fort bien *que nous ne pouvons concevoir aucun acte sans son sujet, comme la pensée sans une chose qui pense, parce que la chose qui pense n'est pas un rien;* mais c'est sans aucune raison, et contre toute bonne logique, et même contre la façon ordinaire de parler, qu'il ajoute *que de là il semble suivre qu'une chose qui pense est quelque chose de corporel;* car les sujets de tous les actes sont bien à la vérité entendus comme étant des substances (ou, si vous voulez, comme des matières, à savoir des matières métaphysiques), mais non pas pour cela comme des corps.

Au contraire, tous les logiciens, et presque tout le monde avec eux, ont coutume de dire qu'entre les substances les unes sont spirituelles, et les autres corporelles. Et je n'ai prouvé autre chose par l'exemple de la cire, sinon que la couleur, la dureté, la figure, etc., n'appartiennent point à la raison formelle[1] de la cire; c'est-à-dire qu'on peut concevoir tout ce qui se trouve nécessairement dans la cire, sans avoir besoin pour cela de penser à elles. Je n'ai point aussi parlé en ce lieu-là de la raison formelle de l'esprit, ni même de celle du corps.

Et il ne sert de rien de dire, comme fait ici ce philosophe, qu'une pensée ne peut pas être le sujet d'une autre pensée. Car qui a jamais feint cela que lui ? Mais je tâcherai ici d'expliquer toute la chose dont il est question en peu de paroles.

_____

1. Terme de l'Ecole qui désigne la nature ou essence.

Il est certain que la pensée ne peut pas être sans une chose qui pense, et en général aucun accident ou aucun acte ne peut être sans une substance de laquelle il soit l'acte. Mais, d'autant que nous ne connaissons pas la substance immédiatement par elle-même, mais seulement parce qu'elle est le sujet de quelques actes, il est fort convenable à la raison, et l'usage même le requiert, que nous appelions de divers noms ces substances que nous connaissons être les sujets de plusieurs actes ou accidents entièrement différents, et qu'après cela nous examinions si ces divers noms signifient des choses différentes, ou une seule et même chose.

Or il y a certains actes que nous appelons *corporels*, comme la grandeur, la figure, le mouvement, et toutes les autres choses qui ne peuvent être conçues sans une extension locale, et nous appelons du nom de *corps* la substance en laquelle ils résident; et on ne peut pas feindre que ce soit une autre substance qui soit le sujet de la figure, une autre qui soit le sujet du mouvement local, etc., parce que tous ces actes conviennent entre eux, en ce qu'ils présupposent l'étendue. En après, il y a d'autres actes que nous appelons *intellectuels*[1], comme entendre, vouloir, imaginer, sentir, etc., tous lesquels conviennent entre eux en ce qu'ils ne peuvent être sans pensée, ou perception, ou conscience et connaissance; et la substance en laquelle ils résident, nous disons que c'est *une chose qui pense*, ou *un esprit*, ou de quelque autre nom que nous veuillions l'appeler, pourvu que nous ne la confondions point avec la substance corporelle, d'autant que les actes intellectuels n'ont aucune affinité avec les actes corporels, et que la pensée, qui est la raison commune en laquelle ils conviennent, diffère totalement de l'extension, qui est la raison commune des autres.

Mais, après que nous avons formé deux concepts clairs et distincts de ces deux substances, il est aisé de connaître, par ce qui a été dit en la sixième Méditation, si elles ne sont qu'une même chose, ou si elles en sont deux différentes.

---

1. Le latin dit : *cogitativos, ce que nous appelons des actes de pensée.*

OBJECTION TROISIÈME

Qu'y a-t-il donc qui soit distingué de ma pensée? Qu'y a-t-il que l'on puisse dire être séparé de moi-même?

Quelqu'un répondra peut-être à cette question : Je suis distingué de ma pensée, moi-même qui pense : et quoiqu'elle ne soit pas à la vérité séparée de moi-même, elle est néanmoins différente de moi : de la même façon que la promenade (comme il a été dit ci-dessus) est distinguée de celui qui se promène. Que si Monsieur Descartes montre que 138 *celui qui entend et l'entendement sont une même chose, nous tomberons dans cette façon de parler scolastique : l'entendement entend, la vue voit, la volonté veut; et par une juste analogie, la promenade, ou du moins la faculté de se promener, se promènera : toutes lesquelles choses sont obscures, impropres, et très indignes de la netteté ordinaire de Monsieur Descartes.*

Réponse

Je ne nie pas que moi, qui pense, sois distingué de ma pensée, comme une chose l'est de son mode; mais où je demande : *qu'y a-t-il donc qui soit distingué de ma pensée?* j'entends cela des diverses façons de penser, qui sont là énoncées, et non pas de ma substance; et où j'ajoute : *qu'y a-t-il que l'on puisse dire être séparé de moi-même?* je veux dire seulement que toutes ces manières de penser, qui sont en moi, ne peuvent avoir aucune existence hors de moi : et je ne vois pas qu'il y ait en cela aucun lieu de doute, ni pourquoi l'on me blâme ici d'obscurité.

OBJECTION QUATRIÈME

Il faut donc que je demeure d'accord que je ne saurais pas même concevoir par l'imagination ce que c'est que cette cire, et qu'il n'y a que mon entendement seul qui le conçoive.

Il y a grande différence entre imaginer, c'est-à-dire avoir

quelque idée, et concevoir, de l'entendement, c'est-à-dire
conclure, en raisonnant, que quelque chose est ou existe ;
mais Monsieur Descartes ne nous a pas expliqué en quoi ils
diffèrent. Les anciens Péripatéticiens ont aussi enseigné
assez clairement que la substance ne s'aperçoit point par les
sens, mais qu'elle se collige par la raison.

Que dirons-nous maintenant, si peut-être le raisonnement
n'est rien autre chose qu'un assemblage et enchaînement de
noms par ce mot est *? D'où il s'ensuivrait que, par la raison,*
nous ne concluons rien du tout touchant la nature des choses,
mais seulement touchant leurs appellations, c'est-à-dire,
par elle, nous voyons simplement si nous assemblons bien ou
mal les noms des choses, selon les conventions que nous
avons faites à notre fantaisie touchant leurs significations.
Si cela est ainsi, comme il peut être, le raisonnement
dépendra des noms, les noms de l'imagination, et l'imagina-
tion peut-être (et ceci selon mon sentiment) du mouvement
des organes corporels ; et ainsi l'esprit ne sera rien autre
chose qu'un mouvement en certaines parties du corps orga-
nique.

Réponse

139   J'ai expliqué, dans la seconde Méditation, la différence qui est entre l'imagination et le pur concept de
l'entendement ou de l'esprit, lorsqu'en l'exemple de la
cire j'ai fait voir quelles sont les choses que nous
imaginons en elle, et quelles sont celles que nous
concevons par le seul entendement ; mais j'ai encore
expliqué ailleurs comment nous entendons autrement
une chose que nous ne l'imaginons, en ce que, pour
imaginer, par exemple, un pentagone, il est besoin
d'une particulière contention d'esprit qui nous rende
cette figure (c'est-à-dire ses cinq côtés et l'espace qu'ils
renferment) comme présente, de laquelle nous ne nous
servons point pour concevoir. Or l'assemblage qui se
fait dans le raisonnement n'est pas celui des noms, mais
bien celui des choses signifiées par les noms ; et je
m'étonne que le contraire puisse venir en l'esprit de
personne.

Car qui doute qu'un Français et qu'un Allemand ne puissent avoir les mêmes pensées ou raisonnements touchant les mêmes choses, quoique néanmoins ils conçoivent des mots entièrement différents ? Et ce philosophe ne se condamne-t-il pas lui-même, lorsqu'il parle des conventions que nous avons faites à notre fantaisie touchant la signification des mots ? Car s'il admet que quelque chose est signifié par les paroles, pourquoi ne veut-il pas que nos discours et raisonnements soient plutôt de la chose qui est signifiée, que des paroles seules ? Et certes, de la même façon et avec une aussi juste raison qu'il conclut que l'esprit est un mouvement, il pourrait aussi conclure que la terre est le ciel, ou telle autre chose qu'il lui plaira ; parce qu'il n'y a point d'autres choses au monde, entre lesquelles il n'y ait autant de convenance qu'il y en a entre le mouvement et l'esprit, qui sont de deux genres entièrement différents.

OBJECTION CINQUIÈME
SUR LA TROISIÈME MÉDITATION

DE DIEU

Quelqu'unes d'entre elles *(à savoir d'entre les pensées des hommes)* sont comme les images des choses, auxquelles seules convient proprement le nom d'idée, comme lorsque je pense à un homme, à une chimère, au ciel, à un ange, ou à Dieu.

Lorsque je pense à un homme, je me représente une idée
140 *ou une image composée de couleur et de figure, de laquelle je puis douter si elle a la ressemblance d'un homme, ou si elle ne l'a pas. Il en est de même, lorsque je pense au ciel. Lorsque je pense à une chimère, je me représente une idée, ou une image, de laquelle je puis douter si elle est le portrait de quelque animal qui n'existe point, mais qui puisse être, ou qui ait été autrefois, ou bien qui n'ait jamais été.*

Et lorsque quelqu'un pense à un ange, quelquefois l'image d'une flamme se présente à son esprit, et quelquefois celle d'un jeune enfant qui a des ailes, de laquelle je pense pouvoir dire avec certitude qu'elle n'a point la ressemblance d'un ange, et partant, qu'elle n'est point l'idée d'un ange; mais, croyant qu'il y a des créatures invisibles et immatérielles, qui sont les ministres de Dieu, nous donnons à une chose que nous croyons ou supposons, le nom d'ange, quoique néanmoins l'idée sous laquelle j'imagine un ange soit composée des idées des choses visibles.

Il en est de même du nom vénérable de Dieu, de qui nous n'avons aucune image ou idée; c'est pourquoi on nous défend de l'adorer sous une image, de peur qu'il ne nous semble que nous concevions celui qui est inconcevable.

Nous n'avons donc point en nous, ce semble, aucune idée de Dieu; mais tout ainsi qu'un aveugle-né, qui s'est plusieurs fois approché du feu et qui en a senti la chaleur, reconnaît qu'il y a quelque chose par quoi il a été échauffé, et, entendant dire que cela s'appelle du feu, conclut qu'il y a du feu, et néanmoins n'en connaît pas la figure ni la couleur, et n'a, à vrai dire, aucune idée, ou image du feu, qui se présente à son esprit; de même l'homme, voyant qu'il doit y avoir quelque cause de ses images ou de ses idées, et de cette cause une autre première, et ainsi de suite, est enfin conduit à une fin, ou à une supposition de quelque cause éternelle, qui, parce qu'elle n'a jamais commencé d'être, ne peut avoir de cause qui la précède, ce qui fait qu'il conclut nécessairement qu'il y a un être éternel qui existe; et néanmoins il n'a point d'idée qu'il puisse dire être celle de cet être éternel, mais il nomme ou appelle du nom de Dieu cette chose que la foi ou sa raison lui persuade.

Maintenant, d'autant que de cette supposition, à savoir que nous avons en nous l'idée de Dieu, Monsieur Descartes vient à la preuve de ce théorème : que Dieu *(c'est-à-dire un être tout-puissant, très sage, Créateur de l'Univers, etc.)* existe, *il a dû mieux expliquer cette idée de Dieu, et de là en conclure non seulement son existence, mais aussi la création du monde.*

RÉPONSE

141   Par le nom d'idée, il veut seulement qu'on entende ici les images des choses matérielles dépeintes en la fantaisie corporelle; et cela étant supposé, il lui est aisé

de montrer qu'on ne peut avoir aucune propre et
véritable idée de Dieu ni d'un ange; mais j'ai souvent
averti, et principalement en ce lieu-là même, que je
prends le nom d'idée pour tout ce qui est conçu
immédiatement par l'esprit. En sorte que, lorsque je
veux et que je crains, parce que je conçois en même
temps que je veux et que je crains, ce vouloir et cette
crainte sont mis par moi au nombre des idées; et je me
suis servi de ce nom, parce qu'il était déjà communément reçu par les philosophes, pour signifier les formes
des conceptions de l'entendement divin, encore que
nous ne reconnaissions en Dieu aucune fantaisie ou
imagination corporelle; et je n'en savais point de plus
propre. Et je pense avoir assez expliqué l'idée de Dieu,
pour ceux qui veulent concevoir le sens que je donne à
mes paroles; mais pour ceux qui s'attachent à les
entendre autrement que je ne fais, je ne le pourrais
jamais assez. Enfin, ce qu'il ajoute ici de la création du
monde, est tout à fait hors de propos; car j'ai trouvé que
Dieu existe, avant que d'examiner s'il y avait un monde
créé par lui, et de cela seul que Dieu, c'est-à-dire un
être souverainement puissant, existe, il suit que, s'il y a
un monde, il doit avoir été créé par lui.

OBJECTION SIXIÈME

Mais il y en a d'autres *(à savoir d'autres pensées)* qui
contiennent de plus d'autres formes : par exemple,
lorsque je veux, que je crains, que j'affirme, que je nie,
je conçois bien, à la vérité, toujours quelque chose
comme le sujet de l'action de mon esprit, mais j'ajoute
aussi quelque autre chose par cette action à l'idée que
j'ai de cette chose-là; et de ce genre de pensées, les unes
sont appelées volontés ou affections, et les autres jugements.

*Lorsque quelqu'un veut ou craint, il a bien, à la vérité,
l'image de la chose qu'il craint et de l'action qu'il veut; mais
qu'est-ce que celui qui veut, ou qui craint, embrasse de plus
par sa pensée, cela n'est pas ici expliqué. Et quoiqu'à le*

bien prendre la crainte soit une pensée, je ne vois pas
142 *comment elle peut être autre que la pensée ou l'idée de la*
chose que l'on craint. Car qu'est-ce autre chose que la
crainte d'un lion qui s'avance vers nous, sinon l'idée de ce
lion, et l'effet (qu'une telle idée engendre dans le cœur) par
lequel celui qui craint est porté à ce mouvement animal que
nous appelons fuite? Maintenant ce mouvement de fuite
n'est pas une pensée; et partant, il reste que, dans la
crainte, il n'y a point d'autre pensée, que celle qui consiste
en la ressemblance de la chose que l'on craint. Le même se
peut dire aussi de la volonté.

Davantage, l'affirmation et la négation ne se font point
sans parole et sans noms; d'où vient que les bêtes ne peuvent
rien affirmer ni nier, non pas même par la pensée, et
partant, ne peuvent aussi faire aucun jugement. Et néan-
moins la pensée peut être semblable dans un homme et dans
une bête; car, quand nous affirmons qu'un homme court,
nous n'avons point d'autre pensée que celle qu'a un chien
qui voit courir son maître, et partant, l'affirmation et la
négation n'ajoutent rien aux simples pensées, si ce n'est
peut-être la pensée que les noms, dont l'affirmation est
composée, sont les noms de la chose même qui est en l'esprit
de celui qui affirme; et cela n'est rien autre chose que
comprendre par la pensée la ressemblance de la chose, mais
cette ressemblance deux fois.

Réponse

Il est de soi très évident, que c'est autre chose de voir
un lion, et ensemble de le craindre, que de le voir
seulement; et tout de même, que c'est autre chose de
voir un homme qui court, que d'assurer qu'on le voit.
Et je ne remarque rien ici qui ait besoin de réponse ou
d'explication.

OBJECTION SEPTIÈME

Il me reste seulement à examiner de quelle façon j'ai
acquis cette idée; car je ne l'ai point reçue par les sens,
et jamais elle ne s'est offerte à moi contre mon attente,

comme font les idées des choses sensibles, lorsque ces choses se présentent aux organes extérieurs de mes sens, ou qu'elles semblent s'y présenter. Elle n'est pas aussi une pure production ou fiction de mon esprit, car il n'est pas en mon pouvoir d'y diminuer, ni d'y ajouter aucune chose; et partant, il ne reste plus autre chose à dire, sinon que, comme l'idée de moi-même, elle est née et produite avec moi, dès lors que j'ai été créé.

143 *S'il n'y a point d'idée de Dieu (or on ne prouve point qu'il y en ait), comme il semble qu'il n'y en a point, toute cette recherche est inutile. Davantage l'idée de moi-même me vient (si on regarde le corps) principalement de la vue; (si l'âme) nous n'en avons aucune idée; mais la raison nous fait conclure qu'il y a quelque chose de renfermé dans le corps humain, qui lui donne le mouvement animal par lequel il sent et se meut; et cela, quoi que ce soit, sans aucune idée, nous l'appelons âme.*

RÉPONSE

S'il y a une idée de Dieu (comme il est manifeste qu'il y en a une), toute cette objection est renversée; et lorsqu'on ajoute que nous n'avons point l'idée de l'âme, mais qu'elle se collige par la raison, c'est de même que si on disait qu'on n'en a point d'image dépeinte en la fantaisie, mais qu'on en a néanmoins cette notion que jusques ici j'ai appelé du nom d'idée.

OBJECTION HUITIÈME

Mais l'autre idée du soleil est prise des raisons de l'astronomie, c'est-à-dire de certaines notions qui sont naturellement en moi.

Il semble qu'il ne puisse y avoir en même temps qu'une idée du soleil, soit qu'il soit vu par les yeux, soit qu'il soit conçu par le raisonnement être plusieurs fois plus grand qu'il ne paraît à la vue; car cette dernière n'est pas l'idée du soleil, mais une conséquence de notre raisonnement, qui nous apprend que l'idée du soleil serait plusieurs fois plus grande, s'il était regardé de beaucoup plus près. Il est vrai qu'en divers temps il peut y avoir diverses idées du soleil, comme si en un temps il est regardé seulement avec les yeux, et en un autre avec une lunette d'approche ; mais les raisons de l'astronomie ne rendent point l'idée du soleil plus grande ou plus petite, seulement elles nous enseignent que l'idée sensible du soleil est trompeuse.

Réponse

Derechef, ce qui est dit ici n'être point l'idée du soleil, et néanmoins est décrit, c'est cela même que j'appelle idée. Et pendant que ce philosophe ne veut pas convenir avec moi de la signification des mots, il ne me peut rien objecter qui ne soit frivole.

OBJECTION NEUVIÈME

144   Car il est certain que les idées qui me représentent des substances sont quelque chose de plus, et pour ainsi dire, ont plus de réalité objective que celles qui me représentent seulement des modes ou accidents ; et derechef celle par laquelle je conçois un Dieu souverain, éternel, infini, tout connaissant, tout-puissant, et créateur universel de toutes les choses qui sont hors de lui, a sans doute en soi plus de réalité objective que celles par qui les substances finies me sont représentées.

J'ai déjà plusieurs fois remarqué ci-devant que nous n'avons aucune idée de Dieu ni de l'âme ; j'ajoute maintenant : ni de la substance ; car j'avoue bien que la substance, en tant qu'elle est une matière capable de recevoir divers accidents, et qui est sujette à leurs changements, est aperçue et prouvée par le raisonnement ; mais néanmoins elle n'est point conçue, ou nous n'en avons aucune idée. Si cela est vrai, comment peut-on dire que les idées qui nous représentent des substances, sont quelque chose de plus et ont plus

de réalité objective, que celles qui nous représentent des
accidents? Davantage, que Monsieur Descartes considère
derechef ce qu'il veut dire par ces mots, ont plus de réalité.
La réalité reçoit-elle le plus et le moins? Ou, s'il pense
qu'une chose soit plus chose qu'une autre, qu'il considère
comment il est possible que cela puisse être expliqué avec
toute la clarté et l'évidence qui est requise en une démonstra-
tion, et avec laquelle il a plusieurs fois traité d'autres
matières.

Réponse

J'ai plusieurs fois dit que j'appelais du nom d'idée
cela même que la raison nous fait connaître, comme
aussi toutes les autres choses que nous concevons, de
quelque façon que nous les concevions. Et j'ai suffisamment expliqué comment la réalité reçoit le plus et le
moins, en disant que la substance est quelque chose de
plus que le mode, et que, s'il y a des qualités réelles ou
des substances incomplètes, elles sont aussi quelque
chose de plus que les modes, mais quelque chose de
moins que les substances complètes; et enfin que, s'il y
a une substance infinie et indépendante, cette substance
est plus chose, ou a plus de réalité, c'est-à-dire participe
plus de l'être ou de la chose, que la substance finie et
dépendante. Ce qui est de soi si manifeste, qu'il n'est
pas besoin d'y apporter une plus ample explication.

OBJECTION DIXIÈME

145   Et partant, il ne reste que la seule idée de Dieu, dans
laquelle il faut considérer s'il y a quelque chose qui n'ait
pu venir de moi-même. Par le nom de Dieu, j'entends
une substance infinie, indépendante, souverainement
intelligente, souverainement puissante, et par laquelle
tant moi que tout ce qui est au monde, s'il y a quelque
monde, a été créé. Toutes lesquelles choses sont telles
que, plus j'y pense, et moins me semblent-elles pouvoir
venir de moi seul. Et par conséquent il faut conclure

nécessairement de tout ce qui a été dit ci-devant, que Dieu existe.

Considérant les attributs de Dieu, afin que de là nous en ayons l'idée, et que nous voyions s'il y a quelque chose en elle qui n'ait pu venir de nous-mêmes, je trouve, si je ne me trompe, que ni les choses que nous concevons par le nom de Dieu ne viennent point de nous, ni qu'il n'est pas nécessaire qu'elles viennent d'ailleurs que des objets extérieurs. Car, par le nom de Dieu, j'entends une substance, *c'est-à-dire j'entends que Dieu existe (non point par aucune idée, mais par le discours);* infinie *(c'est-à-dire que je ne puis concevoir ni imaginer ses termes ou de parties si éloignées, que je n'en puisse encore imaginer de plus reculées) : d'où il suit que le nom d'infini ne nous fournit pas l'idée de l'infinité divine, mais bien celle de mes propres termes et limites;* indépendante, *c'est-à-dire je ne conçois point de cause de laquelle Dieu puisse venir : d'où il paraît que je n'ai point d'autre idée qui réponde à ce nom d'*indépendant, *sinon la mémoire de mes propres idées, qui ont toutes leur commencement en divers temps, et qui par conséquent sont dépendantes.*

C'est pourquoi, dire que Dieu est indépendant, *ce n'est rien dire autre chose, sinon que Dieu est du nombre des choses dont je ne puis imaginer l'origine; tout ainsi que, dire que Dieu est* infini, *c'est de même que si nous disions qu'il est du nombre des choses dont nous ne concevons point les limites. Et ainsi toute l'idée de Dieu est réfutée; car quelle est cette idée qui est sans fin et sans origine?*

Souverainement intelligente. *Je demande ici par quelle idée Monsieur Descartes conçoit l'intellection de Dieu.*

Souverainement puissante. *Je demande aussi par quelle idée sa puissance, qui regarde les choses futures, c'est-à-dire non existantes, est entendue.*

146 *Certes, pour moi, j'entends la puissance par l'image ou la mémoire des choses passées, en raisonnant de cette sorte : Il a fait ainsi; donc il a pu faire ainsi; donc, tant qu'il sera, il pourra encore faire ainsi, c'est-à-dire il en a la puissance. Or toutes ces choses sont des idées qui peuvent venir des objets extérieurs.*

Créateur de toutes les choses qui sont au monde. *Je puis former quelque image de la création par le moyen des choses que j'ai vues, par exemple, de ce que j'ai vu un homme naissant, et qui est parvenu, d'une petitesse presque inconcevable, à la forme et grandeur qu'il a maintenant ; et personne, à mon avis, n'a d'autre idée à ce nom de Créateur ; mais il ne suffit pas, pour prouver la création, que nous puissions imaginer le monde créé.*

C'est pourquoi, encore qu'on eût démontré qu'un être infini, indépendant, tout-puissant, etc., *existe, il ne s'ensuit pas néanmoins qu'un créateur existe, si ce n'est que quelqu'un pense qu'on infère fort bien, de ce que quelque chose existe, laquelle nous croyons avoir créé toutes les autres choses, que pour cela le monde a autrefois été créé par elle.*

Davantage, où il dit que l'idée de Dieu et de notre âme est née et résidante en nous, je voudrais bien savoir si les âmes de ceux-là pensent, qui dorment profondément et sans aucune rêverie. Si elles ne pensent point, elles n'ont alors aucune idée ; et partant, il n'y a point d'idée qui soit née et résidante en nous, car ce qui est né et résidant en nous, est toujours présent à notre pensée.

RÉPONSE

Aucune chose, de celles que nous attribuons à Dieu, ne peut venir des objets extérieurs comme d'une cause exemplaire : car il n'y a rien en Dieu de semblable aux choses extérieures, c'est-à-dire aux choses corporelles. Or il est manifeste que tout ce que nous concevons être en Dieu de dissemblable aux choses extérieures, ne peut venir en notre pensée par l'entremise de ces mêmes choses, mais seulement par celle de la cause de cette diversité, c'est-à-dire de Dieu.

Et je demande ici de quelle façon ce philosophe tire l'intellection de Dieu des choses extérieures ; car, pour moi, j'explique aisément quelle est l'idée que j'en ai, en disant que, par le mot d'idée, j'entends tout ce qui est la forme de quelque perception ; car qui est celui qui conçoit quelque chose, qui ne s'en aperçoive, et par-

tant, qui n'ait cette forme ou idée de l'intellection,
laquelle étendant à l'infini, il forme l'idée de l'intellection divine? Et ainsi des autres attributs de Dieu.

147 Mais d'autant que je me suis servi de l'idée de Dieu
qui est en nous pour démontrer son existence, et que
dans cette idée une puissance si immense est contenue,
que nous concevons qu'il répugne (s'il est vrai que Dieu
existe), que quelque autre chose que lui existe, si elle
n'a été créée par lui, il suit clairement de ce que son
existence a été démontrée, qu'il a été aussi démontré
que tout ce monde, c'est-à-dire toutes les autres choses
différentes de Dieu qui existent, ont été créées par lui.

Enfin, lorsque je dis que quelque idée est née avec
nous, ou qu'elle est naturellement empreinte en nos
âmes, je n'entends pas qu'elle se présente toujours à
notre pensée, car ainsi il n'y en aurait aucune; mais
seulement, que nous avons en nous-mêmes la faculté de
la produire.

OBJECTION ONZIÈME

Et toute la force de l'argument dont j'ai usé pour
prouver l'existence de Dieu, consiste en ce que je vois
qu'il ne serait pas possible que ma nature fût telle
qu'elle est, c'est-à-dire que j'eusse en moi l'idée d'un
Dieu, si Dieu n'existait véritablement, à savoir ce
même Dieu dont j'ai en moi l'idée.

*Donc, puisque ce n'est pas une chose démontrée que nous
ayons en nous l'idée de Dieu, et que la Religion chrétienne
nous oblige de croire que Dieu est inconcevable, c'est-à-dire,
selon mon opinion, qu'on n'en peut avoir d'idée, il s'ensuit
que l'existence de Dieu n'a point été démontrée, et beaucoup
moins la création.*

RÉPONSE

Lorsque Dieu est dit inconcevable, cela s'entend
d'une conception qui le comprenne totalement et parfaitement. Au reste, j'ai déjà tant de fois expliqué

comment nous avons en nous l'idée de Dieu, que je ne
le puis encore ici répéter sans ennuyer les lecteurs.

OBJECTION DOUZIÈME
SUR LA QUATRIÈME MÉDITATION
DU VRAI ET DU FAUX

Et ainsi je connais que l'erreur, en tant que telle,
n'est pas quelque chose de réel qui dépende de Dieu,
mais que c'est seulement un défaut ; et partant, que je
n'ai pas besoin, pour errer, de quelque puissance qui
m'ait été donnée de Dieu particulièrement pour cet
effet.

148   *Il est certain que l'ignorance est seulement un défaut, et
qu'il n'est pas besoin d'aucune faculté positive pour ignorer ;
mais, quant à l'erreur, la chose n'est pas si manifeste : car il
semble que, si les pierres et les autres choses inanimées ne
peuvent errer, c'est seulement parce qu'elles n'ont pas la
faculté de raisonner ni d'imaginer ; et partant, il faut
conclure que, pour errer, il est besoin d'un entendement, ou
du moins d'une imagination, qui sont des facultés toutes
deux positives, accordées à tous ceux qui errent, mais aussi
à eux seuls.*
Davantage, Monsieur Descartes ajoute : J'aperçois que
mes erreurs dépendent du concours de deux causes, à
savoir, de la faculté de connaître qui est en moi, et de la
faculté d'élire ou du libre arbitre, *ce qui semble avoir de
la contradiction avec les choses qui ont été dites auparavant. Où il faut aussi remarquer que la liberté du franc-
arbitre est supposée sans être prouvée, quoique cette supposition soit contraire à l'opinion des calvinistes[1].*

RÉPONSE

Encore que, pour errer, il soit besoin de la faculté de
raisonner (ou plutôt de juger, ou bien d'affirmer ou de
nier), d'autant que c'en est le défaut, il ne s'ensuit pas

---

1. Les disciples de Calvin (1509-1564), en insistant sur la prédes-
tination ou « préordination de Dieu », mettaient en question le libre
arbitre de l'homme.

pour cela que ce défaut soit réel, non plus que l'aveuglement n'est pas appelé réel, quoique les pierres ne soient
pas dites aveugles pour ce seulement qu'elles ne sont
pas capables de voir. Et je suis étonné de n'avoir encore
pu rencontrer dans toutes ces objections aucune conséquence, qui me semblât être bien déduite de ses principes.

Je n'ai rien supposé ou avancé, touchant la liberté,
que ce que nous ressentons tous les jours en nous-
mêmes, et qui est très connu par la lumière naturelle ; et
je ne puis comprendre pourquoi il est dit ici que cela
répugne, ou a de la contradiction, avec ce qui a été dit
auparavant.

Mais encore que peut-être il y en ait plusieurs qui,
lorsqu'ils considèrent la préordination de Dieu, ne
peuvent pas comprendre comment notre liberté peut
subsister et s'accorder avec elle, il n'y a néanmoins
personne qui, se regardant seulement soi-même, ne
ressente et n'expérimente que la volonté et la liberté ne
sont qu'une même chose, ou plutôt qu'il n'y a point de
différence entre ce qui est volontaire et ce qui est libre.
Et ce n'est pas ici le lieu d'examiner quelle est en cela
l'opinion des calvinistes.

OBJECTION TREIZIÈME

149   Par exemple, examinant ces jours passés si quelque
chose existait dans le monde, et prenant garde que, de
cela seul que j'examinais cette question, il suivait très
évidemment que j'existais moi-même, je ne pouvais pas
m'empêcher de juger qu'une chose que je concevais si
clairement était vraie ; non que je m'y trouvasse forcé
par aucune cause extérieure, mais seulement parce que,
d'une grande clarté qui était en mon entendement, a
suivi une grande inclination en ma volonté, et ainsi je
me suis porté à croire avec d'autant plus de liberté, que
je me suis trouvé avec moins d'indifférence.

Cette façon de parler, une grande clarté dans l'entendement, *est métaphorique, et partant, n'est pas propre à entrer dans un argument : or celui qui n'a aucun doute, prétend avoir une semblable clarté, et sa volonté n'a pas une moindre inclination pour affirmer ce dont il n'a aucun doute, que celui qui a une parfaite science. Cette clarté peut donc bien être la cause pourquoi quelqu'un aura et défendra avec opiniâtreté quelque opinion, mais elle ne lui peut pas faire connaître avec certitude qu'elle est vraie.*

De plus, non seulement savoir qu'une chose est vraie, mais aussi la croire, ou lui donner son aveu et consentement, ce sont choses qui ne dépendent point de la volonté ; car les choses qui nous sont prouvées par de bons arguments, ou racontées comme croyables, soit que nous le veuillons ou non, nous sommes contraints de les croire. Il est bien vrai qu'affirmer ou nier, soutenir ou réfuter des propositions, ce sont des actes de la volonté ; mais il ne s'ensuit pas que le consentement et l'aveu intérieur dépendent de la volonté.

Et partant, la conclusion qui suit n'est pas suffisamment démontrée : Et c'est dans ce mauvais usage de notre liberté, que consiste cette privation qui constitue la forme de l'erreur.

RÉPONSE

Il importe peu que cette façon de parler, *une grande clarté,* soit propre, ou non, à entrer dans un argument, pourvu qu'elle soit propre pour expliquer nettement notre pensée, comme elle est en effet. Car il n'y a personne qui ne sache que par ce mot, *une clarté dans l'entendement,* on entend une clarté ou perspicuité de connaissance, que tous ceux-là n'ont peut-être pas, qui pensent l'avoir ; mais cela n'empêche pas qu'elle ne 150 diffère beaucoup d'une opinion obstinée, qui a été conçue sans une évidente perception.

Or, quand il est dit ici que, soit que nous voulions, ou que nous ne voulions pas, nous donnons notre créance aux choses que nous concevons clairement, c'est de même que si on disait que, soit que nous voulions, ou que nous ne voulions pas, nous voulons et désirons les choses bonnes, quand elles nous sont clairement connues ; car cette façon de parler, *soit que nous ne voulions pas*, n'a point de lieu en telles occasions, parce qu'il y a de la contradiction à vouloir et ne vouloir pas une même chose.

OBJECTION QUATORZIÈME
SUR LA CINQUIÈME MÉDITATION

DE L'ESSENCE DES CHOSES CORPORELLES

Comme, par exemple, lorsque j'imagine un triangle, encore qu'il n'y ait peut-être en aucun lieu du monde hors de ma pensée une telle figure, et qu'il n'y en ait jamais eu, il ne laisse pas néanmoins d'y avoir une certaine nature, ou forme, ou essence déterminée de cette figure, laquelle est immuable et éternelle, que je n'ai point inventée, et qui ne dépend en aucune façon de mon esprit, comme il paraît de ce que l'on peut démontrer diverses propriétés de ce triangle.

S'il n'y a point de triangle en aucun lieu du monde, je ne puis comprendre comment il a une nature ; car ce qui n'est nulle part, n'est point du tout, et n'a donc point aussi d'être ou de nature. L'idée que notre esprit conçoit du triangle, vient d'un autre triangle que nous avons vu, ou inventé sur les choses que nous avons vues ; mais depuis qu'une fois nous avons appelé du nom de triangle la chose d'où nous pensons que l'idée du triangle tire son origine, encore que cette chose périsse, le nom demeure toujours. De même, si nous avons une fois conçu par la pensée que tous les angles d'un triangle pris ensemble sont égaux à deux droits et que nous ayons donné cet autre nom au triangle : qu'il est une chose qui a trois angles égaux à deux droits, *quand il n'y aurait au monde aucun triangle, le nom néanmoins ne laisserait pas de demeurer. Et ainsi la vérité de cette proposition sera éternelle,* que le triangle est une chose qui a trois angles égaux à deux droits ; *mais la nature du triangle ne sera pas pour cela éternelle, car s'il arrivait par hasard que tout triangle généralement périt, elle cesserait d'être.*

De même cette proposition, l'homme est un animal,

sera vraie éternellement, à cause des noms éternels ; mais,
supposé que le genre humain fût anéanti, il n'y aurait plus
de nature humaine.

151 *D'où il est évident que l'essence, en tant qu'elle est*
distinguée de l'existence, n'est rien autre chose qu'un assem-
blage de noms par le verbe est ; *et partant, l'essence sans*
l'existence est une fiction de notre esprit. Et il semble que,
comme l'image de l'homme qui est dans l'esprit est à
l'homme, ainsi l'essence est à l'existence ; ou bien, comme
cette proposition, Socrate est homme, *est à celle-ci,*
Socrate est *ou* existe, *ainsi l'essence de Socrate est à*
l'existence du même Socrate. Or ceci, Socrate est homme,
quand Socrate n'existe point, ne signifie autre chose qu'un
assemblage de noms, et ce mot est *ou* être *a sous soi l'image*
de l'unité d'une chose, qui est désignée par deux noms.

RÉPONSE

La distinction qui est entre l'essence et l'existence est
connue de tout le monde ; et ce qui est dit ici des noms
éternels, au lieu des concepts ou des idées d'une éternelle vérité, a déjà été ci-devant assez réfuté et rejeté.

OBJECTION QUINZIÈME
SUR LA SIXIÈME MÉDITATION

DE L'EXISTENCE DES CHOSES MATÉRIELLES

Car Dieu ne m'ayant donné aucune faculté pour
connaître que cela soit (*à savoir que Dieu, par lui-même*
ou par l'entremise de quelque créature plus noble que le
corps, m'envoie les idées du corps), mais, au contraire,
m'ayant donné une grande inclination à croire qu'elles
me sont envoyées ou qu'elles partent des choses corporelles, je ne vois pas comment on pourrait l'excuser
de tromperie, si en effet ces idées partaient (d'ailleurs)
ou étaient produites par d'autres causes que par des
choses corporelles ; et partant, il faut avouer qu'il y a
des choses corporelles qui existent.

C'est la commune opinion que les médecins ne pèchent point, qui déçoivent les malades pour leur propre santé, ni les pères qui trompent leurs enfants pour leur propre bien, et que le mal de la tromperie ne consiste pas dans la fausseté des paroles, mais dans la malice de celui qui trompe. Que Monsieur Descartes prenne donc garde si cette proposition : Dieu ne nous peut jamais tromper, *prise universellement, est vraie ; car si elle n'est pas vraie, ainsi universellement prise, cette conclusion n'est pas bonne :* donc il y a des choses corporelles qui existent.

RÉPONSE

152   Pour la vérité de cette conclusion, il n'est pas nécessaire que nous ne puissions jamais être trompés (car, au contraire, j'ai avoué franchement que nous le sommes souvent) ; mais seulement, que nous ne le soyons point, quand notre erreur ferait paraître en Dieu une volonté de décevoir, laquelle ne peut être en lui ; et il y a encore ici une conséquence qui ne me semble pas être bien déduite de ses principes.

OBJECTION DERNIÈRE

Car je reconnais maintenant qu'il y a entre l'un et l'autre *(savoir est, entre la veille et le sommeil)* une très grande différence, en ce que notre mémoire ne peut jamais lier et joindre nos songes les uns aux autres et avoir toute la suite de notre vie, ainsi qu'elle a de coutume de joindre les choses qui nous arrivent étant éveillés.

Je demande : savoir si c'est une chose certaine, qu'une personne, songeant qu'elle doute si elle songe ou non, ne puisse songer que son songe est joint et lié avec les idées d'une longue suite de choses passées. Si elle le peut, les choses qui semblent à une personne qui dort être les actions de sa vie passée, peuvent être tenues pour vraies, tout ainsi que si elle était éveillée. Davantage, d'autant, comme il dit lui-même, que toute la certitude de la science et toute sa vérité dépend de la seule connaissance du vrai Dieu, ou bien un athée ne peut pas reconnaître qu'il veille par la mémoire de sa vie passée, ou bien une personne peut savoir qu'elle veille sans la connaissance du vrai Dieu.

RÉPONSE

Celui qui dort et songe ne peut pas joindre et assembler parfaitement et avec vérité ses rêveries avec les idées des choses passées, encore qu'il puisse songer qu'il les assemble. Car qui est-ce qui nie que celui qui dort se puisse tromper? Mais après, étant éveillé, il connaîtra facilement son erreur.

Et un athée peut reconnaître qu'il veille par la mémoire de sa vie passée ; mais il ne peut pas savoir que ce signe est suffisant pour le rendre certain qu'il ne se trompe point, s'il ne sait qu'il a été créé de Dieu, et que Dieu ne peut être trompeur.

QUATRIÈMES OBJECTIONS

FAITES PAR MONSIEUR ARNAULD, DOCTEUR EN
THÉOLOGIE[1]

Lettre dudit S. au R. P. Mersenne

Mon Révérend Père,

153   *Je mets au rang des signalés bienfaits la communication
qui m'a été faite par votre moyen des Méditations de
Monsieur Descartes ; mais, comme vous en saviez le prix,
aussi me l'avez-vous vendue fort chèrement, puisque vous
n'avez point voulu me faire participant de cet excellent
ouvrage, que je ne me sois premièrement obligé de vous en
dire mon sentiment. C'est une condition à laquelle je ne me
serais point engagé, si le désir de connaître les belles choses
n'était en moi fort violent, et contre laquelle je réclamerais
volontiers, si je pensais pouvoir obtenir de vous aussi
facilement une exception pour m'être laissé emporter par la
volupté, comme autrefois le Préteur en accordait à ceux de
qui la crainte ou la violence avait arraché le consentement.*

  *Car que voulez-vous de moi : Mon jugement touchant
l'auteur ? Nullement ; il y a longtemps que vous savez en
quelle estime j'ai sa personne, et le cas que je fais de son
esprit et de sa doctrine. Vous n'ignorez pas aussi les*

---

1. Le grand Arnauld (1612-1694), philosophe et théologien se
réclamant de la tradition augustinienne, fut reçu docteur en décembre 1641, mais dut attendre 1643 pour être admis comme
membre de la Société de Sorbonne.

fâcheuses affaires qui me tiennent à présent occupé, et si vous avez meilleure opinion de moi que je ne mérite, il ne s'ensuit pas que je n'aie point connaissance de mon peu de capacité. Cependant, ce que vous voulez soumettre à mon examen, demande une très haute suffisance, avec beaucoup de tranquillité et de loisir, afin que l'esprit, étant dégagé de l'embarras des affaires du monde, ne pense qu'à soi-même; ce que vous jugez bien ne se pouvoir faire sans une méditation très profonde et une très grande recollection d'esprit. J'obéirai néanmoins, puisque vous le voulez, mais à condition que vous serez mon garant, et que vous répondrez de toutes mes fautes. Or quoique la philosophie se puisse vanter d'avoir seule enfanté cet ouvrage, néanmoins, parce que notre auteur, en cela très modeste, se vient lui-même présenter au tribunal de la théologie, je jouerai ici deux personnages : dans le premier, paraissant en philosophe, je représenterai les principales difficultés que je jugerai pouvoir être proposées par ceux de cette profession, touchant les deux questions de la nature de l'esprit humain 154 *et de l'existence de Dieu; et après cela, prenant l'habit d'un théologien, je mettrai en avant les scrupules qu'un homme de cette robe pourrait rencontrer en tout cet ouvrage.*

DE LA NATURE DE L'ESPRIT HUMAIN

La première chose que je trouve ici digne de remarque, est de voir que Monsieur Descartes établisse pour fondement et premier principe de toute sa philosophie ce qu'avant lui saint Augustin, homme de très grand esprit et d'une singulière doctrine, non seulement en matière de théologie, mais aussi en ce qui concerne l'humaine philosophie, avait pris pour la base et le soutien de la sienne. Car, dans le livre second du Libre Arbitre, *chap. 3, Alipius disputant avec Evodius, et voulant prouver qu'il y a un Dieu :* Première- ment, *dit-il,* je vous demande, afin que nous commencions par les choses les plus manifestes, savoir : si vous êtes, ou si peut-être vous ne craignez point de vous méprendre en répondant à ma demande, combien qu'à vrai dire, si vous n'étiez point, vous ne pourriez jamais être trompé. *Auxquelles paroles reviennent celles-ci de notre auteur* : Mais il y a un je ne sais quel trompeur très puissant et très rusé, qui met toute son industrie à me tromper toujours. Il est donc sans doute que je suis, s'il me trompe. *Mais poursuivons, et afin de ne nous point éloigner de notre sujet, voyons comment de ce principe on peut conclure que notre esprit est distinct et séparé du corps.*

Je puis douter si j'ai un corps, voire même je puis douter s'il y a aucun corps au monde, et néanmoins je ne puis pas douter que je ne sois, ou que je n'existe, tandis que je doute, ou que je pense.

Donc, moi qui doute et qui pense, je ne suis point un corps : autrement, en doutant du corps, je douterais de moi-même.

Voire même, encore que je soutienne opiniâtrement qu'il n'y a aucun corps au monde, cette vérité néanmoins subsiste toujours : je suis quelque chose, *et partant, je ne suis point un corps.*

Certes cela est subtil ; mais quelqu'un pourra dire (ce que même notre auteur s'objecte) : de ce que je doute, ou même de ce que je nie qu'il y ait aucun corps, il ne s'ensuit pas pour cela qu'il n'y en ait point.

Mais aussi peut il arriver que ces choses mêmes que je suppose n'être point, parce qu'elles me sont inconnues, ne sont point en effet différentes de moi, que je connais. Je n'en sais rien, *dit-il*, je ne dispute pas maintenant de cela. Je ne puis donner mon jugement que des choses qui me sont connues ; j'ai reconnu que j'étais, et je cherche quel je suis, moi que j'ai reconnu être. Or il est très certain que cette notion et connaissance de moi-même, ainsi précisément prise, ne dépend point des choses dont l'existence ne m'est pas encore connue.

Mais, puisqu'il confesse lui-même que, par l'argument qu'il a proposé dans son traité de la Méthode *p. 34[1], la chose en est venue seulement à ce point, d'exclure tout ce qui est corporel de la nature de son esprit,* non pas eu égard à la vérité de la chose, mais seulement suivant l'ordre de sa

---

1. Voir AT, VI, 32-33 : ce passage de la Quatrième Partie du *Discours de la Méthode* est discuté par Descartes dans sa *Préface au Lecteur* (AT, VII, 8).

pensée et de son raisonnement (en telle sorte que son sens était, qu'il ne connaissait rien qu'il sût appartenir à son essence, sinon qu'il était une chose qui pense), *il est évident, par cette réponse, que la dispute en est encore aux mêmes termes, et partant, que la question, dont il nous promet la solution, demeure encore en son entier : à savoir,* comment, de ce qu'il ne connaît rien autre chose qui appartienne à son essence *(sinon qu'il est une chose qui pense),* il s'ensuit qu'il n'y a aussi rien autre chose qui en effet lui appartienne. *Ce que toutefois je n'ai pu découvrir dans toute l'étendue de la seconde Méditation, tant j'ai l'esprit pesant et grossier. Mais, autant que je le puis conjecturer, il en vient à la preuve dans la sixième, parce qu'il a cru qu'elle dépendait de la connaissance claire et distincte de Dieu, qu'il ne s'était pas encore acquise dans la seconde Méditation. Voici donc comment il prouve et décide cette difficulté :*

Parce que, *dit-il,* je sais que toutes les choses que je conçois clairement et distinctement peuvent être produites par Dieu telles que je les conçois, il suffit que je puisse concevoir clairement et distinctement une chose sans une autre, pour être certain que l'une est distincte ou différente de l'autre, parce qu'elles peuvent être posées séparément, au moins par la toute-puissance de Dieu ; et il n'importe pas par quelle puissance cette séparation se fasse pour m'obliger à les juger différentes. Donc, parce que, d'un côté, j'ai une claire et distincte idée de moi-même, en tant que je suis seulement une chose qui pense et non étendue ; et que, d'un autre, j'ai une idée distincte du corps, en tant qu'il est seulement une chose étendue et qui ne pense point, il est certain que ce moi, c'est-à-dire mon âme, par laquelle je suis ce que je suis, est entièrement et véritablement distincte de mon corps, et qu'elle peut être ou exister sans lui, en sorte qu'encore qu'il ne fût point, elle ne laisserait pas d'être tout ce qu'elle est.

Il faut ici s'arrêter un peu, car il me semble que dans ce peu de paroles consiste tout le nœud de la difficulté.

156   *Et premièrement, afin que la majeure de cet argument soit vraie, cela ne se doit pas entendre de toute sorte de*

connaissance, ni même de toute celle qui est claire et distincte, mais seulement de celle qui est pleine et entière (c'est-à-dire qui comprend tout ce qui peut être connu de la chose). Car Monsieur Descartes confesse lui-même, dans ses Réponses aux premières Objections, qu'il n'est pas besoin d'une distinction réelle, mais que la formelle suffit, afin qu'une chose soit conçue distinctement et séparément d'une autre, par une abstraction de l'esprit qui ne conçoit la chose qu'imparfaitement et en partie ; d'où vient qu'au même lieu il ajoute :

Mais je conçois pleinement ce que c'est que le corps *(c'est-à-dire je conçois le corps comme une chose complète),* en pensant seulement que c'est une chose étendue, figurée, mobile, etc., encore que je nie de lui toutes les choses qui appartiennent à la nature de l'esprit. Et d'autre part je conçois que l'esprit est une chose complète, qui doute, qui entend, qui veut, etc., encore que je n'accorde point qu'il y ait en lui aucune des choses qui sont contenues en l'idée du corps. Donc il y a une distinction réelle entre le corps et l'esprit.

Mais si quelqu'un vient à révoquer en doute cette mineure, et qu'il soutienne que l'idée que vous avez de vous-même n'est pas entière mais seulement imparfaite, lorsque vous vous concevez (c'est-à-dire votre esprit) comme une chose qui pense et qui n'est point étendue, et pareillement, lorsque vous vous concevez (c'est-à-dire votre corps) comme une chose étendue et qui ne pense point, il faut voir comment cela a été prouvé dans ce que vous avez dit auparavant ; car je ne pense pas que ce soit une chose si claire, qu'on la doive prendre pour un principe indémontrable, et qui n'ait pas besoin de preuve.

Et quant à sa première partie, à savoir que vous concevez pleinement ce que c'est que le corps, en pensant seulement que c'est une chose étendue, figurée, mobile, etc., encore que vous niiez de lui toutes les choses qui appartiennent à la nature de l'esprit, *elle est de peu d'importance ; car celui qui maintiendrait que notre esprit est corporel, n'estimerait pas pour cela que tout corps fût esprit, et ainsi le corps serait à l'esprit comme le genre est à l'espèce. Mais le genre peut être entendu sans l'espèce,*

encore que l'on nie de lui tout ce qui est propre et particulier
à l'espèce : d'où vient cet axiome de logique, que, l'espèce
étant niée, le genre n'est pas nié, *ou bien,* là où est le
genre, il n'est pas nécessaire que l'espèce soit ; *ainsi je*
puis concevoir la figure sans concevoir aucune des propriétés
157 *qui sont particulières au cercle. Il reste donc encore à*
prouver que l'esprit peut être pleinement et entièrement
entendu sans le corps.

Or, pour prouver cette proposition, je n'ai point, ce me
semble, trouvé de plus propre argument dans tout cet
ouvrage que celui que j'ai allégué au commencement : à
savoir, je puis nier qu'il y ait aucun corps au monde,
aucune chose étendue, et néanmoins je suis assuré que
je suis, tandis que je le nie ou que je pense ; je suis donc
une chose qui pense, et non point un corps, et le corps
n'appartient point à la connaissance que j'ai de moi-
même.

Mais je vois que de là il résulte seulement que je puis
acquérir quelque connaissance de moi-même sans la
connaissance du corps, mais, que cette connaissance soit
complète et entière, en telle sorte que je sois assuré que je ne
me trompe point, lorsque j'exclus le corps de mon essence,
cela ne m'est pas encore entièrement manifeste. Par
exemple :

Posons que quelqu'un sache que l'angle du demi-cercle est
droit, et partant, que le triangle fait de cet angle et du
diamètre du cercle est rectangle ; mais qu'il doute et ne sache
pas encore certainement, voire même qu'ayant été déçu par
quelque sophisme, il nie que le carré de la base d'un triangle
rectangle soit égal aux carrés des côtés, il semble que, par la
même raison que propose Monsieur Descartes, il doive se
confirmer dans son erreur et fausse opinion. Car, dira-t-il,
je connais clairement et distinctement que ce triangle est
rectangle ; je doute néanmoins que le carré de sa base soit
égal aux carrés des côtés ; donc il n'est pas de l'essence de ce
triangle que le carré de sa base soit égal aux carrés des côtés.

En après, encore que je nie que le carré de sa base soit
égal aux carrés des côtés, je suis néanmoins assuré qu'il est
rectangle, et il me demeure en l'esprit une claire et distincte
connaissance qu'un des angles de ce triangle est droit, ce

qu'étant, Dieu même ne saurait faire qu'il ne soit pas rectangle.

Et partant, ce dont je doute, et que je puis même nier, la même idée me demeurant en l'esprit, n'appartient point à son essence.

Davantage, parce que je sais que toutes les choses que je conçois clairement et distinctement peuvent être produites par Dieu telles que je les conçois, c'est assez que je puisse concevoir clairement et distinctement une chose sans une autre, pour être certain que l'une est différente de l'autre, parce que Dieu les peut séparer. *Mais je conçois clairement et distinctement que ce triangle est rectangle, sans que je sache que le carré de sa base soit égal aux carrés des côtés; donc, au moins par la toute-*
158 *puissance de Dieu, il se peut faire un triangle rectangle dont le carré de la base ne sera pas égal aux carrés des côtés.*

Je ne vois pas ce que l'on peut ici répondre, si ce n'est que cet homme ne connaît pas clairement et distinctement la nature du triangle rectangle. Mais d'où puis-je savoir que je connais mieux la nature de mon esprit, qu'il ne connaît celle de ce triangle? Car il est aussi assuré que le triangle au demi-cercle a un angle droit, ce qui est la notion du triangle rectangle, que je suis assuré que j'existe, de ce que je pense.

Tout ainsi donc que celui-là se trompe, de ce qu'il pense qu'il n'est pas de l'essence de ce triangle (qu'il connaît clairement et distinctement être rectangle), que le carré de sa base soit égal aux carrés des côtés, pourquoi peut-être ne me trompé-je pas aussi, en ce que je pense que rien autre chose n'appartient à ma nature (que je sais certainement et distinctement être une chose qui pense), sinon que je suis une chose qui pense? vu que peut-être il est aussi de mon essence, que je sois une chose étendue.

Et certainement, dira quelqu'un, ce n'est pas merveille si, lorsque, de ce que je pense, je viens à conclure que je suis, l'idée que de là je forme de moi-même, ne me représente point autrement à mon esprit que comme une chose qui pense, puisqu'elle a été tirée de ma seule pensée. Et ainsi il ne semble pas que cette idée nous puisse fournir aucun argument, pour prouver que rien autre chose n'appartient à mon essence, que ce qui est contenu en elle.

On peut ajouter à cela que l'argument proposé semble prouver trop, et nous porter dans cette opinion de quelques platoniciens (laquelle néanmoins notre auteur réfute), que rien de corporel n'appartient à notre essence, en sorte que l'homme soit seulement un esprit, et que le corps n'en soit que le véhicule, d'où vient qu'ils définissent l'homme un esprit vivant ou se servant du corps.

Que si vous répondez que le corps n'est pas absolument exclu de mon essence, mais seulement en tant que précisément je suis une chose qui pense, on pourrait craindre que quelqu'un ne vînt à soupçonner que peut-être la notion ou l'idée que j'ai de moi-même, en tant que je suis une chose qui pense, ne soit pas l'idée ou la notion de quelque être complet, lequel soit pleinement et parfaitement conçu, mais seulement imparfaitement et avec quelque sorte d'abstraction d'esprit et restriction de la pensée.

C'est pourquoi, tout ainsi que les géomètres conçoivent la ligne comme une longueur sans largeur, et la superficie comme une longueur et largeur sans profondeur, quoiqu'il 159 *n'y ait point de longueur sans largeur, ni de largeur sans profondeur; peut-être aussi quelqu'un pourra-t-il mettre en doute, savoir si tout ce qui pense n'est point aussi une chose étendue, mais qui, outre les propriétés qui lui sont communes avec les autres choses étendues, comme d'être mobile, figurable, etc., ait aussi cette particulière vertu et faculté de penser, ce qui fait que, par une abstraction de l'esprit, elle peut être conçue avec cette seule vertu comme une chose qui pense, quoique en effet les propriétés et qualités du corps conviennent à toutes les choses qui pensent; tout ainsi que la quantité peut être conçue avec la longueur seule, quoique en effet il n'y ait point de quantité à laquelle, avec la longueur, la largeur et la profondeur ne conviennent.*

Ce qui augmente cette difficulté est que cette vertu de penser semble être attachée aux organes corporels, puisque dans les enfants elle paraît assoupie, et dans les fous tout à fait éteinte et perdue; ce que les personnes impies et meurtrières des âmes nous objectent principalement.

Voilà ce que j'avais à dire touchant la distinction réelle de l'esprit d'avec le corps. Mais puisque Monsieur Des-

cartes a entrepris de démontrer l'immortalité de l'âme, on peut demander avec raison si elle résulte évidemment de cette distinction. Car, selon les principes de la philosophie ordinaire, cela ne s'ensuit point du tout ; vu qu'ordinairement ils disent que les âmes des bêtes sont distinctes de leurs corps, et que néanmoins elles périssent avec eux.

J'avais étendu jusques ici cet écrit, et mon dessein était de montrer comment, selon les principes de notre auteur (lesquels je pensais avoir recueillis de sa façon de philosopher), de la réelle distinction de l'esprit d'avec le corps, son immortalité se conclut facilement, lorsqu'on m'a mis entre les mains un sommaire des six Méditations fait par le même auteur, qui, outre la grande lumière qu'il apporte à tout son ouvrage, contenait sur ce sujet les mêmes raisons que j'avais méditées pour la solution de cette question.

Pour ce qui est des âmes des bêtes, il a déjà assez fait connaître, en d'autres lieux, que son opinion est qu'elles n'en ont point, mais seulement un corps figuré d'une certaine façon, et composé de plusieurs différents organes disposés de telle sorte, que toutes les opérations que nous voyons peuvent être faites en lui et par lui.

Mais il y a lieu de craindre que cette opinion ne puisse pas trouver créance dans les esprits des hommes, si elle n'est soutenue et prouvée par de très fortes raisons. Car cela semble incroyable d'abord, qu'il se puisse faire, sans le ministère d'aucune âme, que la lumière qui réfléchit du corps du loup dans les yeux de la brebis, remue les petits filets des nerfs optiques, et qu'en vertu de ce mouvement, qui va jusqu'au cerveau, les esprits animaux soient répandus dans les nerfs en la manière qu'il est nécessaire pour faire que la brebis prenne la fuite.

J'ajouterai seulement ici que j'approuve grandement ce que Monsieur Descartes dit touchant la distinction qui est entre l'imagination et la pensée ou l'intelligence ; et que cela a toujours été mon opinion, que les choses que nous concevons par la raison sont beaucoup plus certaines que celles que les sens corporels nous font apercevoir. Car il y a longtemps que j'ai appris de saint Augustin, chap. 15, De la quantité de l'âme, qu'il faut rejeter le sentiment de ceux qui se persuadent que les choses que nous voyons par l'esprit, *sont moins certaines que celles que nous voyons par les yeux du corps, qui sont toujours troublés par la pituite[1]. Ce qui fait dire au même saint Augustin, dans le livre premier de ses* Soliloques, *chap. 4, qu'il a expérimenté plusieurs fois qu'en matière de géométrie les sens sont comme des vaisseaux.*

Car, *dit-il*, lorsque, pour l'établissement et la preuve de quelque proposition de géométrie, je me suis laissé conduire par mes sens jusqu'au lieu où je prétendais aller, je ne les ai pas plutôt quittés que, venant à repasser par ma pensée toutes les choses qu'ils semblaient m'avoir apprises, je me suis trouvé l'esprit aussi inconstant que sont les pas de ceux que l'on vient de mettre à terre après une longue navigation. C'est pourquoi je pense qu'on pourrait plutôt trouver l'art de naviguer sur la terre, que de pouvoir comprendre la géométrie par la seule entremise des sens, quoiqu'il semble qu'ils n'aident pas peu ceux qui commencent à l'apprendre.

DE DIEU

La première raison que notre auteur apporte pour démontrer l'existence de Dieu, laquelle il a entrepris de prouver dans sa troisième Méditation, contient deux parties : la première est que Dieu existe, parce que son idée est en moi ; et la seconde, que moi, qui ai une telle idée, je ne puis venir que de Dieu.

Touchant la première partie, il n'y a qu'une seule chose que je ne puis approuver, qui est que, Monsieur Descartes
161 *ayant soutenu que la fausseté ne se trouve proprement que dans les jugements, il dit néanmoins, un peu après, qu'il y a des idées qui peuvent, non pas à la vérité formellement, mais matériellement, être fausses : ce qui me semble avoir de la répugnance avec ses principes.*

Mais, de peur qu'en une matière si obscure je ne puisse

---

1. L'une des quatre humeurs fondamentales qui, selon la médecine ancienne, sont encloses dans le corps des animaux et constituent leur tempérament.

pas expliquer ma pensée assez nettement, je me servirai d'un exemple qui la rendra plus manifeste. Si, dit-il, le froid est seulement une privation de la chaleur, l'idée qui me le représente comme une chose positive, sera matériellement fausse.

Au contraire, si le froid est seulement une privation, il ne pourra y avoir aucune idée du froid, qui me le représente comme une chose positive; et ici notre auteur confond le jugement avec l'idée.

Car qu'est-ce que l'idée du froid? C'est le froid même, en tant qu'il est objectivement dans l'entendement; mais si le froid est une privation, il ne saurait être objectivement dans l'entendement par une idée de qui l'être objectif soit un être positif; donc, si le froid est seulement une privation, jamais l'idée n'en pourra être positive, et conséquemment il n'y en pourra avoir aucune qui soit matériellement fausse.

Cela se confirme par le même argument que Monsieur Descartes emploie pour prouver que l'idée d'un être infini est nécessairement vraie. Car, bien que l'on puisse feindre qu'un tel être n'existe point, on ne peut pas néanmoins feindre que son idée ne me représente rien de réel.

La même chose se peut dire de toute idée positive; car, encore que l'on puisse feindre que le froid, que je pense être représenté par une idée positive, ne soit pas une chose positive, on ne peut pas néanmoins feindre qu'une idée positive ne me représente rien de réel et de positif, vu que les idées ne sont pas appelées positives selon l'être qu'elles ont en qualité de modes ou de manières de penser, car en ce sens elles seraient toutes positives; mais elles sont ainsi appelées de l'être objectif qu'elles contiennent et représentent à notre esprit. Partant, cette idée peut bien n'être pas l'idée du froid, mais elle ne peut pas être fausse.

Mais, direz-vous, elle est fausse pour cela même qu'elle n'est pas l'idée du froid. Au contraire, c'est votre jugement qui est faux, si vous la jugez être l'idée du froid; mais, pour elle, il est certain qu'elle est très vraie; tout ainsi que l'idée de Dieu ne doit pas matériellement même être appelée fausse, encore que quelqu'un la puisse transférer et rapporter à une chose qui ne soit point Dieu, comme ont fait les idolâtres.

*Enfin cette idée du froid, que vous dites être matérielle-
ment fausse, que représente-t-elle à votre esprit? Une*
162 *privation? Donc elle est vraie. Un être positif? Donc elle
n'est pas l'idée du froid. Et de plus, quelle est la cause de cet
être positif objectif qui, selon votre opinion, fait que cette
idée soit matériellement fausse?* C'est, *dites-vous,* moi-
même, en tant que je participe du néant. *Donc l'être
objectif positif de quelque idée peut venir du néant, ce qui
néanmoins répugne tout à fait à vos premiers fondements.*

*Mais venons à la seconde partie de cette démonstration,
en laquelle on demande,* si moi, qui ai l'idée d'un être
infini, je puis être par un autre que par un être infini, et
principalement si je puis être par moi-même. *Monsieur
Descartes soutient que je ne puis être par moi-même,
d'autant que, si je me donnais l'être, je me donnerais
aussi toutes les perfections dont je trouve en moi
quelque idée. Mais l'auteur des premières Objections
réplique fort subtilement :* Etre par soi *ne doit pas être pris*
positivement, *mais* négativement, *en sorte que ce soit le
même que* n'être pas par autrui. Or, *ajoute-t-il,* si quelque chose est par soi, c'est-à-dire non par autrui,
comment prouverez-vous pour cela qu'elle comprend
tout, et qu'elle est infinie? Car à présent je ne vous
écoute point, si vous dites : puisqu'elle est par soi, elle
se sera aisément donné toutes choses; d'autant qu'elle
n'est pas par soi comme par une cause, et qu'il ne lui a
pas été possible, avant qu'elle fût, de prévoir ce qu'elle
pourrait être, pour choisir ce qu'elle serait après.

*Pour résoudre cet argument, Monsieur Descartes répond
que cette façon de parler,* être par soi, *ne doit pas être prise*
négativement, *mais* positivement, *eu égard même à l'existence de Dieu; en telle sorte que* Dieu fait en quelque
façon la même chose à l'égard de soi-même, que la
cause efficiente à l'égard de son effet. *Ce qui me semble
un peu hardi, et n'être pas véritable.*

*C'est pourquoi je conviens en partie avec lui, et en partie
je n'y conviens pas. Car j'avoue bien que je ne puis être par
moi-même que positivement, mais je nie que le même se
doive dire de Dieu. Au contraire, je trouve une manifeste
contradiction que quelque chose soit par soi positivement et*

*comme par une cause. C'est pourquoi je conclus la même
chose que notre auteur, mais par une voie tout à fait
différente, en cette sorte :*

Pour être par moi-même, je devrais être par moi positivement *et comme par une cause ; donc il est impossible que
je sois par moi-même. La majeure de cet argument est
prouvée par ce qu'il dit lui-même,* que les parties du temps
pouvant être séparées, et ne dépendant point les unes
des autres, il ne s'ensuit pas, de ce que je suis, que je
doive être encore à l'avenir, si ce n'est qu'il y ait en moi
163 quelque puissance réelle et positive, qui me crée quasi
derechef en tous les moments.

Quant à la mineure, à savoir que je ne puis être par
moi positivement et comme par une cause, *elle me
semble si manifeste par la lumière naturelle, que ce serait en
vain qu'on s'arrêterait à la vouloir prouver, puisque ce
serait perdre le temps à prouver une chose connue par une
autre moins connue. Notre auteur même semble en avoir
reconnu la vérité, lorsqu'il n'a pas osé la nier ouvertement.
Car, je vous prie, examinons soigneusement ces paroles de
sa Réponse aux premières Objections :*

Je n'ai pas dit, *dit-il,* qu'il est impossible qu'une
chose soit la cause efficiente de soi-même ; car, encore
que cela soit manifestement véritable, quand on restreint la signification d'efficient à ces sortes de causes
qui sont différentes de leurs effets, ou qui les précèdent
en temps, il ne semble pas néanmoins que, dans cette
question, on la doive ainsi restreindre, parce que la
lumière naturelle ne nous dicte point que ce soit le
propre de la cause efficiente de précéder en temps son
effet.

*Cela est fort pour ce qui regarde le premier membre de
cette distinction ; mais pourquoi a-t-il omis le second, et que
n'a-t-il ajouté que la même lumière naturelle ne nous dicte
point que ce soit le propre de la cause efficiente d'être
différente de son effet, sinon parce que la lumière naturelle
ne lui permettait pas de le dire ?*

*Et de vrai, tout effet étant dépendant de sa cause, et
recevant d'elle son être, n'est-il pas très évident qu'une
même chose ne peut pas dépendre ni recevoir l'être de
soi-même ?*

Davantage, toute cause est la cause d'un effet, et tout effet est l'effet d'une cause, et partant, il y a un rapport mutuel entre la cause et l'effet : or il ne peut y avoir de rapport mutuel qu'entre deux choses.

En après, on ne peut concevoir, sans absurdité, qu'une chose reçoive l'être, et que néanmoins cette même chose ait l'être auparavant que nous ayons conçu qu'elle l'ait reçu. Or cela arriverait, si nous attribuions les notions de cause et d'effet à une même chose au regard de soi-même. Car quelle est la notion d'une cause? Donner l'être. Quelle est la notion d'un effet? Le recevoir. Or la notion de la cause précède naturellement la notion de l'effet.

Maintenant, nous ne pouvons pas concevoir une chose sous la notion de cause, comme donnant l'être, si nous ne
164 *concevons qu'elle l'a; car personne ne peut donner ce qu'il n'a pas. Donc nous concevrions premièrement qu'une chose a l'être, que nous ne concevrions qu'elle l'a reçu; et néanmoins, en celui qui reçoit, recevoir précède l'avoir.*

Cette raison peut être encore ainsi expliquée : personne ne donne ce qu'il n'a pas; donc personne ne se peut donner l'être, que celui qui l'a déjà; or, s'il l'a déjà, pourquoi se le donnerait-il?

Enfin, il dit qu'il est manifeste, par la lumière naturelle, que la création n'est distinguée de la conservation que par la raison. *Mais il est aussi manifeste, par la même lumière naturelle, que rien ne se peut créer soi-même, ni par conséquent aussi se conserver.*

Que si de la thèse générale nous descendons à l'hypothèse spéciale de Dieu, la chose sera encore, à mon avis, plus manifeste, à savoir, que Dieu ne peut être par soi positivement, mais seulement négativement, *c'est-à-dire* non par autrui.

Et premièrement cela est évident par la raison que Monsieur Descartes apporte pour prouver que, si le corps est par soi, il doit être par soi positivement. Car, *dit-il,* les parties du temps ne dépendent point les unes des autres; et partant, de ce que l'on suppose que ce corps jusqu'à cette heure a été par soi, c'est-à-dire sans cause, il ne s'ensuit pas pour cela qu'il doive être encore à l'avenir, si ce n'est qu'il y ait en lui quelque puissance

réelle et positive, qui, pour ainsi dire, le reproduise
continuellement.

Mais tant s'en faut que cette raison puisse avoir lieu,
lorsqu'il est question d'un être souverainement parfait et
infini, qu'au contraire, pour des raisons tout à fait oppo-
sées, il faut conclure tout autrement. Car, dans l'idée d'un
être infini, l'infinité de sa durée y est aussi contenue,
c'est-à-dire qu'elle n'est point renfermée dans aucunes
limites, et partant, qu'elle est indivisible, permanente et
subsistante tout à la fois, et dans laquelle on ne peut sans
erreur et qu'improprement, à cause de l'imperfection de
notre esprit, concevoir de passé ni d'avenir.

D'où il est manifeste qu'on ne peut concevoir qu'un être
infini existe, quand ce ne serait qu'un moment, qu'on ne
conçoive en même temps qu'il a toujours été et qu'il sera
éternellement (ce que notre auteur même dit en quelque
endroit), et partant, que c'est une chose superflue de
demander pourquoi il persévère dans l'être.

Voire même, comme l'enseigne saint Augustin (lequel,
après les auteurs sacrés, a parlé de Dieu plus hautement et
plus dignement qu'aucun autre), en Dieu il n'y a point de
passé ni de futur, mais un continuel présent; ce qui fait voir
clairement qu'on ne peut sans absurdité demander pourquoi
165 *Dieu persévère dans l'être, vu que cette question enveloppe*
manifestement le devant et l'après, le passé et le futur, qui
doivent être bannis de l'idée d'un être infini.

Davantage on ne peut pas concevoir que Dieu soit par soi
positivement, comme s'il s'était lui-même premièrement
produit, car il aurait été auparavant que d'être; mais
seulement (comme notre auteur déclare en plusieurs lieux),
parce que en effet il se conserve.

Mais la conservation ne convient pas mieux à l'être infini
que la première production. Car qu'est-ce, je vous prie, que
la conservation, sinon une continuelle reproduction d'une
chose? d'où il arrive que toute conservation suppose une
première production. Et c'est pour cela même que le nom de
continuation, comme aussi celui de conservation, étant
plutôt des noms de puissance que d'acte, emportent avec soi
quelque capacité ou disposition à recevoir; mais l'être infini
est un acte très pur, incapable de telles dispositions.

Concluons donc que nous ne pouvons concevoir que Dieu soit par soi positivement, sinon à cause de l'imperfection de notre esprit, qui conçoit Dieu à la façon des choses créées; ce qui sera encore plus évident par cette autre raison :

On ne demande point la cause efficiente d'une chose, sinon à raison de son existence, et non à raison de son essence : par exemple, quand on demande la cause efficiente d'un triangle, on demande qui a fait que ce triangle soit au monde; mais ce ne serait pas sans absurdité que je demanderais la cause efficiente pourquoi un triangle a ses trois angles égaux à deux droits; et à celui qui ferait cette demande, on ne répondrait pas bien par la cause efficiente, mais on doit seulement répondre, parce que telle est la nature du triangle; d'où vient que les mathématiciens, qui ne se mettent pas beaucoup en peine de l'existence de leur objet, ne font aucune démonstration par la cause efficiente et finale. Or il n'est pas moins de l'essence d'un être infini d'exister, voire même, si vous voulez, de persévérer dans l'être, qu'il est de l'essence d'un triangle d'avoir ses trois angles égaux à deux droits. Donc, tout ainsi qu'à celui qui demanderait pourquoi un triangle a ses trois angles égaux à deux droits, on ne doit pas répondre par la cause efficiente, mais seulement : parce que telle est la nature immuable et éternelle du triangle; de même, si quelqu'un demande pourquoi Dieu est, ou pourquoi il ne cesse point d'être, il ne faut point chercher en Dieu, ni hors de Dieu, de cause efficiente, ou quasi efficiente (car je ne dispute pas ici du nom, mais de la chose), mais il faut dire, pour toute raison, parce que telle est la nature de l'être souverainement parfait.

C'est pourquoi, à ce que dit Monsieur Descartes, que la
166 lumière naturelle nous dicte qu'il n'y a aucune chose de laquelle il ne soit permis de demander pourquoi elle existe, ou dont on ne puisse rechercher la cause efficiente, ou bien, si elle n'en a point, demander pourquoi elle n'en a pas besoin, *je réponds que, si on demande pourquoi Dieu existe, il ne faut pas répondre par la cause efficiente, mais seulement : parce qu'il est Dieu, c'est-à-dire un être infini. Que si on demande quelle est sa cause efficiente, il faut répondre qu'il n'en a pas besoin; et enfin,*

si on demande pourquoi il n'en a pas besoin, il faut
répondre : parce qu'il est un être infini, duquel l'existence
est son essence ; car il n'y a que les choses dans lesquelles il
est permis de distinguer l'existence actuelle de l'essence, qui
aient besoin de cause efficiente.

Et partant, ce qu'il ajoute immédiatement après les
paroles que je viens de citer, se détruit de soi-même, à
savoir : Si je pensais, *dit-il,* qu'aucune chose ne pût en
quelque façon être à l'égard de soi-même ce que la cause
efficiente est à l'égard de son effet, tant s'en faut que de
là je voulusse conclure qu'il y a une première cause,
qu'au contraire de celle-là même qu'on appellerait
première, je rechercherais derechef la cause, et ainsi je
ne viendrais jamais à une première.

Car, au contraire, si je pensais que, de quelque chose que
ce fût, il fallût rechercher la cause efficiente, ou quasi
efficiente, j'aurais dans l'esprit de chercher une cause
différente de cette chose ; d'autant qu'il est manifeste que
rien ne peut en aucune façon être à l'égard de soi-même ce
que la cause efficiente est à l'égard de son effet.

Or il me semble que notre auteur doit être averti de
considérer diligemment et avec attention toutes ces choses
parce que je suis assuré qu'il y a peu de théologiens qui ne
s'offensent de cette proposition, à savoir, que Dieu est par
soi positivement, et comme *par* une cause.

Il ne me reste plus qu'un scrupule, qui est de savoir
comment il se peut défendre de ne pas commettre un cercle,
lorsqu'il dit que nous ne sommes assurés que les choses
que nous concevons clairement et distinctement sont
vraies, qu'à cause que Dieu est ou existe.

Car nous ne pouvons être assurés que Dieu est, sinon
parce que nous concevons cela très clairement et très dis-
tinctement ; donc, auparavant que d'être assurés de l'exis-
tence de Dieu, nous devons être assurés que toutes les choses
que nous concevons clairement et distinctement sont toutes
vraies.

J'ajouterai une chose qui m'était échappée, c'est à
savoir, que cette proposition me semble fausse, que Mon-
sieur Descartes donne pour une vérité très constante, à
savoir, que rien ne peut être en lui, en tant qu'il est une

chose qui pense, dont il n'ait connaissance. *Car par ce mot, en lui, en tant qu'il est une chose qui pense, il n'entend autre chose que son esprit, en tant qu'il est distingué du corps. Mais qui ne voit qu'il peut y avoir plusieurs choses en l'esprit, dont l'esprit même n'ait aucune connaissance? Par exemple, l'esprit d'un enfant qui est dans le ventre de sa mère, a bien la vertu ou la faculté de penser, mais il n'en a pas connaissance. Je passe sous silence un grand nombre de semblables choses.*

DES CHOSES QUI PEUVENT ARRÊTER LES THÉOLOGIENS

Enfin, pour finir un discours qui n'est déjà que trop ennuyeux, je veux ici traiter les choses le plus brièvement qu'il me sera possible, et à ce sujet mon dessein est de marquer seulement les difficultés, sans m'arrêter à une dispute plus exacte.

Premièrement, je crains que quelques-uns ne s'offensent de cette libre façon de philosopher, par laquelle toutes choses sont révoquées en doute. Et de vrai notre auteur même confesse, dans sa Méthode, que cette voie est dangereuse pour les faibles esprits ; j'avoue néanmoins qu'il tempère un peu le sujet de cette crainte dans l'abrégé de sa première Méditation.

Toutefois je ne sais s'il ne serait point à propos de la munir de quelque préface, dans laquelle le lecteur fût averti que ce n'est pas sérieusement et tout de bon que l'on doute de ces choses, mais afin qu'ayant pour quelque temps mis à part toutes celles qui peuvent doñner le moindre doute, *ou, comme parle notre auteur en un autre endroit,* qui peuvent donner à notre esprit une occasion de douter la plus hyperbolique, *nous voyions si, après cela, il n'y aura pas moyen de trouver quelque vérité qui soit si ferme et si assurée, que les plus opiniâtres n'en puissent aucunement douter. Et aussi, au lieu de ces paroles :* ne connaissant pas l'auteur de mon origine, je penserais qu'il vaudrait mieux mettre : *feignant de ne pas connaître.*

Dans la quatrième Méditation, qui traite du vrai et du faux, je voudrais, pour plusieurs raisons qu'il serait long de rapporter ici, que Monsieur Descartes, dans son abrégé, ou dans le tissu même de cette Méditation, avertît le lecteur de deux choses.

La première que, lorsqu'il explique la cause de l'erreur, il entend principalement parler de celle qui se commet dans le 168 *discernement du vrai et du faux, et non pas de celle qui arrive dans la poursuite du bien et du mal.*

Car, puisque cela suffit pour le dessein et le but de notre auteur, et que les choses qu'il dit ici touchant la cause de l'erreur souffriraient de très grandes objections, si on les étendait aussi à ce qui regarde la poursuite du bien et du mal, il me semble qu'il est de la prudence, et que l'ordre même, dont notre auteur paraît si jaloux, requiert que toutes les choses qui ne servent point au sujet, et qui peuvent donner lieu à plusieurs disputes, soient retranchées, de peur que, tandis que le lecteur s'amuse inutilement à disputer des choses qui sont superflues, il ne soit diverti de la connaissance des nécessaires.

La seconde chose dont je voudrais que notre auteur donnât quelque avertissement, est que, lorsqu'il dit que nous ne devons donner notre créance qu'aux choses que nous concevons clairement et distinctement, cela s'entend seulement des choses qui concernent les sciences, et qui tombent sous notre intelligence, et non pas de celles qui regardent la foi et les actions de notre vie ; ce qui a fait qu'il a toujours condamné l'arrogance et présomption de ceux qui opinent, c'est-à-dire de ceux qui pensent savoir ce qu'ils ne savent pas, mais qu'il n'a jamais blâmé la juste persuasion de ceux qui croient avec prudence.

Car, comme remarque fort judicieusement saint Augustin au chapitre [1] de l'Utilité de la Croyance, il y a trois choses en l'esprit de l'homme qui ont entre elles un très grand rapport, et semblent quasi n'être qu'une même chose, mais qu'il faut néanmoins très soigneusement distinguer, savoir est : *entendre, croire et opiner.*

Celui-là *entend*, qui comprend quelque chose par des raisons certaines. Celui-là *croit*, lequel, emporté par le poids et le crédit de quelque grave et puissante autorité, tient pour vrai cela même qu'il ne comprend pas par des raisons certaines. Celui-là *opine*, qui se persuade ou plutôt qui présume de savoir ce qu'il ne sait pas.

1. Erreur de référence : le passage cité est tiré du chapitre 11 (et non 15).

Or c'est une chose honteuse et fort indigne d'un homme que d'*opiner*, pour deux raisons : la première, parce que celui-là n'est plus en état d'apprendre, qui s'est déjà persuadé de savoir ce qu'il ignore ; et la seconde, parce que la présomption est de soi la marque d'un esprit mal fait et d'un homme de peu de sens.

Donc ce que nous entendons, nous le devons *à la raison* ; ce que nous croyons, *à l'autorité* ; ce que nous opinons, *à l'erreur*. Je dis cela afin que nous sachions qu'ajoutant foi même aux choses que nous ne comprenons pas encore, nous sommes exempts de la présomption de ceux qui opinent.

169 Car ceux qui disent qu'il ne faut rien croire que ce que nous savons, tâchent seulement de ne point tomber dans la faute de ceux qui opinent, laquelle en effet est de soi honteuse et blâmable. Mais si quelqu'un considère avec soin la grande différence qu'il y a entre celui qui présume savoir ce qu'il ne sait pas, et celui qui croit ce qu'il sait bien qu'il n'entend pas, y étant toutefois porté par quelque puissante autorité, il verra que celui-ci évite sagement le péril de l'erreur, le blâme de peu de confiance et d'humanité, et le péché de superbe.

Et un peu après, chapitre 12, il ajoute :

On peut apporter plusieurs raisons qui feront voir qu'il ne reste plus rien d'assuré parmi la société des hommes, si nous sommes résolus de ne rien croire que ce que nous pourrons connaître certainement. *Jusques ici saint Augustin.*

Monsieur Descartes peut maintenant juger combien il est nécessaire de distinguer ces choses, de peur que plusieurs de ceux qui penchent aujourd'hui vers l'impiété, ne puissent se servir de ses paroles pour combattre la foi et la vérité de notre créance.

Mais ce dont je prévois que les théologiens s'offenseront le plus, est que, selon ses principes, il ne semble pas que les choses que l'Eglise nous enseigne touchant le sacré mystère de l'Eucharistie puissent subsister et demeurer en leur entier.

Car nous tenons pour article de foi que la substance du pain étant ôtée du pain eucharistique, les seuls accidents y demeurent. *Or ces accidents sont l'étendue, la figure, la couleur, l'odeur, la saveur, et les autres qualités sensibles.*

De qualités sensibles notre auteur n'en reconnaît point, mais seulement certains différents mouvements des petits corps qui sont autour de nous, par le moyen desquels nous sentons ces différentes impressions, lesquelles puis après nous appelons du nom de couleur, de saveur, d'odeur, etc. Ainsi il reste seulement la figure, l'étendue et la mobilité. Mais notre auteur nie que ces facultés puissent être entendues sans quelque substance en laquelle elles résident, et partant aussi qu'elles puissent exister sans elle; ce que même il répète dans ses Réponses aux premières Objections.

Il ne reconnaît point aussi entre ces modes ou affections de la substance, et la substance, de distinction autre que la formelle, laquelle ne suffit pas, ce semble, pour que les choses qui sont ainsi distinguées puissent être séparées l'une de l'autre, même par la toute-puissance de Dieu.

170 *Je ne doute point que Monsieur Descartes, dont la piété nous est très connue, n'examine et ne pèse diligemment ces choses, et qu'il ne juge bien qu'il lui faut soigneusement prendre garde, qu'en tâchant de soutenir la cause de Dieu contre l'impiété des libertins, il ne semble pas leur avoir mis des armes en main pour combattre une foi que l'autorité du Dieu qu'il défend a fondée, et au moyen de laquelle il espère parvenir à cette vie immortelle qu'il a entrepris de persuader aux hommes.*

RÉPONSES DE L'AUTEUR

AUX QUATRIÈMES OBJECTIONS
FAITES PAR MONSIEUR ARNAULD, DOCTEUR EN THÉOLOGIE

Lettre de l'Auteur au R.P. Mersenne.

Mon R. Père,

Il m'eût été difficile de souhaiter un plus clairvoyant et plus officieux examinateur de mes écrits, que celui dont vous m'avez envoyé les remarques ; car il me traite avec tant de douceur et de civilité, que je vois bien que son dessein n'a pas été de rien dire contre moi ni contre le sujet que j'ai traité ; et néanmoins c'est avec tant de soin qu'il a examiné ce qu'il a combattu, que j'ai raison de croire que rien ne lui a échappé. En outre cela il insiste si vivement contre les choses qui n'ont pu obtenir de lui son approbation, que je n'ai pas sujet de craindre qu'on estime que la complaisance lui ait rien fait dissimuler ; c'est pourquoi je ne me mets pas tant en peine des objections qu'il m'a faites, que je me réjouis de ce qu'il n'y a point plus de choses en mon écrit auxquelles il contredise.

RÉPONSES À LA PREMIÈRE PARTIE

DE LA NATURE DE L'ESPRIT HUMAIN

Je ne m'arrêterai point ici à le remercier du secours qu'il m'a donné en me fortifiant de l'autorité de saint Augustin, et de ce qu'il a proposé mes raisons de telle sorte, qu'il semblait avoir peur que les autres ne les trouvassent pas assez fortes et convaincantes.

Mais je dirai d'abord en quel lieu j'ai commencé de prouver comment, *de ce que je connais rien autre chose qui appartienne à mon essence*, c'est-à-dire à l'essence de mon esprit, *sinon que je suis une chose qui pense, il s'ensuit qu'il n'y a aussi rien autre chose qui en effet lui appartienne.* C'est au même lieu où j'ai prouvé que Dieu est ou existe, ce Dieu, dis-je, qui peut faire toutes les choses que je conçois clairement et distinctement comme possibles.

Car, quoique peut-être il y ait en moi plusieurs choses que je ne connais pas encore (comme en effet je supposais en ce lieu-là que je ne savais pas encore que l'esprit eût la force de mouvoir le corps, ou de lui être substantiellement uni), néanmoins, d'autant que ce que je connais être en moi me suffit pour subsister avec cela seul, je suis assuré que Dieu me pouvait créer sans les autres choses que je ne connais pas encore, et partant, que ces autres choses n'appartiennent point à l'essence de mon esprit.

Car il me semble qu'aucune des choses sans lesquelles une autre peut être, n'est comprise en son essence; et encore que l'esprit soit de l'essence de l'homme il n'est pas néanmoins, à proprement parler, de l'essence de l'esprit, qu'il soit uni au corps humain.

Il faut aussi que j'explique ici quelle est ma pensée, lorsque je dis *qu'on ne peut pas inférer une distinction réelle entre deux choses, de ce que l'une est conçue sans l'autre par une abstraction de l'esprit qui conçoit la chose imparfaitement, mais seulement, de ce que chacune d'elles est conçue sans l'autre pleinement, ou comme une chose complète.*

Car je n'estime pas qu'une connaissance entière et parfaite de la chose soit ici requise, comme le prétend Monsieur Arnauld; mais il y a en cela cette différence, qu'afin qu'une connaissance soit *entière et parfaite*, elle doit contenir en soi toutes et chacune les propriétés qui sont dans la chose connues. Et c'est pour cela qu'il n'y a que Dieu seul qui sache qu'il a les connaissances entières et parfaites de toutes les choses.

Mais, quoiqu'un entendement créé ait peut-être en effet les connaissances entières et parfaites de plusieurs choses, néanmoins jamais il ne peut savoir qu'il les a, si Dieu même ne lui révèle particulièrement. Car, pour faire qu'il ait une connaissance pleine et entière de quelque chose, il est seulement requis que la puissance de connaître qui est en lui égale cette chose, ce qui se peut faire aisément; mais pour faire qu'il sache qu'il a une telle connaissance, ou bien que Dieu n'a rien mis de plus dans cette chose que ce qu'il en connaît, il faut que, par sa puissance de connaître, il égale la puissance infinie de Dieu, ce qui est entièrement impossible.

Or, pour connaître la distinction réelle qui est entre 172 deux choses, il n'est pas nécessaire que la connaissance que nous avons de ces choses soit entière et parfaite, si nous ne savons en même temps qu'elle est telle; mais nous ne le pouvons jamais savoir, comme je viens de prouver; donc il n'est pas nécessaire qu'elle soit entière et parfaite.

C'est pourquoi, où j'ai dit *qu'il ne suffit pas qu'une chose soit conçue sans une autre par une abstraction de l'esprit qui conçoit la chose imparfaitement*, je n'ai pas pensé que de là l'on pût inférer que, pour établir une distinction réelle, il fût besoin d'une connaissance entière et parfaite, mais seulement d'une qui fût telle, que nous ne la rendissions point *imparfaite et défectueuse* par l'abstraction et restriction de notre esprit.

Car il y a bien de la différence entre avoir une connaissance entièrement parfaite, de laquelle personne ne peut jamais être assuré, si Dieu même ne lui révèle, et avoir une connaissance parfaite jusqu'à ce point que nous sachions qu'elle n'est point rendue imparfaite par aucune abstraction de notre esprit.

Ainsi, quand j'ai dit qu'il fallait concevoir *pleinement* une chose, ce n'était pas mon intention de dire que notre conception devait être entière et parfaite, mais seulement, qu'elle devait être assez distincte, pour savoir que cette chose était *complète*.

Ce que je pensais être manifeste, tant par les choses que j'avais dites auparavant, que par celles qui suivent immédiatement après : car j'avais distingué un peu auparavant les êtres incomplets de ceux qui sont complets, et j'avais dit qu'il était nécessaire que chacune des choses qui sont distinguées réellement, fût conçue comme un être par soi et distinct de tout autre.

Et un peu après, au même sens que j'ai dit que je concevais *pleinement* ce que c'est que le corps, j'ai ajouté au même lieu que je concevais aussi que l'esprit *est une chose complète*, prenant ces deux façons de parler, *concevoir pleinement*, et *concevoir que c'est une chose complète*, en une seule et même signification.

Mais on peut ici demander avec raison ce que j'entends par *une chose complète*, et comment je prouve que, *pour la distinction réelle, il suffit que deux choses soient conçues l'une sans l'autre comme deux choses complètes*.

A la première demande je réponds que, par *une chose complète*, je n'entends autre chose qu'une substance revêtue des formes, ou attributs, qui suffisent pour me faire connaître qu'elle est une substance.

Car, comme j'ai déjà remarqué ailleurs, nous ne connaissons point les substances immédiatement par

173 elles-mêmes; mais, de ce que nous apercevons quelques formes, ou attributs, qui doivent être attachés à quelque chose pour exister, nous appelons du nom de *Substance* cette chose à laquelle ils sont attachés.

Que si, après cela, nous voulions dépouiller cette même substance de tous ces attributs qui nous la font connaître, nous détruirions toute la connaissance que nous en avons, et ainsi nous pourrions bien à la vérité dire quelque chose de la substance, mais tout ce que nous en dirions ne consisterait qu'en paroles, desquelles nous ne concevrions pas clairement et distinctement la signification.

Je sais bien qu'il y a des substances que l'on appelle vulgairement *incomplètes*; mais, si on les appelle ainsi parce que de soi elles ne peuvent pas subsister toutes seules et sans être soutenues par d'autres choses, je confesse qu'il me semble qu'en cela il y a de la contradiction, qu'elles soient des substances, c'est-à-dire des choses qui subsistent par soi, et qu'elles soient aussi incomplètes, c'est-à-dire des choses qui ne peuvent pas subsister par soi. Il est vrai qu'en un autre sens on les peut appeler incomplètes, non qu'elles aient rien d'incomplet en tant qu'elles sont des substances, mais seulement en tant qu'elles se rapportent à quelque autre substance avec laquelle elles composent un tout par soi et distinct de tout autre.

Ainsi la main est une substance incomplète, si vous la rapportez à tout le corps dont elle est partie; mais si vous la considérez toute seule, elle est une substance complète. Et pareillement l'esprit et le corps sont des substances incomplètes, lorsqu'ils sont rapportés à l'homme qu'ils composent; mais étant considérés séparément, ils sont des substances complètes.

Car tout ainsi qu'être étendu, divisible, figuré, etc., sont des formes ou des attributs par le moyen desquels je connais cette substance qu'on appelle *corps*; de même être intelligent, voulant, doutant, etc., sont des formes par le moyen desquelles je connais cette substance qu'on appelle *esprit*; et je ne comprends pas moins que la substance qui pense est une chose complète, que je comprends que la substance étendue en est une.

Et ce que Monsieur Arnauld a ajouté ne se peut dire en façon quelconque, à savoir, que peut-être *le corps est à l'esprit comme le genre est à l'espèce :* car, encore que le genre puisse être conçu sans cette particulière différence spécifique, ou sans celle-là, l'espèce toutefois ne peut en aucune façon être conçue sans le genre.

Ainsi, par exemple, nous concevons aisément la figure sans penser au cercle (quoique cette conception ne soit pas distincte, si elle n'est rapportée à quelque figure particulière ; ni d'une chose complète, si elle ne comprend la nature du corps) ; mais nous ne pouvons concevoir aucune différence spécifique du cercle, que nous ne pensions en même temps à la figure.

Au lieu que l'esprit peut être conçu distinctement et pleinement, c'est-à-dire autant qu'il faut pour être tenu pour une chose complète, sans aucune de ces formes, ou attributs, au moyen desquels nous reconnaissons que le corps est une substance, comme je pense avoir suffisamment démontré dans la seconde Méditation ; et le corps est aussi conçu distinctement et comme une chose complète, sans aucune des choses qui appartiennent à l'esprit.

Ici néanmoins Monsieur Arnauld passe plus avant, et dit : *Encore que je puisse acquérir quelque notion de moi-même sans la notion du corps, il ne résulte pas néanmoins de là, que cette notion soit complète et entière, en telle sorte que je sois assuré que je ne me trompe point, lorsque j'exclus le corps de mon essence.*

Ce qu'il explique par l'exemple du triangle inscrit au demi-cercle, que nous pouvons clairement et distinctement concevoir être rectangle, encore que nous ignorions, ou même que nous niions, que le carré de sa base soit égal aux carrés des côtés ; et néanmoins on ne peut pas de là inférer qu'on puisse faire un triangle rectangle, duquel le carré de la base ne soit pas égal aux carrés des côtés.

Mais, pour ce qui est de cet exemple, il diffère en plusieurs façons de la chose proposée. Car, *premièrement*, encore que peut-être par un triangle on puisse entendre une substance dont la figure est triangulaire, certes la propriété d'avoir le carré de la base égal aux carrés des côtés, n'est pas une substance, et partant, chacune de ces deux choses ne peut pas être entendue comme une chose complète, ainsi que le sont l'*esprit* et le *corps*. Et même cette propriété ne peut pas être appelée une chose, au même sens que j'ai dit *que c'est assez que je puisse concevoir une chose* (c'est à savoir une chose complète) *sans une autre, etc.*, comme il est aisé de voir par ces paroles qui suivent : *Davantage je trouve en moi des facultés, etc.* Car je n'ai pas dit que ces facultés fussent *des choses*, mais j'ai voulu expressément faire distinction entre les choses, c'est-à-dire entre les substances, et les modes de ces choses, c'est-à-dire les facultés de ces substances.

En second lieu, encore que nous puissions clairement et distinctement concevoir que le triangle au demi-cercle est rectangle, sans apercevoir que le carré de sa base est égal aux carrés des côtés, néanmoins nous ne pouvons pas concevoir ainsi clairement un triangle duquel le carré de la base soit égal aux carrés des côtés, sans que nous apercevions en même temps qu'il est 175 rectangle ; mais nous concevons clairement et distinctement l'esprit sans le corps, et réciproquement le corps sans l'esprit.

En troisième lieu, encore que le concept ou l'idée du triangle inscrit au demi-cercle puisse être telle, qu'elle ne contienne point l'égalité qui est entre le carré de la base et les carrés des côtés, elle ne peut pas néanmoins être telle, que l'on conçoive que nulle proportion qui puisse être entre le carré de la base et les carrés des côtés n'appartient à ce triangle ; et partant, tandis que l'on ignore quelle est cette proportion, on n'en peut nier aucune que celle qu'on connaît clairement ne lui point appartenir, ce qui ne peut jamais être entendu de la proportion d'égalité qui est entre eux.

Mais il n'y a rien de contenu dans le concept du corps de ce qui appartient à l'esprit, et réciproquement dans le concept de l'esprit rien n'est compris de ce qui appartient au corps.

C'est pourquoi, bien que j'aie dit *que c'est assez que je puisse concevoir clairement et distinctement une chose sans une autre, etc.*, on ne peut pas pour cela former cette mineure : *Or est-il que je conçois clairement et distinctement que ce triangle est rectangle, encore que je doute ou que je nie que le carré de sa base soit égal aux carrés des côtés, etc.*

Premièrement, parce que la proportion qui est entre le carré de la base et les carrés des côtés n'est pas une chose complète.

Secondement, parce que cette proportion d'égalité ne peut être clairement entendue que dans le triangle rectangle.

Et en troisième lieu, parce que nul triangle ne peut être distinctement conçu, si on nie la proportion qui est entre les carrés de ses côtés et de sa base.

Mais maintenant il faut passer à la seconde demande, et montrer comment il est vrai que, *de cela seul que je conçois clairement et distinctement une substance sans une autre, je suis assuré qu'elles s'excluent mutuellement l'une l'autre :* ce que je montre en cette sorte.

La notion *de la substance* est telle, qu'on la conçoit comme une chose qui peut exister par soi-même, c'est-à-dire sans le secours d'aucune autre substance, et il n'y a jamais eu personne qui ait conçu deux substances par deux différents concepts, qui n'ait jugé qu'elles étaient réellement distinctes.

C'est pourquoi, si je n'eusse point cherché de certitude plus grande que la vulgaire, je me fusse contenté d'avoir montré, en la seconde Méditation, que l'*esprit* est conçu comme une chose subsistante, quoiqu'on ne lui attribue rien de ce qui appartient au corps, et qu'en même façon le *corps* est conçu comme une chose subsistante, quoiqu'on ne lui attribue rien de ce qui appartient à l'esprit. Et je n'aurais rien ajouté davantage pour prouver que l'esprit est réellement distingué du corps, d'autant que vulgairement nous jugeons que toutes les choses sont en effet, et selon la vérité, telles qu'elles paraissent à notre pensée.

Mais, d'autant qu'entre ces doutes hyperboliques que j'ai proposés dans ma première Méditation, celui-ci en était un, à savoir, que je ne pouvais être assuré *que les choses fussent en effet, et selon la vérité, telles que nous les concevons*, tandis que je supposais que je ne connaissais pas l'auteur de mon origine, tout ce que j'ai dit de Dieu et de la vérité, dans la troisième, quatrième et cinquième Méditation, sert à cette conclusion de la réelle distinction de l'*esprit* d'avec le *corps*, laquelle enfin j'ai achevé dans la sixième.

Je conçois fort bien, dit Monsieur Arnauld, *la nature du triangle inscrit dans le demi-cercle, sans que je sache que le carré de sa base est égal aux carrés des côtés*. A quoi je réponds que ce triangle peut véritablement être conçu, sans que l'on pense à la proportion qui est entre le carré de sa base et les carrés de ses côtés, mais qu'on ne peut pas concevoir que cette proportion doive être niée de ce triangle, c'est-à-dire qu'elle n'appartienne point à la nature de ce triangle ; et qu'il n'en est pas ainsi de l'esprit ; parce que non seulement nous concevons qu'il est sans le corps, mais aussi·nous pouvons nier qu'aucune des choses qui appartiennent au corps, appartienne à l'esprit ; car c'est le propre et la nature des substance de s'exclure mutuellement l'une l'autre.

Et ce que Monsieur Arnauld a ajouté ne m'est aucunement contraire, à savoir, *que ce n'est pas merveille si, lorsque de ce que je pense je viens à conclure que je suis, l'idée que de là je forme de moi-même, me représente seulement comme une chose qui pense*. Car, de la même façon, lorsque j'examine la nature du corps, je ne trouve rien en elle qui ressente la pensée ; et on ne saurait avoir un plus fort argument de la distinction de deux choses, que lorsque, venant à les considérer toutes deux séparément, nous ne trouvons aucune chose dans l'une qui ne soit entièrement différente de ce qui se retrouve en l'autre.

Je ne vois pas aussi pourquoi *cet argument semble prouver trop ;* car je ne pense pas que, pour montrer qu'une chose est réellement distincte d'une autre, on puisse rien dire de moins, sinon que par la toute-puissance de Dieu elle en peut être séparée ; et il m'a semblé que j'avais pris garde assez soigneusement à ce que personne ne pût pour cela penser *que l'homme n'est rien qu'un esprit usant ou se servant du corps.*

177   Car, dans la même sixième Méditation, où j'ai parlé
de la distinction de l'esprit d'avec le corps, j'ai aussi
montré qu'il lui est substantiellement uni ; pour preuve
de quoi je me suis servi de raisons qui sont telles, que je
n'ai point souvenance d'en avoir jamais lu ailleurs de
plus fortes et convaincantes.

Et comme celui qui dirait que le bras d'un homme est
une substance réellement distincte du reste de son
corps, ne nierait pas pour cela qu'il est de l'essence de
l'homme entier, et que celui qui dit que ce même bras
est de l'essence de l'homme entier, ne donne pas pour
cela occasion de croire qu'il ne peut pas subsister par
soi ; ainsi je ne pense pas avoir trop prouvé en montrant
que l'esprit peut être sans le corps, ni avoir aussi trop
peu dit, en disant qu'il lui est substantiellement uni ;
parce que cette union substantielle n'empêche pas
qu'on ne puisse avoir une claire et distincte idée ou
concept de l'esprit, comme d'une chose complète ; c'est
pourquoi le concept de l'esprit diffère beaucoup de
celui de la superficie et de la ligne, qui ne peuvent pas
être ainsi entendues comme des choses complètes, si,
outre la longueur et la largeur, on ne leur attribue aussi
la profondeur.

Et enfin, de ce que *la faculté de penser est assoupie dans
les enfants, et que dans les fous elle est*, non pas à la vérité
éteinte, mais *troublée*, il ne faut pas penser qu'elle soit
tellement attachée aux organes corporels, qu'elle ne
puisse être sans eux. Car, de ce que nous voyons
souvent qu'elle est empêchée par ces organes, il ne
s'ensuit aucunement qu'elle soit produite par eux ; et il
n'est pas possible d'en donner aucune raison, tant
légère qu'elle puisse être.

Je ne nie pas néanmoins que cette étroite liaison de
l'esprit et du corps, que nous expérimentons tous les
jours, ne soit cause que nous ne découvrons pas aisément, et sans une profonde méditation, la distinction
réelle qui est entre l'un et l'autre.

Mais, à mon jugement, ceux qui repasseront souvent
dans leur esprit les choses que j'ai écrites dans ma
seconde Méditation, se persuaderont aisément que

l'esprit n'est pas distingué du corps par une seule
fiction ou abstraction de l'entendement, mais qu'il est
connu comme une chose distincte, parce qu'il est tel en
effet.

Je ne réponds rien à ce que Monsieur Arnauld a ici
ajouté touchant l'immortalité de l'âme, puisque cela ne
m'est point contraire; mais, pour ce qui regarde les
âmes des bêtes, quoique leur considération ne soit pas
de ce lieu, et que, sans l'explication de toute la physique, je n'en puisse dire davantage que ce que j'ai déjà
dit dans la 5e partie de mon traité de la *Méthode*,
178 toutefois je dirai encore ici qu'il me semble que c'est
une chose fort remarquable, qu'aucun mouvement ne
se peut faire, soit dans les corps des bêtes, soit même
dans les nôtres, si ces corps n'ont en eux tous les
organes et instruments, par le moyen desquels ces
mêmes mouvements pourraient aussi être accomplis
dans une machine; en sorte que, même dans nous, ce
n'est pas l'esprit (ou l'âme) qui meut immédiatement
les membres extérieurs, mais seulement il peut déterminer le cours de cette liqueur fort subtile, qu'on
nomme les esprits animaux, laquelle, coulant continuellement du cœur par le cerveau dans les muscles, est
cause de tous les mouvements de nos membres, et
souvent en peut causer plusieurs différents, aussi facilement les uns que les autres. Et même il ne le détermine
pas toujours; car, entre les mouvements qui se font en
nous, il y en a plusieurs qui ne dépendent point du tout
de l'esprit, comme sont le battement du cœur, la
digestion des viandes, la nutrition, la respiration de
ceux qui dorment, et même, en ceux qui sont éveillés,
le marcher, chanter, et autres actions semblables,
quand elles se font sans que l'esprit y pense. Et lorsque
ceux qui tombent de haut, présentent leurs mains les
premières pour sauver leur tête, ce n'est point par le
conseil de leur raison qu'ils font cette action; et elle ne
dépend point de leur esprit, mais seulement de ce que
leurs sens, étant touchés par le danger présent, causent
quelque changement en leur cerveau qui détermine les
esprits animaux à passer de là dans les nerfs, en la façon

qui est requise pour produire ce mouvement tout de
même que dans une machine, et sans que l'esprit le
puisse empêcher.

Or, puisque nous expérimentons cela en nous-
mêmes, pourquoi nous étonnerons-nous tant, si la
lumière réfléchie du corps du loup dans les yeux de la
brebis a la même force pour exciter en elle le mouvement de la fuite?

Après avoir remarqué cela, si nous voulons un peu
raisonner pour connaître si quelques mouvements des
bêtes sont semblables à ceux qui se font en nous par le
ministère de l'esprit, ou bien à ceux qui dépendent
seulement des esprits animaux et de la disposition des
organes, il faut considérer les différences qui sont entre
les uns et les autres, lesquelles j'ai expliquées dans la
cinquième partie du *Discours de la Méthode*, car je ne
pense pas qu'on en puisse trouver d'autres; et alors on
verra facilement que toutes les actions des bêtes sont
seulement semblables à celles que nous faisons sans que
notre esprit y contribue.

A raison de quoi nous serons obligés de conclure que
nous ne connaissons en effet en elles aucun autre
179 principe de mouvement que la seule disposition des
organes et la continuelle affluence des esprits animaux
produits par la chaleur du cœur, qui atténue et subtilise
le sang; et ensemble nous reconnaîtrons que rien ne
nous a ci-devant donné occasion de leur en attribuer un
autre, sinon que, ne distinguant pas ces deux principes
du mouvement, et voyant que l'un, qui dépend seulement des esprits animaux et des organes, est dans les
bêtes aussi bien que dans nous, nous avons cru inconsidérément que l'autre, qui dépend de l'esprit et de la
pensée, était aussi en elles.

Et certes, lorsque nous nous sommes persuadés quelque chose dès notre jeunesse, et que notre opinion s'est
fortifiée par le temps, quelques raisons qu'on emploie
après cela pour nous en faire voir la fausseté, ou plutôt
quelque fausseté que nous remarquions en elle, il est
néanmoins très difficile de l'ôter entièrement de notre
créance, si nous ne les repassons souvent en notre

esprit, et ne nous accoutumons ainsi à déraciner peu à peu ce que l'habitude à croire, plutôt que la raison, avait profondément gravé en notre esprit.

RÉPONSE À L'AUTRE PARTIE
DE DIEU

Jusques ici j'ai tâché de résoudre les arguments qui m'ont été proposés par Monsieur Arnauld, et me suis mis en devoir de soutenir tous ses efforts ; mais désormais, imitant ceux qui ont à faire à un trop fort adversaire, je tâcherai plutôt d'éviter les coups, que de m'opposer directement à leur violence.

Il traite seulement de trois choses dans cette partie, qui peuvent facilement être accordées selon qu'il les entend ; mais je les prenais en un autre sens, lorsque je les ai écrites, lequel sens me semble aussi pouvoir être reçu comme véritable.

La première est que *quelques idées sont matériellement fausses* ; c'est-à-dire, selon mon sens, qu'elles sont telles qu'elles donnent au jugement matière ou occasion d'erreur ; mais lui, considérant les idées prises formellement, soutient qu'il n'y a en elles aucune fausseté.

La seconde, que *Dieu est par soi positivement et comme par une cause*, où j'ai seulement voulu dire que la raison pour laquelle Dieu n'a besoin d'aucune cause efficiente pour exister, est fondée en une chose positive, à savoir, dans l'immensité même de Dieu, qui est la chose la plus positive qui puisse être ; mais lui, prenant la chose autrement, prouve que Dieu n'est point produit par
180 soi-même, et qu'il n'est point conservé par une action positive de la cause efficiente, de quoi je demeure aussi d'accord.

Enfin, la troisième est, qu'*il ne peut y avoir rien dans notre esprit dont nous n'ayons connaissance* ; ce que j'ai entendu des opérations, et lui le nie des puissances.

Mais je tâcherai d'expliquer tout ceci plus au long. Et premièrement, où il dit que, *si le froid est seulement une privation, il ne peut y avoir d'idée qui me le représente comme une chose positive*, il est manifeste qu'il parle de l'idée prise *formellement*.

Car, puisque les idées mêmes ne sont rien que des formes, et qu'elles ne sont point composées de matière, toutes et quantes fois qu'elles sont considérées en tant qu'elles représentent quelque chose, elles ne sont pas prises *matériellement*, mais *formellement*; que si on les considérait, non pas en tant qu'elles représentent une chose ou une autre, mais seulement comme étant des opérations de l'entendement, on pourrait bien à la vérité dire qu'elles seraient prises matériellement, mais alors elles ne se rapporteraient point du tout à la vérité ni à la fausseté des objets.

C'est pourquoi je ne pense pas qu'elles puissent être dites matériellement fausses, en un autre sens que celui que j'ai déjà expliqué : c'est à savoir, soit que le froid soit une chose positive, soit qu'il soit une privation, je n'ai pas pour cela une autre idée de lui, mais elle demeure en moi la même que j'ai toujours eue; laquelle je dis me donner matière ou occasion d'erreur, s'il est vrai que le froid soit une privation, et qu'il n'ait pas autant de réalité que la chaleur, d'autant que, venant à considérer l'une et l'autre de ces idées, selon que je les ai reçues des sens, je ne puis reconnaître qu'il y ait plus de réalité qui me soit représentée par l'une que par l'autre.

Et certes *je n'ai pas confondu le jugement avec l'idée*; car j'ai dit qu'en celle-ci se rencontrait une fausseté *matérielle*, mais dans le jugement il ne peut y en avoir d'autre qu'une *formelle*. Et quand il dit que *l'idée du froid est le froid même en tant qu'il est objectivement dans l'entendement*, je pense qu'il faut user de distinction; car il arrive souvent dans les idées obscures et confuses, entre lesquelles celles du froid et de la chaleur doivent être mises, qu'elles se rapportent à d'autres choses qu'à celles dont elles sont véritablement les idées.

Ainsi, si le froid est seulement une privation, l'idée du froid n'est pas le froid même en tant qu'il est objectivement dans l'entendement, mais quelque autre
181 chose qui est prise faussement pour cette privation :

savoir est, un certain sentiment qui n'a aucun être hors de l'entendement.

Il n'en est pas de même de l'idée de Dieu, au moins de celle qui est claire et distincte, parce qu'on ne peut pas dire qu'elle se rapporte à quelque chose à quoi elle ne soit pas conforme.

Quant aux idées confuses des dieux qui sont forgées par les idolâtres, je ne vois pas pourquoi elles ne pourraient point aussi être dites matériellement fausses, en tant qu'elles servent de matière à leurs faux jugements.

Combien qu'à dire vrai, celles qui ne donnent, pour ainsi dire, au jugement aucune occasion d'erreur, ou qui la donnent fort légère, ne doivent pas avec tant de raison être dites matériellement fausses, que celles qui la donnent fort grande ; or il est aisé de faire voir, par plusieurs exemples, qu'il y en a qui donnent une bien plus grande occasion d'erreur les unes que les autres.

Car elle n'est pas si grande en ces idées confuses que notre esprit invente lui-même (telles que sont celles des faux dieux), qu'en celles qui nous sont offertes confusément par les sens, comme sont les idées du froid et de la chaleur, s'il est vrai, comme j'ai dit, qu'elles ne représentent rien de réel.

Mais la plus grande de toutes est dans ces idées qui naissent de l'appétit sensitif. Par exemple, l'idée de la soif dans un hydropique ne lui est-elle pas en effet occasion d'erreur, lorsqu'elle lui donne sujet de croire que le boire lui sera profitable, qui toutefois lui doit être nuisible ?

Mais Monsieur Arnauld demande ce que cette idée du froid me représente, laquelle j'ai dit être matériellement fausse : *car*, dit-il, *si elle représente une privation, donc elle est vraie ; si un être positif, donc elle n'est point l'idée du froid*. Ce que je lui accorde ; mais je ne l'appelle fausse, que parce que étant obscure et confuse, je ne puis discerner si elle me représente quelque chose qui, hors de mon sentiment, soit positive ou non ; c'est pourquoi j'ai occasion de juger que c'est quelque chose de positif, quoique peut-être ce ne soit qu'une simple privation.

Et partant, il ne faut pas demander *quelle est la cause de cet être positif objectif, qui, selon mon opinion, fait que cette idée est matériellement fausse*; d'autant que je ne dis pas qu'elle soit faite matériellement fausse par quelque être positif, mais par la seule obscurité, laquelle néanmoins a pour sujet et fondement un être positif, à savoir le sentiment même.

Et de vrai, cet être positif est en moi, en tant que je suis une chose vraie; mais l'obscurité, laquelle seule me donne occasion de juger que l'idée de ce sentiment représente quelque objet hors de moi qu'on appelle froid, n'a point de cause réelle, mais elle vient seulement de ce que ma nature n'est pas entièrement parfaite.

Et cela ne renverse en façon quelconque mes fondements. Mais ce que j'aurais le plus à craindre, serait que, ne m'étant jamais beaucoup arrêté à lire les livres des philosophes, je n'aurais peut-être pas suivi assez exactement leur façon de parler, lorsque j'ai dit que ces idées, qui donnent au jugement matière ou occasion d'erreur, étaient *matériellement fausses*, si je ne trouvais que ce mot *matériellement* est pris en la même signification par le premier auteur qui m'est tombé par hasard entre les mains pour m'en éclaircir : c'est Suarez, en la *Dispute 9*, section 2, n. 4[1].

Mais passons aux choses que M. Arnauld désapprouve le plus, et qui toutefois me semblent mériter le moins sa censure : c'est à savoir, où j'ai dit *qu'il nous était loisible de penser que Dieu fait en quelque façon la même chose à l'égard de soi-même, que la cause efficiente à l'égard de son effet*.

Car, par cela même, j'ai nié ce qui lui semble un peu hardi et n'être pas véritable, à savoir, que Dieu soit la cause efficiente de soi-même, parce que en disant *qu'il fait en quelque façon la même chose*, j'ai montré que je ne croyais pas que ce fût entièrement la même; et en mettant devant ces paroles : *il nous est tout à fait loisible de penser*, j'ai donné à connaître que je n'expliquais ainsi

1. Voir *Premières Objections* (AT, IX, 76), note 2.

ces choses, qu'à cause de l'imperfection de l'esprit humain.

Mais qui plus est, dans tout le reste de mes écrits, j'ai toujours fait la même distinction. Car dès le commencement, où j'ai dit *qu'il n'y a aucune chose dont on ne puisse rechercher la cause efficiente*, j'ai ajouté : *ou, si elle n'en a point, demander pourquoi elle n'en a pas besoin*; lesquelles paroles témoignent assez que j'ai pensé que quelque chose existait, qui n'a pas besoin de cause efficiente.

Or quelle chose peut être telle, excepté Dieu? Et même un peu après j'ai dit : *qu'il y avait en Dieu une si grande et si inépuisable puissance, qu'il n'a jamais eu besoin d'aucun secours pour exister, et qu'il n'en a pas encore besoin pour être conservé, en telle sorte qu'il est en quelque façon la cause de soi-même.*

Là où ces paroles, *la cause de soi-même*, ne peuvent en façon quelconque être entendues de la cause efficiente, mais seulement que la puissance inépuisable de Dieu est la cause ou la raison pour laquelle il n'a pas besoin de cause.

Et d'autant que cette puissance inépuisable, ou cette 183 immensité d'essence, est *très positive*, pour cela j'ai dit que la raison ou la cause pour laquelle Dieu n'a pas besoin de cause, est *positive*. Ce qui ne se pourrait dire en même façon d'aucune chose finie, encore qu'elle fût très parfaite en son genre.

Car si on disait qu'une telle chose fût *par soi*, cela ne pourrait être entendu que d'une façon *négative*, d'autant qu'il serait impossible d'apporter aucune raison, qui fût tirée de la nature positive de cette chose, pour laquelle nous dussions concevoir qu'elle n'aurait pas besoin de cause efficiente.

Et ainsi, en tous les autres endroits, j'ai tellement comparé la cause formelle, ou la raison prise de l'essence de Dieu, pour laquelle il n'a pas besoin de cause pour exister ni pour être conservé, avec la cause efficiente, sans laquelle les choses finies ne peuvent exister, que partout il est aisé de connaître, de mes propres termes, qu'elle est tout à fait différente de la cause efficiente.

Et il ne se trouvera point d'endroit, où j'aie dit que Dieu se conserve par une influence positive, ainsi que les choses créées sont conservées par lui, mais bien seulement ai-je dit que l'immensité de sa puissance ou de son essence, qui est la cause pourquoi il n'a pas besoin de conservateur, est une chose *positive*.

Et partant, je puis facilement admettre tout ce que M. Arnauld apporte pour prouver que Dieu n'est pas la cause efficiente de soi-même et qu'il ne se conserve pas par aucune influence positive, ou bien par une continuelle reproduction de soi-même, qui est tout ce que l'on peut inférer de ses raisons.

Mais il ne niera pas aussi, comme j'espère, que cette immensité de puissance, qui fait que Dieu n'a pas besoin de cause pour exister, est en lui une chose *positive*, et que dans toutes les autres choses on ne peut rien concevoir de semblable, qui soit *positif*, à raison de quoi elles n'aient pas besoin de cause efficiente pour exister ; ce que j'ai seulement voulu signifier, lorsque j'ai dit qu'aucune chose ne pouvait être conçue exister *par soi* que *négativement*, hormis Dieu seul ; et je n'ai pas eu besoin de rien avancer davantage, pour répondre à la difficulté qui m'était proposée.

Mais d'autant que M. Arnauld m'avertit ici si sérieusement *qu'il y aura peu de théologiens qui ne s'offensent de cette proposition, à savoir, que Dieu est par soi positivement et comme par une cause*, je dirai ici la raison pourquoi
184 cette façon de parler est, à mon avis, non seulement très utile en cette question, mais aussi nécessaire et telle qu'il n'y a personne qui puisse avec raison la trouver mauvaise.

Je sais que nos théologiens, traitant des choses divines, ne se servent point du nom de *cause*, lorsqu'il s'agit de la procession des personnes de la très sainte Trinité, et que là où les Grecs ont mis indifféremment αἴτιον et ἀρχὴν, ils aiment mieux user du seul nom de *principe*, comme très général, de peur que de là ils ne donnent occasion de juger que le Fils est moindre que le Père.

Mais où il ne peut y avoir une semblable occasion

d'erreur, et lorsqu'il ne s'agit pas des personnes de la Trinité, mais seulement de l'unique essence de Dieu, je ne vois pas pourquoi il faille tant fuir le nom de *cause*, principalement lorsqu'on en est venu à ce point, qu'il semble très utile de s'en servir, et en quelque façon nécessaire.

Or ce nom ne peut être plus utilement employé que pour démontrer l'existence de Dieu ; et la nécessité de s'en servir ne peut être plus grande que si, sans en user, on ne la peut pas clairement démontrer.

Et je pense qu'il est manifeste à tout le monde que la considération de la cause efficiente est le premier et le principal moyen, pour ne pas dire le seul et l'unique, que nous ayons pour prouver l'existence de Dieu.

Or nous ne pouvons nous en servir, si nous ne donnons licence à notre esprit de rechercher les causes efficientes de toutes les choses qui sont au monde, sans en excepter Dieu même ; car pour quelle raison l'excepterions-nous de cette recherche, avant qu'il ait été prouvé qu'il existe ?

On peut donc demander de chaque chose, si elle est *par soi* ou *par autrui* ; et certes par ce moyen on peut conclure l'existence de Dieu, quoiqu'on n'explique pas en termes formels et précis, comment on doit entendre ces paroles : *être par soi.*

Car tous ceux qui suivent seulement la conduite de la lumière naturelle, forment tout aussitôt en eux dans cette rencontre un certain concept qui participe de la cause efficiente et de la formelle, et qui est commun à l'une et à l'autre : c'est à savoir, que ce qui est *par autrui*, est par lui comme par une cause efficiente ; et que ce qui est *par soi*, est comme par une cause formelle, c'est-à-dire, parce qu'il a une telle nature qu'il n'a pas besoin de cause efficiente. C'est pourquoi je n'ai pas expliqué cela dans mes Méditations, et je l'ai omis, comme étant une chose de soi manifeste, et qui n'avait pas besoin d'aucune explication.

185 Mais lorsque ceux qu'une longue accoutumance a confirmés dans cette opinion de juger que rien ne peut être la cause efficiente de soi-même, et qui sont soi-

gneux de distinguer cette cause de la formelle, voient que l'on demande si quelque chose est *par soi*, il arrive aisément que ne portant leur esprit qu'à la seule cause efficiente proprement prise, ils ne pensent pas que ce mot *par soi* doive être entendu comme *par une cause*, mais seulement *négativement* et comme *sans cause*; en sorte qu'ils pensent qu'il y a quelque chose qui existe, de laquelle on ne doit point demander pourquoi elle existe.

Laquelle interprétation du mot *par soi*, si elle était reçue, nous ôterait le moyen de pouvoir démontrer l'existence de Dieu par les effets, comme il a été bien prouvé par l'auteur des premières Objections; c'est pourquoi elle ne doit aucunement être admise.

Mais pour y répondre pertinemment, j'estime qu'il est nécessaire de montrer qu'entre *la cause efficiente* proprement dite, et *nulle cause*, il y a quelque chose qui tient comme le milieu, à savoir, *l'essence positive d'une chose*, à laquelle l'idée ou le concept de la cause efficiente se peut étendre en la même façon que nous avons coutume d'étendre en géométrie le concept d'une ligne circulaire, la plus grande qu'on puisse imaginer, au concept d'une ligne droite, ou le concept d'un polygone rectiligne, qui a un nombre indéfini de côtés, au concept du cercle.

Et je ne pense pas que j'eusse jamais pu mieux expliquer cela, que lorsque j'ai dit *que la signification de la cause efficiente ne doit pas être restreinte en cette question à ces causes qui sont différentes de leurs effets, ou qui les précèdent en temps; tant parce que ce serait une chose frivole et inutile, puisqu'il n'y a personne qui ne sache qu'une même chose ne peut être pas différente de soi-même, ni se précéder en temps, que parce que l'une de ces deux conditions peut être ôtée de son concept, la notion de la cause efficiente ne laissant pas de demeurer tout entière.*

Car qu'il ne soit pas nécessaire qu'elle précède en temps son effet, il est évident, puisqu'elle n'a le nom et la nature de cause efficiente que lorsqu'elle produit son effet, comme il a déjà été dit.

Mais de ce que l'autre condition ne peut pas aussi

être ôtée, on doit seulement inférer que ce n'est pas une cause efficiente proprement dite, ce que j'avoue ; mais non pas que ce n'est point du tout une cause positive, qui par analogie puisse être rapportée à la cause efficiente, et cela est seulement requis en la question proposée. Car par la même lumière naturelle, par laquelle je conçois que je me serais donné toutes les perfections dont j'ai en moi quelque idée, si je m'étais donné l'être, je conçois aussi que rien ne se le peut donner en la manière qu'on a coutume de restreindre la signification de la cause efficiente proprement dite, à savoir, en sorte qu'une même chose, en tant qu'elle se donne l'être, soit différente de soi-même en tant qu'elle le reçoit ; parce qu'il y a de la contradiction entre ces deux choses, être le même, et non le même, ou différent.

C'est pourquoi, lorsque l'on demande si quelque chose se peut donner l'être à soi-même, il ne faut pas entendre autre chose que si on demandait, savoir, si la nature ou l'essence de quelque chose peut être telle qu'elle n'ait pas besoin de cause efficiente pour être ou exister.

Et lorsqu'on ajoute, *si quelque chose est telle, elle se donnera toutes les perfections dont elle a les idées, s'il est vrai qu'elle ne les ait pas encore*, cela veut dire qu'il est impossible qu'elle n'ait pas actuellement toutes les perfections dont elle a les idées ; d'autant que la lumière naturelle nous fait connaître que la chose dont l'essence est si immense qu'elle n'a pas besoin de cause efficiente pour être, n'en a pas aussi besoin pour avoir toutes les perfections dont elle a les idées, et que sa propre essence lui donne éminemment tout ce que nous pouvons imaginer pouvoir être donné à d'autres choses par la cause efficiente.

Et ces mots, *si elle ne les a pas encore, elle se les donnera*, servent seulement d'explication ; d'autant que par la même lumière naturelle nous comprenons que cette chose ne peut pas avoir, au moment que je parle, la vertu et la volonté de se donner quelque chose de nouveau, mais que son essence est telle, qu'elle a eu de toute éternité tout ce que nous pouvons maintenant penser qu'elle se donnerait, si elle ne l'avait pas encore.

Et néanmoins toutes ces manières de parler, qui ont rapport et analogie avec la cause efficiente, sont très nécessaires pour conduire tellement la lumière naturelle, que nous concevions clairement ces choses ; tout ainsi qu'il y a plusieurs choses qui ont été démontrées par Archimède touchant la sphère et les autres figures composées de lignes courbes, par la comparaison de ces mêmes figures avec celles composées de lignes droites ; ce qu'il aurait eu peine à faire comprendre, s'il en eût usé autrement[1].

Et comme ces sortes de démonstrations ne sont point désapprouvées, bien que la sphère y soit considérée comme une figure qui a plusieurs côtés, de même je ne pense pas pouvoir être ici repris de ce que je me suis servi de l'analogie de la cause efficiente, pour expliquer 187 les choses qui appartiennent à la cause formelle, c'est-à-dire à l'essence même de Dieu.

Et il n'y a pas lieu de craindre en ceci aucune occasion d'erreur, d'autant que tout ce qui est le propre de la cause efficiente, et qui ne peut être étendu à la cause formelle, porte avec soi une manifeste contradiction, et partant, ne pourrait jamais être cru de personne, à savoir, qu'une chose soit différente de soi-même, ou bien qu'elle soit ensemble la même chose, et non la même.

Et il faut remarquer que j'ai tellement attribué à Dieu la dignité d'être la cause, qu'on ne peut pas de là inférer que je lui aie aussi attribué l'imperfection d'être l'effet : car, comme les théologiens, lorsqu'ils disent que le Père est le *principe* du Fils, n'avouent pas pour cela que le Fils soit *principé*, ainsi, quoique j'aie dit que Dieu pouvait en quelque façon être dit *la cause de soi-même*, il ne se trouvera pas néanmoins que je l'aie nommé en aucun lieu *l'effet de soi-même* ; et ce d'autant qu'on a coutume de rapporter principalement l'effet à la cause

---

1. Archimède, mathématicien grec du IIIe siècle av. J.-C. : allusion possible au premier livre du traité *De la sphère et du cylindre*.

efficiente, et de le juger moins noble qu'elle, quoique souvent il soit plus noble que les autres causes.

Mais, lorsque je prends l'essence entière de la chose pour la cause formelle, je ne suis en cela que les vestiges d'Aristote ; car, au livre 2 de ses *Analyt. postér.*, chap. 16, ayant omis la cause matérielle, la première qu'il nomme est celle qu'il appelle αὰτᾰαν τὸτᾰ ἤν εἀναι, ou, comme l'ont tourné ses interprètes, *la cause formelle*, laquelle il étend à toutes les essences de toutes les choses, parce qu'il ne traite pas en ce lieu-là des causes du composé physique (non plus que je fais ici), mais généralement des causes d'où l'on peut tirer quelque connaissance.

Or, pour faire voir qu'il était malaisé, dans la question proposée, de ne point attribuer à Dieu le nom de *cause*, il n'en faut point de meilleure preuve que, de ce que Monsieur Arnauld ayant tâché de conclure par une autre voie la même chose que moi, il n'en est pas néanmoins venu à bout, au moins à mon jugement.

Car, après avoir amplement montré que Dieu n'est pas la cause efficiente de soi-même, parce qu'il est de la nature de la cause efficiente d'être différente de son effet ; ayant aussi fait voir qu'il n'est pas par soi *positivement*, entendant par ce mot *positivement* une influence positive de la cause, et aussi qu'à vrai dire il ne se conserve pas soi-même, prenant le mot de *conservation* pour une continuelle reproduction de la chose (de toutes lesquelles choses je suis d'accord avec lui) après tout cela il veut derechef prouver que Dieu ne doit pas être dit la cause efficiente de soi-même : *parce que*, 188 dit-il, *la cause efficiente d'une chose n'est demandée qu'à raison de son existence, et jamais à raison de son essence : or est-il qu'il n'est pas moins de l'essence d'un être infini d'exister, qu'il est de l'essence d'un triangle d'avoir ses trois angles égaux à deux droits ; donc il ne faut non plus répondre par la cause efficiente, lorsqu'on demande pourquoi Dieu existe, que lorsqu'on demande pourquoi les trois angles d'un triangle sont égaux à deux droits.*

Lequel syllogisme peut aisément être renvoyé contre son auteur, en cette manière : Quoiqu'on ne puisse pas

demander la cause efficiente à raison de l'essence, on la
peut néanmoins demander à raison de l'existence ; mais
en Dieu l'essence n'est point distinguée de l'existence,
donc on peut demander la cause efficiente de Dieu.

Mais, pour concilier ensemble ces deux choses, on
doit dire qu'à celui qui demande pourquoi Dieu existe,
il ne faut pas à la vérité répondre par la cause efficiente
proprement dite, mais seulement par l'essence même
de la chose, ou bien par la cause formelle, laquelle,
pour cela même qu'en Dieu l'existence n'est point
distinguée de l'essence, a un très grand rapport avec la
cause efficiente, et partant, peut être appelée quasi-
cause efficiente.

Enfin il ajoute, *qu'à celui qui demande la cause efficiente de Dieu, il faut répondre qu'il n'en a pas besoin ; et
derechef, à celui qui demande pourquoi il n'en a pas besoin,
il faut répondre, parce qu'il est un être infini duquel
l'existence est son essence ; car il n'y a que les choses dans
lesquelles il est permis de distinguer l'existence actuelle de
l'essence, qui aient besoin de cause efficiente.*

D'où il infère que ce que j'avais dit auparavant est
entièrement renversé ; c'est à savoir, *si je pensais
qu'aucune chose ne peut en quelque façon être à l'égard de
soi-même ce que la cause efficiente est à l'égard de son effet,
jamais en cherchant les causes des choses je ne viendrais à
une première* ; ce qui néanmoins ne me semble
aucunement renversé, non pas même tant soit peu
affaibli ou ébranlé ; car il est certain que la principale
force non seulement de ma démonstration, mais aussi
de toutes celles qu'on peut apporter pour prouver
l'existence de Dieu par les effets, en dépend entièrement. Or presque tous les théologiens soutiennent
qu'on n'en peut apporter aucune, si elle n'est tirée des
effets.

Et partant, tant s'en faut qu'il apporte quelque éclaircissement à la preuve et démonstration de l'existence de
Dieu, lorsqu'il ne permet pas qu'on lui attribue à
l'égard de soi-même l'analogie de la cause efficiente,
qu'au contraire il l'obscurcit et empêche que les lecteurs ne le puissent comprendre, particulièrement vers

189 la fin, où il conclut *que, s'il pensait qu'il fallût rechercher la cause efficiente, ou quasi efficiente, de chaque chose, il chercherait une cause différente de cette chose.*

Car comment est-ce que ceux qui ne connaissent pas encore Dieu, rechercheraient la cause efficiente des autres choses, pour arriver par ce moyen à la connaissance de Dieu, s'ils ne pensaient qu'on peut rechercher la cause efficiente de chaque chose?

Et comment enfin s'arrêteraient-ils à Dieu comme à la cause première, et mettraient-ils en lui la fin de leur recherche, s'ils pensaient que la cause efficiente de chaque chose dût être cherchée différente de cette chose?

Certes, il me semble que M. Arnauld a fait en ceci la même chose que si (après qu'Archimède, parlant des choses qu'il a démontrées de la sphère par analogie aux figures rectilignes inscrites dans la sphère même, aurait dit : si je pensais que la sphère ne pût être prise pour une figure rectiligne, ou quasi rectiligne, dont les côtés sont infinis, je n'attribuerais aucune force à cette démonstration, parce qu'elle n'est pas véritable, si vous considérez la sphère comme une figure curviligne, ainsi qu'elle est en effet, mais bien si vous la considérez comme une figure rectiligne dont le nombre des côtés est infini).

Si, dis-je, M. Arnauld, ne trouvant pas bon qu'on appelât ainsi la sphère, et néanmoins désirant retenir la démonstration d'Archimède, disait : si je pensais que ce qui se conclut ici, se dût entendre d'une figure rectiligne dont les côtés sont infinis, je ne croirais point du tout cela de la sphère, parce que j'ai une connaissance certaine que la sphère n'est point une figure rectiligne.

Par lesquelles paroles il est sans doute qu'il ne ferait pas la même chose qu'Archimède, mais qu'au contraire il se ferait un obstacle à soi-même et empêcherait les autres de bien comprendre sa démonstration.

Ce que j'ai déduit ici plus au long que la chose ne semblait peut-être le mériter, afin de montrer que je prends soigneusement garde à ne pas mettre la moindre chose dans mes écrits, que les théologiens puissent censurer avec raison.

Enfin j'ai déjà fait voir assez clairement, dans les réponses aux secondes Objections, nombre 3 et 4, que je ne suis point tombé dans la faute qu'on appelle cercle, lorsque j'ai dit que nous ne sommes assurés que les choses que nous concevons fort clairement et fort distinctement sont toutes vraies, qu'à cause que Dieu est ou existe ; et que nous ne sommes assurés que Dieu est ou existe, qu'à cause que nous concevons cela fort clairement et fort distinctement ; en faisant distinction des choses que nous concevons en effet fort clairement, d'avec celles que nous nous ressouvenons d'avoir autrefois fort clairement conçues.

Car, premièrement, nous sommes assurés que Dieu existe, parce que nous prêtons notre attention aux raisons qui nous prouvent son existence ; mais après cela, il suffit que nous nous ressouvenions d'avoir conçu une chose clairement, pour être assurés qu'elle est vraie : ce qui ne suffirait pas, si nous ne savions que Dieu existe et qu'il ne peut être trompeur.

Pour la question savoir s'il ne peut y avoir rien dans notre esprit, en tant qu'il est une chose qui pense, dont lui-même n'ait une actuelle connaissance[1], il me semble qu'elle est fort aisée à résoudre, parce que nous voyons fort bien qu'il n'y a rien en lui, lorsqu'on le considère de la sorte, qui ne soit une pensée, ou qui ne dépende entièrement de la pensée : autrement cela n'appartiendrait pas à l'esprit, en tant qu'il est une chose qui pense ; et il ne peut y avoir en nous aucune pensée, de laquelle, dans le même moment qu'elle est en nous, nous n'ayons une actuelle connaissance.

C'est pourquoi je ne doute point que l'esprit, aussitôt qu'il est infus dans le corps d'un enfant, ne commence à penser, et que dès lors il ne sache qu'il pense, encore qu'il ne se ressouvienne pas après de ce qu'il a pensé, parce que les espèces de ses pensées ne demeurent pas empreintes en sa mémoire.

---

1. Dans tout ce passage, le latin parle de *conscience, conscia, actu conscii,* là où le traducteur parle de *connaissance* et de savoir (« il ne *sache* qu'il pense »).

Mais il faut remarquer que nous avons bien une actuelle connaissance des actes ou des opérations de notre esprit, mais non pas toujours de ses facultés, si ce n'est en puissance ; en telle sorte que, lorsque nous nous disposons à nous servir de quelque faculté, tout aussitôt, si cette faculté est en notre esprit, nous en acquérons une actuelle connaissance ; c'est pourquoi nous pouvons alors nier assurément qu'elle y soit, si nous ne pouvons en acquérir cette connaissance actuelle.

RÉPONSE AUX CHOSES
QUI PEUVENT ARRÊTER LES THÉOLOGIENS

Je me suis opposé aux premières raisons de Monsieur Arnauld, j'ai tâché de parer aux secondes, et je donne entièrement les mains à celles qui suivent, excepté à la dernière, pour raison de laquelle j'espère qu'il ne me sera pas difficile de faire en sorte que lui-même s'accommode à mon avis.

191   Je confesse donc ingénument avec lui que les choses qui sont contenues dans la première Méditation, et même dans les suivantes, ne sont pas propres à toutes sortes d'esprits, et qu'elles ne s'ajustent pas à la capacité de tout le monde ; mais ce n'est pas d'aujourd'hui que j'ai fait cette déclaration : je l'ai déjà faite, et la ferai encore autant de fois que l'occasion s'en présentera.

Aussi a-ce été la seule raison qui m'a empêché de traiter de ces choses dans le *Discours de la Méthode*, qui était en langue vulgaire, et que j'ai réservé de le faire dans ces Méditations, qui ne doivent être lues, comme j'en ai plusieurs fois averti, que par les plus forts esprits.

Et on ne peut pas dire que j'eusse mieux fait, si je me fusse abstenu d'écrire des choses dont la lecture ne doit pas être propre ni utile à tout le monde ; car je les crois si nécessaires, que je me persuade que sans elles on ne peut jamais rien établir de ferme et d'assure dans la philosophie.

Et quoique le fer et le feu ne se manient jamais sans

péril par des enfants ou par des imprudents, néanmoins, parce qu'ils sont utiles pour la vie, il n'y a personne qui juge qu'il se faille abstenir pour cela de leur usage.

Or, que dans la quatrième Méditation je n'aie parlé que de l'erreur *qui se commet dans le discernement du vrai et du faux*, et non pas de celle qui arrive dans la poursuite du bien et du mal ; et que j'aie toujours excepté les choses qui regardent la foi et les actions de notre vie, lorsque j'ai dit que nous ne devons donner créance qu'aux choses que nous connaissons évidemment, tout le contenu de mes Méditations en fait foi ; et outre cela je l'ai expressément déclaré dans les réponses aux secondes Objections, nombre cinquième, comme aussi dans l'abrégé de mes Méditations ; ce que je dis pour faire voir combien je défère au jugement de Monsieur Arnauld, et l'estime que je fais de ses conseils.

Il reste le sacrement de l'Eucharistie, avec lequel Monsieur Arnauld juge que mes opinions ne peuvent pas convenir, *parce que*, dit-il, *nous tenons pour article de foi que, la substance du pain étant ôtée du pain eucharistique, les seuls accidents y demeurent.* Or il pense que je n'admets point *d'accidents réels*, mais seulement des modes, qui ne peuvent pas être entendus *sans quelque substance* en laquelle ils résident, *et partant, ils ne peuvent pas exister sans elle.*

A laquelle objection je pourrais très facilement m'exempter de répondre, en disant que jusques ici je n'ai jamais nié que les accidents fussent réels : car, encore que je ne m'en sois point servi dans la *Dioptrique* et dans les *Météores*, pour expliquer les choses que je traitais alors, j'ai dit néanmoins en termes exprès, dans les *Météores*, page 164, que je ne voulais pas nier qu'ils fussent réels[1].

---

1. A la fin du Discours I des *Météores* (AT, VI, 239) Descartes écrit : *Sachez aussi que, pour ne point rompre la paix avec les philosophes, je ne veux rien du tout nier de ce qu'ils imaginent dans les corps de plus que je n'ai dit, comme leurs formes substantielles, leurs qualités réelles, et choses semblables.*

Et dans ces Méditations j'ai de vrai supposé que je ne les connaissais pas bien encore, mais non pas que pour cela il n'y en eût point : car la manière d'écrire analytique que j'y ai suivie permet de faire quelquefois des suppositions, lorsqu'on n'a pas encore assez soigneusement examiné les choses, comme il a paru dans la première Méditation, où j'avais supposé beaucoup de choses que j'ai depuis réfutées dans les suivantes.

Et certes ce n'a point été ici mon dessein de rien définir touchant la nature des accidents, mais j'ai seulement proposé ce qui m'a semblé d'eux de prime abord ; et enfin, de ce que j'ai dit que les modes ne peuvent pas être entendus sans quelque substance en laquelle ils résident, on ne doit pas inférer que j'aie nié que par la toute-puissance de Dieu ils en puissent être séparés, parce que je tiens pour très assuré et crois fermement que Dieu peut faire une infinité de choses que nous ne sommes pas capables d'entendre.

Mais pour procéder ici avec plus de franchise, je ne dissimulerai point que je me persuade qu'il n'y a rien autre chose par quoi nos sens soient touchés, que cette seule superficie qui est le terme des dimensions du corps qui est senti ou aperçu par les sens. Car c'est en la superficie seule que se fait le contact, lequel est si nécessaire pour le sentiment, que j'estime que sans lui pas un de nos sens ne pourrait être mû ; et je ne suis pas le seul de cette opinion : Aristote même et quantité d'autres philosophes avant moi en ont été. De sorte que, par exemple, le pain et le vin ne sont point aperçus par les sens, sinon en tant que leur superficie est touchée par l'organe du sens, ou immédiatement, ou médiatement par le moyen de l'air ou des autres corps, comme je l'estime, ou bien, comme disent plusieurs philosophes, par le moyen des espèces intentionnelles[1].

Et il faut remarquer que ce n'est pas la seule figure extérieure des corps qui est sensible aux doigts et à la main, qui doit être prise pour cette superficie, mais

---

1. « Petites images voltigeantes par l'air ». Discours I de la *Dioptrique* (AT, VI, 85), que les objets étaient supposés envoyer pour les représenter. Voir aussi plus loin, *Sixièmes Réponses*-9, AT, IX, 236.

qu'il faut aussi considérer tous ces petits intervalles qui
sont, par exemple, entre les petites parties de la farine
dont le pain est composé, comme aussi entre les parti-
193 cules de l'eau-de-vie, de l'eau douce, du vinaigre, de la
lie ou du tartre, du mélange desquelles le vin est
composé, et ainsi entre les petites parties des autres
corps, et penser que toutes les petites superficies qui
terminent ces intervalles, font partie de la superficie de
chaque corps.

Car certes, ces petites parties de tous les corps ayant
diverses figures et grosseurs et différents mouvements,
jamais elles ne peuvent être si bien arrangées ni si
justement jointes ensemble, qu'il ne reste plusieurs
intervalles autour d'elles, qui ne sont pas néanmoins
vides, mais qui sont remplis d'air ou de quelque autre
matière, comme il s'en voit dans le pain, qui sont assez
larges et qui peuvent être remplis non seulement d'air,
mais aussi d'eau, de vin, ou de quelque autre liqueur;
et puisque le pain demeure toujours le même, encore
que l'air; ou telle autre matière qui est contenue dans
ses pores soit changée, il est constant que ces choses
n'appartiennent point à la substance du pain, et partant, que sa superficie n'est pas celle qui par un petit
circuit l'environne tout entier, mais celle qui touche
immédiatement chacune de ses petites parties.

Il faut aussi remarquer que cette superficie n'est pas
seulement remuée tout entière, lorsque toute la masse
du pain est portée d'un lieu en un autre, mais qu'elle est
aussi remuée en partie, lorsque quelques-unes de ses
petites parties sont agitées par l'air ou par les autres
corps qui entrent dans ses pores; tellement que, s'il y a
des corps qui soient d'une telle nature que quelques-
unes de leurs parties, ou toutes celles qui les
composent, se remuent continuellement (ce que
j'estime être vrai de plusieurs parties du pain et de
toutes celles du vin), il faudra aussi concevoir que leur
superficie est dans un continuel mouvement.

Enfin, il faut remarquer que, par la superficie du
pain ou du vin, ou de quelque autre corps que ce soit,
on n'entend pas ici aucune partie de la substance, ni

même de la quantité de ce même corps, ni aussi aucune partie des autres corps qui l'environnent, mais seulement *ce terme que l'on conçoit être moyen entre chacune des particules de ce corps et les corps qui les environnent, et qui n'a point d'autre entité que la modale.*

Ainsi, puisque le contact se fait dans ce seul terme, et que rien n'est senti, si ce n'est par contact, c'est une chose manifeste que, de cela seul que les substances du pain et du vin sont dites être tellement changées en la substance de quelque autre chose, que cette nouvelle substance soit contenue précisément sous les mêmes termes sous qui les autres étaient contenues, ou qu'elle 194 existe dans le même lieu où le pain et le vin existaient auparavant (ou plutôt, d'autant que leurs termes sont continuellement agités, dans lequel ils existeraient s'ils étaient présents), il s'ensuit nécessairement que cette nouvelle substance doit mouvoir tous nos sens de la même façon que feraient le pain et le vin, si aucune transsubstantiation n'avait été faite.

Or l'Eglise nous enseigne dans le Concile de Trente, section 13, can. 2 et 4, *qu'il se fait une conversion de toute la substance du pain en la substance du Corps de Notre-Seigneur Jésus-Christ, demeurant seulement l'espèce du pain.* Où je ne vois pas ce que l'on peut entendre par *l'espèce du pain,* si ce n'est cette superficie qui est moyenne entre chacune de ses petites parties et les corps qui les environnent.

Car, comme il a déjà été dit, le contact se fait en cette seule superficie; et Aristote même confesse que, non seulement ce sens que par privilège spécial on nomme *l'attouchement,* mais aussi tous les autres, ne sentent que par le moyen de l'attouchement. C'est dans le livre 3 *De l'Ame,* chap. 13, où sont ces mots : καὰ τὰ ἀλλα αᾀσθή-τηρια ἀφῇ αᾀσθάνεται.

Or il n'y a personne qui pense que par l'espèce on entende autre chose que ce qui est précisément requis pour toucher les sens. Et il n'y a aussi personne qui croie la conversion du pain au Corps de Christ, qui ne pense que ce Corps de Christ est précisément contenu sous la même superficie sous qui le pain serait contenu s'il était présent, quoique néanmoins il ne soit pas là comme proprement dans un lieu, mais sacramentellement, et de cette manière d'exister, laquelle, quoique nous ne puissions qu'à peine exprimer par paroles, après néanmoins que notre esprit est éclairé des lumières de la foi, nous pouvons concevoir comme possible à un Dieu, et laquelle nous sommes obligés de croire très fermement. Toutes lesquelles choses me semble être si commodément expliquées par mes principes, que non seulement je ne crains pas d'avoir rien dit ici qui puisse offenser nos théologiens, qu'au contraire j'espère qu'ils me sauront gré de ce que les opinions que je propose dans la physique sont telles, qu'elles conviennent beaucoup mieux avec la théologie, que celles qu'on y propose d'ordinaire. Car, de vrai, l'Eglise n'a jamais enseigné (au moins que je sache) que les espèces du pain et du vin, qui demeurent au Sacrement de l'Eucharistie, soient des accidents réels qui subsistent miraculeusement tout seuls, après que la substance à laquelle ils étaient attachés a été ôtée.

Mais peut-être[1] à cause que les premiers théologiens qui ont entrepris d'ajuster cette question avec la philo-
195 sophie naturelle se persuadaient si fortement que ces accidents qui touchent nos sens étaient quelque chose de réel différent de la substance, qu'ils ne pensaient pas seulement que jamais on en pût douter, ils ont supposé, sans aucune juste raison et sans y avoir bien pensé, que les espèces du pain étaient des accidents réels de cette nature; puis ensuite ils ont mis toute leur étude à expliquer comment ces accidents peuvent subsister sans sujet. En quoi ils ont trouvé tant de difficultés que cela seul leur devait faire juger qu'ils étaient détournés du droit chemin, ainsi que font les voyageurs quand quelque sentier les a conduits à des lieux pleins d'épines et inaccessibles.

---

1. Toute la fin du texte, à partir d'ici, avait été supprimée dans la première édition latine, et remplacée par une phrase de conclusion : « J'omets le reste de ce qui pourrait être ici demandé, en attendant de démontrer plus au long, dans la *Somme Philosophique* que j'ai en chantier, tout ce dont se déduisent les solutions satisfaisantes à chacune des objections habituelles en cette matière. »

Car, premièrement, ils semblent se contredire (au moins ceux qui tiennent que les objets ne meuvent nos sens que par le moyen du contact), lorsqu'ils supposent qu'il faut encore quelque autre chose dans les objets, pour mouvoir les sens, que leurs superficies diversement disposées; d'autant que c'est une chose qui de soi est évidente, que la superficie seule suffit pour le contact; et s'il y en a qui ne veulent pas tomber d'accord que nous ne sentons rien sans le contact, ils ne peuvent rien dire, touchant la façon dont les sens sont mus par leurs objets, qui ait aucune apparence de vérité.

Outre cela, l'esprit humain ne peut pas concevoir que les accidents du pain soient réels, et que néanmoins ils existent sans sa substance, qu'il ne les conçoive en même façon que si c'était des substances; c'est pourquoi il semble qu'il y ait en cela de la contradiction, que toute la substance du pain soit changée, ainsi que le croit l'Eglise, et que cependant il demeure quelque chose de réel qui était auparavant dans le pain; parce qu'on ne peut pas concevoir qu'il demeure rien de réel, que ce qui subsiste; et encore qu'on nomme cela un accident, on le conçoit néanmoins comme une substance. Et c'est en effet la même chose que si on disait qu'à la vérité toute la substance du pain est changée, mais que néanmoins cette partie de sa substance, qu'on nomme accident réel, demeure : dans lesquelles paroles s'il n'y a point de contradiction, certainement dans le concept il en paraît beaucoup.

Et il semble que ce soit principalement pour ce sujet que quelques-uns se sont éloignés en ceci de la créance de l'Eglise romaine[1]. Mais qui pourra nier que, lorsqu'il est permis, et que nulle raison, ni théologique, ni même philosophique, ne nous oblige à embrasser une opinion plutôt qu'une autre, il ne faille principalement choisir celles qui ne peuvent donner occasion ni prétexte à personne de s'éloigner des vérités de la foi?

196

1. Allusion au refus par les Protestants du dogme de la transsubstantiation, et, en particulier, à la doctrine luthérienne de l'impanation.

Or, que l'opinion qui admet des accidents réels ne s'accommode pas aux raisons de la théologie, je pense que cela se voit ici assez clairement; et qu'elle soit tout à fait contraire à celles de la philosophie, j'espère dans peu le démontrer évidemment, dans un traité des principes que j'ai dessein de publier[1], et d'y expliquer comment la couleur, la saveur, la pesanteur, et toutes les autres qualités qui touchent nos sens, dépendent seulement en cela de la superficie extérieure des corps.

Au reste, on ne peut pas supposer que les accidents soient réels, sans qu'au miracle de la transsubstantiation, lequel seul peut être inféré des paroles de la consécration, on n'en ajoute sans nécessité un nouveau et incompréhensible, par lequel ces accidents réels existent tellement sans la substance du pain, que cependant ils ne soient pas eux-mêmes faits des substances, ce qui ne répugne pas seulement à la raison humaine, mais même à l'axiome des théologiens, qui disent que les paroles de la consécration n'opèrent rien que ce qu'elles signifient, et qui ne veulent pas attribuer à miracle les choses qui peuvent être expliquées par raison naturelle. Toutes lesquelles difficultés sont entièrement levées par l'explication que je donne à ces choses. Car tant s'en faut que, selon l'explication que j'y donne, il soit besoin de quelque miracle pour conserver les accidents après que la substance du pain est ôtée, qu'au contraire, sans un nouveau miracle (à savoir, par lequel les dimensions fussent changées), ils ne peuvent pas être ôtés. Et les histoires nous apprennent que cela est quelquefois arrivé, lorsqu'au lieu de pain consacré il a paru de la chair ou un petit enfant entre les mains du prêtre; car jamais on n'a cru que cela soit arrivé par une cessation de miracle, mais on a toujours attribué cet effet à un miracle nouveau.

Davantage, il n'y a rien en cela d'incompréhensible ou de difficile, que Dieu, créateur de toutes choses, puisse changer une substance en une autre, et que cette

1. Le latin dit : *dans la Somme Philosophique que j'ai actuellement en chantier.*

dernière substance demeure précisément sous la même superficie sous qui la première était contenue. On ne peut aussi rien dire de plus conforme à la raison, ni qui soit plus communément reçu par les philosophes, que non seulement tout sentiment, mais généralement toute action d'un corps sur un autre, se fait par le contact, et que ce contact peut être en la seule superficie : d'où il suit évidemment que la même superficie doit toujours de la même façon agir ou pâtir, quelque changement qui arrive en la substance qu'elle couvre.

197

C'est pourquoi, s'il m'est ici permis de dire la vérité sans envie, j'ose espérer que le temps viendra, auquel cette opinion, qui admet les accidents réels, sera rejetée par les théologiens comme peu sûre en la foi, éloignée de la raison, et du tout incompréhensible, et que la mienne sera reçue en sa place comme certaine et indubitable. Ce que j'ai cru ne devoir pas ici dissimuler, pour prévenir, autant qu'il m'est possible, les calomnies de ceux qui, voulant paraître plus savants que les autres, et ne pouvant souffrir qu'on propose aucune opinion différente des leurs, qui soit estimée vraie et importante, ont coutume de dire qu'elle répugne aux vérités de la foi, et tâchent d'abolir par autorité ce qu'ils ne peuvent réfuter par raison[1]. Mais j'appelle de leur sentence à celle des bons et orthodoxes théologiens, au jugement et à la censure desquels je me soumettrai toujours très volontiers.

---

1. Le latin dit : *les calomnies de ceux qui... ne peuvent souffrir qu'on apporte quelque chose de nouveau dans les sciences, qu'ils ne puissent pas feindre d'avoir connu auparavant. Et souvent ils s'y attaquent avec d'autant plus d'aigreur qu'ils l'estiment plus vrai et de plus d'importance ; et ce qu'ils n'ont pas la force de réfuter par raisons, ils l'affirment, sans aucune raison, contraire aux Saintes Écritures et aux vérités de la foi.*

AVERTISSEMENT DE L'AUTEUR

TOUCHANT LES CINQUIÈMES OBJECTIONS[1]

Avant la première édition de ces Méditations, je désirai qu'elles fussent examinées, non seulement par Messieurs les Docteurs de Sorbonne, mais aussi par tous les autres savants hommes qui en voudraient prendre la peine, afin que, faisant imprimer leurs objections et mes réponses en suite des Méditations, chacunes selon l'ordre qu'elles auraient été faites, cela servît à rendre la vérité plus évidente. Et encore que celles qui me furent envoyées les cinquièmes ne me semblassent pas les plus importantes, et qu'elles fussent fort longues, je ne laissai pas de les faire imprimer en leur ordre, pour ne point désobliger leur auteur, auquel on fit même voir de ma part les épreuves de l'impression, afin que rien n'y fût mis comme sien qu'il

199 n'approuvât ; mais parce qu'il a fait depuis un gros livre qui contient ces mêmes objections avec plusieurs nouvelles instances ou répliques contre mes réponses[2], et que là-dedans il s'est plaint de ce que je les avais publiées, comme si je l'avais fait contre son gré, et qu'il ne me les eût envoyées que pour mon instruction

1. Ces objections sont l'œuvre de Pierre Gassendi (1592-1655), philosophe et savant français, qui se réclamait, en particulier en physique, de la tradition épicurienne.
2. La *Disquisitio Metaphysica*, publiée en 1644 : Descartes y répondit dans une lettre à Clerselier, du 12 janvier 1646, qu'on trouvera plus loin, à la suite des *Réponses aux cinquièmes objections*.

particulière, je serai bien aise de m'accommoder doré-navant à son désir, et que ce volume en soit déchargé. C'est pourquoi, lorsque j'ai su que Monsieur C.L.R. prenait la peine de traduire les autres objections, je l'ai prié d'omettre celles-ci[1]. Et afin que le lecteur n'ait point sujet de les regretter, j'ai à l'avertir en cet endroit que je les ai relues depuis peu, et que j'ai lu aussi toutes les nouvelles instances du gros livre qui les contient, avec intention d'en extraire tous les points que je jugerais avoir besoin de réponse, mais que je n'en ai su remarquer aucun, auquel il ne me semble que ceux qui entendront un peu le sens de mes Méditations pourront aisément répondre sans moi ; et pour ceux qui ne jugent des livres que par la grosseur du volume ou par le titre, mon ambition n'est pas de rechercher leur approbation.

---

1. Clerselier (C.L.R.), malgré la prière de Descartes, publia dans l'édition de 1647, en la rejetant à la fin de l'ouvrage, sa traduction des *Cinquièmes Objections* (que nous renonçons à donner, à cause de leur longueur) et des *Réponses aux Cinquièmes Objections*.

RÉPONSES DE L'AUTEUR

AUX CINQUIÈMES OBJECTIONS

(Traduction)[1]

duit de
VII,

Monsieur,

347 Vous avez impugné mes Méditations par un discours si élégant et si soigneusement recherché, et qui m'a semblé si utile pour en éclaircir davantage la vérité, que je crois vous devoir beaucoup d'avoir pris la peine d'y mettre la main, et n'être pas peu obligé au Révérend Père Mersenne de vous avoir excité de l'entreprendre. Car il a très bien reconnu, lui qui a toujours été très curieux de rechercher la vérité, principalement lorsqu'elle peut servir à augmenter la gloire de Dieu, qu'il n'y avait point de moyen plus propre pour juger de la vérité de mes démonstrations que de les soumettre à l'examen et à la censure de quelques personnes reconnues pour doctes par-dessus les autres, afin de voir si je pourrais répondre pertinemment à toutes les difficultés qui me pourraient être par eux proposées. A cet effet il en a provoqué plusieurs, il l'a obtenu de quelques-uns, et je me réjouis que vous ayez aussi acquiescé à sa prière. Car, encore que vous n'ayez pas tant employé les raisons d'un philosophe pour réfuter mes opinions que les artifices d'un orateur pour les

1. Nous reproduisons la traduction de Clerselier (édition de 1647) dont cependant Descartes n'a pas assumé la responsabilité (voir *Avertissement* précédent). Nous signalons en note quelques passages où cette traduction nous a paru peu satisfaisante.

éluder, cela ne laisse pas de m'être très agréable, et ce
d'autant plus, que je conjecture de là qu'il est difficile
d'apporter contre moi des raisons différentes de celles
348 qui sont contenues dans les précédentes objections que
vous avez lues. Car certainement, s'il y en eût eu
quelques-unes, elles ne vous auraient pas échappé ; et je
m'imagine que tout votre dessein en ceci n'a été que de
m'avertir des moyens dont ces personnes de qui l'esprit
est tellement plongé et attaché aux sens qu'ils ne
peuvent rien concevoir qu'en imaginant, et qui, partant, ne sont pas propres pour les spéculations métaphysiques, se pourraient servir pour éluder mes raisons, et me donner lieu en même temps de les prévenir.
C'est pourquoi, ne pensez pas que vous répondant ici,
j'estime répondre à un parfait et subtil philosophe, tel
que je sais que vous êtes ; mais comme si vous étiez du
nombre de ces hommes de chair dont vous empruntez
le visage, je vous adresserai seulement la réponse que je
leur voudrais faire.

DES CHOSES QUI ONT ÉTÉ OBJECTÉES
CONTRE LA PREMIÈRE MÉDITATION

Vous dites que vous approuvez le dessein que j'ai eu
de délivrer l'esprit de ses anciens préjugés, qui est tel en
effet que personne n'y peut trouver à redire ; mais vous
voudriez que je m'en fusse acquitté « simplement et en
peu de paroles », c'est-à-dire, en un mot, « négligemment et sans tant de précautions » ; comme si c'était une
chose si facile que de se délivrer de toutes les erreurs
dont nous sommes imbus dès notre enfance, et que l'on
pût faire trop exactement ce qu'on ne doute point qu'il
ne faille faire. Mais certes je vois bien que vous avez
voulu m'indiquer qu'il y en a plusieurs qui disent
seulement de bouche qu'il faut soigneusement éviter la
prévention, mais qui pourtant ne l'évitent jamais, parce
qu'ils ne s'étudient point à s'en défaire, et se persuadent
qu'on ne doit point tenir pour des préjugés ce qu'ils ont
une fois reçu pour véritable. Certainement vous jouez
ici parfaitement bien leur personnage, et n'omettez rien

de ce qu'ils me pourraient objecter, mais cependant
349 vous ne dites rien qui sente tant soit peu son philosophe. Car, où vous dites qu'il n'était « pas besoin de
feindre un Dieu trompeur, ni que je dormais », un
philosophe aurait cru être obligé d'ajouter la raison
pourquoi ces choses ne peuvent être révoquées en
doute, ou s'il n'en eût point eu, comme de vrai il n'y en
a point, il se serait abstenu de dire cela. Il n'aurait pas
non plus ajouté qu'il suffisait en ce lieu-là d'alléguer,
pour raison de notre défiance, le peu de lumière de
l'esprit humain, ou la faiblesse de notre nature ; car il ne
sert de rien, pour corriger nos erreurs, de dire que nous
nous trompons parce que notre esprit n'est pas beaucoup clairvoyant, ou que notre nature est infirme ; car
c'est le même que si nous disions que nous errons parce
que nous sommes sujets à l'erreur. Et certes on ne peut
pas nier qu'il ne soit plus utile de prendre garde,
comme j'ai fait, à toutes les choses où il peut arriver que
nous errions, de peur que nous ne leur donnions trop
légèrement notre créance. Un philosophe n'aurait pas
dit aussi qu'en « tenant toutes choses pour fausses, je ne
me dépouille pas tant de mes anciens préjugés, que je
me revêts d'un autre tout nouveau » ; ou bien il eût
premièrement tâché de montrer qu'une telle supposition nous pouvait induire en erreur ; mais tout au
contraire, vous assurez un peu après qu'il n'est pas
possible que je puisse obtenir cela de moi, que de
douter de la vérité et certitude de ces choses que j'ai
supposées être fausses ; c'est-à-dire que je puisse me
revêtir de ce nouveau préjugé dont vous appréhendiez
que je me laissasse prévenir. Et un philosophe ne serait
pas plus étonné de cette supposition que de voir quelquefois une personne qui, pour redresser un bâton qui
est courbé, le recourbe de l'autre part, car il n'ignore
pas que souvent on prend ainsi des choses fausses pour
véritables, afin d'éclaircir davantage la vérité, comme
350 lorsque les astronomes imaginent au ciel un équateur,
un zodiaque et d'autres cercles, ou que les géomètres
ajoutent de nouvelles lignes à des figures données, et
souvent aussi les philosophes en beaucoup de ren-

contres; et celui qui appelle cela « recourir à une machine, forger des illusions, rechercher des détours et des nouveautés », et qui dit que cela est « indigne de la candeur d'un philosophe et du zèle de la vérité », montre bien qu'il ne se veut pas lui-même servir de cette candeur philosophique, ni mettre en usage les raisons, mais seulement donner aux choses le fard et les couleurs de la rhétorique.

DES CHOSES QUI ONT ÉTÉ OBJECTÉES CONTRE LA SECONDE MÉDITATION

I. Vous continuez ici à nous amuser par des feintes et des déguisements de rhétorique, au lieu de nous payer de bonnes et solides raisons; car vous feignez que je me moque lorsque (je) parle tout de bon, et vous prenez comme une chose dite sérieusement et avec quelque assurance de vérité ce que je n'ai proposé que par forme d'interrogation et selon l'opinion du vulgaire, pour en faire part après une plus exacte recherche. Car quand j'ai dit qu'il fallait « tenir pour incertains, ou même pour faux, tous les témoignages que nous recevons des sens », je l'ai dit tout de bon; et cela est si nécessaire pour bien entendre mes Méditations, que celui qui ne peut, ou qui ne veut pas admettre cela, n'est pas capable de rien dire à l'encontre qui puisse mériter réponse. Mais cependant il faut prendre garde à la différence qui est entre les actions de la vie et la recherche de la vérité, laquelle j'ai tant de fois inculquée; car, quand il est question de la conduite de la vie, ce serait une chose tout à fait ridicule de ne s'en pas rapporter aux sens; d'où vient qu'on s'est toujours moqué de ces sceptiques qui négligeaient jusqu'à tel point toutes les choses du monde, que, pour empêcher qu'ils ne se jetassent eux-mêmes dans les précipices, ils devaient être gardés par leurs amis; et c'est pour cela que j'ai dit en quelque part : « qu'une personne de bon sens ne pouvait douter sérieusement de ces choses »; mais lorsqu'il s'agit de la recherche de la vérité et de savoir quelles choses peuvent être certainement connues par l'esprit humain, il est sans doute du tout contraire à la raison de ne vouloir pas rejeter sérieusement ces choses-là comme incertaines, ou même aussi comme fausses, afin de remarquer que celles qui ne peuvent pas être ainsi rejetées sont en cela même plus assurées, et à notre égard plus connues et plus évidentes.

Quant à ce que j'ai dit que « je ne connaissais pas encore assez ce que c'est qu'une chose qui pense », il n'est pas vrai, comme vous dites, que je l'aie dit tout de bon, car je l'ai expliqué en son lieu; ni même que j'aie dit que je ne doutais nullement en quoi consistait la nature du corps, et que je ne lui attribuais point la faculté de se mouvoir soi-même; ni aussi que j'imaginais l'âme comme un vent ou un feu, et autres choses semblables que j'ai seulement rapportées en ce lieu-là, selon l'opinion du vulgaire, pour faire voir par après qu'elles étaient fausses. Mais avec quelle fidélité dites-vous que « je rapporte à l'âme les facultés de marcher, de sentir, d'être nourri », etc., afin que vous ajoutiez immédiatement après ces paroles : « Je vous accorde tout cela, pourvu que nous nous donnions garde de votre distinction d'entre l'esprit et le corps » ? car en ce lieu-là même j'ai dit en termes exprès que la nutrition ne devait être rapportée qu'au corps; et, pour ce qui est du sentiment et du marcher, je les rapporte aussi, pour la plus grande partie, au corps, et je n'attribue rien à l'âme de ce qui les concerne que cela seul qui est une pensée.

352 De plus, quelle raison avez-vous de dire qu'il n'était pas « besoin d'un si grand appareil pour prouver mon existence ? » Certes je pense avoir fort bonne raison de conjecturer de vos paroles mêmes que l'appareil dont je me suis servi n'a pas encore été assez grand, puisque je n'ai pu faire encore que vous comprissiez bien la chose; car, quand vous dites que j'eusse pu conclure la même chose de chacune autre de mes actions indifféremment, vous vous méprenez bien fort, parce qu'il n'y en a pas une de laquelle je sois entièrement certain, j'entends de cette certitude métaphysique de laquelle seule il est ici question, excepté la pensée. Car, par exemple, cette

conséquence ne serait pas bonne : *Je me promène, donc je suis*, sinon en tant que la connaissance intérieure[1] que j'en ai est une pensée, de laquelle seule cette conclusion est certaine, non du mouvement du corps, lequel parfois peut être faux, comme dans nos songes, quoiqu'il nous semble alors que nous nous promenions, de façon que de ce que je pense me promener je puis fort bien inférer l'existence de mon esprit, qui a cette pensée, mais non celle de mon corps, lequel se promène. Il en est de même de toutes les autres.

II. Vous commencez ensuite par une figure de rhétorique assez agréable, qu'on nomme prosopopée, à m'interroger, non plus comme un homme tout entier, mais comme une âme séparée du corps ; en quoi il semble que vous ayez voulu m'avertir que ces objections ne partent pas de l'esprit d'un subtil philosophe, mais de celui d'un homme attaché au sens et à la chair. Dites-moi donc, je vous prie, ô chair, ou qui que vous soyez, et quel que soit le nom dont vous vouliez qu'on vous appelle, avez-vous si peu de commerce avec l'esprit que vous n'ayez pu remarquer l'endroit où j'ai corrigé cette imagination du vulgaire par laquelle on feint que la chose qui pense est semblable au vent ou à quelque autre corps de cette sorte ? Car je l'ai sans doute 353 corrigée lorsque j'ai fait voir que l'on peut supposer qu'il n'y a point de vent, point de feu, ni aucun autre corps au monde, et que néanmoins, sans changer cette supposition, toutes les choses par quoi je connais que je suis une chose qui pense ne laissent pas de demeurer en leur entier. Et partant toutes les questions que vous me faites ensuite, par exemple : « Pourquoi ne pourrais-je donc pas être un vent ? Pourquoi ne pas remplir un espace ? Pourquoi n'être pas mû en plusieurs façons ? » et autres semblables, sont si vaines et si inutiles qu'elles n'ont pas besoin de réponse.

III. Ce que vous ajoutez ensuite n'a pas plus de force, à savoir : « si je suis un corps subtil et délié, pourquoi ne pourrais-je pas être nourri ? » et le reste.

1. Le latin dit : *conscientia, la conscience*.

Car je nie absolument que je sois un corps. Et pour terminer une fois pour toutes ces difficultés, parce que vous m'objectez quasi toujours la même chose, et que vous n'impugnez pas mes raisons, mais que les dissimulant comme si elles étaient de peu de valeur, ou que les rapportant imparfaites et défectueuses, vous prenez de là occasion de me faire plusieurs diverses objections que les personnes peu versées en la philosophie ont coutume d'opposer à mes conclusions, ou à d'autres qui leur ressemblent, ou même qui n'ont rien de commun avec elles, lesquelles ou sont éloignées du sujet, ou ont déjà été en leur lieu réfutées et résolues, il n'est pas nécessaire que je réponde à chacune de vos demandes, autrement il faudrait répéter cent fois les mêmes choses que j'ai déjà ci-devant écrites. Mais je satisferai seulement en peu de paroles à celles qui me sembleront pouvoir arrêter des personnes un peu entendues. Et pour ceux qui ne s'attachent pas tant à la force des raisons qu'à la multitude des paroles, je ne fais pas tant de cas de leur approbation que je veuille perdre le temps en discours inutiles pour l'acquérir.

Premièrement donc, je remarquerai ici qu'on ne vous croit pas quand vous avancez si hardiment et sans aucune preuve que l'esprit croît et s'affaiblit avec le
354 corps ; car de ce qu'il n'agit pas si parfaitement dans le corps d'un enfant que dans celui d'un homme parfait, et que souvent ses actions peuvent être empêchées par le vin et par d'autres choses corporelles, il s'ensuit seulement que tandis qu'il est uni au corps il s'en sert comme d'un instrument pour faire ces opérations auxquelles il est pour l'ordinaire occupé, mais non pas que le corps le rende plus ou moins parfait qu'il est en soi ; et la conséquence que vous tirez de là n'est pas meilleure que si, de ce qu'un artisan ne travaille pas bien toutes les fois qu'il se sert d'un mauvais outil, vous infériez qu'il emprunte son adresse et la science de son art de la bonté de son instrument.

Il faut aussi remarquer qu'il ne semble pas, ô chair, que vous sachiez en façon quelconque ce que c'est que d'user de raison, puisque, pour prouver que le rapport et la foi de mes sens ne me doivent point être suspects, vous dites que, « quoique sans me servir de l'œil il m'ait semblé quelquefois que je sentais des choses qui ne se peuvent sentir sans lui, je n'ai pas néanmoins toujours expérimenté la même fausseté » ; comme si ce n'était pas un fondement suffisant pour douter d'une chose que d'y avoir une fois reconnu de l'erreur, et comme s'il se pouvait faire que toutes les fois que nous nous trompons nous puissions nous en apercevoir ; vu qu'au contraire l'erreur ne consiste qu'en ce qu'elle ne paraît pas comme telle. Enfin, parce que vous me demandez souvent des raisons lorsque vous-même n'en avez aucune, et que c'est néanmoins à vous d'en avoir, je suis obligé de vous avertir que pour bien philosopher il n'est pas besoin de prouver que toutes ces choses-là sont fausses que nous ne recevons pas pour vraies, parce que leur vérité ne nous est pas connue ; mais il faut seule-ment prendre garde très soigneusement de ne rien recevoir pour véritable que nous ne puissions démon-355 trer être tel. Et ainsi, quand j'aperçois que je suis une substance qui pense, et que je forme un concept clair et distinct de cette substance, dans lequel il n'y a rien de contenu de tout ce qui appartient à celui de la substance corporelle, cela me suffit pleinement pour assurer qu'en tant que je me connais je ne suis rien qu'une chose qui pense ; et c'est tout ce que j'ai assuré dans la seconde Méditation, de laquelle il s'agit maintenant : et je n'ai pas dû admettre que cette substance qui pense fût un corps subtil, pur, délié, etc., d'autant que je n'ai eu lors aucune raison qui me le persuadât ; si vous en avez quelqu'une, c'est à vous de nous l'enseigner, et non pas d'exiger de moi que je prouve qu'une chose est fausse que je n'ai point eu d'autre raison pour ne la pas admettre qu'à cause qu'elle m'était inconnue. Car vous faites le même que si, disant que je suis maintenant en Hollande, vous disiez que je ne dois pas être cru si je ne prouve en même temps que je ne suis pas en la Chine, ni en aucune autre partie du monde ; d'autant que peut-être il se peut faire qu'un même corps, par la toute-puissance de Dieu, soit en plusieurs lieux. Et

lorsque vous ajoutez que je dois aussi prouver que les
âmes des bêtes ne sont pas corporelles et que le corps ne
contribue rien à la pensée, vous faites voir que non
seulement vous ignorez à qui appartient l'obligation de
prouver une chose, mais aussi que vous ne savez pas ce
que chacun doit prouver ; car pour moi je ne crois point
ni que les âmes des bêtes ne soient pas corporelles, ni
que le corps ne contribue rien à la pensée ; mais
seulement je dis que ce n'est pas ici le lieu d'examiner
ces choses.

IV. Vous cherchez ici de l'obscurité à cause de
l'équivoque qui est dans le mot d'*âme* ; mais je l'ai tant
de fois nettement éclaircie que j'ai honte de le répéter
ici ; c'est pourquoi je dirai seulement que les noms ont
356 été pour l'ordinaire imposés par des personnes igno-
rantes, ce qui fait qu'ils ne conviennent pas toujours
assez proprement aux choses qu'ils signifient ; néanmoins, depuis qu'ils sont une fois reçus, il ne nous est
pas libre de les changer, mais seulement nous pouvons
corriger leurs significations quand nous voyons qu'elles
ne sont pas bien entendues. Ainsi, d'autant que peut-
être les premiers auteurs des noms n'ont pas distingué
en nous ce principe par lequel nous sommes nourris,
nous croissons et faisons sans la pensée toutes les autres
fonctions qui nous sont communes avec les bêtes,
d'avec celui par lequel nous pensons, ils ont appelé l'un
et l'autre du seul nom d'*âme* ; et, voyant puis après que
la pensée était différente de la nutrition, ils ont appelé
du nom d'*esprit* cette chose qui en nous a la faculté de
penser, et ont cru que c'était la principale partie de
l'âme. Mais moi, venant à prendre garde que le principe par lequel nous sommes nourris est entièrement
distingué de celui par lequel nous pensons, j'ai dit que
le nom d'*âme*, quand il est pris conjointement pour l'un
et l'autre, est équivoque, et que pour le prendre précisément pour ce *premier acte*, ou cette *forme principale de
l'homme*, il doit être seulement entendu de ce principe
par lequel nous pensons : aussi l'ai-je le plus souvent
appelé du nom d'*esprit*, pour ôter cette équivoque et
ambiguïté. Car je ne considère pas l'*esprit* comme une

partie de l'âme, mais comme cette âme tout entière qui pense.

Mais, dites-vous, vous êtes en peine de savoir si « je n'estime donc point que l'âme pense toujours ». Mais pourquoi ne penserait-elle pas toujours, puisqu'elle est une substance qui pense ? Et quelle merveille y a-t-il de ce que nous ne nous ressouvenons pas des pensées qu'elle a eues dans le ventre de nos mères, ou pendant une léthargie, etc., puisque nous ne nous ressouvenons pas même de plusieurs pensées que nous savons fort bien avoir eues étant adultes, sains et éveillés, dont la raison est que, pour se ressouvenir des pensées que l'esprit a une fois conçues tandis qu'il est conjoint au corps, il est nécessaire qu'il en reste quelques vestiges imprimés dans le cerveau, vers lesquels l'esprit se tournant, et appliquant à eux sa pensée, il vient à se ressouvenir ; or qu'y a-t-il de merveilleux si le cerveau d'un enfant ou d'un léthargique n'est pas propre pour recevoir de telles impressions ?

Enfin, où j'ai dit « que peut-être il se pouvait faire que ce que je ne connais pas encore (à savoir, mon corps) n'est point différent de moi que je connais (à savoir, de mon esprit), que je n'en sais rien, que je ne dispute pas de cela, etc. », vous m'objectez : « Si vous ne le savez pas, si vous ne disputez pas de cela, pourquoi dites-vous que vous n'êtes rien de tout cela ? » Où il n'est pas vrai que j'aie rien mis en avant que je ne susse ; car, tout au contraire, parce que je ne savais pas lors si le corps était une même chose que l'esprit ou s'il ne l'était pas, je n'en ai rien voulu avancer, mais j'ai seulement considéré l'esprit, jusqu'à ce qu'enfin, dans la sixième Méditation, je n'aie pas simplement avancé, mais j'aie démontré très clairement qu'il était réellement distingué du corps. Mais vous manquez vous-même en cela beaucoup, que, n'ayant pas la moindre raison pour montrer que l'esprit n'est point distingué du corps, vous ne laissez pas de l'avancer sans aucune preuve.

V. Ce que j'ai dit de l'imagination est assez clair si l'on y veut prendre garde, mais ce n'est pas merveille si cela semble obscur à ceux qui ne méditent jamais et ne font aucune réflexion sur ce qu'ils pensent. Mais j'ai à les avertir que les choses que j'ai assurées ne point appartenir à cette connaissance que j'ai de moi-même ne répugnent point avec celles que j'avais dit auparavant ne savoir pas si elles appartenaient à mon essence, d'autant que ce sont deux choses entièrement différentes, appartenir à mon essence, et appartenir à la connaissance que j'ai de moi-même.

358   VI. Tout ce que vous alléguez ici, ô très bonne chair, ne me semble pas tant des objections que quelques murmures qui n'ont pas besoin de repartie.

VII. Vous continuez encore ici vos murmures, mais il n'est pas nécessaire que je m'y arrête davantage que j'ai fait aux autres. Car toutes les questions que vous faites des bêtes sont hors de propos, et ce n'est pas ici le lieu de les examiner ; d'autant que l'esprit, méditant en soi-même et faisant réflexion sur ce qu'il est, peut bien expérimenter qu'il pense, mais non pas si les bêtes ont des pensées ou si elles n'en ont pas ; et il n'en peut rien découvrir que lorsque, examinant leurs opérations, il remonte des effets vers leurs causes. Je ne m'arrête pas non plus à réfuter les lieux où vous me faites parler impertinemment, parce qu'il me suffit d'avoir une fois averti le lecteur que vous ne gardez pas toute la fidélité qui est due au rapport des paroles d'autrui. Mais j'ai souvent apporté la véritable marque par laquelle nous pouvons connaître que l'esprit est différent du corps, qui est que toute l'essence ou toute la nature de l'esprit consiste seulement à penser, là où toute la nature du corps consiste seulement en ce point, que le corps est une chose étendue, et aussi qu'il n'y a rien du tout de commun entre la pensée et l'extension. J'ai souvent aussi fait voir fort clairement que l'esprit peut agir indépendamment du cerveau ; car il est certain qu'il est de nul usage lorsqu'il s'agit de former des actes d'une pure intellection, mais seulement quand il est question de sentir ou d'imaginer quelque chose ; et bien que, lorsque le sentiment ou l'imagination est fortement agitée, comme il arrive quand le cerveau est troublé, l'esprit ne puisse pas facilement s'appliquer à concevoir d'autres choses, nous expérimentons néanmoins que, lorsque notre imagination n'est pas si forte, nous ne laissons pas souvent de concevoir quelque chose d'entièrement différent de ce que nous imaginons, comme lorsqu'au milieu de nos songes nous apercevons que nous rêvons; car alors c'est bien un effet de notre imagination de ce que nous rêvons, mais c'est un ouvrage qui n'appartient qu'à l'entendement seul de nous faire apercevoir de nos rêveries[1].

VIII. Ici, comme souvent ailleurs, vous faites voir seulement que vous n'entendez pas ce que vous tâchez de reprendre; car je n'ai point fait abstraction du concept de la cire d'avec celui de ses accidents, mais plutôt j'ai voulu montrer comment sa substance est manifestée par les accidents, et combien sa perception, quand elle est claire et distincte, et qu'une exacte réflexion nous l'a rendue manifeste, diffère de la vulgaire et confuse. Et je ne vois pas, ô chair, sur quel argument vous vous fondez pour assurer avec tant de certitude que le chien discerne et juge de la même façon que nous, sinon parce que, voyant qu'il est aussi composé de chair, vous vous persuadez que les mêmes choses qui sont en vous se rencontrent aussi en lui. Pour moi, qui ne reconnais dans le chien aucun esprit, je ne pense pas qu'il y ait rien en lui de semblable aux choses qui appartiennent à l'esprit.

IX. Je m'étonne que vous avouiez que toutes les choses que je considère en la cire prouvent bien que je connais distinctement que je suis, mais non pas quel je suis ou quelle est ma nature, vu que l'un ne se démontre point sans l'autre. Et je ne vois pas ce que vous pouvez désirer de plus, touchant cela, sinon qu'on vous dise de quelle couleur, de quelle odeur et de quelle saveur est l'esprit humain, ou de quel sel, soufre et mercure il est composé, car vous voulez que, comme par une espèce d'opération chimique, à l'exemple du vin nous le pas-

---

1. Le latin dit : *car alors rêver est bien un ouvrage de l'imagination, mais s'apercevoir qu'on rêve est un ouvrage du seul entendement.*

sions par l'alambic, pour savoir ce qui entre en la
composition de son essence. Ce qui certes est digne de
360 vous, ô chair, et de tous ceux qui, ne concevant rien que
fort confusément, ne savent pas ce que l'on doit rechercher de chaque chose. Mais, quant à moi, je n'ai jamais
pensé que pour rendre une substance manifeste il fût
besoin d'autre chose que de découvrir ses divers attributs ; en sorte que plus nous connaissons d'attributs de
quelque substance, plus parfaitement aussi nous en
connaissons la nature ; et tout ainsi que nous pouvons
distinguer plusieurs divers attributs dans la cire : l'un
qu'elle est blanche, l'autre qu'elle est dure, l'autre que
de dure elle devient liquide, etc. ; de même y en a-t-il
autant en l'esprit : l'un qu'il a la vertu de connaître la
blancheur de la cire, l'autre qu'il a la vertu d'en
connaître la dureté, l'autre qu'il peut connaître le
changement de cette dureté ou la liquéfaction, etc., car
tel peut connaître la dureté qui pour cela ne connaîtra
pas la blancheur, comme un aveugle-né, et ainsi du
reste. D'où l'on voit clairement qu'il n'y a point de
chose dont on connaisse tant d'attributs que de notre
esprit, parce qu'autant qu'on en connaît dans les autres
choses, on en peut autant compter dans l'esprit de ce
qu'il les connaît ; et partant sa nature est plus connue
que celle d'aucune autre chose.

Enfin, vous m'arguez ici en passant de ce que,
n'ayant rien admis en moi que l'esprit, je parle néanmoins de la cire que je vois et que je touche, ce qui
toutefois ne se peut faire sans yeux ni sans mains ; mais
vous avez dû remarquer que j'ai expressément averti
qu'il ne s'agissait pas ici de la vue ou du toucher, qui se
font par l'entremise des organes corporels, mais de la
seule pensée de voir et de toucher, qui n'a pas besoin de
ces organes, comme nous expérimentons toutes les
nuits dans nos songes ; et certes vous l'avez fort bien
361 remarqué, mais vous avez seulement voulu faire voir
combien d'absurdités et d'injustes cavillations sont
capables d'inventer ceux qui ne travaillent pas tant à
bien concevoir une chose qu'à l'impugner et contredire.

Des choses qui ont été objectées
contre la troisième méditation

I. Courage; enfin vous apportez ici contre moi quelque raison, ce que je n'ai point remarqué que vous ayez fait jusques ici; car, pour prouver que ce n'est point une règle certaine, « que les choses que nous concevons fort clairement et fort distinctement sont toutes vraies », vous dites que quantité de grands esprits, qui semblent avoir dû connaître plusieurs choses fort clairement et fort distinctement, ont estimé que la vérité était cachée dans le sein de Dieu même, ou dans le profond des abîmes; en quoi j'avoue que c'est fort bien argumenter de l'autorité d'autrui; mais vous devriez vous souvenir, ô chair, que vous parlez ici à un esprit qui est tellement détaché des choses corporelles qu'il ne sait pas même si jamais il y a eu aucun homme avant lui, et qui partant ne s'émeut pas beaucoup de leur autorité. Ce que vous alléguez ensuite des sceptiques est un lieu commun qui n'est pas mauvais, mais qui ne prouve rien; non plus que ce que vous dites qu'il y a des personnes qui mourraient pour la défense de leurs fausses opinions, parce qu'on ne saurait prouver qu'ils conçoivent clairement et distinctement ce qu'ils assurent avec tant d'opiniâtreté. Enfin, ce que vous ajoutez, qu'il ne faut pas tant se travailler à confirmer la vérité de cette règle qu'à donner une bonne méthode pour connaître si nous nous trompons ou non lorsque nous pensons concevoir clairement quelque chose, est
362 très véritable; mais aussi je maintiens l'avoir fait exactement en son lieu, premièrement en ôtant les préjugés, puis après en expliquant toutes les principales idées, et enfin en distinguant les claires et distinctes de celles qui sont obscures et confuses.

II. Certes j'admire votre raisonnement, par lequel vous voulez prouver que toutes nos idées sont étrangères ou venant de dehors, et qu'il n'y en a point que nous ayons formée, « parce que, dites-vous, l'esprit n'a pas seulement la faculté de concevoir les idées étrangères; mais il a aussi celle de les assembler, diviser,

étendre, raccourcir, composer, etc., en plusieurs
manières »; d'où vous concluez que l'idée d'une
chimère que l'esprit fait en composant, divisant, etc.,
n'est pas faite par lui, mais qu'elle vient de dehors ou
qu'elle est étrangère. Mais vous pourriez aussi de la
même façon prouver que Praxitèle[1] n'a fait aucunes
statues, d'autant qu'il n'a pas eu de lui le marbre sur
lequel il les pût tailler; et l'on pourrait aussi dire que
vous n'avez pas fait ces objections, parce que vous les
avez composées de paroles que vous n'avez pas inventées, mais que vous avez empruntées d'autrui. Mais
certes ni la forme d'une chimère ne consiste pas dans
les parties d'une chèvre ou d'un lion, ni celle de vos
objections dans chacune des paroles dont vous vous
êtes servi, mais seulement dans la composition et
l'arrangement des choses. J'admire aussi que vous
souteniez que l'idée de ce qu'on nomme en général
une *chose* ne puisse être en l'esprit, « si les idées d'un
animal, d'une plante, d'une pierre et de tous les
universaux n'y sont ensemble »; comme si, pour
connaître que je suis une chose qui pense, je devais
connaître les animaux et les plantes, parce que je dois
connaître ce qu'on nomme une *chose*, ou bien ce que
c'est en général qu'une *chose*. Vous n'êtes pas aussi
plus véritable en tout ce que vous dites touchant la
vérité. En enfin, puisque vous impugnez seulement
des choses dont je n'ai rien affirmé, vous vous armez
en vain contre des fantômes.

363   III. Pour réfuter les raisons pour lesquelles j'ai
estimé que l'on pouvait douter de l'existence des
choses matérielles, vous demandez ici « pourquoi
donc je marche sur la terre, etc. »; en quoi il est
évident que vous retombez dans la première difficulté; car vous posez pour fondement ce qui est en
controverse, et qui a besoin de preuve, savoir est,
qu'il est si certain que je marche sur la terre, qu'on
n'en peut aucunement douter.

---

1. Praxitèle, célèbre sculpteur de l'antiquité grecque (IVe siècle
av. J.-C.).

Et lorsqu'aux objections que je me suis faites, et dont j'ai donné la solution, vous voulez y ajouter cette autre, à savoir, « pourquoi donc dans un aveugle-né n'y a-t-il point d'idée de la couleur, ou dans un sourd, des sons et de la voix ? » vous faites bien voir que vous n'en avez aucune de conséquence ; car comment savez-vous que dans un aveugle-né il n'y a aucune idée des couleurs ? vu que parfois nous expérimentons qu'encore bien que nous ayons les yeux fermés, il s'excite néanmoins en nous des sentiments de couleur et de lumière ; et, quoiqu'on vous accordât ce que vous dites, celui qui nierait l'existence des choses matérielles n'aurait-il pas aussi bonne raison de dire qu'un aveugle-né n'a point les idées des couleurs parce que son esprit est privé de la faculté de les former, que vous en avez de dire qu'il n'en a point les idées parce qu'il est privé de la vue ?

Ce que vous ajoutez des deux idées du soleil ne prouve rien, mais quand vous les prenez toutes deux pour une seule, parce qu'elles se rapportent au même soleil, c'est le même que si vous disiez que le vrai et le faux ne diffèrent point lorsqu'ils se disent d'une même chose ; et lorsque vous niez que l'on doive appeler du nom d'idée celle que nous inférons des raisons de 364 l'astronomie, vous restreignez le nom d'idée aux seules images dépeintes en la fantaisie, contre ce que j'ai expressément établi.

IV. Vous faites le même lorsque vous niez qu'on puisse avoir une vraie idée de la substance, à cause, dites-vous, que la substance ne s'aperçoit point par l'imagination, mais par le seul entendement. Mais j'ai déjà plusieurs fois protesté, ô chair, que je ne voulais point avoir affaire avec ceux qui ne se veulent servir que de l'imagination, et non point de l'entendement.

Mais où vous dites que « l'idée de la substance n'a point de réalité qu'elle n'ait empruntée des idées des accidents sous lesquels ou à la façon desquels elle est conçue », vous faites voir clairement que vous n'en avez aucune qui soit distincte, parce que la substance ne peut jamais être conçue à la façon des accidents, ni emprunter d'eux sa réalité ; mais tout au contraire, les accidents sont communément conçus par les philosophes comme des substances, savoir, lorsqu'ils les conçoivent comme réels ; car on ne peut attribuer aux accidents aucune réalité(c'est-à-dire aucune entité plus que modale), qui ne soit empruntée de l'idée de la substance.

Enfin, là où vous dites que « nous ne formons l'idée de Dieu que sur ce que nous avons appris et entendu des autres », lui attribuant, à leur exemple, les mêmes perfections que nous avons vu que les autres lui attribuaient, j'eusse voulu que vous eussiez aussi ajouté d'où c'est donc que ces premiers hommes, de qui nous avons appris et entendu ces choses, ont eu cette même idée de Dieu. Car, s'ils l'ont eue d'eux-mêmes, pourquoi ne la pourrons-nous pas avoir de nous-mêmes ? Que si Dieu la leur a révélée, par conséquent Dieu existe.

Et lorsque vous ajoutez que « celui qui dit une chose infinie donne à une chose qu'il ne comprend pas un nom qu'il n'entend point non plus », vous ne mettez point de distinction entre l'intellection conforme à la portée de notre esprit, telle que chacun reconnaît assez en soi-même avoir de l'infini, et la conception entière et parfaite des choses, c'est-à-dire qui comprenne tout ce qu'il y a d'intelligible en elles, qui est telle que personne n'en eut jamais non seulement de l'infini, mais même aussi peut-être d'aucune autre chose qui soit au monde, pour petite qu'elle soit ; et il n'est pas vrai que nous concevions l'infini par la négation du fini, vu qu'au contraire toute l'imitation contient en soi la négation de l'infini.

Il n'est pas vrai aussi que « l'idée qui nous représente toutes les perfections que nous attribuons à Dieu n'a pas plus de réalité objective qu'en ont les choses finies ». Car vous confessez vous-même que toutes ces perfections sont amplifiées par notre esprit, afin qu'elles puissent être attribuées à Dieu ; pensez-vous donc que les choses ainsi amplifiées ne soient point plus grandes que celles qui ne le sont point ; et d'où nous peut venir cette faculté d'amplifier toutes les perfections créées, c'est-à-dire de concevoir quelque chose de plus grand et de plus parfait qu'elles ne sont, sinon de cela seul que nous avons en nous l'idée d'une chose plus grande, à savoir, de Dieu même ? Et enfin il n'est pas vrai aussi que Dieu serait peu de chose s'il n'était point plus grand que nous le concevons ; car nous concevons qu'il est infini, et il n'y a rien de plus grand que l'infini. Mais vous confondez l'intellection avec l'imagination, et vous feignez que nous imaginons Dieu comme quelque grand et puissant géant, ainsi que ferait celui qui, n'ayant jamais vu d'éléphant, s'imaginerait qu'il est semblable à un ciron d'une grandeur et grosseur démesurée, ce que je confesse avec vous être fort impertinent.

366   V. Vous dites ici beaucoup de choses pour faire semblant de me contredire, et néanmoins vous ne dites rien contre moi, puisque vous concluez la même chose que moi. Mais néanmoins vous entremêlez delà et de la plusieurs choses dont je ne demeure pas d'accord ; par exemple, que cet axiome, *il n'y a rien dans un effet qui n'ait été premièrement dans sa cause*, se doit plutôt entendre de la cause matérielle que de l'efficiente ; car il est impossible de concevoir que la perfection de la forme soit premièrement dans la cause matérielle, mais bien dans la seule cause efficiente, et aussi que *la réalité formelle d'une idée soit une substance*, et plusieurs autres choses semblables.

VI. Si vous aviez quelques raisons pour prouver l'existence des choses matérielles, sans doute que vous les eussiez ici rapportées. Mais puisque vous demandez seulement « s'il est donc vrai que je sois incertain qu'il y ait quelqu'autre chose que moi qui existe dans le monde », et que vous feignez qu'il n'est pas besoin de chercher des raisons d'une chose si évidente, et ainsi que vous vous en rapportez seulement à vos anciens préjugés, vous faites voir bien plus clairement que vous n'avez aucune raison pour prouver ce que vous assurez que si vous n'en aviez rien dit du tout. Quant à ce que vous dites touchant les idées, cela n'a pas besoin de réponse, parce que vous restreignez le nom d'idée aux

seules images dépeintes en la fantaisie; et moi je
l'étends à tout ce que nous concevons par la pensée.

Mais je vous demande, en passant, par quel argument vous prouvez que « rien n'agit sur soi-même ».
Car ce n'est pas votre coutume d'user d'arguments et de
367 prouver ce que vous dites. Vous prouvez cela par
l'exemple du doigt qui ne se peut frapper soi-même, et
de l'œil qui ne se peut voir si ce n'est dans un miroir : à
quoi il est aisé de répondre que ce n'est point l'œil qui se
voit lui-même ni le miroir, mais bien l'esprit, lequel
seul connaît et le miroir, et l'œil, et soi-même. On peut
même aussi donner d'autres exemples, parmi les choses
corporelles, de l'action qu'une chose exerce sur soi,
comme lorsqu'un sabot se tourne sur soi-même; cette
conversion n'est-elle pas une action qu'il exerce sur soi?

Enfin il faut remarquer que je n'ai point affirmé que
« les idées des choses matérielles dérivaient de
l'esprit », comme vous me voulez ici faire accroire; car
j'ai montré expressément après qu'elles procédaient
souvent des corps, et que c'est par là que l'on prouve
l'existence des choses corporelles; mais j'ai seulement
fait voir en cet endroit qu'il n'y a point en elles tant de
réalité qu'à cause de cette maxime « qu'il n'y a rien
dans un effet qui n'ait été dans sa cause, formellement
ou éminemment », on doive conclure qu'elles n'ont pu
dériver de l'esprit seul; ce que vous n'impugnez en
aucune façon.

VII. Vous ne dites rien ici que vous n'ayez déjà dit
auparavant, et que je n'aie entièrement réfuté. Je vous
avertirai seulement ici, touchant l'idée de l'infini
(laquelle vous dites ne pouvoir être vraie si je ne
comprends l'infini, et que ce que j'en connais n'est tout
au plus qu'une partie de l'infini, et même une fort petite
partie, qui ne représente pas mieux l'infini que le
portrait d'un simple cheveu représente un homme tout
368 entier), je vous avertirai, dis-je, qu'il répugne que je
comprenne quelque chose, et que ce que je comprends
soit infini; car pour avoir une idée vraie de l'infini il ne
doit en aucune façon être compris, d'autant que
l'incompréhensibilité même est contenue dans la raison

formelle de l'infini ; et néanmoins c'est une chose manifeste que l'idée que nous avons de l'infini ne représente
pas seulement une des ses parties, mais l'infini tout
entier, selon qu'il doit être représenté par une idée
humaine ; quoiqu'il soit certain que Dieu ou quelque
autre nature intelligente en puisse avoir une autre
beaucoup plus parfaite, c'est-à-dire beaucoup plus
exacte et plus distincte que celle que les hommes en ont,
en même façon que nous disons que celui qui n'est pas
versé dans la géométrie ne laisse pas d'avoir l'idée de
toute le triangle lorsqu'il le conçoit comme une figure
composée de trois lignes, quoique les géomètres
puissent connaître plusieurs autres propriétés du
triangle, et remarquer quantité de choses dans son idée
que celui-là n'y observe pas. Car, comme il suffit de
concevoir une figure composée de trois lignes pour
avoir l'idée de tout le triangle, de même aussi il suffit de
concevoir une chose qui n'est renfermée d'aucunes
limites pour avoir une vraie et entière idée de tout
l'infini.

VIII. Vous tombez ici dans la même erreur lorsque
vous niez que nous puissions avoir une vraie idée de
Dieu : car, en core que nous ne connaissions pas toutes
les choses qui sont en Dieu, néanmoins tout ce que
nous connaissons être en lui est entièrement véritable.
Quant à ce que vous dites, « que le pain n'est pas plus
parfait que celui qui le désire, et que, de ce que je
conçois que quelque chose est actuellement contenue
dans une idée, il ne s'ensuit pas qu'elle soit actuellement dans la chose dont elle est l'idée, et aussi que je
369 donne jugement de ce que j'ignore », et autres choses
semblables, tout cela, dis-je, nous montre seulement
que vous voulez témérairement impugner plusieurs
choses dont vous ne comprenez pas le sens ; car, de ce
que quelqu'un désire du pain, on n'infère pas que le
pain soit plus parfait que lui, mais seulement que celui
qui a besoin de pain est moins parfait que lorsqu'il n'en
a pas besoin. Et, de ce que quelque chose est contenue
dans une idée, je ne conclus pas que cette chose existe
actuellement, sinon lorsqu'on ne peut assigner aucune

autre cause de cette idée que cette chose même, qu'elle représente actuellement existante ; ce que j'ai démontré ne se pouvoir dire de plusieurs mondes, ni d'aucune autre chose que ce soit, excepté de Dieu seul. Et je ne juge point non plus de ce que j'ignore, car j'ai apporté les raisons du jugement que je faisais, qui sont telles que vous n'avez encore pu jusques ici en réfuter la moindre.

IX. Lorsque vous niez que nous ayons besoin du concours et de l'influence continuelle de la cause première pour être conservés, vous niez une chose que tous les métaphysiciens affirment comme très manifeste, mais à laquelle les personnes peu lettrées ne pensent pas souvent, parce qu'elles portent seulement leurs pensées sur ces causes qu'on appelle en l'Ecole *secundum fieri*, c'est-à-dire de qui les effets dépendent quant à leur production, et non pas sur celles qu'ils appellent *secundum esse*, c'est-à-dire de qui les effets dépendent quant à leur subsistance et continuation dans l'être. Ainsi l'architecte est la cause de la maison, et le père la cause de son fils, quant à la production seulement ; c'est pourquoi, l'ouvrage étant une fois achevé, il peut subsister et demeurer sans cette cause ; mais le soleil est la cause de la lumière qui procède de lui, et Dieu est la cause de toutes les choses créées, non seulement en ce qui dépend de leur production, mais même en ce qui concerne leur conservation ou leur durée dans l'être. C'est pourquoi il doit toujours agir sur son effet d'une même façon, pour le conserver dans le premier être qu'il lui a donné. Et cela se démontre fort clairement parce que j'ai expliqué de l'indépendance des parties du temps, ce que vous tâchez en vain d'éluder en proposant la nécessité de la suite qui est entre les parties du temps considéré dans l'abstrait, de laquelle il n'est pas ici question, mais seulement du temps ou de la durée de la chose même, de qui vous ne pouvez pas nier que tous les moments ne puissent être séparés de ceux qui les suivent immédiatement, c'est-à-dire qu'elle ne puisse cesser d'être dans chaque moment de sa durée.

Et lorsque vous dites qu'il y a « en nous assez de

vertu pour nous faire persévérer au cas que quelque cause corruptive ne survienne », vous ne prenez pas garde que vous attribuez à la créature la perfection du Créateur, en ce qu'elle persévère dans l'être indépendamment d'autrui ; et, en même temps que vous attribuez au Créateur l'imperfection de la créature, en ce que, si jamais il voulait que nous cessassions d'être, il faudrait qu'il eût le néant pour le terme d'une action positive.

Ce que vous dites après cela touchant le *progrès à l'infini*, à savoir, qu'il n'y a « point de répugnance qu'il y ait un tel progrès », vous le désavouez incontinent après ; car vous confessez vous-même, qu'il est « impossible qu'il y en puisse avoir dans ces sortes de causes, qui sont tellement connexes et subordonnées entre elles, que l'inférieur ne peut agir si le supérieur ne lui donne le branle ». Or, il ne s'agit ici que de ces sortes de causes, à savoir, de celles qui donnent et conservent l'être à leurs effets, et non pas de celles de qui les effets ne dépendent qu'au moment de leur production, comme sont les parents ; et partant l'autorité d'Aristote ne m'est point ici contraire, non plus que ce que vous dites de la Pandore[1] ; car vous avouez vous-même que je puis tellement accroître et augmenter toutes les perfections que je reconnais être dans l'homme, qu'il me sera facile de reconnaître qu'elles sont telles qu'elles ne sauraient convenir à la nature humaine ; ce qui me suffit entièrement pour démontrer l'existence de Dieu : car je soutiens que cette vertu-là, 371 d'augmenter et d'accroître les perfections humaines jusqu'à tel point qu'elles ne soient plus humaines, mais infiniment relevées au-dessus de l'état et condition des hommes, ne pourrait être en nous si nous n'avions un Dieu pour auteur de notre être. Mais, à n'en point mentir, je m'étonne fort peu de ce qu'il ne vous semble pas que j'aie démontré cela assez clairement ; car je n'ai point vu jusques ici que vous ayez bien compris aucune de mes raisons.

1. La Pandore fut, selon Hésiode, dotée de toutes les qualités par les dieux, dont chacun lui fit don d'une perfection.

X. Lorsque vous reprenez ce que j'ai dit, à savoir, « qu'on ne peut rien ajouter ni diminuer de l'idée de Dieu », il semble que vous n'ayez pas pris garde à ce que disent communément les philosophes, que les essences des choses sont indivisibles; car l'idée représente l'essence de la chose, à laquelle si on ajoute ou diminue quoi que ce soit, elle devient aussitôt l'idée d'une autre chose : ainsi s'est-on figuré autrefois l'idée d'une Pandore; ainsi ont été faites toutes les idées des faux dieux par ceux qui ne concevaient pas comme il faut celle du vrai Dieu. Mais depuis que l'on a une fois conçu l'idée du vrai Dieu, encore que l'on puisse découvrir en lui de nouvelles perfections qu'on n'avait pas encore aperçues, son idée n'est point pourtant accrue ou augmentée, mais elle est seulement rendue plus distincte et plus expresse, d'autant qu'elles ont dû être toutes contenues dans cette même idée que l'on avait auparavant, puisqu'on suppose qu'elle était vraie ; de la même façon que l'idée du triangle n'est point augmentée lorsqu'on vient à remarquer en lui plusieurs propriétés qu'on avait auparavant ignorées. Car ne pensez pas que « l'idée que nous avons de Dieu se forme successivement de l'augmentation des perfections des créatures » ; elle se forme tout entière et tout à la fois de ce que nous concevons par notre esprit l'être infini, incapable de toute sorte d'augmentation.

372 Et lorsque vous demandez « comment je prouve que l'idée de Dieu est en nous comme la marque de l'ouvrier empreinte sur son ouvrage, quelle est la manière de cette impression, et quelle est la forme de cette marque », c'est de même que si, reconnaissant dans quelque tableau tant d'art que je jugeasse n'être pas possible qu'un tel ouvrage fût sorti d'autre main que de celle d'Apelle[1], et que je vinsse à dire que cet artifice inimitable est comme une certaine marque qu'Apelle a imprimée en tous ses ouvrages pour les faire distinguer d'avec les autres, vous me demandiez

1. Apelle, peintre de l'antiquité grecque (IVe siècle av. J.-C.), dont le talent dans le trompe-l'œil était célèbre, fut l'ami et le portraitiste d'Alexandre le Grand.

quelle est la forme de cette marque, ou quelle est la manière de cette impression. Certes, il semble que vous seriez alors plus digne de risée que de réponse. Et lorsque vous poursuivez, « si cette marque n'est point différente de l'ouvrage, vous êtes donc vous-même une idée, vous n'êtes rien autre chose qu'une manière de penser, vous êtes et la marque empreinte et le sujet de l'impression », cela n'est-il pas aussi subtil que si, moi ayant dit que cet artifice par lequel les tableaux d'Apelle sont distingués d'avec les autres n'est point différent des tableaux mêmes, vous objectiez que ces tableaux ne sont donc rien autre chose qu'un artifice, qu'ils ne sont composés d'aucune matière, et qu'ils ne sont qu'une manière de peindre, etc. ?

Et lorsque, pour nier que nous avons été faits à l'image et semblance de Dieu, vous dites que « Dieu a donc la forme d'un homme », et qu'ensuite vous rapportez toutes les choses en quoi la nature humaine est différente de la divine, êtes-vous en cela plus subtil que si, pour nier que quelques tableaux d'Apelle ont été faits à la semblance d'Alexandre, vous disiez qu'Alexandre ressemble donc à un tableau, et néanmoins que les tableaux sont composés de bois et de
373 couleurs, et non pas de chair comme Alexandre ? Car il n'est pas de l'essence d'une image d'être en tout semblable à la chose dont elle est l'image, mais il suffit qu'elle lui ressemble en quelque chose. Et il est très évident que cette vertu admirable et très parfaite de penser que nous concevons être en Dieu, est représentée par celle qui est en nous, quoique beaucoup moins parfaite. Et lorsque vous aimez mieux comparer la création de Dieu avec l'opération d'un architecte qu'avec la génération d'un père, vous le faites sans aucune raison ; car, encore que ces trois manières d'agir soient totalement différentes, l'éloignement pourtant n'est pas si grand de la production naturelle à la divine que de l'artificielle à la même production divine. Mais ni vous ne trouverez point que j'aie dit qu'il y a autant de rapport entre Dieu et nous qu'il y en a entre un père et ses enfants ; ni il n'est pas vrai aussi qu'il n'y a jamais

aucun rapport entre l'ouvrier et son ouvrage, comme il paraît lorsqu'un peintre fait un tableau qui lui ressemble.

Mais avec combien peu de fidélité rapportez-vous mes paroles lorsque vous feignez que j'ai dit que « je conçois cette ressemblance que j'ai avec Dieu en ce que je connais que je suis une chose incomplète et dépendante », vu qu'au contraire je n'ai dit cela que pour montrer la différence qui est entre Dieu et nous, de peur qu'on ne crût que je voulusse égaler les hommes à Dieu, et la créature au Créateur ! Car, en ce lieu-là même, j'ai dit que je ne concevais pas seulement que j'étais en cela beaucoup inférieur à Dieu, et que j'aspirais cependant à de plus grandes choses que je n'avais, mais aussi que ces plus grandes choses auxquelles j'aspirais se rencontraient en Dieu actuellement et d'une manière infinie, auxquelles néanmoins je trouvais en moi quelque chose de semblable, puisque j'osais en quelque sorte y aspirer.

374 Enfin, lorsque vous dites « qu'il y a lieu de s'étonner pourquoi le reste des hommes n'a pas les mêmes pensées de Dieu que celles que j'ai, puisqu'il a empreint en eux son idée aussi bien qu'en moi », c'est de même que si vous vous étonniez de ce que, tout le monde ayant la notion du triangle, chacun pourtant n'y remarque pas également autant de propriétés, et qu'il y en a même peut-être quelques-uns qui lui attribuent faussement plusieurs choses.

DES CHOSES QUI ONT ÉTÉ OBJECTÉES
CONTRE LA QUATRIÈME MÉDITATION

I. J'ai déjà assez expliqué quelle est l'idée que nous avons du *néant*, et comment nous participons du *non-être*, en nommant cette idée négative et disant que cela ne veut rien dire autre chose sinon que nous ne sommes pas le souverain Être, et qu'il nous manque plusieurs choses ; mais vous cherchez partout des difficultés où il n'y en a point. Et lorsque vous dites « qu'entre les ouvrages de Dieu, j'en vois quelques-uns qui ne sont

pas entièrement achevés », vous controuvez une chose
que je n'ai écrite nulle part, et que je ne pensai jamais ;
mais bien seulement ai-je dit que si certaines choses
étaient considérées, non pas comme faisant partie de
tout cet univers, mais comme des touts détachés et des
choses singulières, pour lors elles pourraient sembler
imparfaites. Tout ce que vous dites ensuite pour la
cause finale doit être rapporté à la cause efficiente ;
ainsi, de cet usage admirable de chaque partie dans les
plantes et dans les animaux, etc., il est juste d'admirer
la main de Dieu qui les a faites, et de connaître et
glorifier l'ouvrier par l'inspection de ses ouvrages, mais
375 non pas de deviner pour quelle fin il a créé toutes
choses. Et quoique, en matière de morale, où il est
souvent permis d'user de conjectures, il soit quelquefois pieux et utile de considérer la fin que Dieu s'est
proposée pour la conduite de l'univers, certes dans la
physique, où toutes choses doivent être appuyées de
solides raisons, c'est une chose tout à fait ridicule. Et on
ne peut pas feindre qu'il y ait des fins plus aisées à
découvrir les unes que les autres ; car elles sont toutes
également cachées dans l'abîme imperscrutable de sa
sagesse. Et vous ne devez pas aussi feindre qu'il n'y a
point d'homme qui puisse comprendre les autres
causes ; car il n'y en a pas une qui ne soit beaucoup plus
aisée à connaître que celle de la fin que Dieu s'est
proposée en la création de l'univers ; et même celles que
vous apportez pour servir d'exemple[1] de la difficulté
qu'il y a de les connaître, sont si notoires, qu'il y a peu
de personnes qui ne se persuadent de les bien entendre.
Enfin, puisque vous me demandez si ingénument
« quelles idées j'estime que mon esprit aurait eues de
Dieu et de lui-même si, du moment qu'il a été infus
dedans le corps, il y fût demeuré jusqu'à cette heure les
yeux fermés, les oreilles bouchées, et sans aucun usage
des autres sens », je vous réponds aussi ingénument et

---

1. Les valvules cardiaques, « ces petites peaux qui sont situées à
l'orifice des vaisseaux dans les concavités du cœur » : Descartes
estime que cette question, évoquée par Gassendi, dont traite le
Discours de la Méthode (V), est désormais résolue.

sincèrement que (pourvu que nous supposions qu'il n'eût été ni empêché ni aidé par le corps à penser et méditer) je ne doute point qu'il n'aurait eu les mêmes idées qu'il en a maintenant, sinon qu'il les aurait eues beaucoup plus claires et plus pures; car les sens l'empêchent en beaucoup de rencontres, et ne lui aident en rien pour les concevoir. Et de fait il n'y a rien qui empêche tous les hommes de reconnaître qu'ils ont en eux également ces mêmes et pareilles idées, que parce qu'ils sont pour l'ordinaire trop occupés à la considération des choses corporelles.

376   II. Vous prenez partout ici mal à propos *être sujet à l'erreur* pour une imperfection positive, quoique néanmoins ce soit seulement, (principalement au respect de Dieu), une négation d'une plus grande perfection dans les créatures. Et la comparaison des citoyens d'une république ne cadre pas avec les parties de l'univers; car la malice des citoyens, en tant que rapportée à la république, est quelque chose de positif; mais il n'en est pas de même de ce que l'homme est sujet à l'erreur, c'est-à-dire de ce qu'il n'a pas toutes sortes de perfections, eu égard au bien de l'univers. Mais la comparaison peut être mieux établie entre celui qui voudrait que le corps humain fût tout couvert d'yeux, afin qu'il en parût plus beau, d'autant qu'il n'y a point en lui de partie plus belle que l'œil, et celui qui pense qu'il ne devrait point y avoir de créatures au monde qui ne fussent exemptes d'erreur, c'est-à-dire qui ne fussent entièrement parfaites.

De plus, ce que vous supposez ensuite n'est nullement véritable, à savoir, « que Dieu nous destine à des œuvres mauvaises, et qu'il nous donne des imperfections et autres choses semblables ». Comme aussi il n'est pas vrai que « Dieu ait donné à l'homme une faculté de juger incertaine, confuse et insuffisante pour les choses qu'il a soumises à son jugement. »

III. Voulez-vous que je vous dise en jeu de paroles, « à quoi la volonté se peut étendre que l'entendement ne connaît point » ? C'est, en un mot, à toutes les choses où il arrive que nous errions. Ainsi, quand vous jugez

que l'esprit est un corps subtil et délié, vous pouvez
bien, à la vérité, concevoir qu'il est un esprit, c'est-à-
dire une chose qui pense, et aussi qu'un corps délié est
une chose étendue ; mais que la chose qui pense et celle
qui est étendue ne soient qu'une même chose, certainement vous ne le concevez point, mais seulement vous le
voulez croire, parce que vous l'avez déjà cru auparavant, et que vous ne vous départez pas facilement de vos
opinions, ni ne quittez pas volontiers vos préjugés.
Ainsi, lorsque vous jugez qu'une pomme qui de hasard
est empoisonnée sera bonne pour votre aliment, vous
concevez à la vérité fort bien que son odeur, sa couleur
et même son goût sont agréables, mais vous ne concevez
pas pour cela que cette pomme vous doive être utile si
vous en faites votre aliment ; mais, parce que vous le
voulez ainsi, vous en jugez de la sorte. Et ainsi j'avoue
bien que nous ne voulons rien dont nous ne concevions
quelque chose en quelque façon que ce soit, mais je nie
que notre entendre et notre vouloir soient d'égale
étendue ; car il est certain que nous pouvons avoir
plusieurs volontés d'une même chose, et cependant que
nous n'en pouvons connaître que fort peu. Et lorsque
nous ne jugeons pas bien, nous ne voulons pas pour cela
mal, mais peut-être quelque chose de mauvais ; et
même on peut dire que nous ne concevons rien de mal,
mais seulement nous sommes dits mal concevoir
lorsque nous croyons concevoir quelque chose de plus
qu'en effet nous ne concevons[1].

Quoique ce que vous niez ensuite touchant l'indifférence de la volonté soit de soi très manifeste, je ne
veux pourtant pas entreprendre de vous le prouver ; car
cela est tel que chacun le doit plutôt ressentir et expérimenter en soi-même que se le persuader par raison ; et
certes ce n'est pas merveille si dans le personnage que

1. Le latin dit : *car nous pouvons, d'une même chose, vouloir
beaucoup et cependant fort peu connaître. Et, lorsque nous jugeons mal,
nous ne voulons pas pour cela mal, mais peut-être quelque chose de
mauvais ; et on peut dire aussi que nous ne concevons mal aucune chose,
mais seulement nous sommes dits mal concevoir lorsque nous jugeons que
nous concevons quelque chose de plus que ce que nous concevons en effet.*

vous jouez, et vu la naturelle disproportion qui est entre
la chair et l'esprit, il semble que vous ne preniez pas
garde et ne remarquiez pas la manière avec laquelle
l'esprit agit au-dedans de soi. Ne soyez donc pas libre,
si bon vous semble ; pour moi, je jouirai de ma liberté,
puisque non seulement je la ressens en moi-même, mais
que je vois aussi qu'ayant dessein de la combattre, au
lieu de lui opposer de bonnes et solides raisons, vous
vous contentez simplement de la nier. Et peut-être que
je trouverai plus de créance en l'esprit des autres en
assurant ce que j'ai expérimenté et dont chacun peut
aussi faire épreuve en soi-même, que nous pas vous, qui
niez une chose pour cela seule que vous ne l'avez
peut-être jamais expérimentée. Et néanmoins il est aisé
de juger par vos propres paroles que vous l'avez quelquefois éprouvée : car où vous niez que « nous puissions nous empêcher de tomber dans l'erreur », parce
que vous ne voulez pas que la volonté se porte à aucune
chose qu'elle n'y soit déterminée par l'entendement, là
même vous demeurez d'accord que « nous pouvons
faire en sorte de n'y pas persévérer », ce qui ne se peut
aucunement faire sans cette liberté que la volonté a de
se porter d'une part ou d'autre sans attendre la détermination de l'entendement, laquelle néanmoins vous ne
vouliez pas reconnaître. Car si l'entendement a une fois
déterminé la volonté à faire un faux jugement, je vous
demande, lorsqu'elle commence la première fois à
vouloir prendre garde de ne pas persévérer dans
l'erreur, qui est-ce qui la détermine à cela ? Si c'est
elle-même, donc elle se peut porter vers des choses
auxquelles l'entendement ne la pousse point, et néanmoins c'était ce que vous niiez tantôt et c'est aussi en
quoi consiste tout notre différend : que si elle est
déterminée par l'entendement, donc ce n'est pas elle
qui se tient sur ses gardes ; mais seulement il arrive que,
comme elle se portait auparavant vers le faux qui lui
était par lui proposé, de même par hasard elle se porte
maintenant vers le vrai, parce que l'entendement le lui
propose. Mais de plus je voudrais savoir quelle est la
nature du faux que vous concevez et comment vous

pensez qu'il peut être l'objet de l'entendement. Car, pour moi, qui par le faux n'entends autre chose que la privation du vrai, je trouve qu'il y a une entière répugnance que l'entendement appréhende le faux sous la forme ou l'apparence du vrai, ce qui toutefois serait nécessaire s'il déterminait jamais la volonté à embrasser la fausseté.

IV. Pour ce qui regarde le fruit de ces Méditations, j'ai, ce me semble, assez averti dans la préface, laquelle j'estime que vous avez lue, qu'il ne sera pas grand pour
379 ceux qui, ne se mettant pas en peine de comprendre l'ordre et la liaison de mes raisons, tâcheront seulement de chercher à toutes rencontres des occasions de dispute. Et quant à la méthode par laquelle nous puissions discerner les choses que nous concevons en effet clairement de celles que nous nous persuadons seulement de concevoir avec clarté et distinction, encore que je pense l'avoir assez exactement enseignée, comme j'ai déjà dit, je n'oserais pas néanmoins me promettre que ceux-là la puissent aisément comprendre qui travaillent si peu à se dépouiller de leurs préjugés qu'ils se plaignent que j'ai été trop long et trop exact à montrer le moyen de s'en défaire.

Des choses qui ont été objectées contre la cinquième méditation

I. D'autant qu'après avoir ici rapporté quelques-unes de mes paroles vous ajoutez que c'est tout ce que j'ai dit touchant la question proposée, je suis obligé d'avertir le lecteur que vous n'avez pas assez pris garde à la suite et liaison de ce que j'ai écrit ; car je crois qu'elle est telle que pour la preuve de chaque question toutes les choses qui la précèdent y contribuent et une grande partie de celles qui la suivent : en sorte que vous ne sauriez fidèlement rapporter tout ce que j'ai dit de quelque question si vous ne rapportez en même temps tout ce que j'ai écrit des autres.

380   Quant à ce que vous dites que « cela vous semble dur de voir établir quelque chose d'immuable et d'éternel

autre que Dieu », vous auriez raison s'il était question
d'une chose existante, ou bien seulement si j'établissais
quelque chose de tellement immuable que son immuta-
bilité même ne dépendît pas de Dieu. Mais tout ainsi
que les poètes feignent que les destinées ont bien à la
vérité été faites et ordonnées par Jupiter, mais que
depuis qu'elles ont une fois été par lui établies il s'est
lui-même obligé de les garder, de même je ne pense pas
à la vérité que les essences des choses, et ces vérités
mathématiques que l'on en peut connaître, soient indépendantes de Dieu, mais néanmoins je pense que, parce
que Dieu l'a ainsi voulu et qu'il en a ainsi disposé, elles
sont immuables et éternelles ; or, que cela vous semble
dur ou non, il m'importe fort peu ; pour moi il me suffit
que cela soit véritable.

Ce que vous alléguez ensuite contre les universaux
des dialecticiens ne me touche point, puisque je les
conçois tout d'une autre façon qu'eux. Mais pour ce qui
regarde les essences que nous connaissons clairement et
distinctement, telles qu'est celle du triangle ou de
quelque autre figure de géométrie, je vous ferai aisément avouer que les idées de celles qui sont en nous
n'ont point été tirées des idées des choses singulières ;
car ce qui vous meut ici à dire qu'elles sont fausses n'est
que parce qu'elles ne s'accordent pas avec l'opinion que
vous avez conçue[1] de la nature des choses. Et même un
peu après vous dites que « l'objet des pures mathématiques, comme le point, la ligne, la superficie et les
indivisibles qui en sont composés, ne peuvent avoir
aucune existence hors de l'entendement » ; d'où il suit
nécessairement qu'il n'y a jamais eu aucun triangle dans
le monde, ni rien de tout ce que nous concevons
appartenir à la nature du triangle, ou à celle de quelque
381 autre figure de géométrie, et partant que ces essences
n'ont point été tirées d'aucunes choses existantes. Mais,
dites-vous, elles sont fausses. Oui, selon votre opinion,
parce que vous supposez la nature des choses être telle
qu'elles ne peuvent pas lui être conformes. Mais si vous

1. Le latin dit : *præconcepta, préconçue.*

ne soutenez aussi que toute la géométrie est fausse, vous ne sauriez nier qu'on n'en démontre plusieurs vérités, qui ne changeant jamais et étant toujours les mêmes, ce n'est pas sans raison qu'on les appelle immuables et éternelles.

Mais de ce qu'elles ne sont peut-être pas conformes à l'opinion que vous avez de la nature des choses, ni même aussi à celle que Démocrite et Épicure ont bâtie et composée d'atomes[1], cela n'est à leur égard qu'une dénomination extérieure, qui ne cause en elles aucun changement ; et toutefois on ne peut pas douter qu'elles ne soient conformes à cette véritable nature des choses qui a été faite et construite par le vrai Dieu : non qu'il y ait dans le monde des substances qui aient de la longueur sans largeur, ou de la largeur sans profondeur ; mais parce que les figures géométriques ne sont pas considérées comme des substances, mais seulement comme des termes sous lesquels la substance est contenue. Cependant, je ne demeure pas d'accord que les idées de ces figures nous soient jamais tombées sous les sens, comme chacun se le persuade ordinairement ; car, encore qu'il n'y ait point de doute qu'il y en puisse avoir dans le monde de telles que les géomètres les considèrent, je nie pourtant qu'il y en ait aucune autour de nous, sinon peut-être de si petites qu'elles ne font aucune impression sur nos sens : car elles sont pour l'ordinaire composées de lignes`droites, et je ne pense pas que jamais aucune partie d'une ligne ait touché nos sens qui fût véritablement droite. Aussi, quand nous 382 venons à regarder au travers d'une lunette celles qui nous avaient semblé les plus droites, nous les voyons toutes irrégulières et courbées de toutes parts comme des ondes. Et partant, lorsque nous avons la première fois aperçu en notre enfance une figure triangulaire tracée sur le papier, cette figure n'a pu nous apprendre comme il fallait concevoir le triangle géométrique, parce qu'elle ne le représentait pas mieux qu'un mau-

1. L'atomisme de Gassendi se réclamait de la tradition antique, de Démocrite d'Abdère (460-370 av. J.-C.) et d'Epicure (341-270av. J-C.).

vais crayon une image parfaite. Mais, d'autant que l'idée véritable du triangle[1] était déjà en nous, et que notre esprit la pouvait plus aisément concevoir que la figure moins simple ou plus composée d'un triangle peint, de là vient qu'ayant vu cette figure composée nous ne l'avons pas conçue elle-même, mais plutôt le véritable triangle. Tout ainsi que quand nous jetons les yeux sur une carte où il y a quelques traits qui sont tracés et arrangés, de telle sorte qu'ils représentent la face d'un homme, alors cette vue n'excite pas tant en nous l'idée de ces mêmes traits que celle d'un homme : ce qui n'arriverait pas ainsi si la face d'un homme ne nous était connue d'ailleurs, et si nous n'étions plus accoutumés à penser à elle que non pas à ses traits, lesquels assez souvent même nous ne saurions distinguer les uns des autres quand nous en sommes un peu éloignés. Ainsi, certes, nous ne pourrions jamais connaître le triangle géométrique par celui que nous voyons tracé sur le papier, si notre esprit n'en avait eu l'idée d'ailleurs.

II. Je ne vois pas ici de quel genre de choses vous voulez que l'existence soit, ni pourquoi elle ne peut pas aussi bien être dite une propriété, comme la toute-puissance, prenant le nom de propriété pour toute sorte d'attribut ou pour tout ce qui peut être attribué à une chose, selon qu'en effet il doit ici être pris. Mais, bien davantage, l'existence nécessaire est vraiment en Dieu une propriété prise dans le sens le moins étendu, parce qu'elle convient à lui seul, et qu'il n'y a qu'en lui qu'elle fasse partie de l'essence. C'est pourquoi aussi l'existence du triangle ne doit pas être comparée avec l'existence de Dieu, parce qu'elle a manifestement en Dieu une autre relation à l'essence qu'elle n'a pas dans le triangle ; et je ne commets pas plutôt en ceci la faute que les logiciens nomment une pétition de principe, lorsque je mets l'existence entre les choses qui appartiennent à l'essence de Dieu, que lorsque entre les propriétés du triangle je mets l'égalité de la grandeur de ses trois angles avec deux droits. Il n'est pas vrai aussi que

---

1. Le latin dit : *l'idée du véritable triangle.*

l'essence et l'existence en Dieu, aussi bien que dans le triangle, peuvent être conçues l'une sans l'autre, parce que Dieu est son être, et non pas le triangle. Et toutefois je ne nie pas que l'existence possible ne soit une perfection dans l'idée du triangle, comme l'existence nécessaire est une perfection dans l'idée du triangle, comme l'existence nécessaire est une perfection dans l'idée de Dieu, car cela la rend plus parfaite que ne sont les idées de toutes ces chimères dont on suppose qu'il n'y a aucune existence[1]. Et partant vous n'avez en rien diminué la force de mon argument, et vous demeurez toujours abusé par ce sophisme que vous dites avoir été si facile à résoudre. Quant à ce que vous ajoutez ensuite, j'y ai déjà assez suffisamment répondu ; et vous vous trompez grandement lorsque vous dites qu'on ne 384 démontre pas l'existence de Dieu comme on démontre que tout triangle rectiligne a ses trois angles égaux à deux droits ; car la raison est pareille en tous les deux, hormis que la démonstration qui prouve l'existence en Dieu est beaucoup plus simple et plus évidente que l'autre. Enfin, je passe sous silence le reste de ce que vous poursuivez, parce que, lorsque vous dites que je n'explique pas assez les choses, et que mes preuves ne sont pas convaincantes, je pense qu'à meilleur titre on pourrait dire le même de vous et des vôtres.

III. Contre tout ce que vous rapportez ici de Diagore, de Théodore, de Pythagore[2], et de plusieurs autres, je vous oppose les sceptiques, qui révoquaient en doute les démonstrations même de géométrie, et je soutiens qu'ils ne l'eussent pas fait s'ils eussent eu une connaissance certaine de la vérité d'un Dieu ; et même de ce qu'une chose paraît vraie à plus de personnes, cela ne prouve pas que cette chose soit plus notoire et plus

---

1. Le latin dit : *Les idées de ces chimères qu'on suppose ne pas pouvoir existir.*

2. Diagoras de Mélos, poète et philosophe (Ve siècle av. J.-C.) et Théodore de Cyrène, dit Théodore l'Athée (IVe siècle av. J.-C.) : philosophes athées cités par Cicéron (*De Natura Deorum*, I, 2) et Sextus Empiricus. Pythagore, philosophe et mathématicien (VIe siècle av. J.-C.).

manifeste qu'une autre, mais bien de ce que ceux qui
ont une connaissance suffisante de l'une et de l'autre
reconnaissent que l'une est premièrement connue, plus
évidente et plus assurée que l'autre.

DES CHOSES QUI ONT ÉTÉ OBJECTÉES
CONTRE LA SIXIÈME MÉDITATION

I. J'ai déjà ci-devant réfuté ce que vous niez ici, à
savoir que « les choses matérielles, en tant qu'elles sont
l'objet des mathématiques pures, puissent avoir une
existence ». Pour ce qui est de l'intellection d'un chiliogone, il n'est nullement vrai qu'elle soit confuse, car on
en peut très clairement et très distinctement démontrer
385 plusieurs choses, ce qui ne se pourrait aucunement faire
si on ne le connaissait que confusément, ou, comme
vous dites, si on n'en connaissait que le nom ; mais il est
très certain que nous le concevons très clairement tout
entier et tout à la fois, quoique nous ne le puissions pas
ainsi clairement imaginer ; d'où il est évident que les
facultés d'entendre et d'imaginer ne diffèrent pas seulement selon le plus ou le moins, mais comme deux
manières d'agir tout à fait différentes. Car dans l'intellection l'esprit ne se sert que de soi-même, au lieu que
dans l'imagination il contemple quelque forme corporelle ; et encore que les figures géométriques soient
tout à fait corporelles, néanmoins il ne se faut pas
persuader que ces idées qui servent à nous les faire
concevoir soient aussi corporelles quand elles ne
tombent point sous l'imagination ; et enfin cela ne peut
être digne que de vous, ô chair, de penser que « les
idées de Dieu, de l'ange et de l'âme de l'homme soient
corporelles ou quasi corporelles, ayant été tirées de la
forme du corps humain et de quelques autres choses
fort simples, fort légères et fort imperceptibles[1] ». Car
quiconque se représente Dieu de la sorte ou même
l'esprit humain, tâche d'imaginer une chose qui n'est
point du tout imaginable, et ne se figure autre chose

---

1. Le texte latin ajoute : *du genre desquelles sont l'air, ou l'éther.*

qu'une idée corporelle à qui il attribue faussement le nom de Dieu ou d'esprit ; car, dans la vraie idée de l'esprit, il n'y a rien de contenu que la seule pensée avec tous ses attributs, entre lesquels il n'y en a aucun qui soit corporel.

II. Vous faites voir ici clairement que vous vous appuyez seulement sur vos préjugés sans jamais vous en défaire, puisque vous ne voulez pas que nous ayons le moindre soupçon de fausseté pour les choses où jamais nous n'en avons remarqué aucune ; et c'est pour cela que vous dites « que lorsque nous regardons de près, et que nous touchons quasi de la main une tour, nous sommes assurés qu'elle est carrée, si elle nous paraît telle ; et que, lorsque nous sommes en effet éveillés, nous ne pouvons pas être en doute si nous veillons ou si nous rêvons », et autres choses semblables ; car vous n'avez aucune raison de croire que vous ayez jamais assez soigneusement examiné et observé toutes les choses en quoi il peut arriver que vous erriez ; et peut-être ne serait-il pas malaisé de montrer que vous vous trompez quelquefois en des choses que vous admettez ainsi pour vraies et assurées. Mais lorsque vous en revenez là de dire « qu'au moins on ne peut pas douter que les choses ne nous paraissent comme elles font », vous en revenez à ce que j'ai dit ; car cela même est en termes exprès dans ma seconde Méditation ; mais ici il était question de la vérité des choses qui sont hors de nous, sur quoi je ne vois pas que vous ayez du tout rien dit de véritable.

III. Je ne m'arrête pas ici sur des choses que vous avez tant de fois rebattues, et que vous répétez encore en cet endroit si vainement ; par exemple, qu'il y a beaucoup de choses que j'ai avancées sans preuve, lesquelles je maintiens néanmoins avoir très évidemment démontrées ; comme aussi que j'ai seulement voulu parler du corps grossier et palpable lorsque j'ai exclu le corps de mon essence, quoique néanmoins mon dessein ait été d'en exclure toute sorte de corps, pour petit et subtil qu'il puisse être, et autres choses semblables ; car qu'y a-t-il à répondre à tant de paroles dites et avancées sans aucun raisonnable fondement, sinon que de les nier tout simplement ? Je dirai néanmoins en passant que je voudrais bien savoir sur quoi vous vous fondez pour dire que j'ai plutôt parlé du corps massif et grossier que du corps subtil et délié. C'est, dites-vous, parce que j'ai dit que « j'ai un corps auquel je suis conjoint », et aussi qu'il est « certain que moi, c'est-à-dire mon âme, est distincte de mon corps », où je confesse que je ne vois pas pourquoi ces paroles ne pourraient pas aussi bien être rapportées au corps subtil et imperceptible qu'à celui qui est plus grossier et palpable ; et je ne crois pas que cette pensée puisse tomber en l'esprit d'un autre que vous. Au reste, j'ai fait voir clairement dans la seconde Méditation que l'esprit pouvait être conçu comme une substance existante, auparavant même que nous sachions s'il y a au monde aucun vent, aucun feu, aucune vapeur, aucun air, ni aucun autre corps que ce soit, pour subtil et délié qu'il puisse être ; mais de savoir si en effet il était différent de toute sorte de corps, j'ai dit en cet endroit-là que ce n'était pas là le lieu d'en traiter. Ce qu'ayant réservé pour cette sixième Méditation, c'est là aussi où j'en ai amplement traité, et où j'ai décidé cette question par une très forte et véritable démonstration. Mais vous, au contraire, confondant la question qui concerne comment l'esprit peut être conçu avec celle qui regarde ce qu'il est en effet, ne faites paraître autre chose sinon que vous n'avez rien compris distinctement de toutes ces choses.

IV. Vous demandez ici « comment j'estime que l'espèce ou l'idée du corps, lequel est étendu, peut être reçue en moi qui suis une chose non étendue ». Je réponds à cela qu'aucune espèce corporelle n'est reçue dans l'esprit, mais que la conception ou l'intellection pure des choses, soit corporelles, soit spirituelles, se fait sans aucune image ou espèce corporelle ; et quant à l'imagination, qui ne peut être que des choses corporelles, il est vrai que pour en former une il est besoin d'une espèce qui soit un véritable corps et à laquelle l'esprit s'applique, mais non pas qui soit reçue dans

l'esprit. Ce que vous dites de l'idée du soleil, qu'un aveugle-né forme sur la simple connaissance qu'il a de sa chaleur, se peut aisément réfuter ; car cet aveugle peut bien avoir une idée claire et distincte du soleil comme d'une chose qui échauffe, quoiqu'il n'en ait pas l'idée comme d'une chose qui éclaire et illumine. Et c'est sans raison que vous me comparez à cet aveugle ; premièrement parce que la connaissance d'une chose qui pense s'étend beaucoup plus loin que celle d'une chose qui échauffe, voire même elle est plus ample qu'aucune que nous ayons de quelque autre chose que ce soit, comme j'ai montré en son lieu, et aussi parce qu'il n'y a personne qui puisse montrer que cette idée du soleil que forme cet aveugle ne contienne pas tout ce que l'on peut connaître de lui, sinon celui qui étant doué du sens de la vue connaît outre cela sa figure et sa lumière ; mais pour vous, non seulement vous n'en connaissez pas davantage que moi touchant l'esprit,
388 mais même vous n'y apercevez pas tout ce que j'y vois, de sorte qu'en cela c'est plutôt vous qui ressemblez à un aveugle, et je ne puis tout au plus, à votre égard, être appelé que louche ou peu clairvoyant, avec tout le reste des hommes.

Or, je n'ai pas ajouté que l'esprit n'était pas étendu pour expliquer quel il est et faire connaître sa nature, mais seulement pour avertir que ceux-là se trompent qui pensent qu'il soit étendu. Tout de même que s'il s'en trouvait quelques-uns qui voulussent dire que Bucéphale est une musique[1], ce ne serait pas en vain et sans raison que cela serait nié par d'autres. Et certes dans tout le reste que vous ajoutez ici pour prouver que l'esprit a de l'étendue, d'autant, dites-vous, qu'il se sert du corps, lequel est étendu, il me semble que vous ne raisonnez pas mieux que si, de ce que Bucéphale hennit et ainsi pousse des sons qui peuvent être rapportés à la musique, vous tiriez cette conséquence que Bucéphale
389 est donc une musique. Car, encore que l'esprit soit uni

1. Bucéphale, le cheval d'Alexandre le Grand, n'est pas une mouche *(musca)*, avait dit Gassendi : Descartes a lu, à tort, *musica*, une musique.

à tout le corps, il ne s'ensuit pas de là qu'il soit étendu par tout le corps, parce que ce n'est pas le propre de l'esprit d'être étendu, mais seulement de penser. Et il ne conçoit pas l'extension par une espèce étendue qui soit en lui, bien qu'il l'imagine en se tournant et s'appliquant à une espèce corporelle qui est étendue, comme j'ai dit auparavant. Et enfin il n'est pas nécessaire que l'esprit soit de l'ordre et de la nature du corps, quoiqu'il ait la force ou la vertu de mouvoir le corps.

V. Ce que vous dites ici, touchant l'union de l'esprit avec le corps, est semblable aux difficultés précédentes. Vous n'objectez rien du tout contre mes raisons, mais vous proposez seulement les doutes[1] qui vous semblent suivre de mes conclusions, quoique en effet ils ne vous viennent en l'esprit que parce que vous voulez soumettre à l'examen de l'imagination des choses qui de leur nature ne sont point sujettes à sa juridiction. Ainsi, quand vous voulez comparer ici le mélange qui se fait du corps et de l'esprit avec celui de deux corps mêlés ensemble, il me suffit de répondre qu'on ne doit faire entre ces choses aucune comparaison, parce qu'elles sont de deux genres totalement différents, et qu'il ne se faut pas imaginer que l'esprit ait des parties, encore qu'il conçoive des parties dans le corps. Car, qui vous a appris que tout ce que l'esprit conçoit doive être réellement en lui ? Certainement, si cela était, lorsqu'il conçoit la grandeur de l'univers, il aurait aussi en lui cette grandeur, et ainsi il ne serait pas seulement étendu, mais il serait même plus grand que tout le monde.

VI. Vous ne dites rien ici qui me soit contraire, et ne laissez pas d'en dire beaucoup ; d'où le lecteur peut apprendre qu'on ne doit pas juger du nombre de vos raisons par la prolixité de vos paroles.

Jusques ici l'esprit a discouru avec la chair, et, comme il était raisonnable, en beaucoup de choses n'a pas suivi ses sentiments. Mais maintenant je lève le masque et reconnais que véritablement je parle à

---

1. Le latin dit : *dubia, des choses douteuses.*

M. Gassendi, personnage autant recommandable pour
l'intégrité de ses mœurs et la candeur de son esprit que
pour la profondeur et la subtilité de sa doctrine, et de
qui l'amitié me sera toujours très chère ; aussi je pro-
teste, et lui-même le peut savoir, que je rechercherai
toujours, autant qu'il me sera possible, les occasions de
l'acquérir. C'est pourquoi je le supplie de ne pas
trouver mauvais si, en réfutant ses objections, j'ai usé
de la liberté ordinaire aux philosophes ; comme aussi de
391 ma part je l'assure que je n'y ai rien trouvé qui ne m'ait
été très agréable ; mais surtout j'ai été ravi qu'un
homme de son mérite, dans un discours si long et si
soigneusement recherché, n'ait apporté aucune raison
qui détruisît et renversât les miennes, et n'ait aussi rien
opposé contre mes conclusions à quoi il ne m'ait été très
facile de répondre.

LETTRE
DE M. DESCARTES À M. CLERSELIER,

SERVANT DE RÉPONSE À UN RECUEIL DES
PRINCIPALES
INSTANCES FAITES PAR MONSIEUR GASSENDI CONTRE
LES PRÉCÉDENTES RÉPONSES[1]

Monsieur,

Je vous ai beaucoup d'obligation de ce que, voyant
que j'ai négligé de répondre au gros livre d'instances
que l'auteur des cinquièmes objections a produit contre
mes réponses, vous avez prié quelques-uns de vos amis
de recueillir les plus fortes raisons de ce livre, et m'avez
envoyé l'extrait qu'ils en ont fait. Vous avez eu en cela
plus de soin de ma réputation que moi-même; car je
vous assure qu'il m'est indifférent d'être estimé ou
méprisé par ceux que de semblables raisons auront pu
persuader. Les meilleurs esprits de ma connaissance
qui ont lu son livre m'ont témoigné qu'ils n'y avaient
trouvé aucune chose qui les arrêtât; c'est à eux seuls
que je désire satisfaire. Je sais que la plupart des
hommes remarquent mieux les apparences que la
vérité, et jugent plus souvent mal que bien; c'est
pourquoi je ne crois pas que leur approbation vaille la
peine que je fasse tout ce qui pourrait être utile pour
l'acquérir. Mais je ne laisse pas d'être bien aise du
recueil que vous m'avez envoyé, et je me sens obligé d'y
répondre plutôt pour reconnaissance du travail de vos
amis que par la nécessité de ma défense; car je crois que

---

1. Cette lettre, écrite en français que Descartes le 12 janvier 1646,
a été publiée par Clerselier dans l'édition de 1647, à la suite de sa
traduction des *Cinquièmes Objections et Réponses*.

ceux qui ont pris la peine de le faire doivent maintenant juger, comme moi, que toutes les objections que ce livre contient ne sont fondées que sur quelques mots mal entendus ou quelques suppositions qui sont fausses ; vu que toutes celles qu'ils ont remarquées sont de cette sorte, et que néanmoins ils ont été si diligents qu'ils en ont même ajoutés quelques-unes que je ne me souviens point d'y avoir lues.

Ils en remarquent trois contre la première Méditation, à savoir : « 1° que je demande une chose impossible en voulant qu'on quitte toutes sortes de préjugés ; 2° qu'en pensant les quitter on se revêt d'autres préjugés qui sont plus préjudiciables ; 3° et que la méthode de douter de tout, que j'ai proposée, ne peut servir à trouver aucune vérité ».

204   La première desquelles est fondée sur ce que l'auteur de ce livre n'a pas considéré que le mot de préjugé ne s'étend point à toutes les notions qui sont en notre esprit, desquelles j'avoue qu'il est impossible de se défaire, mais seulement à toutes les opinions que les jugements que nous avons faits auparavant ont laissées en notre créance ; et, parce que c'est une action de la volonté que de juger ou ne pas juger, ainsi que j'ai expliqué en son lieu, il est évident qu'elle est en notre pouvoir ; car enfin, pour se défaire de toute sorte de préjugés, il ne faut autre chose que se résoudre à ne rien assurer ou nier de tout ce qu'on avait assuré ou nié auparavant, sinon après l'avoir derechef examiné, quoiqu'on ne laisse pas pour cela de retenir toutes les mêmes notions en sa mémoire. J'ai dit néanmoins qu'il y avait de la difficulté à chasser ainsi hors de sa créance tout ce qu'on y avait mis auparavant, partie à cause qu'il est besoin d'avoir quelque raison de douter avant que de s'y déterminer (c'est pourquoi j'ai proposé les principales en ma première Méditation), et partie aussi à cause que, quelque résolution qu'on ait prise de ne rien nier ni assurer, on s'en oublie aisément par après si on ne l'a fortement imprimée en sa mémoire ; c'est pourquoi j'ai désiré qu'on y pensât avec soin.

La deuxième objection n'est qu'une supposition

manifestement fausse; car, encore que j'aie dit qu'il
fallait même s'efforcer de nier les choses qu'on avait
trop assurées auparavant, j'ai très expressément limité
205 que cela ne se devait faire que pendant le temps qu'on
portait son attention à chercher quelque chose de plus
certain que tout ce qu'on pourrait ainsi nier, pendant
lequel il est évident qu'on ne saurait se revêtir d'aucun
préjugé qui soit préjudiciable.

La troisième aussi ne contient qu'une cavillation;
car, bien qu'il soit vrai que le doute seul ne suffit pas
pour établir aucune vérité, il ne laisse pas d'être utile à
préparer l'esprit pour en établir par après, et c'est à cela
seul que je l'ai employé.

Contre la seconde Méditation, vos amis remarquent
six choses. La première est qu'en disant : *Je pense, donc
je suis,* l'auteur des Instances veut que je suppose cette
majeure : *Celui qui pense est;* et ainsi que j'aie déjà
épousé un préjugé. En quoi il abuse derechef du mot de
préjugé : car, bien qu'on en puisse donner le nom à cette
proposition lorsqu'on la profère sans attention, et qu'on
croit seulement qu'elle est vraie à cause qu'on se
souvient de l'avoir ainsi jugée auparavant, on ne peut
pas dire toutefois qu'elle soit un préjugé lorsqu'on
l'examine, à cause qu'elle paraît si évidente à l'entendement qu'il ne se saurait empêcher de la croire, encore
que ce soit peut-être la première fois de sa vie qu'il y
pense, et que par conséquent il n'en ait aucun préjugé.
Mais l'erreur qui est ici la plus considérable est que cet
auteur suppose que la connaissance des propositions
particulières doit toujours être déduite des universelles,
suivant l'ordre des syllogismes de la dialectique; en
quoi il montre savoir bien peu de quelle façon la vérité
206 se doit chercher; car il est certain que pour la trouver on
doit toujours commencer par les notions particulières,
pour venir après aux générales, bien qu'on puisse aussi,
réciproquement, ayant trouvé les générales, en déduire
d'autres particulières. Ainsi, quand on enseigne à un
enfant les éléments de la géométrie, on ne lui fera point
entendre en général que, *lorsque de deux quantités égales
on ôte des parties égales, les restes demeurent égaux,* ou que

le tout est plus grand que ses parties, si on ne lui en montre des exemples en des cas particuliers. Et c'est faute d'avoir pris garde à ceci que notre auteur s'est trompé en tant de faux raisonnements dont il a grossi son livre ; car il n'a fait que composer de fausses majeures à sa fantaisie, comme si j'en avais déduit les vérités que j'ai expliquées.

La seconde objection que remarquent ici vos amis est que, « pour savoir qu'on pense, il faut savoir ce que c'est que pensée ; ce que je ne sais point, disent-ils, à cause que j'ai tout nié ». Mais je n'ai nié que les préjugés, et non point les notions, comme celles-ci, qui se connaissent sans aucune affirmation ni négation.

La troisième est que « la pensée ne peut être sans objet ; par exemple, sans le corps ». Où il faut éviter l'équivoque du mot de pensée, lequel on peut prendre pour la chose qui pense, et aussi pour l'action de cette chose ; or, je nie que la chose qui pense ait besoin d'autre objet que de soi-même pour exercer son action, bien qu'elle puisse aussi l'étendre aux choses matérielles lorsqu'elle les examine.

207 La quatrième, que, « bien que j'aie une pensée de moi-même, je ne sais pas si cette pensée est une action corporelle ou un atome qui se meut, plutôt qu'une substance immatérielle » ; où l'équivoque du nom du pensée est répétée, et je n'y vois rien de plus, sinon une question sans fondement, et qui est semblable à celle-ci : Vous jugez que vous êtes un homme à cause que vous apercevez en vous toutes les choses à l'occasion desquelles vous nommez hommes ceux en qui elles se trouvent ; mais que savez-vous si vous n'êtes point un éléphant plutôt qu'un homme, pour quelques autres raisons que vous ne pouvez apercevoir ? Car, après que la substance qui pense a jugé qu'elle est intellectuelle, à cause qu'elle a remarqué en soi toutes les propriétés des substances intellectuelles, et n'y en a pu remarquer aucune de celles qui appartiennent au corps, on lui demande encore comment elle sait si elle n'est point un corps plutôt qu'une substance immatérielle.

La cinquième objection est semblable : que, « bien

que je ne trouve point d'étendue en ma pensée, il ne
s'ensuit pas qu'elle ne soit point étendue, parce que ma
pensée n'est pas la règle de la vérité des choses ». Et
aussi la sixième, « qu'il se peut faire que la distinction
que je trouve par ma pensée entre la pensée et le corps
soit fausse ». Mais il faut particulièrement ici remarquer l'équivoque qui est en ces mots : *Ma pensée n'est
pas la règle de la vérité des choses*; car si on veut dire que
ma pensée ne doit pas être la règle des autres pour les
obliger à croire une chose à cause que je la pense vraie,
j'en suis entièrement d'accord; mais cela ne vient point
ici à propos, car je n'ai jamais voulu obliger personne à
suivre mon autorité; au contraire, j'ai averti en divers
lieux qu'on ne se devait laisser persuader que par la
seule évidence des raisons. De plus, si on prend indifféremment le mot de pensée pour toute sorte d'opérations de l'âme, il est certain qu'on peut avoir plusieurs
pensées desquelles on ne doit rien inférer touchant la
vérité des choses qui sont hors de nous; mais cela ne
vient point aussi à propos en cet endroit, où il n'est
question que des pensées qui sont des perceptions
claires et distinctes, et des jugements que chacun doit
faire à part soi ensuite de ces perceptions. C'est pourquoi, au sens que ces mots doivent ici être entendus, je
dis que la pensée d'un chacun, c'est-à-dire la perception
ou connaissance qu'il a d'une chose, doit être pour lui la
règle de la vérité de cette chose, c'est-à-dire que tous les
jugements qu'il en fait doivent être conformes à cette
perception pour être bons; même touchant les vérités
de la foi, nous devons apercevoir quelque raison qui
nous persuade qu'elles ont été révélées de Dieu, avant
que de nous déterminer à les croire; et encore que les
ignorants fassent bien de suivre le jugement des plus
capables touchant les choses difficiles à connaître, il
faut néanmoins que ce soit leur perception qui leur
enseigne qu'ils sont ignorants, et que ceux dont ils
veulent suivre les jugements ne le sont peut-être pas
tant; autrement ils feraient mal de les suivre, et ils
agiraient plutôt en automates ou en bêtes qu'en
hommes. Ainsi, c'est l'erreur la plus absurde et la plus

exorbitante qu'un philosophe puisse admettre, que de
209 vouloir faire des jugements qui ne se rapportent pas aux
perceptions qu'il a des choses ; et toutefois je ne vois pas
comment notre auteur se pourrait excuser d'être tombé
en cette faute en la plupart de ses objections ; car il ne
veut pas que chacun s'arrête à sa propre perception,
mais il prétend qu'on doit plutôt croire des opinions ou
fantaisies qu'il lui plaît nous proposer, bien qu'on ne les
aperçoive aucunement.

Contre la troisième Méditation vos amis ont remarqué : « 1º que tout le monde n'expérimente pas en soi
l'idée de Dieu ; 2º que si j'avais cette idée, je la
comprendrais ; 3º que plusieurs ont lu mes raisons,
qui n'en sont point persuadés ; 4º et que, de ce que je
me connais imparfait, il ne s'ensuit pas que Dieu soit ».
Mais si on prend le mot d'idée en la façon que j'ai dit
très expressément que je le prenais, sans s'excuser par
l'équivoque de ceux qui le restreignent aux images des
choses matérielles qui se forment en l'imagination, on
ne saurait nier d'avoir quelque idée de Dieu, si ce n'est
qu'on dise qu'on n'entend pas ce que signifient ces
mots : *la chose la plus parfaite que nous puissions concevoir ;* car c'est ce que tous les hommes appellent *Dieu*.
Et c'est passer à d'étranges extrémités pour vouloir faire
des objections que d'en venir à dire qu'on n'entend pas
ce que signifient les mots qui sont les plus ordinaires en
la bouche des hommes ; outre que c'est la confession la
plus impie qu'on puisse faire que de dire de soi-même,
au sens que j'ai pris le mot d'idée, qu'on n'en a aucune
210 de Dieu : car ce n'est pas seulement dire qu'on ne le
connaît point par raison naturelle, mais aussi que, ni
par la foi, ni par aucun autre moyen, on ne saurait rien
savoir de lui, parce que si on n'a aucune idée, c'est-à-
dire aucune perception qui réponde à la signification de
ce mot, *Dieu*, on a beau dire qu'on croit que *Dieu* est,
c'est le même que si on disait qu'on croit que *rien* est,
ainsi on demeure dans l'abîme de l'impiété, et dans
l'extrémité de l'ignorance.

Ce qu'ils ajoutent, que « si j'avais cette idée, je la
comprendrais », est dit sans fondement : car, à cause

que le mot de *comprendre* signifie quelque limitation, un esprit fini ne saurait comprendre Dieu, qui est infini; mais cela n'empêche pas qu'il ne l'aperçoive, ainsi qu'on peut bien toucher une montagne, encore qu'on ne la puisse embrasser.

Ce qu'ils disent aussi de mes raisons, que « plusieurs les ont lues sans en être persuadés », peut aisément être réfuté, parce qu'il y en a quelques autres qui les ont comprises et en ont été satisfaits; car on doit plus croire à un seul qui dit, sans intention de mentir, qu'il a vu ou compris quelque chose, qu'on ne doit faire à mille autres qui la nient pour cela seul qu'ils ne l'ont pu voir ou comprendre : ainsi qu'en la découverte des antipodes on a plutôt cru au rapport de quelques matelots qui ont fait le tour de la terre qu'à des milliers de philosophes qui n'ont pas cru qu'elle fût ronde. Et parce qu'ils allèguent ici les *Eléments* d'Euclide, comme s'ils étaient faciles à tout le monde, je les prie de considérer qu'entre ceux qu'on estime les plus savants en la philosophie de l'Ecole, il n'y en a pas un de cent qui les entende, et qu'il n'y en a pas un de dix mille qui entende toutes les démonstrations d'Apollonius ou d'Archimède[1], bien qu'elles soient aussi évidentes et aussi certaines que celles d'Euclide.

Enfin, quand ils disent que « de ce que je reconnais en moi quelque imperfection, il ne s'ensuit pas que Dieu soit », ils ne prouvent rien; car je ne l'ai pas immédiatement déduit de cela seul sans y ajouter quelque autre chose; et ils me font seulement souvenir de l'artifice de cet auteur qui a coutume de tronquer mes raisons, et n'en rapporter que quelques parties pour les faire paraître imparfaites.

Je ne vois rien, en tout ce qu'ils ont remarqué touchant les trois autres Méditations, à quoi je n'aie amplement répondu ailleurs, comme à ce qu'ils objectent : « 1° que j'ai commis un cercle en prouvant l'existence de Dieu par certaines notions qui sont en nous, et disant après qu'on ne peut être certain

---

1. Voir *Epître* (AT, IX, 6), note.

d'aucune chose sans savoir auparavant que Dieu est ;
2° et que sa connaissance ne sert de rien pour acquérir
celle des vérités de mathématique ; 3° et qu'il peut être
trompeur ». Voyez sur cela ma réponse aux secondes
objections nombre 3 et 4 et la fin de la seconde partie de
la réponse aux quatrièmes.

Mais ils ajoutent à la fin une pensée que je ne sache
212 point que notre auteur ait écrite dans son livre d'Instances, bien qu'elle soit fort semblable aux siennes :
« Plusieurs excellents esprits, disent-ils, croient voir
clairement que l'étendue mathématique, laquelle je
pose que le principe de ma physique, n'est rien autre
chose que ma pensée, et qu'elle n'a ni ne peut avoir
nulle subsistance hors de mon esprit, n'étant qu'une
abstraction que je fais du corps physique ; et, partant,
que toute ma physique ne peut être qu'imaginaire et
feinte, comme sont toutes les pures mathématiques ; et
que, dans la physique réelle des choses que Dieu a
créées, il faut une matière réelle, solide, et non imaginaire. » Voilà l'objection des objections, et l'abrégé de
toute la doctrine des excellents esprits qui sont ici
allégués. Toutes les choses que nous pouvons entendre
et concevoir ne sont à leur compte que des imaginations
et des fictions de notre esprit, qui ne peuvent avoir
aucune subsistance : d'où il suit qu'il n'y a rien que ce
qu'on ne peut aucunement entendre, ni concevoir ou
imaginer, qu'on doive admettre pour vrai : c'est-à-dire
qu'il faut entièrement fermer la porte à la raison et se
contenter d'être singe ou perroquet, et non plus
homme, pour mériter d'être mis au rang de ces excellents esprits. Car si les choses qu'on peut concevoir
doivent être estimées fausses pour cela seul qu'on les
peut concevoir, que reste-t-il, sinon qu'on doit seulement
recevoir pour vraies celles qu'on ne conçoit pas, et en
composer sa doctrine, en imitant les autres, sans savoir
pourquoi on les imite, comme font les singes, et en ne
proférant que des paroles dont on n'entend point le
sens, comme font les perroquets ? Mais j'ai bien de quoi
me consoler, parce qu'on joint ici ma physique avec les
213 pures mathématiques, auxquelles je souhaite surtout
qu'elle ressemble.

Pour les deux questions qu'ils ajoutent aussi à la fin, à savoir, « comment l'âme meut le corps si elle n'est point matérielle, et comment elle peut recevoir les espèces des objets corporels », elles me donnent seulement ici occasion d'avertir que notre auteur n'a pas eu raison lorsque, sous prétexte de me faire des objections, il m'a proposé quantité de telles questions dont la solution n'était pas nécessaire pour la preuve des choses que j'ai écrites, et que les plus ignorants en peuvent plus faire en un quart d'heure que tous les plus savants n'en sauraient résoudre en toute leur vie; ce qui est cause que je ne me suis pas mis en peine de répondre à aucunes. Et celles-ci entre autres présupposent l'explication de l'union qui est entre l'âme et le corps, de laquelle je n'ai point encore traité. Mais je vous dirai à vous que toute la difficulté qu'elles contiennent ne procède que d'une supposition qui est fausse, et qui ne peut aucunement être prouvée, à savoir, que si l'âme et le corps sont deux substances de diverse nature, cela les empêche de pouvoir agir l'une contre l'autre; car au contraire ceux qui admettent des accidents réels, comme la chaleur, la pesanteur, et semblables, ne doutent point que ces accidents ne puissent agir contre le corps; et toutefois il y a plus de différence entre eux et lui, c'est-à-dire entre des accidents et une substance, qu'il n'y a entre deux substances.

Au reste, puisque j'ai la plume en main, je remarquerai encore ici deux des équivoques que j'ai trouvées 214 dans ce livre d'Instances, parce que ce sont celles qui me semblent pouvoir surprendre le plus aisément les lecteurs moins attentifs; et je désire par là vous témoigner que si j'y avais rencontré quelque autre chose que je crusse mériter réponse, je ne l'aurais pas négligée.

La première est en la page 63, où, pour ce que j'ai dit 215 en un lieu que, pendant que l'âme doute de l'existence de toutes les choses matérielles, elle ne se connaît que précisément, *præcise tantum*, comme une substance immatérielle; et, sept ou huit lignes plus bas, pour montrer que par ces mots, *præcise tantum*, je n'entends point une entière exclusion ou négation, mais seulement une abstraction des choses matérielles, j'ai dit que, nonobstant cela, on n'était pas assuré qu'il n'y a rien en l'âme qui soit corporel ; bien qu'on n'y connaisse rien, on me traite si injustement que de vouloir persuader au lecteur qu'en disant *præcise tantum* j'ai voulu exclure le corps, et ainsi que je me suis contredit par après en disant que je ne le voulais pas exclure. Je ne réponds rien à ce que je suis accusé ensuite d'avoir supposé quelque chose en la sixième Méditation que je n'avais pas prouvé auparavant, et ainsi d'avoir fait un paralogisme ; car il est facile de reconnaître la fausseté de cette accusation, qui n'est que trop commune en tout ce livre, et qui me pourrait faire

216 soupçonner que son auteur n'aurait pas agi de bonne foi, si je ne connaissais son esprit, et ne croyais qu'il a été le premier surpris par une si fausse créance.

L'autre équivoque est en la page 84, où il veut que *distinguere* et *abstrahere* soient la même chose ; et toutefois il y a grande différence, car en distinguant une substance de ses accidents on doit considérer l'un et l'autre, ce qui sert beaucoup à la connaître ; au lieu que si on sépare seulement par abstraction cette substance de ses accidents, c'est-à-dire si on la considère toute seule sans penser à eux, cela empêche qu'on ne la puisse si bien connaître à cause que c'est par les accidents que la nature de la substance est manifestée.

Voilà, Monsieur, tout ce que je crois devoir répondre au gros livre d'Instances ; car, bien que je satisferais peut-être davantage aux amis de l'auteur si je réfutais

217 toutes ses instances l'une après l'autre, je crois que je ne satisferais pas tant aux miens, lesquels auraient sujet de me reprendre d'avoir employé du temps en une chose si peu nécessaire, et ainsi de rendre maîtres de mon loisir tous ceux qui voudraient perdre le leur à me proposer des questions inutiles. Mais je vous remercie de vos soins. Adieu.

SIXIÈMES OBJECTIONS

FAITES PAR DIVERS THÉOLOGIENS ET PHILOSOPHES

IX,
218

Après avoir lu avec attention vos *Méditations*, et les réponses que vous avez faites aux difficultés qui vous ont été ci-devant objectées, il nous reste encore en l'esprit quelques scrupules, dont il est à propos que vous nous releviez.

Le premier est, qu'il ne semble pas que ce soit un argument fort certain de notre être, de ce que nous pensons. Car, pour être certain que vous pensez, vous devez auparavant savoir quelle est la nature de la pensée et de l'existence; et, dans l'ignorance où vous êtes de ces deux choses, comment pouvez-vous savoir que vous pensez, ou que vous êtes? Puis donc qu'en disant : je pense, vous ne savez pas ce que vous dites; et qu'en ajoutant donc je suis, vous ne vous entendez pas non plus; que même vous ne savez pas si vous dites ou si vous pensez quelque chose, étant pour cela nécessaire que vous connaissiez que vous savez ce que vous dites, et derechef que vous sachiez que vous connaissez que vous savez ce que vous dites, et ainsi jusques à l'infini, il est évident que vous ne pouvez pas savoir si vous êtes, ou même si vous pensez.

Mais, pour venir au second scrupule, lorsque vous dites : je pense, donc je suis, ne pourrait-on pas dire que vous vous trompez, que vous ne pensez point, mais que vous êtes seulement remué, et que ce que vous attribuez à la pensée n'est rien autre chose qu'un mouvement corporel? personne n'ayant encore pu comprendre votre raisonnement, par lequel vous prétendez avoir démontré qu'il n'y a point

*de mouvement corporel qui puisse légitimement être appelé
du nom de pensée. Car pensez-vous avoir tellement coupé et
divisé, par le moyen de votre analyse, tous les mouvements
de votre matière subtile, que vous soyez assuré, et que vous
nous puissiez persuader, à nous qui sommes très attentifs et
qui pensons être assez clairvoyants, qu'il y a de la répugnance que nos pensées soient répandues dans ces mouvements corporels ?*

Le troisième scrupule *n'est point différent du second ;
car, bien que quelques Pères de l'Eglise aient cru, avec tous
les platoniciens, que les anges étaient corporels, d'où vient*
219 *que le Concile de Latran a conclu qu'on les pouvait peindre,
et qu'ils aient eu la même pensée de l'âme raisonnable, que
quelques-uns d'entre eux ont estimé venir de père à fils, ils
ont néanmoins dit que les anges et que les âmes pensaient ; ce
qui nous fait croire que leur opinion était que la pensée se
pouvait faire par des mouvements corporels, ou que les
anges n'étaient eux-mêmes que des mouvements corporels,
dont ils ne distinguaient point la pensée. Cela se peut aussi
confirmer par les pensées qu'ont les singes, les chiens et les
autres animaux, et de vrai, les chiens aboient en dormant,
comme s'ils poursuivaient des lièvres ou des voleurs ; ils
savent aussi fort bien, en veillant, qu'ils courent, et en
rêvant, qu'ils aboient, quoique nous reconnaissions avec
vous qu'il n'y a rien en eux qui soit distingué du corps. Que
si vous dites que les chiens ne savent pas qu'ils courent, ou
qu'ils pensent, outre que vous le dites sans le prouver,
peut-être est-il vrai qu'ils font de nous un pareil jugement, à
savoir, que nous ne savons pas si nous courons, ou si nous
pensons, lorsque nous faisons l'une ou l'autre de ces actions.
Car enfin vous ne voyez pas quelle est la façon intérieure
d'agir qu'ils ont en eux, non plus qu'ils ne voient pas quelle
est la vôtre ; et il s'est trouvé autrefois de grands personnages, et s'en trouvent encore aujourd'hui, qui ne dénient
pas la raison aux bêtes. Et tant s'en faut que nous puissions
nous persuader que toutes leurs opérations puissent être
suffisamment expliquées par le moyen de la mécanique, sans
leur attribuer ni sens, ni âme, ni vie, qu'au contraire nous
sommes prêts de soutenir, au dédit de ce que l'on voudra,
que c'est une chose tout à fait impossible et même ridicule.*

Et enfin, s'il est vrai que les singes, les chiens et les éléphants agissent de cette sorte dans toutes leurs opérations, il s'en trouvera plusieurs qui diront que toutes les actions de l'homme sont aussi semblables à celles des machines, et qui ne voudront plus admettre en lui de sens ni d'entendement ; vu quo, si la faible raison des bêtes diffère de celle de l'homme, ce n'est que par le plus et le moins, qui ne change point la nature des choses.

Le quatrième scrupule *est touchant la science d'un athée, laquelle il soutient être très certaine, et même, selon votre règle, très évidente, lorsqu'il assure que, si de choses égales on ôte choses égales, les restes seront égaux ; ou bien que les trois angles d'un triangle rectiligne sont égaux à deux droits, et autres choses semblables ; puisqu'il ne peut penser à ces choses sans croire qu'elles sont très certaines. Ce qu'il maintient être si véritable, qu'encore bien qu'il n'y eût point de Dieu, ou même qu'il fût impossible qu'il y en eût, comme il s'imagine, il ne se tient pas moins assuré de ces vérités, que si en effet il y en avait un qui existât. Et de fait, il nie qu'on lui puisse jamais rien objecter qui lui cause le moindre doute ; car que lui objectez-vous ? que, s'il y a un Dieu, il le peut décevoir ? mais il vous soutiendra qu'il n'est pas possible qu'il puisse jamais être en cela déçu, quand même Dieu y emploierait toute sa puissance.*

De ce scrupule en naît un cinquième, *qui prend sa force de cette déception que vous voulez dénier entièrement à Dieu. Car, si plusieurs théologiens sont dans ce sentiment, que les damnés, tant les anges que les hommes, sont continuellement déçus par l'idée que Dieu leur a imprimée d'un feu dévorant, en sorte qu'ils croient fermement, et s'imaginent voir et ressentir effectivement, qu'ils sont tourmentés par un feu qui les consume, quoiqu'en effet il n'y en ait point, Dieu ne peut-il pas nous décevoir par de semblables espèces[1], et nous imposer continuellement, imprimant sans cesse dans nos âmes de ces fausses et trompeuses idées ? en sorte que nous pensions voir très clairement, et toucher de chacun de nos sens, des choses qui toutefois ne*

---

1. Voir *Réponses aux Quatrièmes Objections* (AT, IX, 192), note.

sont rien hors de nous, étant véritable qu'il n'y a point de ciel, point d'astres, point de terre, et que nous n'avons point de bras, point de pieds, point d'yeux, etc. Et certes, quand il en userait ainsi, il ne pourrait être blâmé d'injustice, et nous n'aurions aucun sujet de nous plaindre de lui, puisqu'étant le Souverain Seigneur de toutes choses, il peut disposer de tout comme il lui plaît ; vu principalement qu'il semble avoir droit de le faire, pour abaisser l'arrogance des hommes, châtier leurs crimes, ou punir le péché de leur premier père, ou pour d'autres raisons qui nous sont inconnues. Et de vrai, il semble que cela se confirme par ces lieux de l'Ecriture, qui prouvent que l'homme ne peut rien savoir, comme il paraît par ce texte de l'Apôtre à la première aux Corinth., chapitre 8, verset 2 : Quiconque estime savoir quelque chose, ne connaît pas encore ce qu'il doit savoir ni comment il doit savoir ; *et par celui de l'Ecclésiaste chapitre 8, verset 17 :* J'ai reconnu que, de tous les ouvrages de Dieu qui se font sous le Soleil, l'homme n'en peut rendre aucune raison, et que, plus il s'efforcera d'en trouver, d'autant moins il en trouvera ; même s'il dit en savoir quelques-unes, il ne les pourra trouver. *Or, que le Sage ait dit cela pour des raisons mûrement considérées, et non point à la hâte et sans y avoir bien pensé, cela se voit par le contenu de tout le Livre, et principalement où il traite la question de l'âme, que vous soutenez être immortelle. Car, au chapitre 3, verset 19, il dit :* Que l'homme et la jument passent de même façon ; *et afin que vous ne disiez pas que cela se doit entendre seulement du corps, il ajoute, un peu après,* que l'homme 221 n'a rien de plus que la jument ; *et venant à parler de l'esprit même de l'homme, il dit* qu'il n'y a personne qui sache s'il monte en haut, *c'est-à-dire s'il est immortel,* ou si, avec ceux des autres animaux, il descend en bas, *c'est-à-dire s'il se corrompt. Et ne dites point qu'il parle en ce lieu-là en la personne des impies : autrement il aurait dû en avertir, et réfuter ce qu'il avait auparavant allégué. Ne pensez pas aussi vous excuser, en renvoyant aux théologiens d'interpréter l'Ecriture ; car, étant chrétien comme vous êtes, vous devez être prêt de répondre et de satisfaire à tous ceux qui vous objectent quelque chose contre la foi, princi-*

palement quand ce qu'on vous objecte choque les principes que vous voulez établir.

Le sixième scrupule *vient de l'indifférence du jugement, ou de la liberté, laquelle tant s'en faut que, selon votre doctrine, elle rende le franc arbitre plus noble et plus parfait, qu'au contraire c'est dans l'indifférence que vous mettez son imperfection; en sorte que, tout autant de fois que l'entendement connaît clairement et distinctement les choses qu'il faut croire, qu'il faut faire, ou qu'il faut omettre, la volonté pour lors n'est jamais indifférente. Car ne voyez-vous pas que par ces principes vous détruisez entièrement la liberté de Dieu, de laquelle vous ôtez l'indifférence, lorsqu'il crée ce monde-ci plutôt qu'un autre, ou lorsqu'il n'en crée aucun? étant néanmoins de la foi de croire que Dieu a été de toute éternité indifférent à créer un monde ou plusieurs, ou même à n'en créer pas un. Et qui peut douter que Dieu n'ait toujours vu très clairement toutes les choses qui étaient à faire ou à laisser? Si bien que l'on ne peut pas dire que la connaissance très claire des choses et leur distincte perception ôte l'indifférence du libre arbitre, laquelle ne conviendrait jamais avec le liberté de Dieu, si elle ne pouvait convenir avec la liberté humaine, étant vrai que les essences des choses, aussi bien que celles des nombres, sont indivisibles et immuables; et partant, l'indifférence n'est pas moins comprise dans la liberté du franc arbitre de Dieu, que dans la liberté du franc arbitre des hommes.*

Le septième scrupule *sera de la superficie, en laquelle ou par le moyen de laquelle vous dites que se font tous les sentiments. Car nous ne voyons pas comment il se peut faire qu'elle ne soit point partie des corps qui sont aperçus, ni de l'air, ou des vapeurs, ni même l'extrémité d'aucune de ces choses; et nous n'entendons pas bien encore comment vous pouvez dire qu'il n'y a point d'accidents réels, de quelque corps ou substance que ce soit, qui puissent par la toute-puissance de Dieu être séparés de leur sujet, et exister sans lui, et qui véritablement existent ainsi au Saint Sacrement de l'autel. Toutefois nos docteurs n'ont pas occasion de s'émouvoir beaucoup, jusqu'à ce qu'ils aient vu si, dans* 222 *cette physique que vous nous promettez, vous aurez suffisamment démontré toutes ces choses; il est vrai qu'ils ont de*

*la peine à croire qu'elle nous les puisse si clairement
proposer, que nous les devions désormais embrasser, au
préjudice de ce que l'antiquité nous en a appris.*

   La réponse que vous avez faite aux cinquièmes objections
a donné lieu au huitième scrupule. *Et de vrai, comment se
peut-il faire que les vérités géométriques ou métaphysiques,
telles que sont celles dont vous avez fait mention en ce
lieu-là, soient immuables et éternelles, et que néanmoins
elles dépendent de Dieu? Car en quel genre de cause
peuvent-elles dépendre de lui? Et comment aurait-il pu
faire que la nature du triangle ne fût point? ou qu'il n'eût
pas été vrai, de toute éternité, que deux fois quatre fussent
huit? ou qu'un triangle n'eût pas trois angles? Et partant,
ou ces vérités ne dépendent que du seul entendement,
lorsqu'il pense, ou elles dépendent de l'existence des choses
mêmes, ou bien elles sont indépendantes : vu qu'il ne semble
pas possible que Dieu ait pu faire qu'aucune de ces essences
ou vérités ne fût pas de toute éternité.*

   Enfin le neuvième scrupule *nous semble fort pressant,
lorsque vous dites qu'il faut se défier des sens, et que la
certitude de l'entendement est beaucoup plus grande que la
leur. Car comment cela pourrait-il être, si l'entendement
même n'a point d'autre certitude que celle qu'il emprunte
des sens bien disposés? Et de fait, ne voit-on pas qu'il ne
peut corriger l'erreur d'aucun de nos sens, si, premièrement,
un autre ne l'a tiré de l'erreur où il était lui-même? Par
exemple, un bâton paraît rompu dans l'eau à cause de la
réfraction : qui corrigera cette erreur? sera-ce l'entendement? point du tout, mais le sens du toucher. Il en est de
même de tous les autres. Et partant, si une fois vous pouvez
avoir tous vos sens bien disposés, et qui vous rapportent
toujours la même chose, tenez pour certain que vous acquer-
rez par leur moyen la plus grande certitude dont un homme
soit naturellement capable. Que si vous vous fiez par trop
aux raisonnements de votre esprit, assurez-vous d'être
souvent trompé ; car il arrive assez ordinairement que notre
entendement nous trompe en des choses qu'il avait tenues
pour indubitables.*

   *Voilà en quoi consistent nos principales difficultés; à quoi
vous ajouterez aussi quelque règle certaine et des marques*

*infaillibles, suivant lesquelles nous puissions connaître avec
certitude, quand nous concevons une chose si parfaitement
sans l'autre, qu'il soit vrai que l'une soit tellement distincte
de l'autre, qu'au moins par la toute-puissance de Dieu elles
puissent subsister séparément : c'est-à-dire, en un mot, que*
223 *vous nous enseigniez comment nous pourrons clairement,
distinctement et certainement connaître que cette distinction, que notre entendement forme, ne prend point son
fondement dans notre esprit, mais dans les choses mêmes.
Car, lorsque nous contemplons l'immensité de Dieu, sans
penser à sa justice, ou que nous faisons réflexion sur son
existence, sans penser au Fils ou au Saint-Esprit, ne
concevons-nous pas parfaitement cette existence, ou Dieu
même existant, sans ces deux autres personnes, qu'un
infidèle peut avec autant de raison nier de la divinité, que
vous en avez de dénier au corps l'esprit ou la pensée ? Tout
ainsi donc que celui-là conclurait mal, qui dirait que le Fils
et que le Saint-Esprit sont essentiellement distingués du
Père, ou qu'ils peuvent être séparés de lui. De même on ne
vous concédera jamais que la pensée, ou plutôt que l'esprit
humain, soit réellement distingué du corps, quoi que vous
conceviez clairement l'un sans l'autre, et que vous puissiez
nier l'un de l'autre, et même que vous reconnaissiez que cela
ne se fait point par aucune abstraction de votre esprit. Mais
certes, si vous satisfaites pleinement à toutes ces difficultés,
vous devez être assuré qu'il n'y aura plus rien qui puisse
faire ombrage à nos théologiens.*

ADDITION

J'ajouterai ici ce que quelques autres m'ont proposé,
afin de n'avoir pas besoin d'y répondre séparément ; car
leur sujet est presque semblable.

Des personnes de très bon esprit, et de rare doctrine,
m'ont fait les trois questions suivantes :

La première est : *comment nous pouvons être assurés
que nous avons l'idée claire et distincte de notre âme.*

La seconde : *comment nous pouvons être assurés que
cette idée est tout à fait différente des autres choses.*

La troisième : *comment nous pouvons être assurés qu'elle
n'a rien en soi de ce qui appartient au corps.*

Ce qui suit m'a aussi été envoyé avec ce titre :

DES PHILOSOPHES ET GÉOMÈTRES A MONSIEUR DESCARTES

Monsieur,

Quelque soin que nous prenions à examiner si l'idée que nous avons de notre esprit, c'est-à-dire, si la notion ou le 224 *concept de l'esprit humain ne contient rien en soi de corporel, nous n'osons pas néanmoins assurer que la pensée ne puisse en aucune façon convenir au corps agité par de secrets mouvements. Car, voyant qu'il y a certains corps qui ne pensent point, et d'autres qui pensent, comme ceux des hommes et peut-être des bêtes, ne passerions-nous pas auprès de vous pour des sophistes, et ne nous accuseriez-vous pas de trop de témérité, si, nonobstant cela, nous voulions conclure qu'il n'y a aucun corps qui pense ? Nous avons même de la peine à ne pas croire que vous auriez eu raison de vous moquer de nous, si nous eussions les premiers forgé cet argument qui parle des idées, et dont vous vous servez pour la preuve d'un Dieu et de la distinction réelle de l'esprit d'avec le corps, et que vous l'eussiez ensuite fait passer par l'examen de votre analyse. Il est vrai que vous paraissez en être si fort prévenu et préoccupé, qu'il semble que vous vous soyez vous-même mis un voile devant l'esprit, qui vous empêche de voir que toutes les opérations et propriétés de l'âme, que vous remarquez être en vous, dépendent purement des mouvements du corps ; ou bien défaites le nœud qui, selon votre jugement, tient nos esprits enchaînés, et les empêche de s'élever au-dessus du corps.*

Le nœud que nous trouvons en ceci est que nous comprenons fort bien que 2 et 3 joints ensemble font le nombre de 5, et que, si de choses égales on ôte choses égales, les restes seront égaux : nous sommes convaincus par ces vérités et par mille autres, aussi bien que vous ; pourquoi donc ne sommes-nous pas pareillement convaincus par le moyen de vos idées, ou même par les nôtres, que l'âme de l'homme est réellement distincte du corps, et que Dieu existe ? Vous direz peut-être

*que vous ne pouvez pas nous mettre cette vérité dans l'esprit,
si nous ne méditons avec vous; mais nous avons à vous
répondre que nous avons lu plus de sept fois vos Méditations
avec une attention d'esprit presque semblable à celle des
anges, et que néanmoins nous ne sommes pas encore persuadés. Nous ne pouvons pas toutefois nous persuader que vous
veuillez dire que, tous tant que nous sommes, nous avons
l'esprit stupide et grossier comme des bêtes, et du tout
inhabile pour les choses métaphysiques, auxquelles il y a
trente ans que nous nous exerçons, plutôt que de confesser
que les raisons que vous avez tirées des idées de Dieu et de
l'esprit, ne sont pas d'un si grand poids et d'une telle
autorité, que les hommes savants, qui tâchent, autant qu'ils
peuvent, d'élever leur esprit au-dessus de la matière, s'y
puissent et s'y doivent entièrement soumettre.*

*Au contraire, nous estimons que vous confesserez le même
avec nous, si vous voulez vous donner la peine de relire vos*
225 *Méditations avec le même esprit, et les passer par le même
examen que vous feriez si elles vous avaient été proposées
par une personne ennemie. Enfin, puisque nous ne connaissons point jusqu'où se peut étendre la vertu des corps et de
leurs mouvements, vu que vous confessez vous-même qu'il
n'y a personne qui puisse savoir tout ce que Dieu a mis ou
peut mettre dans un sujet, sans une révélation particulière
de sa part, d'où pouvez-vous avoir appris que Dieu n'ait
point mis cette vertu et propriété dans quelques corps, que de
penser, de douter, etc. ?*

*Ce sont là, Monsieur, nos arguments, ou, si vous aimez
mieux, nos préjugés, auxquels si vous apportez le remède
nécessaire, nous ne saurions vous exprimer de combien de
grâces nous vous serons redevables, ni quelle sera l'obligation que nous vous aurons, d'avoir tellement défriché notre
esprit, que de l'avoir rendu capable de recevoir avec fruit la
semence de votre doctrine. Dieu veuille que vous en puissiez
venir heureusement à bout, et nous le prions qu'il lui plaise
donner cette récompense à votre piété, qui ne vous permet
pas de rien entreprendre, que vous ne sacrifiez entièrement à
sa gloire.*

RÉPONSES DE L'AUTEUR

AUX SIXIÈMES OBJECTIONS
FAITES PAR DIVERS THÉOLOGIENS
PHILOSOPHES ET GÉOMÈTRES

1. C'est une chose très assurée que personne ne peut être certain s'il pense et s'il existe, si, premièrement, il ne connaît la nature de la pensée et de l'existence. Non que pour cela il soit besoin d'une science réfléchie, ou acquise par une démonstration, et beaucoup moins de la science de cette science, par laquelle il connaisse qu'il sait, et derechef qu'il sait qu'il sait, et ainsi jusqu'à l'infini, étant impossible qu'on en puisse jamais avoir une telle d'aucune chose que ce soit ; mais il suffit qu'il sache cela par cette sorte de connaissance intérieure qui précède toujours l'acquise, et qui est si naturelle à tous les hommes, en ce qui regarde la pensée et l'existence, que, bien que peut-être étant aveuglés par quelques préjugés, et plus attentifs au son des paroles qu'à leur véritable signification, nous puissions feindre que nous ne l'avons point, il est néanmoins impossible qu'en effet nous ne l'ayons. Ainsi donc, lorsque quelqu'un aperçoit qu'il pense et que de là il suit très évidemment qu'il existe, encore qu'il ne se soit peut-être jamais auparavant mis en peine de savoir ce que c'est que la pensée et que l'existence, il ne se peut faire néanmoins qu'il ne les connaisse assez l'une et l'autre pour être en cela pleinement satisfait.

2. Il est aussi du tout impossible, que celui qui d'un côté sait qu'il pense, et qui d'ailleurs connaît ce que c'est que d'être agité par des mouvements, puisse

jamais croire qu'il se trompe, et qu'en effet il ne pense point, mais qu'il est seulement remué. Car, ayant une idée ou notion toute autre de la pensée que du mouvement corporel, il faut de nécessité qu'il conçoive l'un comme différent de l'autre ; quoique, pour s'être trop accoutumé à attribuer à un même sujet plusieurs propriétés différentes, et qui n'ont entre elles aucune affinité, il se puisse faire qu'il révoque en doute, ou même qu'il assure, que c'est en lui la même chose de penser et d'être mû. Or il faut remarquer que les choses dont nous avons différentes idées peuvent être prises en deux façons pour une seule et même chose : c'est à savoir, ou en unité et identité de nature, ou seulement en unité de composition. Ainsi, par exemple, il est bien vrai que l'idée de la figure n'est pas la même que celle du mouvement ; que l'action par laquelle j'entends est conçue sous une autre idée que celle par laquelle je veux ; que la chair et les os ont des idées différentes ; et que l'idée de la pensée est toute autre que celle de l'extension. Et néanmoins nous concevons fort bien que la même substance, à qui la figure convient, est aussi capable de mouvement, de sorte qu'être figuré et être mobile n'est qu'une même chose en unité de nature ; comme aussi n'est-ce qu'une même chose, en unité de nature, qui veut et qui entend. Mais il n'en est pas ainsi de la substance que nous considérons sous la forme d'un os, et de celle que nous considérons sous la forme de chair : ce qui fait que nous ne pouvons pas les prendre pour une même chose en unité de nature, mais seulement en unité de composition, en tant que c'est un même animal qui a de la chair et des os. Maintenant la question est de savoir si nous concevons que la chose qui pense et celle qui est étendue, soient une même chose en unité de nature, en sorte que nous trouvions qu'entre la pensée et l'extension, il y ait une pareille connexion et affinité que nous remarquons entre le mouvement et la figure, l'action de l'entendement et celle de la volonté ; ou plutôt si elles ne sont pas appelées une en unité de composition, en tant qu'elles se rencontrent toutes deux en un même homme,

comme des os et de la chair en un même animal. Et
227 pour moi, c'est là mon sentiment; car la distinction ou
diversité que je remarque entre la nature d'une chose
étendue et celle d'une chose qui pense, ne me paraît pas
moindre que celle qui est entre des os et de la chair.

Mais pour ce qu'en cet endroit on se sert d'autorités
pour me combattre, je me trouve obligé, pour empêcher qu'elles ne portent aucun préjudice à la vérité, de
répondre à ce qu'on m'objecte *(que personne n'a encore
pu comprendre ma démonstration)*, qu'encore bien qu'il y
en ait fort peu qui l'aient soigneusement examinée, il
s'en trouve néanmoins quelques-uns qui se persuadent
de l'entendre, et qui s'en tiennent entièrement convaincus. Et comme on doit ajouter plus de foi à un seul
témoin qui, après avoir voyagé en Amérique, nous dit
qu'il a vu des antipodes, qu'à mille autres qui ont nié
ci-devant qu'il y en eût, sans en avoir aucune raison,
sinon qu'ils ne le savaient pas : de même ceux qui
pèsent comme il faut la valeur des raisons, doivent faire
plus d'état de l'autorité d'un seul homme, qui dit
entendre fort bien une démonstration, que de celle de
mille autres qui disent, sans raison, qu'elle n'a pu
encore être comprise de personne. Car, bien qu'ils ne
l'entendent point, cela ne fait pas que d'autres ne la
puissent entendre; et parce qu'en inférant l'un de
l'autre, ils font voir qu'ils ne sont pas assez exacts dans
leurs raisonnements, il semble que leur autorité ne
doive pas être beaucoup considérée.

Enfin, à la question qu'on me propose en cet endroit,
savoir : *si j'ai tellement coupé et divisé par le moyen de mon
analyse tous les mouvements de ma matière subtile, que non
seulement je sois assuré, mais même que je puisse faire
connaître à des personnes très attentives, et qui pensent être
assez clairvoyantes, qu'il y a de la répugnance que nos
pensées soient répandues dans des mouvements corporels*,
c'est-à-dire, comme je l'estime, que nos pensées soient
une même chose avec des mouvements corporels, je
réponds que, pour mon particulier, j'en suis très certain, mais que je ne me promets pas pour cela de le
pouvoir persuader aux autres, quelque attention qu'ils

y apportent et quelque capacité qu'ils pensent avoir, au moins tandis qu'ils n'appliqueront leur esprit qu'aux choses qui sont seulement imaginables, et non point à celles qui sont purement intelligibles : comme il est aisé de voir que ceux-là font, qui s'imaginent que toute la distinction et différente qui est entre la pensée et le mouvement, se doit entendre par la dissection de quelque matière subtile. Car cela ne se peut entendre, sinon lorsqu'on considère que les idées d'une chose qui pense, et d'une chose étendue ou mobile, sont entièrement diverses et indépendantes l'une de l'autre, et qu'il répugne que des choses que nous concevons clairement et distinctement être diverses et indépendantes, ne puissent pas être séparées, au moins par la toute-puissance de Dieu ; de sorte que, tout autant de fois que nous les rencontrons ensemble dans un même sujet, comme la pensée et le mouvement corporel dans un même homme, nous ne devons pas pour cela estimer qu'elles soient une même chose en unité de nature, mais seulement en unité de composition.

3. Ce qui est ici rapporté des platoniciens et de leurs sectateurs, est aujourd'hui tellement décrié par toute l'Eglise catholique, et communément par tous les philosophes, qu'on ne doit plus s'y arrêter. D'ailleurs il est bien vrai que le Concile de Latran a conclu qu'on pouvait peindre les anges, mais il n'a pas conclu pour cela qu'ils fussent corporels. Et quand en effet on les croirait être tels, on n'aurait pas raison pour cela de penser que leurs esprits fussent plus inséparables de leurs corps que ceux des hommes ; et quand on voudrait aussi feindre que l'âme humaine viendrait de père à fils, on ne pourrait pas pour cela conclure qu'elle fût corporelle, mais seulement que, comme nos corps prennent leur naissance de ceux de nos parents, de même nos âmes procéderaient des leurs. Pour ce qui est des chiens et des singes, quand je leur attribuerais la pensée, il ne s'ensuivrait pas de là que l'âme humaine n'est point distincte du corps, mais plutôt que dans les autres animaux les esprits et les corps sont aussi distingués : ce que les mêmes platoniciens, dont on nous

vantait tout maintenant l'autorité, ont estimé avec Pythagore, comme leur métempsycose fait assez connaître. Mais pour moi, je n'ai pas seulement dit que dans les bêtes il n'y avait point de pensée, ainsi qu'on me veut faire accroire, mais outre cela je l'ai prouvé par des raisons qui sont si fortes, que jusques à présent je n'ai vu personne qui ait rien opposé de considérable à l'encontre. Et ce sont plutôt ceux qui assurent *que les chiens savent en veillant qu'ils courent, et même en dormant qu'ils aboient*, et qui en parlent comme s'ils étaient d'intelligence avec eux, et qu'ils vissent tout ce qui se passe dans leurs cœurs, lesquels ne prouvent rien de ce qu'ils disent. Car bien qu'ils ajoutent : *qu'ils ne peuvent pas se persuader que les opérations des bêtes puissent être suffisamment expliquées par le moyen de la mécanique, sans leur attribuer ni sens, ni âme, ni vie* (c'est-à-dire, selon que je l'explique, sans la pensée ; car je ne leur ai jamais dénié ce que vulgairement on appelle vie, âme corporelle, et sens organique), *qu'au contraire ils veulent soutenir, au dédit de ce que l'on voudra, que c'est une chose tout à fait impossible et même ridicule*, cela néanmoins ne doit pas être pris pour une preuve : car il n'y a point de

229 proposition si véritable, dont on ne puisse dire en même façon qu'on ne se la saurait persuader ; et même ce n'est point la coutume d'en venir aux gageures, que lorsque les preuves nous manquent ; et, puisqu'on a vu autrefois de grands hommes qui se sont moqués, d'une façon presque pareille, de ceux qui soutenaient qu'il y avait des antipodes, j'estime qu'il ne faut pas légèrement tenir pour faux tout ce qui semble ridicule à quelques autres.

Enfin, ce qu'on ajoute ensuite : *qu'il s'en trouvera plusieurs qui diront que toutes les actions de l'homme sont semblables à celles des machines, et qui ne voudront plus admettre en lui de sens ni d'entendement, s'il est vrai que les singes, les chiens et les éléphants agissent aussi comme des machines en toutes leurs opérations*, n'est pas aussi une raison qui prouve rien, si ce n'est peut-être qu'il y a des hommes qui conçoivent les choses si confusément, et qui s'attachent avec tant d'opiniâtreté aux premières opinions qu'ils ont une fois conçues, sans les avoir jamais bien examinées, que, plutôt que de s'en départir, ils nieront qu'ils aient en eux-mêmes les choses qu'ils expérimentent y être. Car, de vrai, il ne se peut pas faire que nous n'expérimentions tous les jours en nous-mêmes que nous pensons ; et partant, quoi qu'on nous fasse voir qu'il n'y a point d'opérations dans les bêtes qui ne se puissent faire sans la pensée, personne ne pourra de là raisonnablement inférer qu'il ne pense donc point, si ce n'est celui qui, ayant toujours supposé que les bêtes pensent comme nous, et pour ce sujet s'étant persuadé qu'il n'agit point autrement qu'elles, se voudra tellement opiniâtrer à maintenir cette proposition : *l'homme et la bête opèrent d'une même façon*, que, lorsqu'on viendra à lui montrer que les bêtes ne pensent point, il aimera mieux se dépouiller de sa propre pensée (laquelle il ne peut toutefois ne pas connaître en soi-même par une expérience continuelle et infaillible[1]) que de changer cette opinion, *qu'il agit de même façon que les bêtes*. Je ne puis pas néanmoins me persuader qu'il y ait beaucoup de ces esprits ; mais je m'assure qu'il s'en trouvera bien davantage qui, si on leur accorde *que la pensée n'est point distinguée du mouvement corporel*, soutiendront (et certes avec plus de raison) qu'elle se rencontre dans les bêtes aussi bien que dans les hommes, puisqu'ils verront en elles les mêmes mouvements corporels que dans nous ; et, ajoutant à cela *que la différence, qui n'est que selon le plus ou le moins, ne change point la nature des choses*, bien que peut-être ils ne fassent pas les bêtes si raisonnables que les hommes, ils auront néanmoins occasion de croire qu'il y a en elles des esprits de semblable espèce que les nôtres.

230   4. Pour ce qui regarde la science d'un athée, il est aisé de montrer qu'il ne peut rien savoir avec certitude et assurance ; car, comme j'ai déjà dit ci-devant, d'autant moins puissant sera celui qu'il reconnaîtra pour l'auteur de son être, d'autant plus aura-t-il occa-

---

1. Cette parenthèse traduit le latin : *cujus non potest non esse sibi conscius, dont il ne peut pas ne pas avoir en lui-même conscience.*

sion de douter si sa nature n'est point tellement imparfaite qu'il se trompe, même dans les choses qui lui
semblent très évidentes; et jamais il ne pourra être
délivré de ce doute, si, premièrement, il ne reconnaît
qu'il a été créé par un vrai Dieu, principe de toute
vérité, et qui ne peut être trompeur.

5. Et on peut voir clairement qu'il est impossible que
Dieu soit trompeur, pourvu qu'on veuille considérer
que la forme ou l'essence de la tromperie est un
non-être, vers lequel jamais le souverain être ne se peut
porter. Aussi tous les théologiens sont-ils d'accord de
cette vérité, qu'on peut dire être la base et le fondement
de la religion Chrétienne, puisque toute la certitude de
sa foi en dépend. Car comment pourrions-nous ajouter
foi aux choses que Dieu nous a révélées, si nous
pensions qu'il nous trompe quelquefois? Et bien que la
commune opinion des théologiens soit que les damnés
sont tourmentés par le feu des enfers, néanmoins leur
sentiment n'est pas pour cela, *qu'ils sont déçus par une
fausse idée que Dieu leur a imprimée d'un feu qui les
consume*, mais plutôt qu'ils sont véritablement tourmentés par le feu; parce que, *comme l'esprit d'un homme
vivant, bien qu'il ne soit pas corporel, est néanmoins
détenu[1] dans le corps, ainsi Dieu, par sa toute-puissance,
peut aisément faire qu'il souffre les atteintes du feu corporel
après sa mort, etc.* (Voyez le Maître des Sentences[2],
Lib. 4, Dist. 44.) Pour ce qui est des lieux de l'Ecriture, je ne juge pas que je sois obligé d'y répondre, si ce
n'est qu'ils semblent contraires à quelque opinion qui
me soit particulière; car lorsqu'ils ne s'attaquent pas à
moi seul, mais qu'on les propose contre les opinions qui
sont communément reçues de tous les chrétiens,
comme sont celles que l'on impugne en ce lieu-ci, par
exemple : que nous pouvons savoir quelque chose, et
que l'âme de l'homme n'est pas semblable à celle des
animaux; je craindrais de passer pour présomptueux, si

1. Le latin dit : *tenetur naturaliter, il est naturellement détenu.*
2. Nom traditionnellement donné à Pierre Lombard (XIIe siècle),
auteur de quatre livres de *Sentences* approuvés par le Concile de
Latran et très souvent commentés dans l'Ecole.

je n'aimais pas mieux me contenter des réponses qui ont déjà été faites par d'autres, que d'en rechercher de nouvelles ; vu que je n'ai jamais fait profession de l'étude de la théologie, et que je ne m'y suis appliqué qu'autant que j'ai cru qu'elle était nécessaire pour ma propre instruction, et enfin que je ne sens point en moi d'inspiration divine, qui me fasse juger capable de l'enseigner. C'est pourquoi je fais ici ma déclaration, que désormais je ne répondrai plus à de pareilles objections.

231   Mais je ne laisserai pas d'y répondre encore pour cette fois, de peur que mon silence ne donnât occasion à quelques-uns de croire que je m'en abstiens faute de pouvoir donner des explications assez commodes aux lieux de l'Ecriture que vous proposez. Je dis donc, premièrement, que le passage de saint Paul de la première aux Corinth., Chap. 8, vers. 2, se doit seulement entendre de la science qui n'est pas jointe avec la charité, c'est-à-dire de la science des athées : parce que quiconque connaît Dieu comme il faut, ne peut pas être sans amour pour lui, et n'avoir point de charité. Ce qui se prouve, tant par ces paroles qui précèdent immédiatement : *la science enfle, mais la charité édifie*, que par celles qui suivent un peu après : *que si quelqu'un aime Dieu, icelui* (à savoir Dieu) *est connu de lui*. Car ainsi l'Apôtre ne dit pas qu'on ne puisse avoir aucune science, puisqu'il confesse que ceux qui aiment Dieu le connaissent, c'est-à-dire qu'ils ont de lui quelque science ; mais il dit seulement que ceux qui n'ont point de charité, et qui par conséquent n'ont pas une connaissance de Dieu suffisante, encore que peut-être ils s'estiment savants en d'autres choses, *ils ne connaissent pas néanmoins encore ce qu'ils doivent savoir, ni comment ils le doivent savoir* : d'autant qu'il faut commencer par la connaissance de Dieu, et après faire dépendre d'elle toute la connaissance que nous pouvons avoir des autres choses, ce que j'ai aussi expliqué dans mes Méditations. Et partant, ce même texte, qui était allégué contre moi, confirme si ouvertement mon opinion touchant cela, que je ne pense pas qu'il puisse être bien expliqué par

ceux qui sont d'un contraire avis. Car, si on voulait prétendre que le sens que j'ai donné à ces paroles : *que si quelqu'un aime Dieu, icelui* (à savoir Dieu) *est connu de lui*, n'est pas celui de l'Ecriture, et que ce pronom *icelui* ne se réfère pas à Dieu, mais à l'homme, qui est connu et approuvé par lui, l'apôtre saint Jean, en sa première Epître, Chapitre 2, vers. 2, favorise entièrement mon explication, par ces paroles : *En cela nous savons que nous l'avons connu, si nous observons ses commandements* ; et au Chap. 4, vers. 7 : *Celui qui aime, est enfant de Dieu, et le connaît.*

Les lieux que vous alléguez de l'Ecclésiaste ne sont point aussi contre moi : car il faut remarquer que Salomon, dans ce livre, ne parle pas en la personne des impies, mais en la sienne propre, en ce qu'ayant été auparavant pécheur et ennemi de Dieu, il se repent pour lors de ses fautes, et confesse que, tant qu'il s'était seulement voulu servir pour la conduite de ses actions des lumières de la sagesse humaine sans la référer à Dieu ni la regarder comme un bienfait de sa main, jamais il n'avait rien pu trouver qui le satisfît entière-ment, ou qu'il ne vît rempli de vanité. C'est pourquoi, en divers lieux, il exhorte et sollicite les hommes de se convertir à Dieu et de faire pénitence. Et notamment au Chap. 11, vers. 9, par ces paroles : *Et sache*, dit-il, *que Dieu te fera rendre compte de toutes tes actions* ; ce qu'il continue dans les autres suivants jusqu'à la fin du livre. Et ces paroles du Chap. 8, vers. 17 : *Et j'ai reconnu que, de tous les ouvrages de Dieu qui se font sous le soleil, l'homme n'en peut rendre aucune raison, etc.*, ne doivent pas être entendues de toutes sortes de personnes, mais seulement de celui qu'il a décrit au verset précédent : *Il y a tel homme qui passe les jours et les nuits sans dormir* ; comme si le prophète voulait en ce lieu-là nous avertir que le trop grand travail, et la trop grande assiduité à l'étude des lettres, empêche qu'on ne parvienne à la connaissance de la vérité : ce que je ne crois pas que ceux qui me connaissent particulièrement, jugent pou-voir être appliqué à moi. Mais surtout il faut prendre garde à ces paroles : *qui se font sous le soleil*, car elles sont souvent répétées dans tout ce livre, et dénotent toujours les choses naturelles, à l'exclusion de la subordination et dépendance qu'elles ont à Dieu, parce que, Dieu étant élevé au-dessus de toutes choses, on ne peut pas dire qu'il soit contenu entre celles qui ne sont que sous le soleil ; de sorte que le vrai sens de ce passage est que l'homme ne saurait avoir une connaissance parfaite des choses naturelles, tandis qu'il ne connaîtra point Dieu : en quoi je conviens aussi avec le prophète. Enfin, au Chapitre 3, vers. 19, où il est dit *que l'homme et la jument passent de même façon*, et aussi que *l'homme n'a rien de plus que la jument*, il est manifeste que cela ne se dit qu'à raison du corps ; car en cet endroit il n'est fait mention que des choses qui appartiennent au corps ; et incontinent après il ajoute, en parlant séparément de l'âme : *Qui sait si l'esprit des enfants d'Adam monte en haut, et si l'esprit des animaux descend en bas ?* c'est-à-dire qui peut connaître, par la force de la raison humaine, et à moins que de se tenir à ce que Dieu nous en a révélé, si les âmes des hommes jouiront de la béatitude éternelle ? Certes j'ai bien tâché de prouver par raison naturelle que l'âme de l'homme n'est point corporelle ; mais de savoir si elle montera en haut, c'est-à-dire si elle jouira de la gloire de Dieu, j'avoue qu'il n'y a que la seule foi qui nous le puisse apprendre.

6. Quant à la liberté du franc arbitre, il est certain que celle qui se retrouve en Dieu est bien différente de celle qui est en nous, d'autant qu'il répugne que la volonté de Dieu n'ait pas été de toute éternité indifférente à toutes les choses qui ont été faites ou qui se feront jamais, n'y ayant aucune idée qui représente le bien ou le vrai, ce qu'il faut croire, ce qu'il faut faire, ou ce qu'il faut omettre, qu'on puisse feindre avoir été l'objet de l'entendement divin, avant que sa nature ait été constituée telle par la détermination de sa volonté. Et je ne parle pas ici d'une simple priorité de temps, mais bien davantage je dis qu'il a été impossible qu'une telle idée ait précédé la détermination de la volonté de Dieu par une priorité d'ordre, ou de nature, ou de raison raisonnée, ainsi qu'on la nomme dans l'Ecole, en

sorte que cette idée du bien ait porté Dieu à élire l'un plutôt que l'autre. Par exemple, ce n'est pas pour avoir vu qu'il était meilleur que le monde fût créé dans le temps que dès l'éternité, qu'il a voulu le créer dans le temps ; et il n'a pas voulu que les trois angles d'un triangle fussent égaux à deux droits, parce qu'il a connu que cela ne se pouvait faire autrement, etc. Mais, au contraire, parce qu'il a voulu créer le monde dans le temps, pour cela il est ainsi meilleur que s'il eût été créé dès l'éternité ; et d'autant qu'il a voulu que les trois angles d'un triangle fussent nécessairement égaux à deux droits, il est maintenant vrai que cela est ainsi, et il ne peut pas être autrement, et ainsi de toutes les autres choses. Et cela n'empêche pas qu'on ne puisse dire que les mérites des saints sont la cause de leur béatitude éternelle ; car ils n'en sont pas tellement la cause qu'ils déterminent Dieu à rien vouloir, mais ils sont seulement la cause d'un effet, dont Dieu a voulu de toute éternité qu'ils fussent la cause. Et ainsi une entière indifférence en Dieu est une preuve très grande de sa toute-puissance. Mais il n'en est pas ainsi de l'homme, lequel trouvant déjà la nature de la bonté et de la vérité établie et déterminée de Dieu, et sa volonté étant telle qu'elle ne se peut naturellement porter que vers ce qui est bon, il est manifeste qu'il embrasse d'autant plus volontiers, et par conséquent d'autant plus librement, le bon et le vrai, qu'il les connaît plus évidemment ; et que jamais il n'est indifférent que lorsqu'il ignore ce qui est de mieux ou de plus véritable, ou du moins lorsque cela ne lui paraît pas si clairement qu'il n'en puisse aucunement douter. Et ainsi l'indifférence qui convient à la liberté de l'homme est fort différente de celle qui convient à la liberté de Dieu. Et il ne sert ici de rien d'alléguer que les essences des choses sont indivisibles ; car, premièrement il n'y en a point qui puisse convenir d'une même façon à Dieu et à la créature ; et enfin l'indifférence n'est point de l'essence de la liberté humaine, vu que nous ne sommes pas seulement libres, quand l'ignorance du bien et du vrai nous rend indifférents, mais principalement aussi lorsque la claire et distincte connaissance d'une chose nous pousse et nous engage à sa recherche.

7. Je ne conçois point la superficie par laquelle j'estime que nos sens sont touchés, autrement que les mathématiciens ou philosophes conçoivent ordinairement, ou du moins doivent concevoir, celle qu'ils distinguent du corps et qu'ils supposent n'avoir point de profondeur. Mais le nom de superficie se prend en deux façons par les mathématiciens : à savoir, ou pour le corps dont on ne considère que la seule longueur et largeur, sans s'arrêter du tout à la profondeur, quoi qu'on ne nie pas qu'il en ait quelqu'une ; ou il est pris seulement pour un mode du corps, et pour lors toute profondeur lui est déniée. C'est pourquoi, pour éviter toute sorte d'ambiguïté, j'ai dit que je parlais de cette superficie, laquelle, étant seulement un mode, ne peut pas être partie du corps ; car le corps est une substance dont le monde ne peut être partie. Mais je n'ai jamais nié qu'elle fût le terme du corps ; au contraire, je crois qu'elle peut fort proprement être appelée l'extrémité, tant du corps contenu que de celui qui contient, au sens que l'on dit que les corps contigus sont ceux dont les extrémités sont ensemble. Car, de vrai, quand deux corps se touchent mutuellement, ils n'ont ensemble qu'une même extrémité, qui n'est point partie de l'un ni de l'autre, mais qui est le même mode de tous les deux, et qui demeurera toujours le même, quoique ces deux corps soient ôtés, pourvu seulement qu'on en substitue d'autres en leur place, qui soient précisément de la même grandeur et figure. Et même ce lieu, qui est appelé par les Péripatéticiens la superficie du corps qui environne, ne peut être conçu être une autre superficie, que celle qui n'est point une substance, mais un mode. Car on ne dit point que le lieu d'une tour soit changé, quoique l'air qui l'environne le soit, ou qu'on substitue un autre corps en la place de la tour ; et partant la superficie, qui est ici prise pour le lieu, n'est point partie de la tour, ni de l'air l'environne. Mais, pour réfuter entièrement l'opinion de ceux qui admettent des accidents réels, il me semble qu'il n'est pas besoin que

je produise d'autres raisons que celles que j'ai déjà
avancées. Car, premièrement, puisque nul sentiment
ne se fait sans contact, rien ne peut être senti que la
superficie des corps. Or, s'il y a des accidents réels, ils
doivent être quelque chose de différent de cette superficie, qui n'est autre chose qu'un mode. Donc, s'il y en
a, ils ne peuvent être sentis. Mais qui a jamais pensé
qu'il y en eût, que parce qu'il a cru qu'ils étaient sentis ?
235 De plus, c'est une chose entièrement impossible et qui
ne se peut concevoir sans répugnance et contradiction,
qu'il y ait des accidents réels, parce que tout ce qui est
réel peut exister séparément de tout autre sujet : or ce
qui peut ainsi exister séparément est une substance, et
non point un accident. Et il ne sert de rien de dire que
les accidents réels ne peuvent pas naturellement être
séparés de leurs sujets, mais seulement par la toute-
puissance de Dieu ; car être fait naturellement n'est rien
autre chose qu'être fait par la puissance ordinaire de
Dieu, laquelle ne diffère en rien de sa puissance extraordinaire, et laquelle, ne mettant rien de nouveau dans
les choses, n'en change point aussi la nature ; de sorte
que, si tout ce qui peut être naturellement sans sujet est
une substance, tout ce qui peut aussi être sans sujet par
la puissance de Dieu, tant extraordinaire qu'elle puisse
être, doit aussi être appelé du nom de substance.
J'avoue bien, à la vérité, qu'une substance peut être
appliquée à une autre substance ; mais, quand cela
arrive, ce n'est pas la substance qui prend la forme d'un
accident, c'est le seul mode ou la façon dont cela
arrive : par exemple, quand un habit est appliqué sur
un homme, ce n'est pas l'habit, mais être *habillé*, qui est
un accident. Et parce que la principale raison qui a mû
les philosophes à établir des accidents réels a été qu'ils
ont cru que sans eux on ne pouvait pas expliquer
comment se font les perceptions de nos sens, j'ai promis
d'expliquer par le menu, en écrivant de la physique, la
façon dont chacun de nos sens est touché par ses objets ;
non que je veuille qu'en cela, ni en aucune autre chose,
on s'en rapporte à mes paroles, mais parce que j'ai cru
que ce que j'avais expliqué de la vue, dans ma Diop-

trique, pouvait servir de preuve suffisante de ce que je puis dans le reste.

8. Quand on considère attentivement l'immensité de Dieu, on voit manifestement qu'il est impossible qu'il y ait rien qui ne dépende de lui, non seulement de tout ce qui subsiste, mais encore qu'il n'y a ordre, ni loi, ni raison de bonté et de vérité qui n'en dépende ; autrement (comme je disais un peu auparavant), il n'aurait pas été tout à fait indifférent à créer les choses qu'il a créées. Car si quelque raison ou apparence de bonté eût précédé sa préordination, elle l'eût sans doute déterminé à faire ce qui aurait été de meilleur. Mais, tout au contraire, parce qu'il s'est déterminé à faire les choses qui sont au monde, pour cette raison, comme il est dit en la Genèse, *elles sont très bonnes*, c'est-à-dire que la raison de leur bonté dépend de ce qu'il les a ainsi voulu faire. Et il n'est pas besoin de demander en quel genre 236 de cause cette bonté, ni toutes les autres vérités, tant mathématiques que métaphysiques, dépendent de Dieu ; car, les genres des causes ayant été établis par ceux qui peut-être ne pensaient point à cette raison de causalité, il n'y aurait pas lieu de s'étonner, quand ils ne lui auraient point donné de nom ; mais néanmoins ils lui en ont donné un, car elle peut être appelée efficiente, de la même façon que la volonté du roi peut être dite la cause efficiente de la loi, bien que la loi même ne soit pas un être naturel, mais seulement (comme ils disent en l'Ecole) un être moral. Il est aussi inutile de demander comment Dieu eût pu faire de toute éternité que deux fois 4 n'eussent pas été 8, etc., car j'avoue bien que nous ne pouvons pas comprendre cela ; mais, puisque d'un autre côté je comprends fort bien que rien ne peut exister, en quelque genre d'être que ce soit, qui ne dépende de Dieu, et qu'il lui a été très facile d'ordonner tellement certaines choses que les hommes ne pussent pas comprendre qu'elles eussent pu être autrement qu'elles sont, ce serait une chose tout à fait contraire à la raison, de douter des choses que nous comprenons fort bien, à cause de quelques autres que nous ne comprenons pas, et que nous ne voyons point

que nous devions comprendre. Ainsi donc il ne faut pas penser que *les vérités éternelles dépendent de l'entendement humain, ou de l'existence des choses*, mais seulement de la volonté de Dieu, qui, comme un souverain législateur, les a ordonnées et établies de toute éternité.

9. Pour bien comprendre quelle est la certitude du sens, il faut distinguer en lui trois sortes de degrés. Dans le premier, on ne doit considérer autre chose que ce que les objets extérieurs causent immédiatement dans l'organe corporel ; ce qui ne peut être autre chose que le mouvement des particules de cet organe, et le changement de figure et de situation qui provient de ce mouvement. Le second contient tout ce qui résulte immédiatement en l'esprit, de ce qu'il est uni à l'organe corporel ainsi mû et disposé par ses objets ; et tels sont les sentiments de la douleur, du chatouillement, de la faim, de la soif, des couleurs, des sons, des saveurs, des odeurs, du chaud, du froid, et autres semblables, que nous avons dit, dans la sixième Méditation, provenir de l'union et pour ainsi dire du mélange de l'esprit avec le corps. Et enfin, le troisième comprend tous les jugements que nous avons coutume de faire depuis notre jeunesse, touchant les choses qui sont autour de nous, à l'occasion des impressions, ou mouvements, qui se font dans les organes de nos sens. Par exemple, lorsque je vois un bâton, il ne faut pas s'imaginer qu'il sorte de lui de petites images voltigeantes par l'air, appelées vulgairement des espèces intentionnelles, qui passent jusques à mon œil, mais seulement que les rayons de la lumière réfléchis de ce bâton excitent quelques mouvements dans le nerf optique, et par son moyen dans le cerveau même, ainsi que j'ai amplement expliqué dans la Dioptrique. Et c'est en ce mouvement du cerveau, qui nous est commun avec les bêtes, que consiste le premier degré du sentiment. De ce premier suit le second qui, s'étend seulement à la perception de la couleur et de la lumière qui est réfléchie de ce bâton, et qui provient de ce que l'esprit est si étroitement et si intimement conjoint avec le cerveau, qu'il se ressent même et est comme touché par les mouvements qui se

font en lui ; et c'est tout ce qu'il faudrait rapporter au sens, si nous voulions le distinguer exactement de l'entendement. Car, que de ce sentiment de la couleur, dont je sens l'impression, je vienne à juger que ce bâton qui est hors de moi est coloré, et que de l'étendue de cette couleur, de sa terminaison et de la relation de sa situation avec les parties de mon cerveau, je détermine quelque chose touchant la grandeur, la figure et la distance de ce même bâton, quoi qu'on ait accoutumé de l'attribuer au sens, et que pour ce sujet je l'aie rapporté à un troisième degré de sentiment, c'est néanmoins une chose manifeste que cela ne dépend que de l'entendement seul. Et même j'ai fait voir, dans la Dioptrique, que la grandeur, la distance et la figure ne s'aperçoivent que par le raisonnement, en les déduisant les unes des autres. Mais il y a seulement en cela de la différence, que nous attribuons à l'entendement les jugements nouveaux et non accoutumés que nous faisons touchant toutes les choses qui se présentent, et que nous attribuons aux sens ceux que nous avons été accoutumés de faire dès notre enfance touchant les choses sensibles, à l'occasion des impressions qu'elles font dans les organes de nos sens ; dont la raison est que la coutume nous fait raisonner et juger si promptement de ces choses-là (ou plutôt nous fait ressouvenir des jugements que nous en avons faits autrefois), que nous ne distinguons point cette façon de juger d'avec la simple appréhension ou perception de nos sens. D'où il est manifeste que, lorsque nous disons que la certitude de l'entendement est plus grande que celle des sens, nos paroles ne signifient autre chose, sinon que les jugements que nous faisons dans un âge plus avancé, à cause de quelques nouvelles observations, sont plus certains que ceux que nous avons formés dès notre enfance, sans y avoir fait de réflexion ; ce qui ne peut recevoir aucun doute, car il est constant qu'il ne s'agit point ici du premier ni du second degré du sentiment, d'autant qu'il

238 ne peut y avoir en eux aucune fausseté. Quand donc on dit *qu'un bâton paraît rompu dans l'eau, à cause de la réfraction*, c'est de même que si l'on disait qu'il nous

paraît d'une telle façon qu'un enfant jugerait de là qu'il est rompu, et qui fait aussi que, selon les préjugés auxquels nous sommes accoutumés dès notre enfance, nous jugeons la même chose. Mais je ne puis demeurer d'accord de ce que l'on ajoute ensuite, à savoir *que cette erreur n'est point corrigée par l'entendement, mais par le sens de l'attouchement :* car bien que ce sens nous fasse juger qu'un bâton est droit, et cela par cette façon de juger à laquelle nous sommes accoutumés dès notre enfance, et qui par conséquent peut être appelée *sentiment,* néanmoins cela ne suffit pas pour corriger l'erreur de la vue, mais outre cela il est besoin que nous ayons quelque raison, qui nous enseigne que nous devons en cette rencontre nous fier plutôt au jugement que nous faisons en suite de l'attouchement, qu'à celui où semble nous porter le sens de la vue ; laquelle raison n'ayant point été en nous dès notre enfance, ne peut être attribuée au sens, mais au seul entendement ; et partant, dans cet exemple même, c'est l'entendement seul qui corrige l'erreur du sens, et il est impossible d'en apporter jamais aucun, dans lequel l'erreur vienne pour s'être plus fié à l'opération de l'esprit qu'à la perception des sens.

10. D'autant que les difficultés qui restent à examiner, me sont plutôt proposées comme des doutes que comme des objections, je ne présume pas tant de moi, que j'ose me promettre d'expliquer assez suffisamment des choses que je vois être encore aujourd'hui le sujet des doutes de tant de savants hommes. Néanmoins, pour faire en cela tout ce que je puis, et ne pas manquer à ma propre cause, je dirai ingénument de quelle façon il est arrivé que je me sois moi-même entièrement délivré de ces doutes. Car, en ce faisant, si par hasard il arrive que cela puisse servir à quelques-uns, j'aurai sujet de m'en réjouir, et s'il ne peut servir à personne, au moins aurai-je la satisfaction qu'on ne me pourra pas accuser de présomption ou de témérité.

Lorsque j'eus la première fois conclu, en suite des raisons qui sont contenues dans mes Méditations, que l'esprit humain est réellement distingué du corps, et qu'il est même plus aisé à connaître que lui, et plusieurs autres choses dont il est là traité, je me sentais à la vérité obligé d'y acquiescer, par ce que je ne remarquais rien 239 en elles qui ne fût bien suivi, et qui ne fût tiré de principes très évidents, suivant les règles de la logique. Toutefois je confesse que je ne fus pas pour cela pleinement persuadé, et qu'il m'arriva presque la même chose qu'aux astronomes, qui, après avoir été convaincus par de puissantes raisons que le soleil est plusieurs fois plus grand que toute la terre, ne sauraient pourtant s'empêcher de juger qu'il est plus petit, lorsqu'ils jettent les yeux sur lui. Mais après que j'eus passé plus avant, et qu'appuyé sur les mêmes principes, j'eus porté ma considération sur les choses physiques ou naturelles, examinant premièrement les notions ou les idées que je trouvais en moi de chaque chose, puis les distinguant soigneusement les unes des autres pour faire que mes jugements eussent un entier rapport avec elles, je reconnus qu'il n'y avait rien qui appartînt à la nature ou à l'essence du corps, sinon qu'il est une substance étendue en longueur, largeur et profondeur, capable de plusieurs figures et de divers mouvements, et que ses figures et mouvements n'étaient autre chose que des modes, qui ne peuvent jamais être sans lui; mais que les couleurs, les odeurs, les saveurs, et autres choses semblables, n'étaient rien que des sentiments qui n'ont aucune existence hors de ma pensée, et qui ne sont pas moins différents des corps que la douleur diffère de la figure ou du mouvement de la flèche qui la cause; et enfin, que la pesanteur, la dureté, la vertu d'échauffer, d'attirer, de purger, et toutes les autres qualités que nous remarquons dans les corps, consistent seulement dans le mouvement ou dans sa privation, et dans la configuration et arrangement des parties.

Toutes lesquelles opinions étant fort différentes de celles que j'avais eues auparavant touchant les mêmes choses, je commençai, après cela, à considérer pourquoi j'en avais eu d'autres par ci-devant, et je trouvai que la principale raison était que, dès ma jeunesse,

j'avais fait plusieurs jugements touchant les choses
naturelles (comme celles qui devaient beaucoup contribuer à la conservation de ma vie, en laquelle je ne faisais
que d'entrer), et que j'avais toujours retenu depuis les
mêmes opinions que j'avais autrefois formées de ces
choses là. Et d'autant que mon esprit ne se servait pas
bien en ce bas âge des organes du corps, et qu'y étant
trop attaché il ne pensait rien sans eux, aussi n'aperce-
vait-il que confusément toutes choses. Et bien qu'il eût
connaissance de sa propre nature, et qu'il n'eût pas
240 moins en soi l'idée de la pensée que celle de l'étendue,
néanmoins, par ce qu'il ne concevait rien de purement
intellectuel, qu'il n'imaginât aussi en même temps
quelque chose de corporel, il prenait l'un et l'autre pour
une même chose, et rapportait au corps toutes les
notions qu'il avait des choses intellectuelles. Et d'autant
que je ne m'étais jamais depuis délivré de ces préjugés,
il n'y avait rien que je connusse assez distinctement et
que je ne supposasse être corporel, quoique néanmoins
je formasse souvent de telles idées de ces choses mêmes
que je supposais être corporelles, et que j'en eusse de
telles notions, qu'elles représentaient plutôt des esprits
que des corps.

Par exemple, lorsque je concevais la pesanteur
comme une qualité réelle, inhérente et attachée aux
corps massifs et grossiers, encore que je la nommasse
une *qualité*, en tant que je la rapportais aux corps dans
lesquels elle résidait, néanmoins, parce que j'ajoutais ce
mot de *réelle*, je pensais en effet que c'était une substance : de même qu'un habit considéré en soi est une
substance, quoiqu'étant rapporté à un homme habillé,
il puisse être dit une qualité ; et ainsi, bien que l'esprit
soit une substance, il peut néanmoins être dit une
qualité, eu égard au corps auquel il est uni. Et bien que
je conçusse que la pesanteur est répandue par tout le
corps qui est pesant, je ne lui attribuais pas néanmoins
la même sorte d'étendue qui constitue la nature du
corps, car cette étendue est telle qu'elle exclut toute
pénétrabilité de parties ; et je pensais qu'il y avait autant
de pesanteur dans une masse d'or ou de quelque autre

métal de la longueur d'un pied qu'il y en avait dans une pièce de bois longue de dix pieds ; voire même j'estimais que toute cette pesanteur pouvait être contenue sous un point mathématique. Et même lorsque cette pesanteur était ainsi également étendue par tout le corps, je voyais qu'elle pouvait exercer toute sa force en chacune de ses parties, parce que, de quelque façon que ce corps fût suspendu à une corde, il la tirait de toute sa pesanteur, comme si toute cette pesanteur eût été renfermée dans la partie qui touchait la corde. Et certes je ne conçois point encore aujourd'hui que l'esprit soit autrement étendu dans le corps, lorsque je le conçois être tout entier dans le tout, et tout entier dans chaque partie. Mais ce qui fait mieux paraître que cette idée de la pesanteur avait été tirée en partie de celle que j'avais de mon esprit, est que je pensais que la pesanteur portait les corps vers le centre de la terre, comme si elle 241 eût eu en soi quelque connaissance de ce centre : car certainement il n'est pas possible que cela se fasse sans connaissance, et partout où il y a connaissance, il faut qu'il y ait de l'esprit. Toutefois j'attribuais encore d'autres choses à cette pesanteur, qui ne peuvent pas en même façon être entendues de l'esprit : par exemple, qu'elle était divisible, mesurable, etc.

Mais après que j'eus suffisamment considéré toutes ces choses, et que j'eus soigneusement distingué l'idée de l'esprit humain des idées du corps et du mouvement corporel, et que je me fus aperçu que toutes les autres idées que j'avais eues auparavant, soit des qualités réelles, soit des formes substantielles, en avaient été composées, ou formées par mon esprit, je n'eus pas beaucoup de peine à me défaire de tous les doutes qui sont ici proposés.

Car, premièrement, je ne doutai plus que je n'eusse une claire idée de mon propre esprit, duquel je ne pouvais pas nier que je n'eusse connaissance, puisqu'il m'était si présent et si conjoint. Je ne mis plus aussi en doute que cette idée ne fût entièrement différente de celles de toutes les autres choses, et qu'elle n'eût rien en soi de ce qui appartient au corps : parce qu'ayant

recherché très soigneusement les vraies idées des autres
choses, et pensant même les connaître toutes en général, je ne trouvais rien en elles qui ne fût en tout
différent de l'idée de mon esprit. Et je voyais qu'il y
avait une bien plus grande différence entre ces choses,
qui, bien qu'elles fussent tout à la fois en ma pensée, me
paraissaient néanmoins distinctes et différentes, comme
sont l'esprit et le corps, qu'entre celles dont nous
pouvons à la vérité avoir des pensées séparées, nous
arrêtant à l'une sans penser à l'autre, mais qui ne sont
jamais ensemble en notre esprit, que nous ne voyions
bien qu'elles ne peuvent pas subsister séparément.
Comme, par exemple, l'immensité de Dieu peut bien
être conçue sans que nous pensions à sa justice, mais on
ne peut pas les avoir toutes deux présentes à son esprit,
et croire que Dieu puisse être immense sans être juste.
De même l'existence de Dieu peut être clairement
connue, sans que l'on sache rien des personnes de la
très sainte Trinité, qu'aucun esprit ne saurait bien
entendre, s'il n'est éclairé des lumières de la foi; mais
lorsqu'elles sont une fois bien entendues, je nie qu'on
puisse concevoir entre elles aucune distinction réelle à
raison de l'essence divine, quoi que cela se puisse à
raison des relations.

242   Et enfin je n'appréhende plus de m'être peut-être
laissé surprendre et prévenir par mon analyse, lorsque,
voyant qu'il y a des corps qui ne pensent point, ou
plutôt concevant très clairement que certains corps
peuvent être sans la pensée, j'ai mieux aimé dire que la
pensée n'appartient point à la nature du corps, que de
conclure qu'elle en est un mode, par ce que j'en voyais
d'autres (à savoir ceux des hommes) qui pensent; car, à
vrai dire, je n'ai jamais vu ni compris que les corps
humains eussent des pensées, mais bien que ce sont les
mêmes hommes qui pensent et qui ont des corps. Et j'ai
reconnu que cela se fait par la composition et l'assemblage de la substance qui pense avec la corporelle;
parce que, considérant séparément la nature de la
substance qui pense, je n'ai rien remarqué en elle qui
pût appartenir au corps, et que je n'ai rien trouvé dans

la nature du corps, considérée toute seule, qui pût appartenir à la pensée. Mais, au contraire, examinant tous les modes, tant du corps que de l'esprit, je n'en ai remarqué pas un, dont le concept ne dépendît entièrement du concept même de la chose dont il est le mode. Aussi, de ce que nous voyons souvent deux choses jointes ensemble, on ne peut pas pour cela inférer qu'elles ne sont qu'une même chose; mais, de ce que nous voyons quelquefois l'une de ces choses sans l'autre, on peut fort bien conclure qu'elles sont diverses. Et il ne faut pas que la puissance de Dieu nous empêche de tirer cette conséquence; car il n'y a pas moins de répugnance à penser que des choses que nous concevons clairement et distinctement comme deux choses diverses soient faites une même chose en essence et sans aucune composition, que de penser qu'on puisse séparer ce qui n'est aucunement distinct. Et partant, si Dieu a donné à quelques corps·la faculté de penser (comme en effet il l'a donné à ceux des hommes), il peut, quand il voudra, l'en séparer, et ainsi elle ne laisse pas d'être réellement distincte de ces corps.

Et je ne m'étonne pas d'avoir autrefois fort bien compris, avant même que je me fusse délivré des préjugés de mes sens, *que deux et trois joints font le nombre de cinq, et que, lorsque de choses égales on ôte choses égales, les restes sont égaux*, et plusieurs choses semblables, bien que je ne songeasse pas alors que l'âme de l'homme fût distincte de son corps : car je vois très bien que ce qui a fait que je n'ai point en mon enfance donné de faux jugement touchant ces proposi243 tions qui sont reçues généralement de tout le monde, a été parce qu'elles ne m'étaient pas encore pour lors en usage, et que les enfants n'apprennent point à assembler deux avec trois, qu'ils ne soient capables de juger s'ils font le nombre de cinq, etc. Tout au contraire, dès ma plus tendre jeunesse, j'ai conçu l'esprit et le corps (dont je voyais confusément que j'étais composé) comme une seule et même chose; et c'est le vice presque ordinaire de toutes les connaissances imparfaites, d'assembler en un plusieurs choses, et les prendre toutes pour une même; c'est pourquoi il faut par après avoir la peine de les séparer, et par un examen plus exact les distinguer les unes des autres.

Mais je m'étonne grandement que des personnes très doctes et *accoutumées depuis trente années aux spéculations métaphysiques*, après avoir lu mes Méditations plus de *sept fois*, se persuadent *que, si je les relisais avec le même esprit que je les examinerais si elles m'avaient été proposées par une personne ennemie, je ne ferais pas tant de cas et n'aurais pas une opinion si avantageuse des raisons qu'elles contiennent, que de croire que chacun se devrait rendre à la force et au poids de leurs vérités et liaisons*, vu cependant qu'ils ne font voir eux-mêmes aucune faute dans tous mes raisonnements. Et certes, ils m'attribuent beaucoup plus qu'ils ne doivent, et qu'on ne doit pas même penser d'aucun homme, s'ils croient que je me serve d'une telle analyse que je puisse par son moyen renverser les démonstrations véritables, ou donner une telle couleur aux fausses, que personne n'en puisse jamais découvrir la fausseté; vu qu'au contraire je professe hautement que je n'en ai jamais recherché d'autre que celle au moyen de laquelle on peut s'assurer de la certitude des raisons véritables, et découvrir le vice des fausses et captieuses. C'est pourquoi je ne suis pas tant étonné de voir des personnes très doctes n'acquiescer pas encore à mes conclusions, que je suis joyeux de voir qu'après une si sérieuse et fréquente lecture de mes raisons, ils ne me blâment point d'avoir rien avancé mal à propos, ou d'avoir tiré quelque conclusion autrement que dans les formes. Car la difficulté qu'ils ont à recevoir mes conclusions peut aisément être attribuée à la coutume invétérée qu'ils ont de juger autrement de ce qu'elles contiennent, comme il a déjà été remarqué des astronomes, qui ne peuvent s'imaginer que le soleil soit plus grand que la terre, bien qu'ils aient des raisons très certaines qui le démontrent. Mais je ne vois pas qu'il puisse y avoir d'autre raison pourquoi ni ces Messieurs, ni personne que je sache, 244 n'ont pu jusques ici rien reprendre dans mes raisonnements, sinon parce qu'ils sont entièrement vrais et indubitables; vu principalement que les principes sur quoi ils sont appuyés ne sont point obscurs, ni inconnus, ayant tous été tirés des plus certaines et plus évidentes notions qui se présentent à un esprit qu'un doute général de toutes choses a déjà délivré de toutes sortes de préjugés; car il suit de là nécessairement qu'il ne peut y avoir d'erreurs, que tout homme d'esprit un peu médiocre n'eût pu facilement remarquer. Et ainsi je pense que je n'aurai pas mauvaise raison de conclure, que les choses que j'ai écrites ne sont pas tant affaiblies par l'autorité de ces savants hommes qui, après les avoir lues attentivement plusieurs fois, ne se peuvent pas encore laisser persuader par elles, qu'elles sont fortifiées par leur autorité même, de ce qu'après un examen si exact et des revues si générales, ils n'ont pourtant remarqué aucunes erreurs ou paralogismes dans mes démonstrations.

REMARQUES DE L'AUTEUR

SUR LES SEPTIÈMES OBJECTIONS[1]

(Traduction)[2]

(A) *Les demandes que vous me faites.* Ayant reçu cette dissertation par les mains de son auteur après l'instante prière que je lui avais faite de « donner au public ou du moins de m'envoyer les objections qu'il avait faites contre les Méditations que j'ai écrites touchant la première philosophie, pour les joindre à celles que j'avais reçues d'ailleurs sur le même sujet[3] », je n'ai pu me défendre de la mettre ici, ni douter aussi que je ne sois celui à qui il s'adresse, encore que je ne sache point lui avoir jamais demandé son sentiment touchant la méthode dont je me sers pour chercher la vérité. Car, au contraire, ayant vu depuis un an et demi la Vélitation qu'il avait écrite contre moi[4], dans laquelle je voyais qu'il s'éloignait de la vérité, m'attribuant plusieurs choses que je n'ai jamais ni écrites ni pensées, je n'ai pas dissimulé que je jugerais désormais que tout ce qui pourrait venir de lui seul ne vaudrait pas la peine qu'on perdît beaucoup de temps à y répondre.

---

1. Nous ne donnons pas le très long texte de P. Bourdin, intitulé *Dissertation sur la philosophie première*, mais seulement *les Remarques* ou annotations citiques de Descartes, dont chacune, annoncée par une lettre, commence par rappeler en quelques mots (mis en italiques) le passage de Bourdin auquel répond Descartes.
2. La traduction publiée en 1661 par Clerselier a été revue et modifiée par nous.
3. Extrait d'une lettre à Mersenne, du 22 décembre 1641.
4. Texte polémique écrit par le P. Bourdin, après la publication du *Discours de la Méthode*, contre la physique cartésienne.

Mais, parce qu'il est du corps d'une Société très célèbre pour sa piété et pour sa doctrine, et de qui tous les membres sont ordinairement si bien unis qu'il arrive rarement que rien se fasse par quelqu'un d'eux qui ne soit approuvé de tous les autres, j'avoue que non seulement j'ai prié, mais même que j'ai pressé très instamment quelques-uns d'entre eux de vouloir prendre la peine d'examiner mes écrits, et s'ils y trouvaient quelque chose de contraire à la vérité, d'avoir la bonté de m'en avertir. A quoi j'ai même ajouté plusieurs raisons qui me faisaient espérer qu'ils ne me refuseraient pas cette grâce ; et, dans cette espérance, je me suis avancé de dire « que désormais je ferais beaucoup d'état de tout ce qui viendrait tant de la part de cet auteur que de quelque autre de la Compagnie, et que je ne douterais point que ce qui me serait ainsi envoyé de leur part ne fût la censure, l'examen et la correction, non pas de celui-là seul de qui l'écrit pourrait porter le nom, mais de plusieurs des plus doctes et des plus sages de la Société ; et, par conséquent, qu'il ne contiendrait aucune cavillation, aucun sophisme, aucune invective, ni aucun discours inutile, mais seulement de bonnes et solides raisons, et qu'on n'y aurait omis aucun des arguments qui se peuvent avec raison alléguer contre moi : en sorte que, par ce seul écrit, je pourrais espérer être entièrement délivré de toutes mes erreurs ; et que, s'il arrivait qu'il y eût quelque chose dans mes ouvrages qui échappât à sa censure, je croirais qu'il ne pouvait être réfuté par personne, et partant qu'il serait très certain et très véritable.[1] » C'est pourquoi je jugerais maintenant la même chose de cette dissertation, et je croirais qu'elle aurait été écrite par l'avis de toute la Société, si j'étais assuré qu'elle ne contînt aucune cavillation, aucun sophisme, ni aucun discours inutile ; mais, s'il est vrai que cet écrit en soit plein, je croirais commettre un crime de soupçonner qu'un si grand nombre de pieux personnages y aient mis la main. Et pour ce qu'en ceci je ne m'en veux pas fier à mon jugement, je dirai ingénument et franche-

—————

1. Extrait d'une lettre à Mersenne du 30 août 1640.

ment ce qu'il m'en semble, non pas afin que le lecteur ajoute foi à mes paroles, mais seulement pour lui donner occasion d'examiner de plus près la vérité.

(B) *Je me tairai pourtant, etc.* Ici, notre auteur promet de ne combattre les opinions de personne, mais seulement de répondre aux questions que je lui ai faites, bien que je ne sache point lui en avoir jamais fait aucune, et que même je ne l'aie jamais ni vu ni entretenu d'aucune chose ; mais cependant les questions qu'il feint que je lui propose étant composées pour la plupart des paroles qui sont couchées dans mes Méditations, ce serait s'aveugler soi-même que de ne pas voir que ce sont elles qu'il a dessein de combattre par cet écrit. Toutefois il se peut faire que les raisons qui l'obligent à feindre le contraire soient pieuses et honnêtes ; mais, pour moi, je n'en puis soupçonner d'autres, sinon qu'il a cru que par ce moyen il

454 lui serait plus libre de m'imposer tout ce que bon lui semblerait, parce qu'il ne pourrait pas être convaincu de mensonge par mes écrits, ayant déclaré tout d'abord qu'il n'en voulait à personne ; comme aussi afin de ne pas donner occasion à ceux qui viendront à lire son écrit d'examiner mes Méditations, ce qu'il ferait peut-être si seulement il en avait parlé ; et qu'il aime mieux me faire passer pour malhabile et pour ignorant, afin de les détourner de lire jamais aucune chose qui puisse venir de moi. Et ainsi, après avoir fait un masque de quelques pièces de mes Méditations mal cousues, il tâche, non pas de cacher, mais de défigurer mon visage. C'est pourquoi je lève ici le masque et me montre à découvert, tant parce que je ne suis pas accoutumé à jouer de semblables personnages que parce qu'il me semble qu'il ne me serait pas ici bienséant d'en user, ayant à traiter avec une personne religieuse d'un sujet si sérieux et si important.

. . . .

459   J'aurais honte de paraître trop diligent si j'employais beaucoup de paroles à faire des annotations sur toutes les choses que je ne reconnais point pour miennes, bien qu'elles soient ici toutes conçues presque dans mes propres termes. C'est pourquoi je prie seulement les lecteurs de se ressouvenir de ce que j'ai écrit dans ma

première Méditation et au commencement de la seconde
et de la troisième, et aussi de ce que j'ai dans leur abrégé ;
car ils reconnaîtront que la plupart des choses qui sont ici
rapportées en ont à la vérité été tirées, mais qu'elles sont
ici proposées dans un tel désordre, et tellement corrom-
pues et mal interprétées, que, bien que dans les lieux où
elles sont placées elles ne contiennent rien que de fort
raisonnable, ici néanmoins elles paraissent pour la plupart
fort absurdes.

(C) *Pour des raisons très fortes.* J'ai dit, sur la fin de la
première Méditation, que des raisons très fortes et mûrement considérées nous pouvaient obliger de douter de
460 toutes les choses que nous n'avions jamais encore assez
clairement conçues, parce qu'en cet endroit-là je traitais
seulement de ce doute universel dont j'ai souvent dit qu'il
était métaphysique, hyperbolique, à n'appliquer en rien à
la conduite de la vie, et pour lequel tout ce qui peut faire
naître le moindre soupçon d'incertitude doit être pris
pour une assez valable raison de douter. Mais ici cet ami
sincère apporte pour exemples des choses dont j'ai dit que
l'on pouvait douter pour de bonnes et solides raisons, s'il
y a une terre, si j'ai un corps, et choses semblables, afin
que les lecteurs qui n'auront point de connaissance de ce
doute métaphysique, le rapportant à l'usage et à la
conduite de la vie, me tiennent pour un homme qui a
perdu le sens.

(D) *Rien, dites-vous, rien du tout.* J'ai assez expliqué, en
divers endroits, en quel sens ce mot *rien* se doit entendre.
C'est à savoir que, tant que nous sommes attentifs à
quelque vérité que nous concevons fort clairement, nous
n'en pouvons alors douter ; mais, lorsque nous n'y
sommes pas ainsi attentifs, comme il arrive souvent,
encore que nous nous ressouvenions d'en avoir ainsi
clairement conçu plusieurs, il n'y en a toutefois aucune de
laquelle nous ne puissions douter avec raison, si nous
ignorons que toutes les choses que nous concevons clairement sont vraies. Mais ici cet homme fort exact interprète
tellement ce mot-là, *rien*, que de ce que j'ai dit une fois
dans ma première Méditation, où je supposais n'être
attentif à rien que je conçusse clairement, qu'il n'y avait

rien dont il ne me fût permis de douter, il conclut que je ne puis aussi connaître rien de certain dans les suivantes ; comme si les raisons que nous avons quelquefois de douter d'une chose n'étaient pas valables ni légitimes si elles ne prouvaient aussi que nous en devons toujours douter.

(E) *Croire, dire et assurer l'opposé de la chose dont on*
461 *doute.* Lorsque j'ai dit qu'il fallait pour quelque temps tenir les choses douteuses pour fausses, ou bien les rejeter comme telles, j'ai donné si clairement à connaître que j'entendais seulement que, pour rechercher les vérités certaines d'une certitude métaphysique, il ne fallait faire non plus de compte des choses douteuses que de celles qui étaient absolument fausses, qu'il me semble que tout homme de bon sens ne pouvait autrement interpréter mes paroles, et qu'il ne pouvait s'en rencontrer aucun qui pût feindre que j'ai voulu croire l'opposé de ce qui est douteux, et surtout, comme il est dit un peu après, « le croire de telle sorte que je me persuade qu'il ne peut être autrement, et ainsi qu'il est très certain », à moins qu'il n'eût point honte de passer pour un cavillateur ; et, bien que notre auteur ne soit pas affirmatif sur ce dernier point, mais qu'il le propose seulement comme douteux, je m'étonne toutefois qu'une personne comme lui ait semblé imiter en cela ces infâmes détracteurs, qui se comportent souvent de la même manière qu'il a fait dans le rapport des choses qu'ils veulent que l'on croie des autres, ajoutant même que pour eux ils ne le croient pas, afin de pouvoir médire plus impunément.

(F) *Mais il va bien autrement des choses qui sont tout à fait certaines ; car elles sont telles qu'à ceux mêmes qui rêvent ou qui délirent, elles ne peuvent paraître douteuses.* Je ne sais pas quelle analyse cet homme subtil a pu déduire cela de mes écrits ; car je ne me ressouviens point d'avoir jamais rien pensé de tel, même en rêve. Il est bien vrai qu'il eût pu conclure de mes écrits que tout ce qui est clairement et distinctement conçu par quelqu'un est vrai, encore que celui-là cependant puisse douter s'il rêve ou s'il veille, ou même aussi, si l'on veut, encore qu'il rêve, encore qu'il délire, parce que rien ne peut être clairement et distinctement conçu par qui que ce soit qu'il ne soit tel qu'il le conçoit, c'est-à-dire qu'il ne soit vrai. Mais, parce qu'il 462 n'appartient qu'aux personnes sages de distinguer entre ce qui est clairement conçu et ce qui semble et paraît seulement l'être, je ne m'étonne pas que ce bon homme prenne ici l'un pour l'autre.

(G) *Et c'est proprement ce qu'on appelle douter, aller et revenir sur ses pas*, etc. J'ai dit qu'il ne fallait faire non plus de compte des choses douteuses, que de celles qui étaient absolument fausses, afin d'en détacher tout à fait notre pensée, et non pas afin d'affirmer tantôt une chose et tantôt son contraire. Mais notre auteur n'a laissé échapper aucune occasion de pointiller; et cependant c'est une chose digne de remarque qu'en ce lieu-là même où sur la fin il dit vouloir faire une brève récapitulation de ma doctrine, il ne m'attribue rien des choses qu'il avait reprises ou qu'il reprend dans la suite et dont il se moque. Ce que je dis afin que chacun sache que ce n'était que par jeu et non pas tout de bon qu'il me les avait attribuées.

. . . .

464   Il approuve ici, dans ces deux premières réponses, tout ce que j'ai pensé touchant la question proposée, ou tout ce qui se peut déduire de mes écrits; mais il ajoute que « cela est très commun, et familier même aux moindres apprentis ». Et dans les deux dernières, il reprend ce qu'il veut que l'on croie que j'ai pensé là-dessus, encore qu'il soit si peu croyable qu'il ne puisse tomber dans l'esprit d'aucune personne de bon sens. Mais il le fait sans doute afin que ceux qui n'ont point lu mes Méditations, ou qui ne les ont jamais lues avec assez d'attention pour bien savoir ce qu'elles contiennent, s'en rapportant à ce qu'il en dit, croient que je soutiens des opinions ridicules, et que ceux qui ne pourront avoir une si mauvaise opinion de moi se persuadent au moins que je n'ai rien mis dans mes écrits qui ne soit très commun et familier à tout le monde. Mais je ne me mets pas fort en peine de cela; et je puis dire que je n'ai jamais eu dessein de tirer aucune louange de la nouveauté de mes opinions; car, au contraire, je les crois très anciennes, étant très véritables; et toute ma principale étude ne va qu'à remarquer cer-

taines vérités très simples, qui, puisqu'elles sont innées en nos esprits, sont, sitôt signalées, estimées n'avoir jamais été ignorées; mais il est facile de reconnaître que cet auteur ne combat mes opinions que parce qu'il les croit à la fois bonnes et nouvelles; car il n'est pas possible que, s'il les avait crues si peu croyables qu'il le feint, il ne les 465 eût plutôt jugées dignes de mépris et du silence que d'une réfutation si ample et si étudiée.

(H) *Donc, suivant notre règle, j'assurerai et dirai le contraire.* Je voudrais bien savoir dans quelles tables il a jamais trouvé cette loi écrite. Il est bien vrai qu'il l'a déjà ci-dessus assez inculquée; mais aussi est-il vrai que j'ai déjà assez nié qu'elle vînt de moi, à savoir, dans mes remarques sur ces paroles : « Croire, dire et assurer l'opposé de la chose dont on doute » et je ne pense pas qu'il voulût soutenir qu'elle vient de moi si on l'interrogeait là-dessus; car un peu auparavant il m'a introduit parlant des choses qui sont douteuses en cette sorte : « Vous ne l'assurerez ni le nierez, vous ne vous servirez ni de l'un ni de l'autre; mais vous tiendrez l'un et l'autre pour faux. » Et un peu après, dans l'abrégé qu'il fait de ma doctrine, il dit qu'il faut « refuser son approbation à une chose douteuse comme si elle était manifestement fausse, et prenant de propos délibéré un parti contraire, feindre que l'on a d'elle la même opinion que d'une chose fausse et imaginaire »; ce qui est tout autre chose que d'*assurer* et de *croire l'opposé*, en telle sorte que cet opposé soit tenu pour vrai, comme il le suppose ici. Mais moi, lorsque j'ai dit dans ma première Méditation que je voulais pour quelque temps tâcher de me persuader l'opposé des choses que j'avais auparavant crues à la légère, j'ai ajouté aussitôt que je ne le faisais qu'afin que tenant pour ainsi dire la balance égale entre mes préjugés, je ne penchasse point plus d'un côté que de l'autre; mais non pas afin de prendre l'un ou l'autre pour vrai, et de l'établir comme le fondement d'une science très certaine, comme il dit ailleurs. C'est pourquoi je voudrais bien savoir à quel dessein il a apporté cette règle. Si c'est pour me l'attribuer, je lui demande où est sa candeur; car il est manifeste, par ce qui a été dit auparavant, qu'il sait fort

bien qu'elle ne vient pas de moi, parce qu'il n'est pas
466 possible qu'une personne croie qu'il faut tenir les deux
contraires pour faux, comme il a dit que je croyais, et
qu'en même temps elle assure et dise qu'il faut tenir pour
vrai l'opposé de l'un des deux, comme il est dit par cette
règle. Mais, si c'est seulement par plaisir qu'il l'a apportée, afin d'avoir quelque chose à reprendre, j'admire la
subtilité de son esprit de n'avoir pu rien inventer de plus
vraisemblable ou de plus subtil; j'admire son loisir
d'avoir employé tant de paroles à réfuter une opinion si
absurde qu'elle ne peut pas même sembler probable à un
enfant de sept ans; car il est à remarquer que jusqu'ici il
n'a repris autre chose que cette impertinente loi; enfin,
j'admire la force de son imagination d'avoir pu, nonobstant qu'il ne combattît que contre cette vaine chimère
qu'il avait tirée de son cerveau, se comporter tout à fait de
la même manière, et se servir toujours des mêmes termes
que s'il m'eût eu en effet pour adversaire, et qu'il m'eût
vu en personne lui faire tête.

. . . .

472	(I) *Puisque toutes les choses que j'ai sues jusques ici sont*
douteuses. Il a mis ici *que j'ai sues* pour *que j'ai cru savoir;*
473 car, il y a de la contrariété entre ces termes, *que j'ai sues,* et
sont douteuses, à laquelle sans doute il n'a pas pris garde;
mais il ne faut pas pour cela lui imputer à malice, car
autrement il ne l'aurait pas si légèrement touchée qu'il a
fait; mais au contraire, feignant qu'elle serait venue de
moi, il aurait employé beaucoup de paroles à insister à
l'encontre.

(K) *Je dis point d'esprits, point de corps.* Il dit cela afin
d'avoir lieu par après de pointiller longtemps sur ce qu'au
commencement, supposant que la nature de l'esprit ne
m'était pas encore assez connue, je l'ai mise au rang des
choses douteuses, et qu'après cela, reconnaissant que
cependant une chose qui pense ne pouvait pas ne point
exister, et appelant du nom d'esprit cette chose qui pense,
j'ai dit qu'un esprit existait; comme si j'eusse oublié que
je l'avais nié auparavant lorsque je prenais l'esprit pour
une chose qui m'était inconnue, et comme si j'eusse cru
que les choses que je niais en un temps, pour ce qu'elles

me paraissaient incertaines, dussent toujours ainsi être niées, et qu'il ne se pût faire qu'elles me devinssent par après évidentes et certaines. Et il est à remarquer que partout il considère le doute et la certitude, non pas comme des relations de notre connaissance aux objets, mais comme des propriétés des objets mêmes qui y demeurent toujours attachées ; en sorte que les choses que nous avons une fois reconnues être douteuses ne peuvent jamais être rendues certaines. Ce que l'on doit plutôt attribuer à simplicité qu'à malice.

(L) *Quoi, toutes choses ?* Il chicane ici sur ce mot *toutes*, comme auparavant sur le mot *rien*, mais inutilement.

(M) *Vous avouez y étant forcé.* Il en a fait de même sur ce terme, *forcé ;* mais aussi inutilement que sur les précédents, car il est certain que ces raisons-là sont assez fortes pour nous obliger de douter, qui sont elles-mêmes douteuses, et qui pour cela ne doivent point être retenues, comme il a été remarqué ci-dessus ; elles sont, dis-je, assez fortes, tant que nous n'en avons point d'autres qui, en chassant le doute, apportent en même temps la certitude ; et parce que je n'en trouvais aucune de telles dans la première Méditation, bien que je regardasse de tous côtés, et que je méditasse sans cesse, j'ai dit pour cela que les raisons que j'ai eues de douter étaient fortes et mûrement considérées. Mais cela passe la portée de notre auteur ; car il a ajouté : « Lorsque vous avez promis de bonnes et de fortes raisons, je me suis aussi attendu qu'elles seraient certaines, telles que les demande votre règle » ; comme si cette règle qu'il feint pouvait être appliquée aux choses que j'ai dites dans la première Méditation. Et un peu après il dit : « Y a-t-il eu un temps auquel vous ayez pu dire certainement : indubitablement, mes sens me trompent à présent, je sais cela fort bien ? » Où il tombe dans une contrariété pareille à la précédente, ne s'apercevant pas que tenir une chose pour indubitable, et en même temps douter de la même chose, sont deux choses qui se contrarient. Mais c'est un bon homme.

(N) *Pourquoi dites-vous si assurément que quelquefois nous rêvons ?* Il tombe encore innocemment dans la même faute ; car je n'ai rien du tout assuré dans la première Méditation, qui est toute remplie de doutes, et de laquelle seule il peut avoir tiré ces paroles. Et, par la même raison, il aurait pu y trouver ceci *Nous ne rêvons jamais;* et *Quelque-fois nous rêvons.* Et lorsqu'il ajoute un peu après : « Car je ne vois pas bien comment vous pouvez, de ceci, *je ne sais si je veille ou si je dors,* inférer *donc je dors quelquefois* », il m'attribue ici un raisonnement purement digne de lui ; aussi est-ce un bon homme.

(O) *Que savez-vous si ce rusé génie ne vous propose point toutes choses comme douteuses et incertaines, nonobstant qu'elles soient certaines et assurées ?* Il paraît manifestement par ceci, comme j'ai déjà observé, qu'il considère le doute et la certitude comme dans les objets, et non pas comme dans notre pensée ; car autrement comment pourrait-il feindre que ce génie proposât quelque chose comme douteuse qui ne fût pas douteuse, mais certaine, puisque, de cela seul qu'il me la proposerait comme douteuse, elle serait douteuse ? Mais peut-être que ce génie l'a empêché de reconnaître la contradiction qui est dans ses paroles ; et il est à plaindre de ce que ce génie trouble ainsi si souvent sa pensée.

(P) *Sans doute que c'est une chose d'une importance tout à fait grande que cette abdication générale de toutes nos connaissances passées.* J'en ai assez averti sur la fin de ma réponse aux quatrièmes objections et dans la préface de ces Méditations, que je n'ai pour cela proposées à lire qu'aux plus solides esprits. J'ai aussi averti de la même chose fort expressément dans mon *Discours de la Méthode*, imprimé en français en l'année 1637 page 16 et 17, où ayant décrit deux divers genres d'esprit à qui cette abdication générale n'est pas propre, si peut-être notre auteur se trouve compris sous l'un ou sous l'autre genre, il ne me doit pas pour cela imputer ses erreurs.

(Q) *Que dites-vous, je sais ?* Lorsque j'ai dit que je savais qu'il ne pouvait y avoir de péril en cette abdication générale, j'ai ajouté : « Parce qu'il n'est pas maintenant question d'agir, mais seulement de méditer et de connaître » ; ce qui fait voir si manifestement que je n'ai parlé en cet endroit-là que d'une façon morale de savoir,

qui suffit pour la conduite de la vie, et que j'ai souvent dit
être fort différente de la façon métaphysique, dont il s'agit
ici, qu'il semble qu'il n'y ait que notre auteur seul qui ait
pu l'ignorer.

476 (R) *Et l'on veut que je retienne celui-ci, qui est rempli de
doutes et de difficultés : Je ne saurais trop accorder à ma
défiance!* Il y a encore ici derechef de la contradiction dans
ses paroles ; car tout le monde sait que celui qui se défie,
pendant qu'il se défie et que par conséquent il n'affirme ni
ne nie aucune chose, ne peut être induit en erreur par
aucun génie ; ce qu'on ne peut pas dire de celui qui ajoute
deux et trois ensemble, ainsi que le prouve l'exemple,
qu'il a lui-même apporté ci-dessus, de celui qui comptait
quatre fois une heure[1].

(S) *Ce n'est pas sans une grande appréhension de paraître
trop défiant que je rejette ces maximes anciennes.* Encore
qu'il emploie ici beaucoup de paroles pour tâcher de
persuader qu'il ne faut pas se défier trop, c'est pourtant
une chose digne de remarque qu'il n'apporte pas la
moindre raison pour le prouver, sinon seulement celle-ci,
qui est qu'il craint ou qu'il se défie qu'il ne faut pas se
défier. Où il y a encore de la contradiction ; car de cela
qu'il craint seulement, sans le savoir certainement, qu'il
ne doit point se défier, de là il s'ensuit qu'il doit se défier.

(T) *Rejetez-vous sans scrupule comme une chose fausse cette
proposition ancienne : J'ai en moi l'idée claire et distincte de
Dieu ? ou celle-ci : Tout ce que je conçois fort clairement et fort
distinctement est vrai ?* Il appelle ces choses-ci anciennes,
parce qu'il craint qu'on ne les tienne pour nouvelles, et
que j'aie la gloire de les avoir le premier remarquées. Mais
je m'en soucie fort peu. Il semble aussi vouloir faire
glisser quelque scrupule touchant l'idée que nous avons
de Dieu ; mais ce n'est qu'en passant, de peur peut-être
que ceux qui savent avec quel soin j'ai excepté de cette
abdication toutes les choses qui regardent la piété, et en
général les mœurs, ne le prissent pour un calomniateur.

Enfin, il ne voit pas que l'abdication ne regarde que

1. Le P. Bourdin avait rapporté l'exemple d'un homme qui, ayant
entendu en sommeillant une horloge sonner quatre coups, s'était
étonné qu'elle sonne quatre fois une heure.

celui qui ne conçoit pas encore clairement et distinctement quelque chose; comme, par exemple, les scep-
477 tiques, auxquels cette abdication est familière, en tant que
sceptiques, n'ont jamais rien conçu clairement; car, du
moment qu'ils auraient conçu clairement quelque chose,
ils auraient cessé d'en douter et d'être en cela sceptiques.
Et parce qu'il est aussi fort difficile que personne, avant
que d'avoir fait cette abdication, puisse jamais rien concevoir fort clairement, j'entends d'une clarté telle qu'il est
requis pour une certitude métaphysique, c'est pour cela
que cette abdication est fort utile à ceux qui, étant
capables d'une connaissance si claire, ne l'ont pourtant
pas encore, mais non pas à notre auteur, comme l'événement le montre; et j'estime au contraire qu'il la doit
soigneusement éviter.

(V) *Ou enfin cette autre-ci : Les facultés de penser, de se
nourrir et de sentir n'appartiennent point au corps, mais à
l'esprit?* Il cite ces paroles comme venant de moi, et en
même temps il les débite pour si certaines qu'il semble
que personne ne puisse en aucune façon les révoquer en
doute. Mais cependant il n'y a rien de plus clair dans mes
Méditations que je rapporte au corps seul la puissance de
se nourrir, et non pas à l'esprit ou à cette partie de
l'homme qui pense; en telle sorte que par cela seul l'on
voit manifestement, premièrement, qu'il ne les entend
point, encore qu'il ait entrepris de les réfuter, et, qu'il
n'est pas vrai que, de ce que dans la deuxième Méditation
j'ai parlé selon l'opinion du vulgaire, j'aie pour cela voulu
rapporter la puissance de se nourrir à l'âme; et ensuite
qu'il tient plusieurs choses pour indubitables qu'il ne faut
pas admettre pour telles sans examen. Mais toutefois il a
fort bien conclu, vers la fin, que par toutes ces choses il a
fait seulement paraître la faiblesse de son esprit.

. . . .

479　(X) *Je commence de la sorte à philosopher : Je suis, je*
480 *pense; je suis pendant que je pense.* Il est ici à remarquer
qu'il avoue lui-même que pour bien commencer à philosopher, ou pour établir la certitude de quelque proposition, il faut suivre la voie que j'ai tenue, qui est de
commencer par la connaissance de sa propre existence.

Ce que je dis afin que l'on sache que, dans les autres endroits où il a feint que j'ai commencé par une positive ou affirmative abdication de toutes les choses qui sont douteuses, il a dit le contraire de ce qu'en effet il pensait. Je n'ajoute point ici avec quelle subtilité il m'introduit commençant à philosopher, lorsqu'il me fait parler de la sorte : « Je suis ; je pense, etc. » ; car l'on peut aisément reconnaître, sans même que j'en parle, la candeur qu'il garde en toutes choses.

(Y) *Pourquoi faites-vous mention de l'esprit quand vous dites : lorsque je la conçois en mon esprit ; n'avez-vous pas même banni le corps et l'esprit ?* J'ai déjà ci-devant averti qu'il cherchait occasion de pointiller sur le mot d'*esprit*. Mais ici concevoir en son esprit ne signifie rien autre chose que penser ; et partant il suppose mal que je fais mention de l'esprit en tant que considéré comme une partie de l'homme. De plus, encore que j'aie rejeté ci-devant le corps et l'esprit, avec tout le reste de mes anciennes opinions, comme des choses douteuses ou des choses que je ne concevais pas encore clairement, cela n'empêche pas que je ne les puisse reprendre par après s'il arrive que je les conçoive clairement. Mais cela est au-dessus de la portée de notre auteur, qui pense que le doute est quelque chose attaché inséparablement aux objets ; car il demande un peu après : « Comment se pourra-t-il faire que les mêmes choses qui auparavant étaient douteuses ne soient plus maintenant douteuses et incertaines ? » Il veut même que j'en aie fait une abdication solennelle ; et il admire aussi mon adresse, en ce que je me sers de ce qui est douteux pour chercher ce qui est certain, etc. ; comme si j'avais pris pour fondement de ma philosophie qu'il faut tenir pour définitivement fausses toutes les choses douteuses.

481   (Z) *Voulez-vous que je consulte ce que j'ai cru autrefois que j'étais, voulez-vous que je reprenne ce pot-pourri de vieilleries,* etc. ? Je me servirai ici d'un exemple fort familier pour lui faire ici entendre la raison de mon procédé, afin que désormais il ne l'ignore plus, ou qu'il n'ose plus feindre qu'il ne l'entend pas.

Si d'aventure il avait une corbeille pleine de pommes,

et qu'il appréhendât que quelques-unes ne fussent pour-
ries, et qu'il voulût les ôter, de peur qu'elles ne corrom-
pissent le reste, comment s'y prendrait-il pour le faire?
Ne commencerait-il pas tout d'abord à vider sa corbeille;
et après cela, regardant toutes ces pommes les unes après
les autres, ne choisirait-il pas celles-là seules qu'il verrait
n'être point gâtées; et, laissant là les autres, ne les
remettrait-il pas dans son panier? Tout de même aussi,
ceux qui n'ont jamais bien philosophé ont diverses opinions en leur esprit qu'ils ont commencé à y amasser dès
leur bas âge; et, appréhendant avec raison que la plupart
ne soient pas vraies, ils tâchent de les séparer d'avec les
autres, de peur que leur mélange ne les rende toutes
incertaines. Et, pour ne se point tromper, ils ne sauraient
mieux faire que de les rejeter une fois toutes ensemble, ni
plus ni moins que si elles étaient toutes fausses et incertaines; puis, les examinant par ordre les unes après les
autres, reprendre celles-là seules qu'ils reconnaîtront être
vraies et indubitables. C'est pourquoi je n'ai pas mal fait
au commencement de rejeter tout; puis, considérant que
je ne connaissais rien plus certainement ni plus évidemment sinon que moi, qui pensais, existais, je n'ai pas mal
fait non plus d'établir cela comme première assertion; et
enfin je n'ai pas mal fait de demander après cela ce que
j'avais cru autrefois que j'étais : non pas afin que je crusse
encore de moi toutes les mêmes choses, mais afin de
reprendre celles que je reconnaîtrais être vraies, de rejeter
celles que je trouverais être fausses, et de remettre à
examiner à un autre temps celles qui me sembleraient
douteuses. Ce qui fait voir que notre auteur n'a pas raison
d'appeler ceci un *art de tirer des choses certaines des
incertaines*, ou, comme il dit ci-après, une *méthode de
482 rêver;* et que tout ce qu'il raconte ici et dans les deux
paragraphes suivants du coq de Pythagore, et des opinions des philosophes touchant la nature du corps et de
l'âme, sont choses tout à fait inutiles et hors de propos,
puisque je n'ai ni dû ni voulu recenser tout ce que les
autres ont jamais cru là-dessus, mais seulement ce qui
m'en a semblé autrefois à moi-même, spontanément, en
me laissant conduire par la nature, ou ce qui en semble

couramment aux autres, soit qu'il fût vrai, soit qu'il fût faux ; parce que je ne l'ai point recensé afin de le croire, mais seulement pour l'examiner.

. . . .

484   (AA) *Ou sentir comme un chien, ou penser comme un singe, ou imaginer comme un mulet.* Il tâche ici de nous surprendre dans ces mots ; et, pour faire en sorte qu'on trouve que j'ai mal établi la différence qui est entre l'esprit et le corps, en ce que celui-là pense, et que celui-ci ne pense point, mais est étendu, il dit que tout ce qui sent, qui imagine et qui pense, il l'appelle corps ; mais qu'il l'appelle aussi un mulet ou un singe, si bon lui semble. S'il peut jamais faire que ces mots nouveaux viennent en usage, je ne refuserai pas de m'en servir ; mais cependant il n'a aucun droit de me reprendre de ce que je me sers de ceux qui sont communément reçus et approuvés.

. . . .

487   (BB) *C'est cela même, me dites-vous.* Ici, et presque partout ailleurs, il m'introduit lui répondant des choses tout à fait contraires à mon opinion. Mais il serait trop ennuyeux de faire remarquer toutes ses fictions.

(CC) *Et même, puisque votre dessein est d'établir et de démontrer que l'esprit de l'homme n'est pas corporel, vous ne devez nullement le supposer.* Il feint ici à tort que je suppose ce que j'ai dû prouver. Mais à des choses qui sont ainsi feintes gratuitement, et qui ne peuvent être soutenues par aucune raison, on ne doit, ce me semble, répondre autre chose sinon qu'elles sont fausses ; et je n'ai jamais, en aucune façon, mis en dispute ce qui doit être appelé du nom de *corps*, ou d'*âme*, ou d'*esprit*, mais j'ai seulement expliqué deux différentes sortes de choses, savoir est, celle qui pense et celle qui est étendue, auxquelles seules j'ai fait voir que toutes les autres se rapportent, et que j'ai prouvé aussi, par de bonnes raisons, être deux substances réellement distinctes, l'une desquelles j'ai appelée *esprit*, et l'autre *corps*. Mais si ces noms lui déplaisent, il leur en peut attribuer d'autres si bon lui semble, je ne l'empêcherai point.

. . . .

491   (DD) *Mais qu'est-ce que je suis ? Sans difficulté, je suis*

quelqu'une des choses que je croyais autrefois que j'étais. Il m'attribue à son ordinaire ceci, et une infinité de choses semblables, sans aucune apparence de vérité.

(EE) *J'en suis bien certain depuis que j'en ai fait l'abdication.* Il m'attribue encore ici une chose à quoi je n'ai jamais pensé, car je n'ai jamais rien inféré d'une chose pour en avoir fait l'abdication ; mais, tant s'en faut, j'ai expressément averti du contraire par ces termes : « Mais peut-être aussi qu'il se peut faire que ces choses-là même, que je suppose n'être point parce qu'elles me sont inconnues, ne sont point en effet différentes de moi que je connais », etc.

(FF) *Suis-je donc un esprit ?* Il n'est pas vrai non plus que j'aie examiné si j'étais un esprit ; car pour lors je n'avais pas encore expliqué ce que j'entendais par le nom d'*esprit*. Mais j'ai examiné si j'avais en moi quelqu'une des choses que j'attribuais à l'âme, dont je venais de faire la description ; et, ne trouvant pas en moi toutes les choses que je lui avais attribuées, mais n'y remarquant que la pensée, pour cela je n'ai pas dit que j'étais une âme, mais seulement j'ai dit que j'étais une chose qui pense, et j'ai donné à cette chose qui pense le nom d'esprit, ou celui d'entendement et de raison, n'entendant rien de plus par le nom d'esprit que par celui d'une chose qui pense : et partant je n'avais garde de m'écrier, εὕρηχα, εὕρηχα, comme il fait ici assez mal à propos ; car, au contraire, j'ai expressément ajouté que j'ignorais auparavant la signification de ces mots, en sorte qu'il est impossible qu'on puisse douter que par ces mots je n'aie entendu précisément la même chose que par celui d'une chose qui pense.

492 (GG) *Je n'ai donc rien cru qui vaille. — Tout au contraire, vous écriez-vous.* Cela n'est pas vrai encore ; car je n'ai jamais supposé nulle part que les choses que j'avais crues auparavant fussent vraies, mais seulement j'ai examiné si elles l'étaient.

(HH) *Il n'importe, dites-vous, vous êtes un corps ou un esprit.* Il n'est pas vrai non plus que j'aie jamais dit cela.

(II) *Vous aviez mal cru autrefois, dites-vous, que la pensée appartenait au corps. Vous deviez croire, au contraire, qu'elle appartenait à l'esprit.* Il est faux encore que j'aie dit cela ;

car qu'il dise, si bon lui semble, qu'une chose qui pense est mieux nommée du nom de corps que du nom d'esprit, je ne m'en mets pas en peine, et il n'a rien à démêler là-dessus avec moi, mais seulement avec les grammairiens. Mais s'il feint que j'aie voulu dire par le nom d'esprit quelque chose de plus que par celui d'une chose qui pense, c'est à moi à le nier. Comme un peu après, où il dit : « Si vous posez ceci pour fondement de toutes vos démonstrations, à savoir, que penser est quelque chose de propre à l'esprit, ou à une chose spirituelle et incorporelle, etc., n'est-ce pas demander une grâce, et faire une pétition de principe ? » Je nie que j'aie supposé en aucune façon que l'esprit fût incorporel ; mais je dis que je l'ai démontré dans la sixième Méditation.

Mais je suis si las de le reprendre de ne pas dire la vérité, que dorénavant je ferai semblant de ne pas le voir, et écouterai seulement sans rien dire le reste de ses railleries jusques à la fin. Quoique pourtant, si c'était un autre que lui, je croirais qu'il se serait voulu déguiser pour satisfaire à l'envie déréglée qu'il aurait eue de railler, et qu'en contrefaisant tantôt le craintif, tantôt le paresseux, et tantôt l'homme de peu d'esprit, il aurait voulu imiter, non les Epidiques ou les Parménons[1] de l'ancienne comé-
493 die, mais le plus vil personnage de la nôtre, qui par ses niaiseries et bouffonneries prend plaisir d'apprêter à rire aux autres.

. . . .

509 Jusques ici le R. P. s'est joué ; et parce que dans la suite il semble vouloir agir sérieusement et prendre un autre personnage, je mettrai cependant ici en peu de paroles les remarques que j'ai faite sur les jeux de son esprit. Voici ce qu'il dit :

(KK) *Autrefois ? ce temps-là a-t-il été ?* et en un autre endroit : *Je rêve que je pense, je ne pense point ;* mais tout cela n'est que raillerie, digne du personnage qu'il a voulu représenter. Comme aussi cette importante question qu'il propose, savoir, si « penser a plus d'étendue que rêver » ;

---

1. Personnages de comédies de Plaute *(Epidicus)* et de Térence *(l'Hécyre et l'Eunuque).*

et même ce bon mot, de la « méthode de rêver » ; et cet autre, que « pour bien raisonner il faut rêver ». Mais je ne pense pas avoir donné la moindre occasion de se railler de la sorte ; car j'ai dit en termes exprès, en parlant des choses dont j'avais fais abdication, que je n'assurais point qu'elles fussent, mais seulement qu'elles semblaient être : si bien qu'en cherchant ce que j'ai pensé que j'étais autrefois, je n'ai voulu chercher autre chose que ce qu'il me semblait à présent que j'avais pensé que j'étais autre-fois. Et lorsque j'ai dit que je pensais, je n'ai point considéré si c'était en veillant ou en dormant ; et je m'étonne qu'il appelle cela la méthode de rêver, car il semble qu'elle ne l'a pas peu éveillé.

510 (LL) Il raisonne encore conformément à son person-nage lorsque, pour chercher ce que j'ai pensé que j'étais autrefois, il veut que j'avance ceci comme une maxime fondamentale : « Je suis quelqu'une des choses que j'ai crues autrefois que j'étais » ; ou bien : « Je suis cela même que j'ai cru autrefois que j'étais. » Et un peu après, pour chercher si je ne suis point un corps, il veut que l'on prenne cette maxime pour guide : « J'ai bien pensé autrefois touchant ce qui appartient au corps » ; ou bien : « Rien n'appartient au corps que ce que j'ai cru autrefois qui lui appartenait » ; car les maximes qui répugnent manifestement à la raison sont propres à faire rire. Et il est manifeste que j'ai pu rechercher utilement ce que j'ai cru autrefois que j'étais, et même si j'étais un corps, bien que j'ignorasse si j'étais quelqu'une des choses que j'ai cru être autrefois, et que j'ignorasse même si j'avais lors bien cru ; afin que, par le moyen des choses que je viendrais à connaître tout de nouveau, j'examinasse le tout avec soin ; et si par ce moyen je ne découvrais rien autre chose, que j'apprisse au moins que je ne pouvais par là rien décou-vrir.

(MM) Il joue encore parfaitement bien son personnage quand il raconte la fable de ce paysan[1], et il n'y a rien de

---

1. Un paysan, qui ne connaissait que quatre espèces d'animaux (bœuf, cheval, chèvre, âne), rencontra un loup. Il jugea d'abord que c'était un âne (puisque ce n'était aucun des trois premiers), ensuite que c'était n'importe lequel des quatre (puisque ce n'était pas un des trois autres), et, pour finir, que ce n'était pas un animal du tout.

plus plaisant que de voir qu'en pensant l'appliquer à mes paroles, il l'applique seulement aux siennes. Car tout maintenant il me reprenait de n'avoir pas avancé cette maxime : « J'ai fort bien pensé autrefois touchant ce qui appartient au corps » ; ou bien : « Rien n'appartient au corps que ce que j'ai cru autrefois qui lui appartenait » ; et maintenant, cela même qu'il se plaignait n'avoir pas été par moi avancé, et qu'il a tout tiré de son imagination propre, il le reprend comme s'il venait de moi, et le compare avec le sot raisonnement de son paysan. Pour moi, je n'ai jamais nié qu'une chose qui pense fût un corps, pour avoir supposé que j'avais autrefois bien pensé touchant la nature du corps ; mais parce que, ne me servant point du nom de *corps* sinon pour signifier une chose qui m'était bien connue, à savoir, pour signifier une substance étendue, j'ai reconnu que la substance qui pense est différente de celle qui est étendue.

(NN) Ces façons de parler subtiles et galantes qui sont ici plusieurs fois répétées, c'est à savoir : « Je pense, dites-vous ; — je le nie, moi ; vous rêvez. — Cela est certain et évident, ajoutez-vous ; — je le nie, vous rêvez ; il vous le semble seulement, il le paraît, mais il ne l'est pas », etc. ; au moins seraient-elles capables de faire rire, de ce qu'en la bouche d'une personne qui agirait sérieusement elles seraient ineptes. Mais de peur que ceux qui ne font que commencer ne se persuadent que rien ne peut être certain et évident à celui qui doute s'il dort ou s'il veille, mais peut seulement lui sembler et lui paraître, je les prie de se ressouvenir de ce que j'ai ci-devant remarqué sous la cote F : c'est à savoir que ce que l'on conçoit clairement et distinctement, par qui que ce puisse être qu'il soit ainsi conçu, est vrai, et ne le semble ou ne le paraît pas seulement ; quoique pourtant, à vrai dire, il s'en trouve fort peu qui sachent bien faire distinction entre ce que l'on aperçoit véritablement et ce qu'on pense seulement apercevoir, parce qu'il y en a fort peu qui s'accoutument à ne se servir que de claires et distinctes perceptions.

(OO) Jusques ici notre acteur ne nous a encore fait la représentation d'aucune mémorable action ; mais il s'est seulement forgé certains petits obstacles contre lesquels, après s'être un peu agité, tout aussitôt il a fait retraite, et a tourné visage ailleurs. Il commence ici le premier célèbre combat contre un ennemi tout à fait digne de sa scène, à savoir, contre mon ombre, qui n'est à la vérité visible qu'à lui, et qu'il a lui-même tirée de son cerveau ; et de peur 512 que cette ombre ne fût pas assez vaine, il l'a composée du néant même. Cependant, c'est tout de bon qu'il en vient aux prises avec elle ; il argumente, il sue, il demande trêve, il appelle la logique à son secours, il recommence le combat, il examine tout, il pèse tout, il balance tout ; et d'autant qu'il n'oserait pas recevoir sur son bouclier les coups d'un si puissant adversaire, il les esquive autant qu'il peut : il distingue ; et enfin, par le moyen de ces mots, *déterminément* et *indéterminément*, comme par autant de petits sentiers détournés, il s'enfuit et s'échappe. Sans mentir, le spectacle en est assez agréable, principalement quand on sait le sujet de la querelle. Il avait lu par hasard dans mes écrits que, si nous avons, avant de bien philosopher, des opinions vraies, elles sont mêlées avec plusieurs autres qui sont la plupart ou fausses ou douteuses, en sorte qu'il n'y a point de meilleur moyen pour séparer celles-là des autres que de les rejeter toutes du commencement sans en retenir aucune, afin de pouvoir par après plus aisément reconnaître celles qui étaient vraies, ou en découvrir de nouvelles, et n'admettre que celles qui sont vraies ; ce qui est la même chose que si j'avais dit que, pour prendre garde que dans un panier plein de pommes il n'y en ait quelques-unes qui soient gâtées, il les faut toutes vider au commencement et n'y en laisser pas une, et puis n'y remettre ou n'y mettre que celles qu'on aurait reconnues être tout à fait saines. Mais notre auteur, ne comprenant pas, ou plutôt feignant de ne pas comprendre un raisonnement d'une si sublime spéculation, s'est principalement étonné de ce qu'on disait qu'il n'y avait *rien* qu'il ne fallût rejeter ; et passant *ce rien* longtemps et souvent dans son esprit, il se l'est si fortement imprimé dans son imagination qu'encore qu'à présent il ne combatte le plus souvent que contre un rien et un fantôme, il a toutefois bien de la peine à s'en délivrer.

(PP) Après un combat si heureusement entrepris et

achevé, devenu superbe par l'opinion de la victoire, il attaque un nouvel ennemi qu'il croit encore être mon 513 ombre : car elle se présente sans cesse à sa fantaisie ; mais il la compose d'une autre matière, à savoir, de mes paroles : « Je connais que j'existe, et je cherche quel je suis, moi que je connais », etc. Et parce qu'il ne la reconnaît pas si bien que la précédente, il se tient plus sur ses gardes, et ne l'attaque que de loin. Le premier dard qu'il lui jette est celui-ci : « Pourquoi le cherchez-vous si vous le connaissez ? » Et parce qu'il s'imagine que son ennemi lui présente aussitôt ce bouclier : « Je connais que je suis, et ne connais pas quel je suis », tout aussitôt il lance contre elle ce long javelot : « Comment pouvez-vous connaître quel vous êtes, si ce n'est ou par les choses que vous avez autrefois connues, ou par celles que vous connaîtrez ci-après ? Ce ne sera pas par celles que vous avez autrefois connues ; elles sont pleines de doute, vous les avez toutes rejetées : ce sera donc par celles que vous ne connaissez pas encore, et que vous connaîtrez ci-après. » Et, croyant de ce coup avoir terrassé et effrayé cette pauvre ombre, il s'imagine qu'il l'entend qui s'écrie : « Je ne sais pas encore si ces choses-là existent » ; et alors sa colère se changeant en pitié, il la console par ces paroles : « Ayez bonne espérance, vous le saurez quelque jour. » Et aussitôt il suppose que cette pauvre ombre, d'une voix plaintive et suppliante, lui répond : « Que ferai-je cependant ? » Mais lui, d'un ton impérieux, tel qu'il convient à un victorieux, lui dit : « Vous aurez patience. » Et toutefois, comme il est bonasse, il ne la laisse pas longtemps en suspens ; mais, gagnant derechef ses détours ordinaires, « déterminément, indéterminément ; clairement, confusément », et ne voyant personne qui l'y poursuive, il triomphe tout seul. Toutes lesquelles choses sont sans doute très propres à faire rire, étant dites par un homme qui, contrefaisant le grave et le sérieux, vient à dire quelque trait de raillerie à quoi l'on ne s'attendait point.

Mais, pour voir cela plus clairement, il faut se figurer notre acteur, comme un personnage grave et docte, lequel, pour combattre cette méthode de rechercher la

514 vérité qui veut qu'ayant rejeté toutes les choses où il y a la moindre apparence de doute, nous commencions par la connaissance de notre propre existence, et que de là nous passions à la considération de notre nature, c'est-à-dire de cette chose dont nous connaissons désormais qu'elle existe ; lequel, dis-je, tâche de montrer que par cette voie l'on ne saurait étendre plus avant sa connaissance, et qui pour le faire se sert de ce raisonnement : « Puisque vous connaissez seulement que vous êtes, et non pas quel vous êtes, vous ne le sauriez apprendre par le moyen des choses que vous avez autrefois connues, puisque vous les avez toutes rejetées : donc ce ne peut être que par le moyen de celles que vous ne connaissez pas encore. » A quoi même un tout jeune enfant pourrait répondre que rien n'empêche qu'il ne le puisse apprendre par les choses qu'il connaissait auparavant, à cause que, quoiqu'il les eût toutes rejetées pendant qu'elles lui paraissaient douteuses, il les pouvait néanmoins par après reprendre quand il les reconnaîtrait pour vraies. Et, de plus, quand il lui accorderait qu'il ne pourrait rien apprendre par le moyen des choses qu'il aurait autrefois connues, au moins le pourrait-il par le moyen de celles qu'il ne connaissait pas encore, mais qu'avec le soin et la diligence qu'il pourrait apporter, il pourrait connaître par après. Mais notre acteur se propose ici un adversaire qui ne lui accorde pas seulement que la première voie lui est bouchée, mais qui se bouche lui-même celle qui lui reste en disant : « Je ne sais pas si ces choses-là existent. » Comme si nous ne pouvions acquérir de nouveau la connaissance de l'existence d'aucune chose, et comme si l'ignorance de l'existence d'une chose pouvait empêcher que nous eussions aucune connaissance de son essence ! Ce qui sans difficulté est fort impertinent. Mais il fait allusion à quelques-unes de mes paroles ; car j'ai écrit en quelque endroit qu'il n'était pas possible que la connaissance que j'ai de l'existence d'une chose dépendît de la connaissance de celles dont l'existence ne m'est pas encore connue ; et ce que j'ai dit seulement du temps présent, il le transfère ridiculement au temps futur, comme si, de ce que nous ne pouvons présentement voir les personnes qui ne sont pas

encore nées, mais qui naîtront cette année, il s'ensuivait
515 que nous ne les pourrions jamais voir. Car certainement il
est manifeste que la connaissance présente que l'on a
d'une chose actuellement existante ne dépend point de la
connaissance d'une chose que l'on ne sait pas encore être
existante ; car de cela même que l'on conçoit une chose
comme appartenant à une chose existante, on conçoit
nécessairement en même temps que cette chose existe.
Mais il n'en est pas de même à l'égard du futur ; car rien
n'empêche que la connaissance d'une chose que je sais
être existante ne soit augmentée par celle de plusieurs
autres choses que je ne sais pas encore exister, mais que je
pourrai connaître par après quand je saurai qu'elles lui
appartiennent.

Après il continue, et dit : « Ayez bonne espérance,
vous le saurez quelque jour. » Et incontinent après il
ajoute : « Je ne vous tiendrai pas longtemps en suspens. »
Par lesquelles paroles il veut que nous attendions de lui ou
qu'il démontrera que par la voie que j'ai proposée on ne
saurait étendre plus avant sa connaissance ; ou bien, s'il
suppose que son adversaire même se l'est bouchée (ce qui
pourtant serait impertinent), qu'il nous en ouvrira quelque autre. Mais néanmoins il ne nous dit rien autre chose
sinon : « Vous savez quel vous êtes indéterminément et
confusément, mais non pas déterminément et clairement. » D'où l'on peut, ce me semble, fort bien conclure
que nous pouvons donc étendre plus avant notre connaissance, puisqu'en méditant et repassant les choses avec
attention en notre esprit, nous pouvons faire que celles
que nous ne connaissons que confusément et indéterminément nous soient par après connues clairement et
déterminément ; mais nonobstant cela il conclut que « ces
deux mots seuls, déterminément et indéterminément,
sont capables de nous arrêter un siècle entier », et partant
que nous devons chercher une autre voie. Il me semble
qu'il n'aurait rien pu imaginer de plus apte à montrer
l'extrême inaptitude et ineptie de son esprit.

516 (QQ) *Je suis, dites-vous. — Je le nie. Vous poursuivez :
Je pense. — Je le nie*, etc. Il recommence ici le combat
contre la première ombre, et, croyant l'avoir taillée en

pièces du premier coup, tout glorieux il s'écrie : « Voilà sans doute un trait bien remarquable ; j'ai d'un seul coup tranché la tête à tout. » Mais, d'autant que cette ombre ne tire sa vie que de son cerveau, et qu'elle ne peut mourir qu'avec lui, tout en pièces qu'elle est, elle ne laisse pas de revivre ; et, mettant la main sur le cœur, elle jure qu'elle est et qu'elle pense. Sur quoi, s'étant laissé fléchir et gagner, il lui permet de vivre et de dire, après avoir repris ses esprits, tout plein de choses inutiles ou impertinentes auxquelles il ne répond rien, et à l'occasion desquelles il semble plutôt vouloir contracter amitié avec elle. Après quoi il passe à d'autres galanteries.

(RR) Premièrement, il la tance ainsi : « Vous demandiez naguère qui vous étiez ; maintenant vous ne le savez pas seulement, mais vous en avez même une claire et distincte notion. » Puis après il la prie « de lui faire voir cette notion claire et distincte, pour être recréé de sa vue ». Après cela il feint qu'on la lui montre, et dit : « Je sais certainement que je suis, que je pense, que je suis une substance qui pense ; il n'y a rien à dire à cela. » Il prouve ensuite que cela ne suffit pas par cet exemple : « Vous connaissez qu'il n'y a point de montagne sans vallée ; vous avez donc une notion claire et distincte d'une montagne sans vallée. » Ce qu'il interprète ainsi : « La notion que vous avez est claire, parce que vous la connaissez certainement ; elle est distincte, parce que vous ne connaissez rien autre chose ; et partant cette notion claire et distincte d'une substance qui pense, que vous formez, consiste en ce qu'elle vous représente qu'une substance qui pense existe, sans penser au corps, à l'âme, à l'esprit ou à 517 aucune autre chose, mais seulement qu'elle existe. » Enfin, reprenant son humeur batailleuse, il s'imagine voir là un grand appareil de guerre et de vieux soldats rangés en bataille que, nouveau Pyrgopolinice, il renverse tous de son souffle.

Comme le vent, les feuilles ou le chaume des toits[1] sans qu'il en reste pas un. Au premier souffle il pousse ces

---

1. Pyrgopolinice, espèce de Matamore, héros du *Miles Gloriosus* de Plaute, dont Descartes cite un vers (I, 1, 17).

mots : « Du connaître à l'être la conséquence n'est pas bonne » ; et en même temps il porte en forme de drapeau une table où il a mis à sa fantaisie la division de la substance qui pense. Au second il pousse ceux-ci : « Déterminément, indéterminément ; distinctement, confusément ; explicitement, implicitement. » Et au troisième ceux-ci : « Ce qui conclut trop ne conclut rien. » Et voici comme l'explique : « Je connais que j'existe, moi qui suis une substance qui pense ; et néanmoins je ne connais pas encore qu'un esprit existe, par conséquent la connaissance de mon existence ne dépend pas de la connaissance d'un esprit existant. Partant, puisque j'existe et qu'un esprit n'existe point, je ne suis point un esprit : donc je suis un corps. » A ces paroles cette pauvre ombre ne dit mot ; elle lâche pied, elle perd courage, et se laisse mener par lui en triomphe comme une captive. Où je pourrais faire remarquer plusieurs choses dignes d'une immortelle risée. Mais j'aime mieux épargner notre acteur et pardonner à sa robe ; et même je ne pense pas qu'il me fût bienséant de rire plus longtemps de choses si légères. C'est pourquoi je ne remarquerai ici que les choses qui, quoique fort éloignées de la vérité, pourraient peut-être néanmoins être crues par quelques-uns comme des choses que j'aurais accordées, si je m'en taisais tout à fait.

518   Et premièrement je nie qu'il ait eu lieu de me reprocher que j'aie dit que j'avais une claire et distincte conception de moi-même, avant que d'avoir suffisamment expliqué de quelle façon on la peut avoir, ou, comme il dit, « ne venant que de demander qui j'étais ». Car entre ces deux choses, c'est-à-dire entre cette demande et la réponse, j'ai rapporté toutes les propriétés qui appartiennent à une chose qui pense, par exemple, qu'elle entend, qu'elle veut, qu'elle imagine, qu'elle se ressouvient, qu'elle sent, etc. ; et même toutes les autres propriétés ordinairement connues qui n'appartiennent point à son concept, pour distinguer les unes d'avec les autres, qui était tout ce que l'on pouvait souhaiter après avoir ôté les préjugés. Mais j'avoue bien que ceux qui ne se défont point de leurs préjugés ne sauraient que très difficilement avoir jamais la conception claire et distincte d'aucune chose ; car il est

manifeste que toutes les notions que nous avons eues des
choses en notre enfance n'ont point été claires et distinctes ; et partant toutes celles que nous acquérons par
après sont par elles rendues confuses et obscures, si l'on
ne les rejette une bonne fois. Quand donc il demande
qu'on lui fasse voir cette notion claire et distincte pour
être récréé de sa vue, il se joue, comme aussi lorsqu'il
m'introduit comme la lui montrant en ces termes : « Je
sais certainement que je suis, que je pense, que je suis une
substance qui pense », etc. Et lorsqu'il veut réfuter ces
jeux de son esprit par cet exemple : « Vous savez aussi
certainement qu'il n'y a point de montagne sans vallée,
donc vous avez un concept clair et distinct d'une montagne sans vallée », il se trompe lui-même par un
sophisme ; car de son antécédent il doit seulement
conclure : Donc vous concevez clairement et distinctement qu'il n'y a point de montagne sans vallée ; et non
pas : Donc vous avez la notion d'une montagne sans
vallée ; car, puisqu'il n'y en a point, on n'en doit point
avoir la notion, pour bien concevoir qu'il n'y a point de
519 montagne sans vallée. Mais, quoi ! notre auteur a si bon
esprit qu'il ne saurait réfuter les inepties qu'il a lui-même
controuvées que par d'autres nouvelles !

Et lorsqu'il ajoute après cela que je conçois la substance
qui pense sans rien concevoir de corporel ni de spirituel,
etc., je lui accorde pour le corporel, parce que j'avais
auparavant expliqué ce que j'entendais par le nom de
corps ou de chose corporelle, c'est à savoir, cela seul qui a
de l'étendue ou qui dans sa notion enferme de l'étendue ;
mais ce qu'il ajoute de spirituel, il le feint là un peu
grossièrement, comme aussi en plusieurs autres lieux, où
il me fait dire : « Je suis une chose qui pense ; or est-il que
je ne suis point un corps, ni une âme, ni un esprit », etc. ;
car je ne puis dénier à la substance qui pense que les
choses que je sais ne contenir dans leur notion aucune
pensée, ce que je n'ai jamais ni écrit ni pensé que je savais
de l'âme ou esprit. Et quand après cela il dit qu'il
comprend à présent fort bien ma pensée, qui est que je
pense que le concept que j'ai est clair, parce que je le
connais certainement, et qu'il est distinct parce que je ne

connais rien autre chose, il fait voir qu'il n'est pas fort intelligent ; car c'est autre chose de concevoir clairement, et autre chose de savoir certainement ; vu que nous pouvons savoir certainement plusieurs choses, soit pour nous avoir été révélées de Dieu, soit pour les avoir autrefois clairement conçues, lesquelles néanmoins nous ne concevons pas alors clairement ; et de plus la connaissance que nous pouvons avoir de plusieurs autres choses n'empêche point que celle que nous avons d'une chose ne soit distincte, et je n'ai jamais écrit la moindre parole d'où l'on pût conclure des choses si frivoles.

De plus, la maxime qu'il apporte, « Du connaître à l'être la conséquence n'est pas bonne », est entièrement fausse. Car, quoiqu'il soit vrai que pour connaître l'essence d'une chose il ne s'ensuive pas que cette chose existe, et que pour penser connaître une chose il ne s'ensuive pas qu'elle soit, s'il est possible que nous soyons en cela trompés, il est vrai néanmoins que du connaître à l'être la conséquence est bonne, parce qu'il est tout à fait impossible que nous connaissions une chose si elle n'est en effet comme nous la connaissons, à savoir, existante si nous apercevons qu'elle existe, ou bien de telle ou telle nature s'il n'y a que sa nature qui nous soit connue.

Il est faux aussi, ou du moins il n'a pas été prouvé qu'il y ait quelque substance qui pense qui soit divisible en plusieurs parties, comme il met dans cette table où il propose les diverses espèces de la substance qui pense, de même que s'il avait été enseigné par un oracle. Car nous ne pouvons concevoir en la pensée aucune étendue, ni aucune divisibilité en parties ; et c'est une chose absurde d'affirmer en paroles une chose pour vraie qui n'a pas été révélée de Dieu, et que nous n'atteignons pas par l'entendement ; et je ne puis ici m'empêcher de dire que cette opinion de la divisibilité de la substance qui pense me semble très dangereuse et fort contraire à la religion chrétienne, à cause que tandis qu'une personne sera dans cette opinion, jamais elle ne pourra reconnaître par la force de la raison la distinction réelle qui est entre l'âme et le corps.

Ces mots-là, « déterminément, indéterminément ; dis-

tinctement, confusément; explicitement, implicitement », étant tout seuls comme ils sont ici, n'ont aucun
sens, et ne sont autre chose que des subtilités par lesquelles notre autéur semble vouloir persuader à ses
521 disciples que lorsqu'il n'a rien à leur dire il ne laisse pas de
penser quelque chose de bon.

Cette autre maxime qu'il apporte, « Ce qui conclut trop
ne conclut rien », ne doit pas non plus être admise sans
distinction : car si par le mot de *trop* il entend seulement
quelque chose de plus que l'on ne demandait, comme
lorsqu'un peu plus bas il reprend les arguments dont je
me suis servi pour démontrer l'existence de Dieu, à cause,
dit-il, qu'il croit que par ces arguments on conclut
quelque chose de plus que n'exigent les lois de la prudence, ou que jamais personne n'a demandé; elle est
entièrement fausse et frivole : car plus on en conclut de
choses, pourvu que ce que l'on conclut soit bien conclu,
et meilleure elle est, et jamais les lois de la prudence n'ont
été contraires à cela. Que si par le mot de *trop* il entend,
non pas simplement quelque chose de plus que l'on ne
demandait, mais quelque chose d'incontestablement
faux, alors cette maxime est vraie. Mais le R. P. me
pardonnera si je dis qu'il se trompe quand il m'attribue
quelque chose de semblable ; car quand j'ai raisonné de la
sorte : « La connaissance des choses dont l'existence
m'est connue ne dépend point de celle des choses dont
l'existence ne m'est pas encore connue ; or est-il que je sais
qu'une chose qui pense existe, et que je ne sais pas encore
si aucun corps existe : donc la connaissance d'une chose
qui pense ne dépend point de la connaissance du corps » ;
je n'ai rien par là conclu de trop, ni rien qui n'ait été bien
conclu. Mais lorsqu'il dit : « Je sais qu'une chose qui
pense existe, et je ne sais pas encore si aucun esprit existe,
voire même il n'y en a point qui existe, il n'y a rien, tout
est rejeté », il dit une chose entièrement fausse et frivole ;
car je ne puis rien affirmer ou nier de l'esprit si je ne sais
522 auparavant ce que l'on doit entendre par le nom d'*esprit* ;
et je ne puis concevoir pas une des choses que l'on a
coutume d'entendre par ce nom où la pensée ne soit
enfermée : si bien qu'il est contradictoire qu'on puisse

savoir qu'une chose qui pense existe, sans savoir en même temps qu'un esprit, ou une chose qu'on entend par le nom d'esprit, existe. Et ce qu'il ajoute un peu après : « Voire même il n'y a point d'esprit qui existe ; il n'y a rien, tout est rejeté », est si absurde qu'il ne mérite pas de réponse ; car, quand après cette abdication on a reconnu l'existence d'une chose qui pense, on a en même temps reconnu l'existence d'un esprit (au moins en tant que par le nom d'esprit on entend une chose qui pense), et partant l'existence d'un esprit n'a pu alors être rejetée.

Enfin, quand, ayant à se servir d'un argument en forme, il l'exalte comme la véritable méthode de conduire sa raison, laquelle il oppose à la mienne, il semble vouloir insinuer que je n'approuve pas les formes de syllogismes, et partant que je me sers d'une méthode fort éloignée de la raison ; mais mes écrits me justifient assez là-dessus, où toutes les fois qu'il a été nécessaire je n'ai pas manqué de m'en servir.

(SS) Il propose ici un syllogisme composé de fausses prémisses qu'il dit être de moi ; mais quant à moi je le nie et le renie : car, pour ce qui est de cette majeure : « Nulle chose qui est telle que je puis douter si elle existe n'existe en effet », elle est si absurde que je ne crains pas qu'il puisse jamais persuader à personne qu'elle vienne de moi, si en même temps il ne leur persuade que j'ai perdu le sens. Et je ne puis assez admirer à quel dessein, avec quelle fidélité, sous qu'elle espérance et avec quelle confiance il a entrepris cela. Car dans la première Méditation, où il ne s'agissait pas encore d'établir aucune vérité, mais seulement de me défaire de mes anciens préjugés, après avoir montré que toutes les opinions que j'avais reçues dès ma jeunesse en ma créance pouvaient être révoquées en doute, et partant que je ne devais pas moins soigneusement suspendre mon jugement à leur égard qu'à l'égard de celles qui sont manifestement fausses, de peur qu'elles ne m'empêchassent de chercher comme il faut la vérité, j'ai expressément ajouté ces paroles : « Mais il ne suffit pas d'avoir fait ces remarques, il faut encore que je prenne soin de m'en souvenir ; car ces anciennes et ordinaires *opinions* me reviennent encore souvent en la pensée, le long et familier usage qu'elles ont eu avec moi leur donnant droit d'occuper mon esprit contre mon gré, et de se rendre presque maîtresses de ma créance. Et je ne me désaccoutumerai jamais d'y acquiescer et de prendre confiance en elles, tant que je les considérerai telles qu'elles sont en effet, c'est à savoir, *en quelque façon douteuses*, comme je viens de montrer, et toutefois fort probables ; en sorte que l'on a beaucoup plus·de raison de les croire que de les nier. C'est pourquoi je pense que j'en userai plus prudemment si, *prenant de propos délibéré un parti contraire*, je me trompe moi-même, et si *je feins* pour quelque temps que toutes ces opinions *sont entièrement fausses et imaginaires*, jusqu'à ce qu'enfin, ayant également balancé mes anciens et mes nouveaux préjugés, mon jugement ne soit plus désormais maîtrisé par de mauvais usages, et détourné du droit chemin qui le peut conduire à la connaissance de la vérité. » Entre lesquels notre auteur a choisi ces mots et laissé les autres : « Prenant de propos délibéré un parti contraire, je feindrai que les opinions qui sont en quelque façon douteuses sont entièrement fausses et imaginaires. » Et de plus, en la place du mot *feindre*, il met ceux-ci : « Je dirai, je croirai, et croirai même de telle sorte que j'assurerai pour vrai le contraire de ce qui est douteux » ; et a voulu que cela me servît de 524 maxime ou de règle certaine, non pour me délivrer de mes préjugés, mais pour jeter les fondements d'une métaphysique tout à fait certaine et accomplie. Il est vrai néanmoins qu'il a proposé cela d'abord un peu ambigument, et comme en hésitant, dans les second et troisième paragraphes de la première question ; et même, dans ce troisième paragraphe, après avoir supposé que suivant cette règle il devait croire que deux et trois ne faisaient pas cinq, il demande si tout aussitôt il doit tellement le croire qu'il se persuade que cela ne peut être autrement. Et, pour satisfaire à cette belle demande, après plusieurs paroles ambiguës et superflues, il m'introduit lui répondant de la sorte : « Vous ne l'assurerez ni ne le nierez ; vous ne vous servirez ni de l'un ni de l'autre, mais vous tiendrez l'un et l'autre pour faux. » D'où il est manifeste qu'il a fort bien su que je ne tenais pas pour vrai le

contraire de ce qui est douteux, et que personne, selon moi, ne s'en pouvait servir pour majeure d'un syllogisme duquel on dût attendre une conclusion certaine ; car il y a de la contradiction entre ne point assurer, ne point nier, ne se servir ni de l'un ni de l'autre, et assurer pour vrai l'un des deux contraires et s'en servir. Mais, perdant par après insensiblement la mémoire de ce qu'il avait rapporté comme étant mon opinion, il n'a pas seulement assuré le contraire, mais il l'a même si souvent répété et inculqué qu'il ne reprend presque que cela seul dans toute sa dissertation, et ne compose aussi que de cela seul ces douze fautes qu'il m'attribue dans toute la suite de son traité. D'où il suit, ce me semble, très manifestement que non seulement ici, où il m'attribue cette majeure :
525 « Nulle chose qui est telle que l'on peut douter si elle existe n'existe en effet », mais aussi en tous les autres endroits où il m'attribue des choses semblables, il ment de façon inexcusable (à moins que j'ignore ce que *mentir* veut dire) ou parle contre son sentiment et sa conscience. Et quoique ce soit à regret que je me serve d'un mot si rude, néanmoins la défense de la vérité que j'ai entreprise exige que je n'hésite pas à appeler de son vrai nom ce qu'il n'a pas rougi de faire si ouvertement. Et comme dans toute sa dissertation il n'a, ce me semble, presque point d'autre dessein que de persuader et d'inculquer dans l'esprit de ses lecteurs cette fausse maxime qu'il a déguisée en cent façons, je ne vois point d'autre moyen pour l'excuser que de dire qu'il en a si souvent parlé qu'à la fin il se l'est persuadée à lui-même et n'en a plus reconnu la fausseté.

Pour ce qui est maintenant de la mineure, savoir est : « Or est-il que tout corps est tel que je puis douter s'il existe » ; ou bien, « Or est-il que tout esprit est tel que je puis douter s'il existe » ; si on l'entend indéfiniment de toute sorte de temps, ainsi qu'elle doit être entendue pour servir de preuve à la conclusion qu'on en tire, elle est encore fausse, et je nie qu'elle soit de moi. Car un peu après le commencement de la seconde Méditation, où j'ai certainement reconnu qu'une chose qui pense existait, laquelle, suivant l'usage ordinaire, on appelle du nom d'esprit, je n'ai pu douter davantage qu'un esprit existât. De même, après la sixième Méditation, dans laquelle j'ai reconnu l'existence du corps, je n'ai pu aussi douter davantage de son existence. Admirez cependant l'excellence de l'esprit de notre auteur, d'avoir eu l'adresse d'inventer si ingénieusement deux fausses prémisses que, les employant en bonne forme dans un syllogisme, il s'en soit ensuivi une fausse conclusion! Mais je ne comprends

526 point pourquoi il ne veut pas que j'aie ici sujet de rire; car je ne trouve dans toute sa dissertation que des sujets de joie pour moi, non pas à la vérité fort grande, mais pourtant véritable et solide : d'autant que, reprenant là plusieurs choses qui ne sont point de moi, mais qu'il m'a seulement attribuées, il fait voir clairement qu'il a fait tout son possible pour trouver dans mes écrits quelque chose digne de censure, sans en avoir pourtant jamais pu rencontrer.

(TT) Et de vrai il paraît bien qu'il n'a pas ri de bon cœur, par la sérieuse réprimande dont il conclut toute cette partie; ce que les réponses qui suivent font encore mieux voir, dans lesquelles il ne paraît pas seulement triste et sévère, mais même chagrin et cruel. Car, n'ayant aucune raison de me vouloir du mal, et n'ayant aussi rien trouvé dans mes écrits qui pût mériter sa censure, sinon cette seule absurdité qu'il m'attribue consciemment et délibérément, et que je n'ai pas pu un peu plus haut nommer d'un mot moins rude que *son mensonge*; toutefois, parce qu'il croit l'avoir entièrement persuadé à ses lecteurs (non pas à la vérité par la force de ses raisons, car il n'en a point, mais, premièrement, par cette admirable confiance qu'il a eue de le dire, que dans un homme de sa profession on ne soupçonne pas pouvoir être fausse, et de plus par une fréquente et constante répétition de la même maxime, qui fait souvent qu'à force d'entendre la même chose nous acquérons l'habitude de recevoir pour vrai ce que nous savons être faux; et ces deux moyens sont ordinairement plus puissants que toutes les raisons pour persuader le peuple et ceux qui n'examinent pas de près les choses), il insulte superbement le vaincu; et, comme un grave pédagogue, me prenant pour un de ses petits

527 écoliers, il me tance aigrement, et, dans les douze réponses suivantes, il me rend coupable de plus de péchés qu'il n'y a de préceptes dans le Décalogue. Je veux bien pourtant excuser le R. P. à cause qu'il semble n'être pas bien à soi ; et, quoique ceux qui ont bu un peu plus qu'ils ne doivent aient coutume de ne voir tout au plus que deux choses pour une, le zèle qui l'emporte le trouble tellement, que, dans cette unique chose qu'il a lui-même controuvée, il trouve en moi douze fautes à reprendre ; lesquelles je pourrais dire être autant d'injures et de calomnies si je voulais parler ouvertement et sans aucun déguisement de paroles, mais que j'aime mieux appeler des égarements, pour rire à mon tour comme il a fait ; et cependant je prie le lecteur de se souvenir que, dans tout ce qui suit, il n'a pas dit contre moi une seule parole où il ne se soit égaré.

. . . .

535 Voilà tout ce que le R. P. m'a envoyé. Et, ayant été supplié d'envoyer le reste, il fit réponse qu'il n'avait pas alors le loisir d'en faire davantage. Mais pour moi j'aurais cru commettre un crime d'omettre ici la moindre syllabe de son écrit.

536 Je croirais que ce serait assez d'avoir rapporté le beau jugement que vous venez d'entendre touchant la méthode dont je me sers pour rechercher la vérité, pour faire connaître le peu de raison et de vérité qu'il contient, s'il avait été rendu par une personne inconnue. Mais d'autant que l'auteur de ce jugement tient un rang dans le monde, qui est tel que difficilement se pourrait-on persuader qu'il eût manqué d'esprit et de toutes les autres qualités qui sont requises en un bon juge, de peur que la trop grande autorité de son ministère ne porte préjudice à la vérité, je supplie ici les lecteurs de se souvenir qu'auparavant qu'il en soit venu à ses douze réponses qu'il vient de faire, il n'a rien combattu de tout ce que j'ai dit, mais qu'il a seulement employé de vaines cavillations pour prendre de là occasion de m'attribuer des opinions si peu croyables qu'elles ne méritaient pas d'être réfutées ; et que maintenant dans ses douze réponses, au lieu de prouver rien contre moi, il se contente de supposer vainement qu'il a

déjà prouvé auparavant les choses qu'il m'avait attribuées, et que, pour faire paraître davantage l'équité de son jugement, il s'est seulement voulu jouer lorsqu'il a rapporté les causes de ses accusations; mais qu'ici, où il est question de juger, il fait le grave, le sérieux et le sévère; et que, dans les onze premières réponses, il prononce hardiment et définitivement contre moi une sentence de condamnation; et qu'enfin dans la douzième il commence à délibérer et à distinguer en cette sorte : « S'il entend ceci, il ne dit rien de nouveau; si cela, il ne dit rien de bon », etc. ; quoique néanmoins il ne s'agisse là que d'une seule et même chose considérée diversement, savoir est, de sa propre fiction, de laquelle je veux vous faire voir ici l'absurdité par cette comparaison.

537 J'ai déclaré, en plusieurs endroits de mes écrits, que je tâchais partout d'imiter les architectes, qui, pour élever de solides édifices aux lieux où le roc, l'argile, et la terre ferme est couverte de sable, creusent premièrement de profondes fosses, et rejettent de là non seulement le sable, mais tout ce qui se trouve appuyé sur lui, ou qui y est mêlé, afin de poser par après leurs fondements sur la terre ferme; car de la même façon j'ai premièrement rejeté comme du sable tout ce que j'ai reconnu être douteux; et après cela, considérant qu'on ne peut pas douter qu'au moins la substance qui doute, ou qui pense, n'existe, je me suis servi de cela comme d'un roc sur lequel j'ai posé les fondements de ma philosophie.

Or notre auteur est semblable à un certain maçon, lequel, pour paraître plus habile homme qu'il n'était, jaloux de la réputation d'un maître-architecte qui faisait construire une chapelle dans sa ville, chercha avec grand soin toutes les occasions de blâmer son art et sa manière de bâtir; mais parce qu'il était si peu versé en cet art, qu'il ne pouvait rien comprendre de tout de que ce maître-architecte faisait, il n'osa se prendre qu'aux premiers rudiments de cet art, et aux choses qui se présentent d'elles-mêmes. Il remarqua qu'il commençait par creuser la terre, et rejeter, non seulement le sable et la terre mouvante, mais aussi les bois, les pierres et tout ce qui se trouvait mêlé avec le sable, afin de parvenir à la terre ferme, et poser là-dessus les fondements de sa chapelle. Et, de plus, il apprit que, à ceux qui lui demandaient d'où venait qu'il creusait ainsi la terre, l'architecte avait un jour répondu que la surface de la terre sur laquelle nous marchons n'est pas toujours assez ferme pour soutenir de grands édifices, et que principalement le sable est instable, à cause que non seulement il s'affaisse quand il est beaucoup chargé, mais aussi à cause que les eaux et les ravines l'entraînent souvent avec elles, d'où s'ensuit l'effondrement inattendu de tout ce qui s'appuie sur lui ; et enfin que lorsque de pareils effondrements arrivent dans les fondations, les fossoyeurs attribuent cela à des démons[1] ou malins génies qu'on dit habiter les lieux 538 souterrains. D'où notre maçon tira occasion de feindre que l'architecte prenait pour la construction de la chapelle le fossoiement qu'il pratiquait, et pour la chapelle à construire, la fosse ou le roc découvert en son fond, ou du moins ce qui était construit sur cette fosse pendant qu'elle-même demeurait vide ; et que cet architecte était si sot que de craindre que la terre sur laquelle il marchait ne s'abîmât sous ses pieds, ou qu'elle ne fût bouleversée par des démons. Ce qu'ayant fait croire à des enfants, ou à d'autres gens si peu versés dans l'architecture qu'ils prenaient pour une chose nouvelle et merveilleuse de voir creuser des fosses pour y placer les fondements des édifices, et qui donnaient facilement créance à cet homme, qu'ils connaissaient et qu'ils tenaient pour homme de bien et pour assez expérimenté en son art, s'agissant de cet architecte qui leur était inconnu, et qu'on leur disait n'avoir encore rien bâti, mais avoir seulement creusé de grandes fosses, il devint si joyeux de sa fiction, qu'il crut le pouvoir aussi persuader au reste des hommes. Et quoique cet architecte eût déjà rempli de bonnes pierres toutes les fosses qu'il avait faites, et que là il eût très fermement construit sa chapelle d'une matière très solide, et qu'elle parût aux yeux de tout le monde, ce pauvre homme ne laissait pas néanmoins de demeurer

---

1. Nous traduisons par *démons* le latin *lemures*, qui désigne les âmes des morts ou revenants.

dans la même espérance et dans le même dessein de persuader à tous les hommes ses balivernes ; et pour cela il ne manquait pas tous les jours de les débiter dans les places publiques à tous les passants, et de faire devant tout le monde des comédies de notre architecte, dont le sujet était tel[1].

Premièrement, il le faisait paraître commandant qu'on fît des fosses, et qu'on n'en ôtât pas seulement tout le sable, mais aussi tout ce qui se trouvait mêlé avec lui, ou construit par-dessus, jusques aux moellons et aux pierres de taille ; en un mot, qu'on en ôtât tout et qu'on n'y laissât rien. Et il prenait plaisir d'appuyer principalement sur ces mots : *rien, tout jusques aux moellons et aux pierres de taille* ; et en même temps faisait semblant de vouloir apprendre de lui l'art de bien bâtir, et de vouloir descendre avec lui dans ces fosses. « Servez-moi de guide, lui disait-il ; commandez, parlez, je suis tout prêt à vous suivre, ou comme compagnon, ou comme disciple. Que vous plaît-il que je fasse ? je veux bien m'exposer dans ce chemin, quoiqu'il soit nouveau et qu'il me fasse peur à cause de son obscurité. Je vous entends, vous voulez que je fasse ce que je vous verrai faire, que je mette le pied où vous mettrez le vôtre. Voilà sans doute une façon de commander et de conduire tout à fait admirable ; et comme vous me plaisez en cela, je vous obéis. »

Puis après, faisant semblant d'avoir peur des démons dans ces fosses, il tâchait de faire rire ses spectateurs en leur disant ces paroles : « Et de vrai, pourrez-vous bien faire en sorte que je sois sans crainte et sans frayeur à présent, et que je n'aie point de peur de ce mauvais génie ? En vérité, quoique vous fassiez votre possible pour m'assurer, soit de la main, soit de la voix, ce n'est pourtant pas sans beaucoup de frayeur que je descends dans ces lieux obscurs et remplis de ténèbres. » Et, poursuivant son discours : « Mais, hélas ! que j'oublie aisément la résolution que j'ai prise ! Qu'ai-je fait ! je m'étais abandonné au commencement tout entier à vous

---

1. A partir d'ici, et jusqu'à la fin, Descartes parodie les objections de Bourdin, en transposant mot à mot, en termes d'architecture, ce que son adversaire dénonçait dans la nouvelle méthode.

et à votre conduite, je m'étais donné à vous pour compagnon et pour disciple, et voici que j'hésite dès l'entrée,
tout effrayé et obstiné! Pardonnez-moi, je vous conjure;
j'ai péché, je l'avoue, et péché largement; et n'ai fait en
cela paraître que l'imbécillité de mon esprit. Je devais
sans aucune appréhension me jeter hardiment dans l'obscurité de cette fosse, et, tout au contraire, j'ai hésité et
résisté. »

Dans le troisième acte, il représentait cet architecte qui
lui montrait dans le fond de cette fosse une pierre ou un
gros rocher, sur lequel il voulait appuyer tout son édifice;
et lui en se moquant lui disait : « Voilà qui va bien! vous
avez trouvé ce point fixe d'Archimède; sans doute que
vous déplacerez le monde si vous l'entreprenez : toutes
choses branlent déjà. Mais je vous prie (car vous voulez,
comme je crois, couper toutes choses jusques au vif, afin
qu'il n'y ait rien dans votre art que de propre, de bien
suivi et de nécessaire), pourquoi retenez-vous ici cette
540 pierre? n'avez-vous pas vous-même commandé qu'on
jetât et qu'on mît dehors et les pierres et le sable? Mais
peut-être vous a-t-elle échappé : tant il est malaisé, même
aux plus expérimentés, d'oublier tout à fait les choses
auxquelles ils se sont accoutumés dès leur jeunesse; en
sorte qu'il ne faudra pas perdre espérance s'il arrive que
j'y manque, moi qui ne suis pas encore bien versé dans cet
art. » Outre cela, ce maître-architecte ramassait quelques
gravats qu'on avait auparavant jetés avec le sable, afin de
s'en servir pour bâtir; de quoi l'autre se riant lui disait :
« Oserai-je bien, monsieur, avant que vous passiez plus
outre, vous demandez pourquoi, après avoir rejeté solennellement, comme vous avez fait, tous ces gravats comme
ne les ayant pas jugés assez fermes, vous voulez encore
repasser les yeux dessus et les reprendre, comme s'il y
avait espérance de rien bâtir de ferme de ces lopins de
pierre, etc. ? Bien plus, puisque toutes les choses que vous
avez rejetées un peu auparavant étaient faibles et chancelantes (car autrement pourquoi les auriez-vous rejetées?),
comment se pourra-t-il faire que les mêmes choses ne
soient plus à présent faibles et chancelantes », etc. Et un
peu après : « Souffrez aussi que j'admire ici votre artifice,

de vous servir de choses faibles pour en établir de fermes, et de nous plonger dans les ténèbres pour nous faire voir de la lumière », etc. Après quoi il disait mille choses impertinentes du nom et de l'office d'architecte et de maçon qui ne servaient de rien à l'affaire, sinon que, confondant la signification de ces mots, il faisait qu'il était plus difficile de distinguer l'un d'avec l'autre.

Au quatrième acte, on les voyait tous deux dans le fond de cette fosse ; et là cet architecte tâchait de commencer la construction de sa chapelle ; mais en vain ; car, premièrement, sitôt qu'il pensait mettre la première pierre à son bâtiment, tout aussitôt le maçon l'avertissait qu'il avait lui-même commandé qu'on jetât dehors toutes les pierres, et ainsi que cela était contre les règles de son art ; ce qu'entendant ce pauvre architecte, vaincu qu'il était par la force de cette raison archimédienne, était contraint de quitter là son ouvrage ; et quand après cela il pensait 541 prendre les moellons, des briques, du mortier ou quelque autre chose pour recommencer, ce maçon ne manquait pas de lui souffler continuellement aux oreilles : « Vous avez commandé qu'on rejetât tout ; vous n'avez rien retenu » ; et par ces paroles seules de *rien* et de *tout*, comme par quelque enchantement, il détruisait tout son ouvrage ; et enfin tout ce qu'il disait était si conforme à tout ce qui est ici depuis le paragraphe cinquième jusques au neuvième, qu'il n'est pas besoin que je le répète.

Enfin, dans le cinquième acte, voyant un assez grand nombre de peuple autour de soi, il changea tout d'un coup et d'une façon toute nouvelle la gaieté de sa comédie en une tragique sévérité ; et après avoir ôté de dessus son visage les marques de chaux, d'un ton grave et d'un visage sérieux il se mit à dénombrer et à condamner toutes les fautes de cet architecte, qu'il disait avoir fait remarquer auparavant dans les actes précédents. Et pour vous faire voir le rapport qu'il y a entre notre auteur et ce maçon, je veux vous rapporter ici tout au long le jugement qu'il fit la dernière fois qu'il divertit le peuple par de semblables spectacles. Il feignait avoir été prié par cet architecte de lui dire son avis touchant l'art qu'il a de bâtir, et voici ce qu'il lui répondait :

« 1° Cet art pèche dans les fondements ; car il n'en a point, et en a une infinité. Et de vrai tous les autres arts qui prescrivent des règles pour bâtir se servent de fondements très fermes, comme de pierres de taille, de briques, de moellons, et de mille autres choses semblables, sur lesquelles ils appuient leurs édifices, et les élèvent fort haut. Celui-ci, tout au contraire, pour faire un bâtiment, non de quelque matière, mais de rien, renverse, creuse et rejette tous les anciens fondements, sans en réserver quoi que ce soit ; et, prenant de propos délibéré un parti contraire, pour ne pas paraître manquer tout à fait de moyens, il en invente lui-même qui lui servent d'ailes, mais d'ailes de cire ; et établit des fondements nouveaux directement opposés à ceux des anciens ; et par ce moyen, pensant éviter l'instabilité de ceux-ci, il tombe dans une nouvelle ; il renverse ce qui est ferme pour s'appuyer sur ce qui ne l'est pas ; il prend des ailes, mais des ailes de cire ; il élève bien haut son bâtiment, mais c'est pour tomber ; enfin de rien il veut faire quelque chose, mais en effet il ne fait rien. »

Or qui vit jamais rien de plus faible que tout ce discours, que la seule chapelle bâtie auparavant par cet architecte faisait voir manifestement être faux ? Car il était aisé de voir que les fondements en étaient très fermes, qu'il n'avait rien détruit que ce qui le devait être, qu'il ne s'était écarté en quoi que ce soit de la façon ordinaire que lorsqu'il avait eu quelque chose de meilleur, et qu'il avait tellement soutenu en hauteur son bâtiment qu'il ne menaçait point de chute ni de ruine ; et enfin, qu'il s'était servi d'une matière très solide, et non pas de rien, pour construire en l'honneur de Dieu, non pas rien, mais une forte et durable chapelle. Je pourrais répondre les mêmes choses à notre auteur, puisque les seules méditations que j'ai publiées font assez voir son égarement. Et il ne faut pas ici accuser l'historien de n'avoir pas fait un rapport fidèle des paroles du maçon, de ce qu'il l'introduit donnant des ailes à l'architecture, et plusieurs autres choses qui lui conviennent fort peu ; car peut-être l'a-t-il fait tout exprès pour faire voir le trouble où était son esprit ; et je ne vois pas que ces choses-là conviennent mieux à la méthode de rechercher la vérité, à laquelle pourtant notre auteur les applique.

2° « Cette manière d'architecture pèche dans les moyens; car elle n'en a point, puisqu'elle retranche les anciens sans en proposer de nouveaux. Les autres manières ont une équerre, une règle, un plomb, par la conduite desquels, ni plus ni moins que par un fil d'Ariane, elles sortent aisément de leurs labyrinthes, et disposent avec justesse et facilité les pierres les plus informes. Mais celle-ci, tout au contraire, corrompt toute la forme ancienne, lorsqu'elle pâlit d'une crainte nouvelle en se faisant peur par la fiction de démons, lorsqu'elle craint que la terre ne lui manque et ne s'affaisse, lorsqu'elle appréhende que le sable ne s'échappe. Propo-543 sez-lui d'élever une colonne, elle pâlira de crainte à la seule position du stéréobate et de la base, de quelque forme qu'elle puisse être : peut-être, dira-t-elle, que les démons la renverseront! Mais que fera-t-elle quand il faudra dresser son fût? elle tremblera, et dira qu'il est trop faible; qu'il n'est peut-être que de plâtre, et non pas de marbre; et que souvent on en a vu qu'on croyait bien durs et bien fermes que l'expérience a fait connaître être très fragiles. Enfin qu'espérez-vous qu'elle fera quand il sera question de poser l'architrave? elle se défiera de tout, comme si c'était des chaînes qu'on lui voulût mettre aux pieds. N'a-t-on pas vu, dira-t-elle, de mauvais architectes qui en ont dressé plusieurs qu'ils pensaient bien fermes et qui n'ont pas laissé de tomber d'eux-mêmes? Que sais-je s'il n'arrivera point la même chose à celui-ci, et si les démons n'ébranleront point la terre? Ils sont mauvais, et je ne sais pas encore si la base est si bien appuyée que ces démons ne puissent rien contre elle. Que pourriez-vous faire quand son auteur vous dira avec une opiniâtreté invincible que vous ne sauriez répondre de la fermeté de l'architrave si vous ne savez auparavant que la colonne n'est pas d'une matière fragile; qu'il n'est pas appuyé sur le sable, mais sur la pierre, et même sur la pierre si ferme qu'il n'y ait point de démons qui la puissent ébranler? Que faire quand il vous dira que la matière ni la forme de cette colonne ne vaut rien? » (ici, par une audace bouffonne, il montrait à tout le monde l'image d'une des colonnes que cet architecte avait employées dans sa chapelle), « et cent autres choses semblables, sur lesquelles si vous pensez le presser, il vous dira tout aussitôt : Attendez que je sache si elle est bâtie sur le roc, et s'il n'y a point de démons en ce lieu-là. Mais au moins, me direz-vous, cette manière d'architecture a-t-elle cela de commode que, ne voulant point du tout de colonnes, elle empêche infailliblement qu'on n'en dresse de mauvaises ? La commodité est belle sans doute, et n'est-ce pas comme qui arracherait le nez qui coule à un enfant ? » etc. Car cela ne vaut pas la peine d'être redit ; et je prie ici les lecteurs de vouloir prendre la peine de comparer chacune de ces réponses à celles de notre auteur.

Or cette réponse, aussi bien que la précédente, était manifestement convaincue de faux par la seule existence de cette chapelle, puisqu'on y voyait quantité de colonnes 544 très solides, et entre autres celle-là même dont il avait fait voir l'image comme d'une chose qui avait été rejetée par cet architecte. Et de la même façon mes seuls écrits font assez voir que je ne réprouve point les syllogismes, et même que je n'en corromps point les formes, puisque je m'en suis servi moi-même toutes les fois qu'il en a été besoin. Et entre autres celui-là même qu'il rapporte, et dont il feint que je condamne la matière et la forme, est tiré de mes écrits, et on le peut voir sur la fin de la *réponse* que j'ai faite aux *Secondes Objections*, dans la *proposition première*, où je démontre l'existence de Dieu. Et je ne puis deviner à quel dessein il feint cela, si ce n'est peut-être pour montrer que toutes les choses que j'ai proposées comme vraies et certaines sont contraires à cette abdication générale de tout ce qui est douteux, laquelle il veut faire passer pour la seule méthode que j'aie de rechercher la vérité ; ce qui ressemble tout à fait, et qui n'est pas moins puéril et inepte que la fiction de ce maçon qui faisait consister tout l'art de l'architecture en cette manière de creuser pour jeter les fondements des édifices, et qui reprenait tout ce que construisait ensuite cet architecte comme contraire à cela.

3° « Cette manière pèche contre la fin, ne pouvant

rien construire de ferme et de durable. Mais comment le pourrait-elle, puisqu'elle s'ôte elle-même tous les moyens pour cela ? Vous l'avez vu vous-même et expérimenté avec moi dans ces détours, ou plutôt ces erreurs semblables à celles d'Ulysse, que vous m'avez fait prendre, et qui nous ont tous deux grandement fatigués ; vous souteniez que vous étiez un architecte, ou que vous en saviez l'art ; mais vous ne l'avez jamais su prouver, et vous êtes demeuré en chemin, embarrassé de mille difficultés, et cela tant de fois que j'ai de la peine à m'en souvenir. Et néanmoins il sera bon de s'en souvenir à présent, afin que
545 la réponse que j'ai à vous faire ne perde rien de sa force. Voici donc les principaux chefs de cette nouvelle manière d'architecture, par lesquels elle se coupe elle-même les nerfs, et s'ôte toute espérance de pouvoir jamais rien avancer dans cet art. 1° Vous ne savez si au-dessous de la surface de la terre il y a du sable ou du roc ; et partant vous ne devez non plus vous fier au roc (si toutefois vous pouvez jamais vous appuyer sur du roc) qu'à du sable même. De là vient que tout est incertain et chancelant, et que l'on ne peut rien bâtir de ferme. Je ne vous en apporterai point d'exemples ; pensez-y vous-même, et parcourez tous les magasins de votre mémoire, et voyez si vous y trouverez aucune chose qui ne soit infectée de cette tache ; vous me ferez plaisir de m'en montrer quelqu'une. 2° Jusques à ce que j'aie trouvé la terre ferme, au-dessous de laquelle je sache qu'il n'y a point de sable, ni de démons qui puissent l'ébranler, je dois rejeter toutes choses, et avoir pour suspecte toute sorte de matière ; ou pour le moins, selon la commune et ancienne façon de bâtir, je dois avant toutes choses définir s'il peut y avoir quelque matière qu'on ne doive point rejeter, et quelle est cette matière, et avertir en même temps les fossoyeurs de la retenir dans leur fosse. D'où il s'ensuit comme auparavant que tout est faible, et partant inutile, pour la construction d'un édifice. 3° S'il y a quelque chose qui puisse être tant soit peu ébranlée, prenant de propos délibéré un parti contraire, faites état qu'elle est déjà renversée ; ne songez qu'à creuser et servez-vous de cette fosse vide comme d'un fondement. De là il s'ensuit que

tous les moyens pour bâtir lui sont retranchés : car que pourrait faire cet architecte ? il n'a plus ni terre, ni sable, ni pierre, etc. Et ne me dites point qu'on ne creusera pas toujours, que ce n'est que pour un temps, comme un temps de vacances, et jusques à une certaine profondeur, selon qu'il y aura plus ou moins de sable. Car je veux bien que ce ne soit que pour un temps ; mais toujours est-ce pour le temps que vous voulez bâtir, et pendant lequel vous usez et abusez de la vacuité de cette fosse, comme si toute l'édification en dépendait, et qu'elle s'appuyât sur elle comme sur son véritable soubassement. Mais, me direz-vous, je m'en sers pour établir le stylobate et la colonne, comme font ordinairement les autres architectes. 546 N'est-ce pas leur coutume de fabriquer certaines machines qui ne leur servent que pour un temps, afin d'élever leurs colonnes ? » etc.

Or, si en tout cela ce maçon vous a semblé ridicule, je trouve que notre auteur ne l'est guère moins. En effet, que, par le rejet de ce qui est douteux, je ne me sois pas plus coupé les chemins vers la connaissance de la vérité que cet architecte, par le fossoiement, le chemin vers la construction de sa chapelle, ce que j'ai démontré par après le montre assez ; ou du moins il aurait dû me faire voir que je me suis trompé, en m'y faisant remarquer quelque chose de faux ou d'incertain ; ce que ne faisant point, et même ce que ne pouvant faire, il faut confesser qu'il ne peut s'excuser de s'être grandement mépris. Et je n'ai jamais plus songé à prouver que moi (c'est-à-dire une chose qui pense) étais un esprit, que l'autre à prouver qu'il était un architecte. Mais, à dire vrai, notre auteur, avec toute la peine qu'il s'est ici donnée, n'a rien prouvé autre chose sinon que, s'il avait de l'esprit, il n'en avait pas beaucoup. Et encore qu'en poussant son doute métaphysique jusques au bout on en vienne jusqu'à ce point que de supposer qu'on ne sait si l'on dort ou si l'on veille, il ne s'ensuit pas mieux que pour cela on ne puisse rien trouver de certain et d'assuré que, de ce qu'un architecte qui commence à creuser ne sait pas s'il trouvera sous le sable ou de la pierre, ou de l'argile, ou quelque autre chose, il s'ensuit qu'il ne pourra jamais en ce lieu-là rencontrer le roc, ou que, l'ayant trouvé, il ne devra point s'y assurer. Et il s'ensuit aussi peu que toutes choses soient inutiles pour la recherche de la vérité, de ce qu'auparavant que de savoir qu'il y a un Dieu chacun a occasion de douter de toutes choses, à savoir, de toutes celles dont on n'a pas la claire perception présente à l'esprit, ainsi que j'ai dit plusieurs fois, que, de ce que cet architecte avait commandé de rejeter toutes choses de ses fosses jusques à ce qu'il eût trouvé la terre ferme, il s'ensuivait qu'il n'y avait eu ni moellons ni pierres dans ces fosses qu'il jugeât devoir lui être utiles par après pour 547 jeter ses fondements. Et ce maçon n'errait pas moins impertinemment en disant que, selon la commune et ancienne architecture, on ne devait pas rejeter des fosses toutes ces pierres et tous ces moellons, et qu'on devait avertir les fossoyeurs de les retenir, que fait aujourd'hui notre auteur, soit en disant qu'il faut « avant toutes choses définir s'il peut y avoir des propositions exemptes de doute, et quelles sont ces propositions » (car, comment pourraient-elles être définies par celui que nous supposons n'en connaître encore pas une ?), soit en proposant cela comme un des préceptes de la commune et ancienne philosophie, en laquelle il ne se trouve rien de semblable. Et ce maçon ne feignait pas moins sottement que cet architecte se voulait servir pour fondement de cette fosse vide, et que tout son art en dépendait, que notre auteur se trompe visiblement en disant « que je prends pour principe le contraire de ce qui est douteux, et que j'abuse des choses que j'ai une fois rejetées, comme si la vérité en était dépendante, et qu'elle y fût appuyée comme sur son véritable soubassement » : ne se ressouvenant pas de ce qu'il avait dit un peu auparavant, et qu'il avait rapporté comme venant de moi, c'est à savoir : « Vous n'assurerez ni l'un ni l'autre, ni vous ne le nierez aussi, vous ne vous servirez ni de l'un ni de l'autre, et vous tiendrez l'un et l'autre pour faux. » Et enfin ce maçon ne montrait pas mieux son ignorance en comparant la fosse que l'on creuse pour jeter les fondements à une machine que l'on ne fait que pour un temps, pour servir seulement à dresser une colonne, que fait notre auteur en comparant à cette machine l'abdication de tout ce qui est douteux.

4° 2« Cette manière pèche par excès, c'est-à-dire qu'elle en fait plus que ne demandent d'elle les lois de la prudence, et que jamais mortel n'a désiré. Il est bien vrai qu'il s'en trouve assez qui veulent qu'on leur bâtisse de solides édifices, mais il ne s'est encore trouvé personne jusques ici qui n'ait cru que ç'ait été assez que la maison où il habitait fût aussi ferme que la terre même qui nous soutient, en sorte qu'il est tout à fait superflu de rechercher en cela une plus grande fermeté. De plus, comme pour se promener il y a certaines bornes de stabilité de la terre qui sont plus que suffisantes pour pouvoir se promener dessus avec assurance, de même, pour la construction des maisons, il y a certaines bornes, lesquelles, quand on les a atteintes, on est assuré », etc.

Or, quoique ce maçon eût tort de reprendre ainsi cet architecte, notre auteur eut encore moins de raison de me reprendre comme il a fait en un sujet semblable ; car il est bien vrai qu'en matière de bâtiment il y a certaines bornes de fermeté de la terre au-dessous de la plus grande, au-delà desquelles il est inutile de passer ; et ces bornes sont diverses, selon la grandeur des bâtiments qu'on veut élever : car les modestes cabanes se peuvent même sûrement appuyer sur le sable, et il n'est pas moins ferme pour les soutenir que le roc l'est pour soutenir les grandes tours. Mais il n'en va pas de même quand il est question d'établir les fondements de la philosophie ; car on ne peut pas dire qu'il y ait certaines bornes de douter au-dessous de la plus grande certitude, à l'intérieur desquelles nous pouvons avec raison et assurance nous appuyer ; car la vérité consistant dans un indivisible, il peut arriver que ce que nous ne voyons pas être tout à fait certain, pour probable qu'il nous paraisse, soit néanmoins absolument faux ; et sans doute que celui-là philosopherait fort mal qui n'aurait point d'autres fondements pour toute sa science que des choses qu'il reconnaîtrait pouvoir être fausses. Et que répondra-t-il aux sceptiques, qui vont au-delà de toutes les limites de douter ? Comment les réfutera-t-il ? Sans doute qu'il les mettra au nombre des désespérés et des incurables. Cela est fort bien ; mais cependant en quel rang pensez-vous que ces gens-là le mettront ? Et ne me dites point que cette secte est à présent abolie : elle est en vigueur autant qu'elle fut jamais ; et la plupart de ceux qui pensent avoir un peu plus d'esprit que les autres, ne trouvant rien dans la philosophie ordinaire qui les satisfasse, et n'en voyant point de meilleure, se jettent aussitôt dans celle des sceptiques ; et ce sont principalement eux qui veulent qu'on leur démontre l'existence de Dieu et l'immoralité de l'âme humaine. De sorte que ce qui est dit ici par notre auteur est de fort mauvais exemple, vu principalement qu'il passe pour habile homme ; car cela montre qu'il croit qu'on ne saurait réfuter les erreurs des sceptiques, qui sont athées ; et ainsi il les soutient et les confirme autant qu'il est en lui. Car tous ceux qui sont aujourd'hui sceptiques ne doutent point, quant à la pratique, qu'ils n'aient une tête, et que deux joints avec trois ne fassent cinq, et choses semblables ; mais ils disent qu'ils ne font que s'en servir comme de choses vraies, parce qu'elles leur apparaissent telles ; mais qu'ils ne les croient pas avec certitude, parce qu'aucune raison certaine ne les y pousse. Et d'autant qu'il ne leur apparaît pas de même que Dieu existe et que l'âme humaine est immortelle, de là vient qu'ils n'estiment pas qu'ils s'en doivent servir comme de choses vraies, même quant à la pratique, si premièrement on ne leur prouve ces deux choses par des raisons plus certaines qu'aucune de celles qui leur font embrasser celles qui leur apparaissent. Or, les ayant ainsi prouvées toutes deux, ce que personne, que je sache, avant moi, n'avait fait, il me semble qu'on ne saurait rien controuver de plus déraisonnable que de m'imputer, comme fait notre auteur en cent endroits de sa dissertation, cette unique erreur en quoi consiste la secte des sceptiques, à savoir un excès de doute. Et certainement il est tout à fait libéral à faire le dénombrement de mes fautes ; car, bien qu'en ce lieu-là il dise que « ce n'est pas une petite louange d'aller plus loin que les autres, et de traverser un gué qui n'a jamais été tenté de personne », et qu'il n'ait aucune raison de croire que je ne l'aie pas fait au sujet dont il s'agit, comme je ferai voir tout maintenant, néanmoins il met cela au nombre de mes fautes : parce que, dit-il, « la louange n'est grande que lorsqu'on peut le traverser sans faire naufrage » : où il semble vouloir persuader aux lecteurs que j'ai fait ici naufrage, et que j'ai commis quelque faute insigne : et néanmoins, ni il ne le croit lui-même, ni il n'a aucune raison de le soupçonner ; car s'il en avait pu trouver quelqu'une, tant légère qu'elle eût été, pour faire voir que je me suis écarté du droit chemin dans tout le cours que j'ai pris pour conduire notre esprit de la connaissance de sa propre existence à celle de l'existence de Dieu, et à la distinction de soi-même d'avec le corps, à coup sûr il ne l'aurait pas omise dans une dissertation si longue, si pleine de paroles et si vide de raisons ; et il aurait sans doute beaucoup mieux aimé la produire que de changer toujours de question comme il a fait lorsque le sujet demandait qu'il en parlât, et de m'introduire disputant sottement si la chose qui pense est esprit. Il n'a donc eu aucune raison de soupçonner que j'aie commis la moindre faute en tout ce que j'ai avancé, et par quoi j'ai renversé, tout le premier, le doute des sceptiques ; il confesse que cela est digne d'une grande louange ; et néanmoins il a le front de me reprendre comme coupable de cette faute, et de m'imputer ce doute des sceptiques, qui pourrait être attribué à tous les autres qui ne l'ont jamais réfuté, à plus juste titre qu'à moi.

5° « Cette manière de bâtir pèche par défaut : c'est-à-dire que, voulant entreprendre plus qu'il n'est juste, elle ne vient à bout de rien. Je ne veux point pour cela d'autre témoin ni d'autre juge que vous. Que vous a apporté ce magnifique appareil ? Que vous a apporté ce fossoiement si solennel et même si général et généreux, que vous n'avez pas même retenu les pierres les plus dures, sinon cette banalité, à savoir que le roc qui est au-dessous du sable est ferme et solide ? Banalité, dis-je, si familière au moindre des hommes », etc.

Je pensais que ce maçon dût ici prouver quelque chose, comme aussi notre auteur en pareille occasion ; mais comme celui-là reprochait à cet architecte de n'avoir fait autre chose en creusant que de découvrir le roc, faisant semblant de ne pas savoir que sur ce roc il avait bâti sa chapelle ; ainsi notre auteur semble me reprocher que je n'ai fait autre chose, en rejetant tout ce qui est douteux, que de découvrir cette banalité : Je pense, je suis ; à cause peut-être qu'il compte comme pour rien que par son moyen j'ai prouvé l'existence de Dieu, et plusieurs autres choses. Et il a bien l'assurance de me prendre seul ici à témoin de la liberté qu'il se donne de dire ce que bon lui semble ; comme en d'autres endroits, sur d'autres points qui eux aussi sont faux, il ne laisse pas de dire que « tout le monde le croit comme il le dit » ; que « les pupitres ne chantent autre chose » ; que « nous avons tous appris la même chose de nos maîtres, depuis le dernier jusques à Adam », etc. A quoi l'on ne doit pas ajouter plus de foi qu'aux serments de certaines personnes qui s'emportent d'autant plus à jurer que ce qu'ils tâchent de persuader aux autres est à leur sens moins croyable et plus éloigné de la vérité.

6° « Cet architecte, par sa manière de bâtir, tombe dans la faute qu'il reprend dans les autres. Car il s'étonne que tous les hommes disent unanimement et posent avec assurance que le sable qui nous soutient est assez ferme, que la terre sur laquelle nous sommes ne branle point, etc. et il ne s'étonne point qu'avec une assurance pareille il dise qu'il faut rejeter le sable », etc.

Ce qui était aussi peu raisonnable que tout ce que dit notre auteur en pareille occasion.

7° « Cet art pèche, et nous jette dans une faute qui lui est particulière. Car ce que le reste des hommes tient pour ayant un certain degré de fermeté, et qui suffit, à savoir, la terre où nous sommes, le sable, les pierres ; cet art, par un dessein qui lui est particulier, prend tout le contraire, savoir est, la fosse d'où l'on a rejeté le sable, les pierres et tout ce qui s'est rencontré dedans, non seulement pour une chose ferme, mais même pour une chose si ferme que l'on peut y fonder une chapelle très solide, et s'y appuie de telle sorte que si vous lui ôtez ce soutien il tombera par terre. »

Où ce pauvre maçon ne se trompe pas moins que notre auteur, lorsqu'il ne se ressouvient plus de ces mots qu'il avait dits un peu auparavant, savoir est : « Vous ne l'assurerez ni ne le nierez », etc.

8° « Cet art pèche par imprudence ; car, ne prenant pas garde que l'instabilité de la terre est comme un glaive à deux tranchants, pensant éviter l'un, il se voit blessé par l'autre. Le sable n'est pas pour lui un sol assez stable, car il rejette, et se sert de son opposé, savoir, de la fosse vidée du sable ; et, s'appuyant imprudemment sur cette fosse comme sur quelque chose de ferme, il se trouve accablé. »

Où derechef il ne faut que se ressouvenir de ces mots : « Vous ne l'assurerez ni ne le nierez. » Et ce qui est dit ici d'un glaive à deux tranchants est plus digne de la sagesse de ce maçon que de celle de notre auteur.

9° « Cet art et cet architecte pèchent avec connaissance. Car, le sachant et le voulant, et après en être averti, il s'aveugle lui-même ; et, rejetant volontairement les choses nécessaires pour bâtir, il se laisse tromper soi-même par sa propre règle, en faisant non seulement ce qu'il ne prétend point, mais même ce qu'il appréhende le plus. »

Or, comme ce qui est dit ici de cet architecte est suffisamment convaincu de faux par la seule construction de la chapelle, de même les choses que j'ai démontrées prouvent assez que ce que l'on a dit de moi en pareille occasion est aussi peu véritable.

553   10° « Il pèche par commission, lorsque, contre ce qu'il avait solennellement défendu, il retourne aux choses anciennes, et que, contre les lois qu'il avait observées en creusant, il reprend ce qu'il avait rejeté. Vous vous en souvenez bien. »

De même notre auteur ne se ressouvient pas de ces paroles : « Vous ne l'assurerez ni ne le nierez », etc. ; car autrement comment oserait-il feindre qu'une chose a été solennellement défendue qu'un peu auparavant il a dit qu'il ne fallait pas même nier ?

11° « Il pèche par omission ; car, après avoir établi pour fondement qu'il faut très soigneusement prendre garde de ne rien admettre pour vrai que nous ne puissions prouver être tel, il s'en oublie souvent, admettant inconsidérément pour vrai et pour très certain tout ceci sans le prouver : la terre sablonneuse n'est pas assez ferme pour soutenir des édifices, et plusieurs autres semblables maximes. »

En quoi ce maçon ne se trompait pas moins que notre auteur ; celui-là appliquant au fossoiement, et celui-ci au rejet de ce qui est douteux, ce qui n'appartient proprement qu'à la construction tant des bâtiments que de la philosophie : car il est très certain qu'il ne faut rien admettre pour vrai que nous ne puissions prouver être tel quand il s'agit d'assurer ou d'établir ce qui est vrai ; mais quand il est seulement question de creuser ou de rejeter, le moindre soupçon d'instabilité ou de doute suffit pour cela.

12° « Cet art pèche en ce qu'il n'a rien de bon, ou rien de nouveau, et qu'il a beaucoup de superflu. Car, (1°) si par le rejet qu'il fait du sable il entend seulement ce fossoiement dont se servent tous les autres architectes, qui ne rejettent le sable qu'en tant qu'il n'est pas assez ferme pour soutenir le faix des édifices il dira quelque chose de *bon*, mais il ne dira rien de *nouveau* ; et cette façon de creuser ne sera pas nouvelle, mais très ancienne et commune à tous les architectes, sans en excepter un seul. 554 (2°) Si, par cette façon de creuser, il veut qu'on rejette tellement le sable qu'on l'enlève tout à fait, qu'on n'en retienne rien et qu'on se serve de son néant ou de son opposé, c'est-à-dire de la vacuité du lieu qu'il remplissait auparavant, comme d'une chose ferme et solide, il dira quelque chose de *nouveau*, mais il ne dira rien de *bon* ; et cette façon de creuser sera à la vérité nouvelle, mais elle ne sera pas légitime. (3°) S'il dit que, par la force et le poids de ses raisons, il prouve certainement et évidemment qu'il est expérimenté dans l'architecture, et qu'il l'exerce, et que néanmoins, en tant que tel, il n'est ni architecte, ni maçon, ni manœuvre, mais qu'il est une chose tellement différente ou séparée de celles-là qu'on peut concevoir quel il est sans qu'on ait connaissance des autres, de même que l'on peut concevoir l'animal c'est-à-dire une chose qui sent sans que l'on conçoive encore la chose qui hennit, ou qui rugit, etc. ; il dira quelque chose de *bon*, mais il ne dira rien de *nouveau*, puisque l'on ne chante autre chose partout dans les carrefours, et que cela est enseigné abondamment par tous ceux qui tiennent qu'il y a des hommes versés dans l'architecture, ou même (si l'architecture embrasse aussi la construction des murs, en sorte que ceux-là soient dits savoir l'architecture qui mêlent le sable avec la chaux, qui taillent les pierres, ou qui portent le mortier) par tous ceux qui croient que les manœuvres font ces opérations, c'est-à-dire, par tous les hommes sans exception. (4°) S'il dit avoir prouvé, par de bonnes raisons et mûrement considérées, qu'il existe véritablement, et qu'il est versé dans l'art de l'architecture, et que, pendant qu'il existe, il ne s'ensuit pas pour cela qu'il y ait ni architecte, ni maçon, ni manœuvre qui existe véritablement, il dira quelque chose de *nouveau*, mais il ne dira rien de *bon*; ni plus ni moins que s'il disait qu'un animal existe, et qu'il n'y a pourtant ni lion, ni renard, ni aucun autre animal qui existe. (5°) S'il dit qu'il bâtit, c'est-à-dire qu'il se sert de l'art d'architecture dans la construction de ses bâtiments, et qu'il bâtit de telle sorte que, par un acte réfléchi, il envisage et considère cette action, et qu'ainsi il sache et considère qu'il bâtit (ce qui proprement s'appelle être conscient, et avoir la conscience d'un acte), et s'il dit que cela est le propre de l'architecture, ou de cet art de bâtir qui est au-dessus de l'expérience des maçons et des manœuvres, et partant qu'il est véritablement architecte; il dira ce qu'il n'a point encore dit, ce qu'il devait dire, ce que je m'attendais qu'il dirait, et ce que je lui ai même voulu souvent suggérer lorsque je l'ai vu s'efforçant en vain pour nous dire ce qu'il était; il dira, dis-je, quelque chose de *bon*, mais il ne dira rien de *nouveau*, n'y ayant personne qui ne l'ait autrefois appris de ses précepteurs, et ceux-ci de leurs maîtres jusques à Adam. Certainement s'il dit cela, combien y aura-t-il de choses superflues dans cet art! combien d'exorbitantes! quelle battologie! combien de machines qui ne servent qu'à la pompe ou qu'à nous décevoir! A quoi bon nous faire peur de l'instabilité du sable, des tremblements de la terre, des démons ou d'autres vaines frayeurs? Quelle est la fin d'un fossoiement si profond qu'il ne nous laisse que le néant de reste? Pourquoi des pérégrinations si longues, et de tant de durée, dans les pays étrangers, où les sens n'approchent point, parmi des ombres et des spectres? Que servent toutes ces choses pour la construction d'une chapelle, comme si l'on ne pouvait en bâtir une sans renverser tout sens dessus dessous? Mais à quoi bon ce mélange et ce changement de tant de diverses matières? Pourquoi tantôt rejeter les anciennes et en employer de nouvelles, et tantôt rejeter les nouvelles pour reprendre les anciennes? Ne serait-ce point peut-être que, comme nous devons nous comporter autrement dans le temple, ou en la présence des personnes de mérite, que dans une gargote ou une taverne, de même à ces nouveaux mystères il faut de nouvelles cérémonies? Mais pourquoi, sans s'amuser à tant d'embarras, n'a-t-il point plutôt ainsi clairement, nettement et brièvement exposé la vérité : Je bâtis, j'ai conscience d'édifier un bâtiment, donc je suis un archi-556 tecte? (6º) Enfin, s'il dit que de bâtir des maisons, de disposer et d'ordonner leurs chambres, cabinets, portiques, portes, fenêtres, colonnes et autres ornements, et de commander à tous les ouvriers qui y mettent la main, comme charpentiers, tailleurs de pierres, maçons, couvreurs, manœuvres et autres, et de conduire leurs ouvrages, c'est tellement le propre d'un architecte qu'il n'y a pas un autre ouvrier qui le puisse faire, il dira quelque chose de *nouveau*, mais il ne dira rien de *bon*, et encore le dira-t-il sans preuve et sans aveu, si ce n'est peut-être qu'il nous garde et nous cache quelque chose (qui est le seul refuge qui lui reste) pour nous la faire sortir en son temps, comme d'une machine de théâtre, à notre stupeur ; mais il y a si longtemps qu'on attend cela de lui, qu'il n'y a plus du tout lieu de l'espérer. » En dernier lieu il répondait : « Vous craignez ici sans doute (et je vous le pardonne) pour votre art, lequel vous chérissez, et que vous caressez et embrassez comme votre propre production ; vous avez peur que, l'ayant rendue coupable de tant de péchés, et la voyant maintenant qui fait eau partout, je ne la condamne au rebut. Ne craignez pourtant point : je suis votre ami ; je vaincrai votre attente, ou du moins je la tromperai, je me tairai et aurai patience. Je sais qui vous êtes, et je connais la force et vivacité de votre esprit. Quand vous aurez pris du temps suffisamment pour méditer, mais principalement quand vous aurez consulté en secret votre règle qui ne vous abandonne jamais, vous secouerez toute la poussière, vous laverez toutes les taches, et vous nous ferez voir une architecture bien propre et bien nette. Cependant contentez-vous de ceci, et continuez de me prêter votre attention, pendant que je continuerai de satisfaire à vos demandes. J'ai compris beaucoup de choses en peu de paroles, pour n'être pas long, et n'en ai touché la plupart que légèrement, comme sont celles qui concernent les voûtes, l'ouverture des fenêtres, les colonnes, les portiques, et autres semblables. Mais voici le dessein d'une nouvelle comédie. »

557   SI L'ON PEUT INVENTER UNE NOUVELLE ARCHITECTURE

« Vous demandez, en troisième lieu, si l'on peut inventer », etc.

Comme il demandait cela, quelques-uns de ses amis, voyant que son extrême jalousie et la haine dont il était emporté étaient passées en maladie, ne lui permirent pas de déclamer ainsi davantage dans les places publiques, mais le firent aussitôt conduire chez le médecin.

Pour moi, je n'oserais pas, à la vérité, soupçonner rien de pareil de notre auteur ; mais je continuerai seulement de faire voir ici avec quel soin il semble qu'il ait tâché de l'imiter en toutes choses. Il se comporte entièrement comme lui en juge très sévère, et qui prend soigneusement et scrupuleusement garde de ne rien prononcer témérairement ; car, après m'avoir onze fois condamné pour cela seul que j'ai rejeté tout ce qui est douteux pour fonder et établir ce qui est certain, de même que si j'avais creusé profondément pour jeter les fondements de quelque édifice, enfin, à la douzième fois, il commence à examiner la chose et dit : 1° que si je l'ai entendue de la manière qu'il sait bien que je l'ai entendue, ainsi qu'il paraît par ces paroles : « Vous ne l'assurerez ni ne le nierez », et qu'il m'a lui-même attribuées, à la vérité j'ai dit quelque chose de *bon*, mais je n'ai rien dit de *nouveau*.

2° Que si je l'ai entendue de cette autre façon, d'où il a pris sujet de me rendre coupable de ces onze péchés précédents, et qu'il sait néanmoins être si éloignée du véritable sens que j'y ai donné, qu'un peu auparavant, dans le paragraphe III de sa première question, il m'introduit lui-même parlant d'elle avec risée et admiration en cette sorte : « Et comment cela pourrait-il venir en l'esprit d'un homme de bon sens ? » pour lors j'ai bien dit quelque chose de *nouveau*, mais je n'ai rien dit de *bon*.

558 Qui a jamais été, dans l'invective je ne dirai pas si impudent et si peu soucieux de la vérité, ou même de la vraisemblance, mais si imprudent et si oublieux que de reprocher, à quelqu'un, plus de cent fois, dans une dissertation étudiée, une opinion qu'il a confessé, tout au commencement de cette dissertation même, être si éloignée de la pensée de celui à qui il en fait le reproche, qu'il ne pense pas qu'elle puisse jamais venir en l'esprit d'un homme de bon sens ?

Pour ce qui est des questions qui sont contenues dans les nombres 3, 4, et 5, soit dans les réponses de notre auteur, soit dans celles de ce maçon, elles ne font rien du tout au sujet, et n'ont jamais été soulevées ni par moi ni par cet architecte ; mais il est vraisemblable qu'elles ont premièrement été inventées par ce maçon, afin que, comme il n'osait pas toucher aux choses qui avaient été faites par cet architecte, de peur de découvrir trop manifestement son ignorance, l'on crût néanmoins qu'il reprenait quelque chose de plus que cette seule façon de creuser ; en quoi notre auteur l'a aussi parfaitement bien imité.

3° Car, quand il dit qu'on peut concevoir une chose qui pense sans concevoir ni un esprit, ni une âme, ni un corps, il ne philosophe pas mieux que fait ce maçon quand il dit qu'un homme qui est expérimenté dans l'architecture n'est pas pour cela plutôt architecte que maçon ou manœuvre, et que l'un se peut fort bien concevoir sans pas un des autres.

4° Comme aussi c'est une chose aussi peu raisonnable de dire qu'une chose qui pense existe sans qu'un esprit existe, que de dire qu'un homme versé dans l'architecture existe sans qu'un architecte existe (au moins quand on prend le nom d'esprit, ainsi que du consentement de tout le monde j'ai dit qu'il le fallait prendre). Et il y a aussi peu de contradiction qu'une chose qui pense existe sans

559 qu'aucun corps existe, qu'il y en a qu'un homme versé

dans l'architecture existe sans qu'uncun maçon ou manœuvre existe.

5° De même, quand notre auteur dit qu'il ne suffit pas qu'une substance soit pensante pour être au-dessus de la matière, et tout à fait spirituelle, ce qu'il exige pour l'appeler du nom d'esprit ; mais qu'outre cela il est requis que, par un acte réfléchi, elle pense qu'elle pense, ou qu'elle ait la conscience de sa pensée ; il se trompe en cela comme fait ce maçon quand il dit qu'un homme expérimenté dans l'architecture doit, par un acte réfléchi, considérer qu'il en a l'expérience avant que de pouvoir être architecte : car, bien qu'il n'y ait point d'architecte qui n'ait souvent considéré, ou du moins qui n'ait pu considérer qu'il savait l'art de bâtir, c'est pourtant une chose manifeste que cette considération n'est point nécessaire pour être architecte ; et une pareille considération ou réflexion est aussi peu requise, afin qu'une substance qui pense soit au-dessus de la matière. Car la première pensée, quelle qu'elle soit, par laquelle nous apercevons quelque chose, ne diffère pas davantage de la seconde, par laquelle nous apercevons que nous l'avons déjà auparavant aperçue, que celle-ci diffère de la troisième par laquelle nous apercevons que nous avons déjà aperçu avoir aperçu auparavant cette chose ; et l'on ne saurait apporter la moindre raison pourquoi la seconde de ces pensées ne viendra pas d'un sujet corporel, si l'on accorde que la première en peut venir. C'est pourquoi notre auteur pèche en ceci bien plus dangereusement que ce maçon ; car, en ôtant la véritable et très intelligible différence qui est entre les choses corporelles et les incorporelles, à savoir, que celles-ci pensent et que les autres ne pensent pas, et en substituant une autre en sa place, qui ne peut avoir le caractère d'une différence essentielle, à savoir, que celles-ci considèrent qu'elles pensent et que les autres ne le considèrent point, il empêche autant qu'il peut qu'on entende la réelle distinction qui est entre l'âme et le corps.

6° Il est encore moins excusable de favoriser le parti des bêtes brutes, en leur accordant la pensée aussi bien qu'aux hommes, que ne l'est ce maçon de s'être voulu

attribuer à soi et à ses semblables la connaissance de
l'architecture aussi bien qu'aux architectes.

Et enfin il paraît bien que l'un et l'autre n'ont point eu
égard à ce qui était vrai ou même vraisemblable, mais
seulement à ce qui pouvait être inventé pour décrier son
adversaire, et le faire passer pour un homme tout à fait
malhabile et stupide auprès de ceux qui ne le connaî-
traient point, et qui ne se mettraient pas beaucoup en
peine de le connaître. Et pour cela celui qui a fait le
rapport de toute cette histoire a fort bien remarqué, pour
exprimer la furieuse jalousie de ce maçon, qu'il avait
vanté comme un magnifique appareil la façon de creuser
cet architecte; mais que, pour le roc que l'on avait
découvert par son moyen, et pour la chapelle que l'on
avait bâtie dessus, il l'avait méprisée comme une chose de
peu d'importance, et que néanmoins, pour satisfaire à
l'amitié qu'il lui portait et à la bonne volonté qu'il avait
pour lui, il n'avait pas laissé de le remercier, etc.; comme
aussi dans la conclusion il l'introduit avec ces belles
exclamations en la bouche : « Enfin, s'il dit cela, combien
y aura-t-il de choses superflues, combien d'exorbitantes!
quelle battologie! combien de machines qui ne servent
qu'à la pompe ou à nous décevoir! » Et un peu après :
« Vous craignez ici, sans doute, et je vous le pardonne,
pour votre art, lequel vous chérissez, et que vous embrassez, etc.; ne craignez pourtant point, je suis votre ami »,
etc. Car tout cela représente si fidèlement la maladie de ce
maçon, que je doute qu'aucun poète eût pu la mieux
dépeindre. Mais je m'étonne que notre auteur l'ait si bien
imité en toutes choses, qu'il semble ne prendre pas garde
à ce qu'il fait, et avoir oublié de se servir de cet acte
réfléchi de la pensée, qu'il disait tout à l'heure faire la
différence de l'homme d'avec la bête. Car certainement il
ne dirait pas qu'il y a un trop grand appareil de paroles
dans mes écrits, s'il considérait que celui dont il s'est
servi, je ne dirai pas pour combattre, car il n'apporte
aucune raison pour le faire, mais pour aboyer (qu'il me
soit ici permis d'user de ce mot un peu rude, car je n'en
sais point de plus propre pour exprimer la chose) après ce
seul doute métaphysique dont j'ai parlé, est beaucoup

plus grand que celui dont je me suis servi pour le proposer. Et il n'aurait pas fait mention de battologie s'il avait pris garde de quelle longue, superflue et inutile loquacité il s'est servi dans toute sa dissertation, à la fin de laquelle il assure pourtant n'avoir pas voulu être long. Mais parce qu'en cet endroit-là même il dit qu'il est mon ami, pour le traiter aussi le plus aimablement qu'il m'est possible, de même que ce maçon fut conduit par ses amis chez le médecin, de même aussi j'aurai soin de le recommander à son supérieur.

LETTRE AU PÈRE DINET[1]

(Traduction)[2]

aduit de
, VII,
572 (...) Chacun de vous étant presque incessamment
occupé à ses études particulières, il est impossible que
tous puissent examiner tous les livres nouveaux qui se
mettent en lumière tous les jours en grand nombre ;
mais je m'imagine que, pour le jugement d'un livre, on
s'en rapporte au sentiment de celui de la compagnie qui
573 le premier en entreprend la lecture ; et ainsi que selon le
jugement qu'il en fait, les autres, par la suite, ou le
lisent, ou s'en abstiennent. Il me semble avoir déjà
éprouvé ceci à l'égard du traité que j'ai fait imprimer
touchant les Météores : car y traitant d'une matière de
philosophie que j'y explique, si je ne me trompe, d'une
manière plus exacte et plus vraie que pas un des auteurs
qui en ont écrit avant moi, je ne vois point qu'il y ait de
raison pour que vos maîtres de philosophie, qui
enseignent tous les ans les Météores dans vos collèges,
n'en parlent point, sinon parce que, s'en rapportant
peut-être aux mauvais jugements que le R.P. en a faits,
ils n'ont jamais voulu se donner la peine de le lire. Et
certes, tandis qu'il n'a fait que combattre ceux de mes
écrits qui regardent la physique ou les mathématiques,

---

1. Nous ne donnons que certains fragments de la *Lettre de
Descartes au R.P. Dinet, Provincial des Jésuites, écrite à l'occasion des
Septièmes Objections.*
2. La traduction publiée en 1661 par Clerselier a été revue et
modifiée par nous.

je me suis fort peu soucié de ses jugements ; mais voyant que, dans sa dissertation, il a entrepris de détruire, non par des raisons, mais par des médisances, les principes métaphysiques desquels je me suis servi pour démontrer l'existence de Dieu, et la distinction réelle de l'âme de l'homme d'avec le corps, j'ai jugé la connaissance de ces vérités si importante, que j'ai cru que pas un homme de bien ne pourrait trouver à redire si j'entreprenais de défendre de tout mon pouvoir ce que j'en ai écrit.

Et il ne me sera pas difficile de le faire : car, ne m'ayant rien objecté autre chose qu'un doute excessif, il n'est pas besoin, pour montrer combien c'est à tort qu'il me blâme de l'avoir proposé, que je rapporte ici tous les endroits de mes Méditations où j'ai tâché, avec tout le soin possible, et, si je ne me trompe, avec plus de solidité que par un autre de qui nous ayons les écrits, de l'ôter et de le réfuter ; mais il suffit que je vous avertisse ici de ce que j'ai écrit en termes exprès au commencement de ma réponse aux troisièmes objections, c'est à savoir, que je n'avais proposé aucune raison de douter à dessein de les persuader aux autres, mais au contraire pour les réfuter ; ayant en cela suivi entièrement l'exemple des médecins, qui décrivent les maladies dont leur dessein est d'enseigner la cure. Et dites-moi, je vous prie, qui a jamais été si osé et si imprudent que de blâmer Hippocrate ou Galien pour avoir exposé les causes qui ont coutume d'engendrer les maladies ? Et qui a jamais tiré de là cette mauvaise conséquence, qu'ils n'enseignaient tous deux rien autre chose que la manière de devenir malades ? Certainement ceux qui savant que le R.P. a eu cette audace, auraient assez de peine à se persuader qu'il n'aurait en cela suivi que son propre conseil, si je ne le témoignais moi-même, et si je ne faisais connaître que ce qu'il avait écrit auparavant contre moi n'a point été approuvé par les vôtres, et qu'il a fallu que votre R. ait interposé son autorité pour l'obliger à m'envoyer sa dernière dissertation. Ce que ne pouvant faire plus commodément que dans cette lettre, je crois qu'il ne sera pas hors de propos que je la fasse imprimer avec les notes que j'ai faites sur sa dissertation.

Mais aussi, afin que j'en puisse tirer moi-même quelque profit, je veux vous dire ici quelque chose touchant la philosophie que je rédige, et que j'ai dessein, s'il ne survient rien qui m'en empêche, de mettre en lumière dans un an ou deux[1]. Ayant fait imprimer en l'année 1637 quelques essais de cette philosophie, je fis tout ce que je pus pour me mettre à couvert de l'envie que je prévoyais bien, tout indigne que je suis, qu'ils 575 attireraient sur moi. Ce qui fut la cause pourquoi je ne voulus point y mettre mon nom ; et non pas, comme il a peut-être semblé à quelques-uns, parce que je me défiais de la vérité des raisons qui y sont contenues, ou que j'en eusse quelque honte. Ce fut aussi pour la même raison que je déclarai en ces termes exprès, dans mon discours de la Méthode, p. 66, qu'il me semblait que je ne devais aucunement consentir que ma philosophie fût publiée pendant ma vie ; et je serais encore dans la même résolution, si, comme j'espérais, et que la raison semblait me promettre, j'eusse été par ce moyen délivré au moins partiellement des envieux. Mais il en est arrivé tout autrement. Car telle a été la fortune de mes Essais, que bien qu'ils n'aient pu être entendus de plusieurs, néanmoins, parce qu'ils l'ont été de quelques-uns, les plus doctes et les plus ingénieux, qui ont daigné les examiner avec plus de soin que les autres, on n'a pas laissé de reconnaître qu'ils contenaient plusieurs vérités qui n'avaient point ci-devant été découvertes, et ce bruit, s'étant incontinent répandu partout, a tout aussitôt fait croire à plusieurs que je savais quelque chose de certain en la philosophie, et qui n'était sujet à aucune dispute ; ce qui fut cause ensuite que la majorité des gens, à savoir non seulement ceux qui, étant hors des écoles, philosophent librement, mais même la plupart de ceux qui font profession d'enseigner, et surtout les plus jeunes, et qui se fondent plus sur la force de leur esprit que sur une fausse réputation de science et

1. Il s'agit des *Principes de la Philosophie*, qui paraîtront en 1644.

de doctrine, et en un mot tous ceux qui aiment la vérité, me sollicitèrent de mettre au jour ma philosophie dans son entier. Mais pour les autres, c'est-à-dire ceux qui aiment mieux paraître savants que l'être en effet, et qui s'imaginent déjà avoir acquis quelque renom parmi les doctes pour cela seul qu'ils savent disputer fortement de toutes les controverses de l'Ecole, comme ils craignent que, si la vérité venait une fois à être découverte, toutes ces controverses ne fussent abolies, et par même moyen toute leur doctrine ne devînt méprisable; et d'ailleurs, ayant quelque opinion que la vérité se pourrait découvrir si je publiais ma philosophie, ils

576 n'ont pas à la vérité osé déclarer ouvertement qu'ils ne souhaitaient point qu'elle fût imprimée, mais ils ont été transportés contre moi de la plus ardente envie. Or, il m'a été très facile de distinguer les uns d'avec les autres. Car ceux qui souhaitaient de voir ma philosophie imprimée se ressouvenaient fort bien que j'avais fait dessein de ne la point publier de mon vivant, et même plusieurs se sont plaints à moi de ce que j'aimais mieux la laisser à nos neveux que de la donner à mes contemporains; bien que tous les gens d'esprit qui en savaient la raison, et qui voyaient que ce n'était point que je manquasse de volonté de servir le public, ne m'en aient pas pour cela moins aimé. Mais pour ceux qui appréhendaient qu'elle ne vît le jour, ils ne se sont point du tout ressouvenus de ce dessein que j'avais pris, ou du moins ils n'ont pas voulu le croire, mais, au contraire, ils ont supposé que j'en avais promis la publication; ce qui faisait que ces gens m'appelaient quelquefois « célèbre prometteur », et qu'ils me comparaient à certains qui s'étaient vantés pendant plusieurs années de faire imprimer des livres auxquels ils n'avaient pas mis la première main. Ce qui fait dire aussi au R.P. qu'on attend cette œuvre de moi depuis si longtemps, qu'il faut désormais en désespérer. Affirmation ridicule assurément, s'il pense que, d'un homme qui n'est pas encore vieux, on a pu attendre longtemps ce qui n'a jusques ici été exécuté par personne pendant plusieurs siècles. Et affirmation imprudente, puisqu'en pensant me blâmer il avoue

néanmoins que je suis tel, que peu d'années ont suffi
pour faire qu'on ait pu longtemps attendre de moi une
chose que je ne me promettais pas de lui en des siècles
entiers, quand nous aurions tous deux autant à vivre.
Ces messieurs donc, ne doutant point que je n'eusse
résolu de mettre au jour, sitôt qu'elle serait prête, cette
philosophie qui leur donnait tant d'appréhension,
commencèrent à décrier par des médisances, tant
cachées que découvertes, non seulement les opinions
qui sont expliquées dans les écrits que j'avais déjà
publiés, mais principalement aussi cette philosophie
encore toute inconnue, à dessein ou de me détourner de
577 la faire imprimer, ou de la détruire sitôt qu'elle verrait
le jour, et de l'étouffer, pour ainsi dire, dès son ber-
ceau. Je ne faisais que rire au commencement de la
vanité de tous leurs desseins, et plus je les voyais portés
à combattre avec chaleur mes écrits, plus aussi fai-
saient-ils paraître qu'ils faisaient cas de moi. Mais
quand je vis que leur nombre croissait de jour en jour,
et qu'il s'en trouvait beaucoup plus qui n'oubliaient
rien pour chercher les occasions de me nuire qu'il n'y
en avait d'autres qui fussent portés à me protéger,
j'appréhendai que, par leurs secrètes pratiques, ils ne
s'acquissent du pouvoir et de l'autorité, et qu'ils ne
troublassent davantage mon loisir si je demeurais toujours dans le dessein de ne point faire imprimer ma
philosophie, que si je m'opposais à eux ouvertement et
si, en produisant la totalité de ce qu'ils craignent je
faisais qu'ils n'eussent plus rien à craindre : j'ai résolu
de donner au public tout ce peu que j'ai médité sur la
philosophie, et de travailler pour que mes opinions
soient reçues du plus grand nombre possible si elles se
trouvent conformes à la vérité. Ce qui sera cause que je
ne les proposerai pas dans le même ordre et le même
style que j'ai déjà fait ci-devant la plus grande partie,
dans le traité dont j'ai expliqué l'argument dans le
Discours de la Méthode[1] ; mais dans un autre plus

1. Il s'agit du *Monde*, rédigé en 1632-1633, dont le *Discours de la
Méthode*, publié en 1637, contient dans sa cinquième partie le
résumé.

accommodé à l'usage des écoles, en consacrant un petit article à chacune des questions et en les traitant dans un tel ordre, que la preuve des suivantes dépende des seules précédentes et qu'elles ne composent toutes ensemble qu'un même corps. Et par ce moyen j'espère de faire voir si clairement la vérité de toutes les choses dont on a coutume de disputer en philosophie, que tous ceux qui voudront la chercher l'y trouveront sans beaucoup de peine.

Or tous les jeunes gens la cherchent sans difficulté lorsqu'ils commencent à s'adonner à l'étude de la philosophie ; tous les autres aussi, de quelque âge qu'ils soient, la cherchent pareillement, lorsqu'ils méditent seuls en eux-mêmes, touchant les matières de la philosophie, et qu'ils les examinent afin d'en tirer quelque utilité pour eux. Les princes même et les magistrats, et tous ceux qui établissent des académies ou des collèges, et qui fournissent de grandes sommes pour y faire enseigner la philosophie, veulent tous qu'autant que faire se peut on n'y enseigne que la vraie. Et si les princes souffrent qu'on y agite des questions douteuses et controversées, ce n'est pas afin que leurs sujets, par cette habitude de disputer, apprennent à devenir plus contentieux, plus réfractaires, et plus opiniâtres, et ainsi à être moins obéissants à leurs supérieurs, et plus propres à émouvoir des séditions, mais bien seulement sous l'espérance qu'ils ont que par ces disputes la vérité se pourra enfin découvrir : et bien qu'une longue expérience leur ait déjà assez fait connaître que très rarement on la découvre par ce moyen, ils en sont toutefois si jaloux, qu'ils croient qu'on ne doit pas même négliger ce peu d'espérance qu'on en peut avoir. Car il n'y a jamais eu de nation si sauvage ou si barbare, et qui eût tellement en horreur le bon usage de la raison qui seul nous fait hommes, qui ait voulu qu'on enseignât chez elle des opinions contraires à la vérité connue ; et partant il n'y a point de doute qu'on ne doive préférer la vérité à toutes les opinions qui lui sont opposées, pour anciennes et communes qu'elles puissent être, et que tous ceux qui enseignent les autres

ne soient obligés de la rechercher de tout leur possible,
et de l'enseigner après l'avoir trouvée.

Mais on ne croit peut-être pas que la vérité se
rencontre dans cette nouvelle philosophie que je promets. Il n'est pas vraisemblable que j'aie vu plus, à moi
seul, qu'une infinité de personnes des plus habiles du
379 monde, qui ont suivi les opinions communément reçues
dans les écoles ; les chemins fréquentés et connus sont
toujours plus sûrs que les nouveaux et inconnus, principalement à cause de notre théologie, avec laquelle une
expérience de nombreuses années a déjà fait voir que
s'accorde fort bien l'ancienne et commune philosophie,
ce qui est encore incertain d'une nouvelle. Et c'est pour
cela que quelques-uns soutiennent qu'il faut de bonne
heure en empêcher la publication, et l'éteindre avant
qu'elle paraisse, de peur qu'en attirant à soi, par les
charmes de la nouveauté, une multitude ignorante, elle
ne croisse et ne se fortifie peu à peu avec le temps, ou
qu'elle ne trouble la paix et le repos des écoles ou des
académies, ou même qu'elle n'apporte avec soi de
nouvelles hérésies dans l'Eglise.

A quoi je réponds qu'à la vérité je ne me vante de
rien, et que je ne crois pas voir plus que les autres, mais
que peut-être cela m'a beaucoup servi, de ce que, ne me
fiant pas trop à mon propre génie, j'ai suivi seulement
des chemins simples et faciles ; car il ne se faut pas
étonner si l'on avance plus, en les suivant, que d'autres
beaucoup plus ingénieux en suivant des chemins difficiles et impénétrables.

J'ajoute que je ne veux pas que l'on en croie ma
simple parole touchant la vérité des choses que je
promets, mais que je désire que l'on en juge par les
essais que j'ai déjà publiés ; car je n'y ai pas traité une
question ou deux seulement, mais j'en ai traité des
centaines qui n'avaient point encore été ainsi expliquées
par personne avant moi. Et quoique jusques ici plusieurs aient regardé mes écrits de travers, et qu'ils aient
essayé par toutes sortes de moyens de les réfuter,
personne toutefois, que je sache, n'y a encore pu rien
trouver que de vrai. Que l'on fasse le dénombrement de

toutes les questions qui, depuis tant de siècles que les autres philosophies ont eu cours, ont été résolues par leur moyen, et peut-être s'étonnera-t-on de voir qu'elles ne sont pas en si grand nombre, ni si célèbres que celles qui sont contenues dans mes essais.

580   Mais bien davantage je dis hardiment que l'on n'a jamais donné la solution d'une seule question suivant les principes particuliers à la philosophie péripatéticienne, que je ne puisse démontrer être fausse ou non recevable. Qu'on en fasse l'épreuve ; qu'on me les propose, non pas toutes, car je n'estime pas qu'elles vaillent la peine qu'on y emploie beaucoup de temps, mais quelques-unes des plus choisies : je tiendrai ma promesse. J'avertis seulement ici, pour ôter tout sujet de caption, que, quand je parle des principes particuliers à la philosophie péripatéticienne, j'en excepte ces questions dont les solutions sont tirées, ou de la seule expérience qui est commune à tous les hommes, ou de la considération des figures et des mouvements qui est propre aux mathématiciens, ou enfin des notions communes de la métaphysique que j'admets, aussi bien que tout ce qui dépend de l'expérience, des figures et des mouvements, comme il paraît par mes Méditations.

Je dis de plus, ce qui peut-être pourra sembler paradoxal, qu'il n'y a rien en toute cette philosophie, en tant que péripatéticienne et différente des autres, qui ne soit nouveau, et qu'au contraire il n'y a rien dans la mienne qui ne soit ancien : car pour ce qui est des principes, je ne reçois que ceux qui jusques ici ont été connus et admis généralement de tous les philosophes, et qui pour cela même sont les plus anciens de tous : et ce qu'ensuite j'en déduis paraît si manifestement, ainsi que je fais voir, être contenu et renfermé dans ces principes, qu'il paraît aussi en même temps que cela est très ancien, puisque c'est la nature même qui l'a imprimé dans nos esprits. Mais tout au contraire, les principes de la philosophie vulgaire, du moins à le prendre du temps qu'ils ont été inventés par Aristote, ou par d'autres, étaient nouveaux, et ils ne doivent pas à présent être estimés meilleurs qu'ils étaient alors ; or

l'on n'en a encore rien déduit jusques ici qui ne soit
contesté, et qui, selon l'usage ordinaire des écoles, ne
soit sujet à être changé par chaque philosophe, et qui
581 par conséquent ne soit aussi fort nouveau, puisque tous
les jours on le renouvelle.

Pour ce qui est de la théologie, comme une vérité ne
peut jamais être contraire à une autre vérité, ce serait
une espèce d'impiété d'appréhender que les vérités
découvertes en la philosophie fussent contraires à celles
de la foi. Et même j'avance hardiment que notre religion ne nous enseigne rien qui ne se puisse expliquer
aussi facilement, ou même avec plus de facilité, suivant
mes principes, que suivant ceux qui sont communément reçus ; et il me semble avoir déjà donné une assez
belle preuve de cela, sur la fin de ma réponse aux
quatrièmes objections, touchant une question où l'on a
pour l'ordinaire le plus de peine à faire accorder la
philosophie avec la théologie. Et je serais encore prêt de
faire la même chose sur toutes les autres questions, s'il
en était besoin ; même aussi de faire voir qu'il y a au
contraire plusieurs choses dans la philosophie vulgaire
qui en effet ne s'accordent pas avec celles qui en
théologie sont certaines, quoique ses sectateurs ordinairement le dissimulent, ou qu'on ne s'en aperçoive
pas, à cause de la longue habitude qu'on a de les croire.

Il ne faut pas aussi appréhender que mes opinions
prennent trop d'accroissement, en attirant après soi,
par leurs nouveautés, une multitude ignorante, puisque
l'expérience nous montre, au contraire, qu'il n'y a que
les plus habiles qui les approuvent ; lesquels ne pouvant
être attirés à les suivre par les charmes de la nouveauté,
mais par la seule force de la vérité, doivent faire cesser
l'appréhension qu'on pourrait avoir qu'elles ne prissent
un trop grand accroissement.

Enfin, il ne faut pas non plus appréhender qu'elles
troublent la paix des écoles ; mais tout au contraire, la
guerre étant maintenant autant allumée entre les philosophes qu'elle le saurait être, il n'y a point de meilleur
582 moyen pour établir la paix entre eux et pour réduire
toutes les hérésies, qui renaissent tous les jours de leurs

controverses, que de les obliger à recevoir des opinions qui soient vraies, telles que j'ai déjà prouvé que sont les miennes. Car leur claire perception ôtera tout sujet de doute et de dispute.

Or de tout ceci l'on voit clairement qu'il n'y a point d'autre raison pourquoi il y en a qui s'étudient avec tant de soin de détourner les autres de la connaissance de mes opinions, sinon que, les estimant trop évidentes et trop certaines, ils craignent qu'elles ne diminuent cette vaine réputation de gens savants qu'ils se sont acquise par la connaissance d'autres opinions moins probables. En sorte que cette envie même qu'ils témoignent n'est pas une petite preuve de la vérité de ma philosophie.

596   (...) Mais je viens aux choses qui me regardent le plus. Il[1] allègue trois raisons pour lesquelles il condamne ma nouvelle philosophie. La première est « qu'elle est opposée à l'ancienne ». Je ne répète point ici ce que j'ai déjà dit ci-dessus, à savoir que ma philosophie est la plus ancienne de toutes, et qu'il n'y a rien qui en diffère dans la vulgaire, qui ne soit nouveau. Mais seulement je demande s'il est croyable qu'un homme entende bien cette philosophie qu'il condamne, qui est si stupide, ou si vous voulez, si malveillant que d'avoir voulu la rendre suspecte de magie à cause qu'elle considère les figures. Je demande outre cela quelle est la fin de toutes ces disputes qui se font dans les écoles ; sans doute, me dira-t-on, qu'elles ne se font que pour découvrir la vérité, car si on l'avait une fois découverte, toutes ces disputes cesseraient, comme l'on voit dans la géométrie, de laquelle pour l'ordinaire on ne dispute point. Mais si cette évidente vérité, si longtemps recherchée et attendue, nous était enfin proposée par un ange, ne faudrait-il point aussi la rejeter, pour cela même qu'elle semblerait nouvelle à ceux qui sont accoutumés aux disputes de l'école ? Mais peut-être me dira-t-il que dans les écoles on ne dispute

597   point des principes, lesquels cependant sont renversés

---

1. Il s'agit de Voetius, théologien protestant, recteur de l'université d'Utrecht, dont Descartes rapporte les attaques.

par notre prétendue philosophie[1] : mais pourquoi souffre-t-il ainsi qu'on les abatte? Pourquoi ne les soutient-il pas par de bonnes raisons? Et ne reconnaît-on pas assez leur incertitude, puisqu'on n'a encore pu rien bâtir dessus de certain?

L'autre raison est « que la jeunesse, étant une fois imbue des principes de cette prétendue philosophie, elle n'est plus après cela capable d'entendre les termes de l'art qui sont en usage chez les auteurs ». Comme si c'était une chose nécessaire que la philosophie, qui n'est instituée que pour connaître la vérité, enseignât aucuns termes dont elle-même n'a point de besoin. Pourquoi ne condamne-t-il pas plutôt pour cela la grammaire et la rhétorique, puisque leur principal office est de traiter des mots, et que cependant, bien loin de les enseigner, elles rejettent ces mots-là comme barbares? Qu'il se plaigne donc que ce sont elles qui « détournent la jeunesse de l'étude de la vraie philosophie, et qui empêchent qu'elle parvienne au comble de l'érudition ». Il le peut faire sans craindre pour cela de se rendre plus digne de risée que lorsqu'il forme les mêmes plaintes contre ma philosophie : car ce n'est pas d'elle qu'on doit attendre l'explication de ces termes, mais de ceux qui s'en sont servis, ou de leurs livres.

La troisième et dernière raison contient deux parties, dont l'une est tout à fait ridicule, et l'autre injurieuse et fausse : car qu'y a-t-il de si vrai et de si clair dont « une jeunesse mal avisée ne puisse aisément déduire plusieurs opinions fausses et absurdes »? Mais de dire que de ma philosophie « il s'ensuive en effet des opinions qui soient contraires à la vraie théologie », c'est une chose entièrement fausse et injurieuse. Et je ne veux point me servir ici de cette exception, que je ne tiens pas sa théologie pour vraie et pour orthodoxe ; je n'ai jamais méprisé personne pour n'être pas de même sentiment que moi, principalement touchant les choses de la foi, car je sais que la foi est un don de Dieu ; bien au

1. Le latin *præsumpta* veut dire aussi bien *présomptueuse* que *prétendue*.

contraire, je chéris et honore plusieurs théologiens et
prédicateurs qui professent la même religion que lui.
Mais j'ai déjà souvent protesté que je ne voulais point
me mêler d'aucunes controverses de théologie ; et
d'autant que je ne traite aussi dans ma philosophie que
des choses qui sont connues clairement par la lumière
naturelle, elles ne sauraient être contraires à la théologie
de personne, à moins que cette théologie ne fût elle-
même manifestement opposée à la lumière de la raison ;
ce que je sais que personne n'avouera de la théologie
dont il fait profession.

601   (...) Je ne doute point aussi que plusieurs honnêtes
gens ne puissent avoir mes opinions pour suspectes ;
tant parce qu'ils voient que plusieurs les rejettent, que
parce qu'on les fait passer pour nouvelles, et que peu de
personnes jusques ici les ont bien entendues. Et même
difficilement se pourrait-il rencontrer aucune compagnie, dans laquelle, si on venait à délibérer sur mes
opinions, il ne s'en rencontrât beaucoup plus qui juge-
raient qu'on les doit rejeter, que d'autres qui osassent
les approuver. Car la prudence et la raison veulent
qu'ayant à dire notre avis sur une chose qui ne nous est
pas tout à fait connue, nous en jugions suivant ce qui a
coutume d'arriver dans une semblable rencontre. Or il
est tant de fois arrivé que l'on a voulu introduire de
nouvelles opinions en philosophie, qu'on a reconnues
par après n'être pas meilleures, voire même être plus
dangereuses que celles qui sont communément reçues,
que ce ne serait pas sans raison si tous ceux qui ne
conçoivent pas encore clairement les miennes, étant
consultés, jugeaient qu'il les faut rejeter. Et partant,
pour vraies qu'elles soient, je croirais néanmoins avoir
sujet d'appréhender qu'à l'exemple de cette Académie[1]
dont je vous ai parlé ci-dessus, elles ne fussent peut-être
602 condamnées de toute votre Société, et généralement de
toutes les compagnies de ceux qui enseignent, si je ne
me promettais de votre bonté et prudence que vous les

1. Le Sénat académique de l'université d'Utrecht avait condamné
en mars 1642 la nouvelle philosophie (cartésienne) et son défenseur
Regius.

prendrez en votre protection. Mais d'autant que vous êtes le Supérieur de cette partie de la Société[1] qui peut plus facilement que les autres lire mes Essais, dont la plus grande partie est écrite en français, je ne doute point que vous ne puissiez seul beaucoup en cela. Et je ne vous demande point ici d'autre grâce, sinon que vous preniez vous-même la peine de les examiner, ou si vos affaires ne vous le permettent pas, que vous n'en donniez pas le soin et la charge au R.P. seul, mais à d'autres plus sincères que lui. Et comme dans les jugements qui se rendent au barreau, lorsque deux ou trois témoins dignes de foi disent avoir vu quelque chose, on les en croit plus que toute la multitude des autres, qui, portée peut-être par de simples conjectures, s'imagine le contraire, de même je vous prie d'ajouter foi seulement à ceux qui se feront fort d'entendre parfaitement les choses sur lesquelles ils porteront leur jugement. Enfin, la dernière grâce que je vous demande est que, si vous avez quelques raisons pour lesquelles vous jugiez que je doive changer le dessein que j'ai de publier ma philosophie, vous daigniez prendre la peine de me les faire savoir. Car ce petit nombre de méditations que j'ai mises au jour contient tous les principes de cette philosophie que je prépare; et la Dioptrique et les Météores, où j'ai déduit de ces principes les raisons de plusieurs choses particulières, font voir qu'elle est ma manière de raisonner. C'est pourquoi, bien que je ne fasse pas encore paraître toute cette philosophie, j'estime néanmoins que ce peu que j'en ai déjà fait voir est suffisant pour faire juger quelle elle doit être. Et je pense n'avoir pas eu mauvaise raison d'avoir mieux aimé faire voir d'abord quelques-uns de ses essais, que de la donner tout entière, avant qu'elle fût souhaitée; car, pour en parler franchement, quoique je ne doute point de la vérité de ma philosophie, néanmoins, pour ce que je sais que très aisément la vérité même, pour être combattue par quelques envieux sous prétexte de

603

---

1. De la compagnie de Jésus, le P. Dinet n'administrait comme Provincial que « la Province de Paris ».

nouveauté, peut être condamnée par des personnes sages et avisées, je ne suis pas entièrement assuré qu'elle soit désirée de tout le monde, et je ne veux point la donner à ceux qui ne la souhaitaient point. C'est pourquoi j'avertis, longtemps auparavant, chacun que je la prépare; plusieurs particuliers la souhaitent et l'attendent; une seule académie a jugé à la vérité qu'il fallait la rejeter : mais, parce que je sais qu'elle ne l'a fait qu'à la sollicitation de son recteur, homme turbulent et peu judicieux, je ne fais pas grand compte de son jugement. Mais si peut-être plusieurs autres célèbres compagnies ne la voulaient pas non plus qu'elles eussent des raisons plus justes de ne la pas vouloir que ces particuliers n'en ont de la vouloir, je ne fais point de doute que je ne dusse plutôt les satisfaire que ceux-ci. Et enfin je déclare sincèrement que je ne ferai jamais rien de propos délibéré, ni contre le conseil des sages, ni contre la volonté des puissants. Et comme je ne doute point que le parti où votre société se rangera ne doive l'emporter par-dessus tous les autres, vous m'obligerez infiniment de me mander quel est en cela votre avis et celui des vôtres; afin que, comme, ci-devant, je vous ai toujours principalement honorés et respectés, je n'entreprenne aussi rien dans cette affaire, que je pense être de quelque importance, sans vous avoir en même temps pour conseillers et pour protecteurs.

(Traduction)[1]

Monsieur,

Vous m'avez beaucoup obligé, vous et M. Emilius,
d'avoir examiné et corrigé l'écrit que je vous avais
envoyé; car je vois que vous avez porté le soin jusqu'à
corriger la ponctuation et les fautes d'orthographe.
Mais vous m'auriez obligé davantage encore, si vous
aviez voulu changer quelque chose aussi dans les mots
64 et dans les pensées. En effet, quelque petits qu'eussent
été ces changements, j'aurais pu me flatter que ce que
vous auriez laissé aurait été moins fautif; au lieu que je
crains que vous n'ayez pas voulu tenter cette entreprise,
parce qu'il y aurait eu trop, ou peut-être même tout, à
effacer.

Quant aux objections, vous dites dans la première
que, « de ce qu'il y a en nous quelque sagesse, quelque
puissance, quelque bonté, quelque quantité, etc., nous
formons l'idée d'une sagesse, d'une puissance, d'une
bonté infinie, ou du moins indéfinie, comme aussi pour
les autres perfections que nous attribuons à Dieu, ainsi
que pour l'idée d'une quantité infinie ». Je vous
accorde volontiers tout cela, et je me persuade tout à fait
que nous n'avons point d'autre idée de Dieu que celle

1. La traduction anonyme de l'édition parisienne de 1724-1725 a
été revue et corrigée par nous.

que nous formons de cette manière. Mais toute la force de mon argument consiste en ce que je soutiens que ma nature ne pourrait être telle que je pusse augmenter à l'infini par un effort de ma pensée ces perfections qui sont très petites en moi, si nous ne tirions notre origine de l'être en qui ces perfections se trouvent actuellement infinies ; de même que, par la seule considération d'une quantité fort petite, ou d'un corps fini, je ne pourrais pas concevoir une quantité indéfinie, si la grandeur du monde n'était ou du moins ne pouvait être indéfinie.

Vous dites dans la seconde que « la vérité des axiomes clairement et distinctement entendus est manifeste par elle-même ». Cela aussi, je l'accorde, pour tout le temps qu'on les entend clairement et distinctement, parce que notre esprit est de telle nature qu'il ne peut qu'assentir à ce qui est clairement entendu. Mais parce que souvent nous nous ressouvenons des conclusions déduites de telles prémisses, sans faire attention aux prémisses mêmes, je dis qu'alors, si nous ignorions Dieu, nous pourrions feindre qu'elles sont incertaines, bien que nous nous ressouvenions qu'elles ont été déduites de principes clairs, et cela parce que nous sommes peut-être d'une nature telle que nous nous trompions même dans les choses les plus évidentes ; et par conséquent je dis que, même au moment où nous les avons déduites de ces principes, nous n'en avons pas eu la *science*, mais seulement la *persuasion*. Et je distingue ainsi les deux : il y a *persuasion* lorsqu'il reste quelque raison qui peut nous porter au doute, mais la *science* est la persuasion qui vient d'une raison si forte qu'aucune autre plus forte ne puisse jamais l'ébranler ; et ceux qui ignorent Dieu n'en ont aucune de telle. Mais quand on a une fois clairement entendu les raisons qui persuadent l'existence de Dieu, et qu'il n'est point trompeur, même si on ne fait plus attention à ces raisons, pourvu seulement qu'on se ressouvienne de cette conclusion, *Dieu n'est pas trompeur*, on gardera non seulement la persuasion, mais encore la véritable science et de cette conclusion, et aussi de toutes les autres dont on se souviendra avoir un jour perçu clairement les raisons.

Vous dites aussi dans vos dernières objections, que j'ai reçues hier, et qui m'ont fait souvenir de répondre en même temps aux précédentes, que « toute précipitation d'un jugement mal venu dépend du tempérament du corps, soit acquis soit inné » ; ce que je ne puis pas du tout admettre, parce que ce serait ôter la liberté et l'amplitude de notre volonté, qui peut corriger cette précipitation ; et si elle ne la corrige pas, l'erreur qui en naît est bien une privation par rapport à nous, mais par rapport à Dieu une simple négation.

AU P. MERSENNE   16 juin 1641

AT, III,
382 Je ne fais point encore réponse aux deux petits feuillets d'objections que vous m'avez envoyées, à cause que vous me mandez que je les pourrai joindre avec celles que je n'ai pas encore reçues, ·bien que vous me les ayez envoyées il y a huit jours. Mais à cause que celui qui demande ce que j'entends par le mot *idea*, semble promettre davantage d'objections, et que la façon dont il commence me fait espérer que celles qui viendront de lui seront des meilleurs et des plus fortes qui se puissent faire, si par hasard il attendait ma 383 réponse à ceci, avant que d'en vouloir envoyer d'autres, vous lui en pourrez faire savoir la substance, qui est que, par le mot *idea*, j'entends tout ce qui peut être en notre pensée, et que j'en ai distingué de trois sortes : à savoir *quædam sunt adventitiæ*[1], comme l'idée qu'on a vulgairement du soleil ; *aliæ factæ vel factitiæ*[2], au rang desquelles on peut mettre celle que les astronomes font du soleil par leur raisonnement ; et *aliæ innatæ*[3], comme l'idée de Dieu, de l'esprit, du corps, du triangle, et en général toutes celles qui représentent des essences vraies, immuables et éternelles. Mais maintenant, si, d'une idée faite par moi, je concluais ce que j'ai expli-

1. *Certaines sont adventices.*
2. *D'autres sont faites* (par moi) ou *factices.*
3. *D'autres sont innées.* Toute la fin de la lettre est en latin : nous en donnons une traduction.

citement posé en la faisant, ce serait une pétition de principe manifeste. Mais que, d'une idée innée, je tire une conséquence, qui certes était implicitement contenue en elle, mais que cependant je n'y remarquais pas auparavant, par exemple, de l'idée du triangle, que ses trois angles sont égaux à deux droits, ou, de l'idée de Dieu, qu'il existe, etc., tant s'en faut que ce soit une pétition de principe que c'est plutôt, selon Aristote lui-même, le plus parfait de tous les modes de démonstration, à savoir celui dans lequel la vraie définition de la chose est prise pour moyen terme.

Mon Révérend Père,

Si je ne me trompe, celui dont vous m'avez fait voir la
lettre latine qu'il vous a écrit, n'est pas encore à prendre
parti dans le jugement que nous devons faire des
choses. Il s'exprime trop bien, quand il explique ses
propres pensées, pour croire qu'il n'ait pas entendu
celles des autres; je me persuade bien plutôt qu'étant
prévenu de ses opinions, il a de la peine à goûter ce qui
s'oppose à ses jugements. Ainsi je prévois que ce ne sera
pas là le dernier différend que nous aurons ensemble;
au contraire, je m'imagine que cette première lettre est
comme un cartel de défi qu'il me présente, pour voir de
quelle façon je le recevrai, et si, après avoir moi-même
ouvert le champ de bataille à tout venant, je ne feindrai
392 point de mesurer mes armes avec les siennes, et
d'éprouver mes forces contre lui. Je vous avoue que je
prendrais un singulier plaisir d'avoir à faire avec des
personnes d'esprit comme lui, si, par ce qu'il m'en a fait
paraître, il ne me semblait déjà trop engagé; mais je
crains fort qu'à son égard tout mon travail ne soit
inutile, et que, quelque soin que je prenne pour le
satisfaire, et pour tâcher de le retirer du malheureux
engagement où je le vois, il ne s'y replonge plus avant
de lui-même, en cherchant les moyens de me contredire.

Est-il croyable qu'il n'ait pu comprendre, comme il dit, ce que j'entends par l'idée de Dieu, par l'idée de l'âme, et par les idées des choses insensibles, puisque je n'entends rien autre chose, par elles, que ce qu'il a dû nécessairement comprendre lui-même, quand il vous a écrit qu'il ne l'entendait point? Car il ne dit pas qu'il n'ait rien conçu par le nom de Dieu, par celui de l'âme, et par celui des choses insensibles; il dit seulement qu'il ne sait pas ce qu'il faut entendre par leurs idées. Mais s'il a conçu quelque chose par ces noms, comme il n'en faut point douter, il a su en même temps ce qu'il fallait entendre par leurs idées, puisqu'il ne faut entendre autre chose que cela même qu'il a conçu. Car je n'appelle pas simplement du nom d'idée les images qui sont dépeintes en la fantaisie; au contraire, je ne les appelle point de ce nom, en tant qu'elles sont dans la fantaisie corporelle; mais j'appelle généralement du nom d'idée tout ce qui est dans notre esprit, lorsque 393 nous concevons une chose, de quelque manière que nous la concevions.

Mais j'appréhende qu'il ne soit de ceux qui croient ne pouvoir concevoir une chose, quand ils ne se la peuvent imaginer, comme s'il n'y avait en nous que cette seule manière de penser et de concevoir. Il a bien reconnu que je n'étais pas de ce sentiment; et il a aussi assez montré qu'il n'en était pas non plus, puisqu'il dit lui-même que Dieu ne peut être conçu par l'imagination. Mais si ce n'est pas par l'imagination qu'il est conçu, ou l'on ne conçoit rien quand on parle de Dieu (ce qui marquerait un épouvantable aveuglement), ou on le conçoit d'une autre manière; mais de quelque manière qu'on le conçoive, on en a l'idée, puisque nous ne saurions rien exprimer par nos paroles, lorsque nous entendons ce que nous disons, que de cela même il ne soit certain que nous avons en nous l'idée de la chose qui est signifiée par nos paroles.

Si donc il veut prendre le mot d'idée en la façon que j'ai dit très expressément que je le prenais, sans s'arrêter à l'équivoque de ceux qui le restreignent aux seules images des choses matérielles qui se forment dans l'imagination, il lui sera facile de reconnaître que, par l'idée de Dieu, je n'entends autre chose que ce que tous les hommes ont coutume d'entendre lorsqu'ils en parlent, et que ce qu'il faut aussi de nécessité qu'il ait entendu lui-même; autrement, comment aurait-il pu dire que Dieu est infini et incompréhensible, et qu'il ne 394 peut pas être représenté par notre imagination? et comment pourrait-il assurer que ces attributs, et une infinité d'autres qui nous expriment sa grandeur, lui conviennent, s'il n'en avait l'idée? Il faut donc demeurer d'accord qu'on a l'idée de Dieu, et qu'on ne peut pas ignorer quelle est cette idée, ni ce que l'on doit entendre par elle; car sans cela nous ne pourrions du tout rien connaître de Dieu. Et l'on aurait beau dire, par exemple, qu'on croit que *Dieu est*, et que quelque attribut ou perfection lui appartient, ce ne serait rien dire, puisque cela ne porterait aucune signification à notre esprit, ce qui serait la chose la plus impie et la plus impertinente du monde.

Pour ce qui est de l'âme, c'est encore une chose plus claire. Car, n'étant, comme j'ai démontré, qu'une chose qui pense, il est impossible que nous puissions jamais penser à aucune chose, que nous n'ayons en même temps l'idée de notre âme, comme d'une chose capable de penser à tout ce que nous pensons. Il est vrai qu'une chose de cette nature ne se saurait imaginer, c'est-à-dire, ne se saurait représenter par une image corporelle. Mais il ne s'en faut pas étonner; car notre imagination n'est propre qu'à se représenter des choses qui tombent sous les sens; et parce que notre âme n'a ni couleur, ni odeur, ni saveur, ni rien de tout ce qui appartient au corps, il n'est pas possible de se l'imaginer, ou d'en former l'image. Mais elle n'est pas pour cela moins concevable; au contraire, comme c'est par elle que nous concevons toutes choses, elle est aussi elle seule plus concevable que toutes les autres choses ensemble.

395   Après cela, je suis obligé de vous dire que votre ami n'a nullement pris mon sens, lorsque, pour marquer la distinction qui est entre les idées qui sont dans la fantaisie, et celles qui sont dans l'esprit, il dit que

celles-là s'expriment par des noms, et celles-ci par des propositions. Car, qu'elles s'expriment par des noms ou par des propositions, ce n'est pas cela qui fait qu'elles appartiennent à l'esprit ou à l'imagination ; les unes et les autres se peuvent exprimer de ces deux manières, mais c'est la manière de les concevoir qui en fait la différence ; en sorte que tout ce que nous concevons sans image est une idée du pur esprit, et que tout ce que nous concevons avec image en est une de l'imagination. Et comme les bornes de notre imagination sont fort courtes et fort étroites, au lieu que notre esprit n'en a presque point, il y a peu de choses, même corporelles, que nous puissions imaginer, bien que nous soyons capables de les concevoir. Et même toute cette science que l'on pourrait peut-être croire la plus soumise à notre imagination, parce qu'elle ne considère que les grandeurs, les figures et les mouvements, n'est nullement fondée sur ses fantômes, mais seulement sur les notions claires et distinctes de notre esprit ; ce que savent assez ceux qui l'ont tant soit peu approfondie.

Mais par quelle induction a-t-il pu tirer de mes écrits, que l'idée de Dieu se doit exprimer par cette proposition : *Dieu existe*, pour conclure, comme il a fait, que la principale raison dont je me sers pour prouver son existence, n'est rien autre chose qu'une pétition de principe ? Il faut qu'il ait vu bien clair, pour y voir ce que je n'ai jamais eu intention d'y mettre, et ce qui ne m'était jamais venu en pensée, devant que j'eusse vu sa lettre. J'ai tiré la preuve de l'existence de Dieu de l'idée que je trouve en moi d'un être souverainement parfait, qui est la notion ordinaire que l'on en a. Et il est vrai que la simple considération d'un tel être nous conduit si aisément à la connaissance de son existence, que c'est presque la même chose de concevoir Dieu, et de concevoir qu'il existe ; mais cela n'empêche pas que l'idée que nous avons de Dieu, ou d'un être souverainement parfait, ne soit fort différente de cette proposition : *Dieu existe*, et que l'un ne puisse servir de moyen ou d'antécédent pour prouver l'autre.

De même, il est certain qu'après être venu à connais-

sance de la nature de notre âme, par les degrés que j'y
suis venu, et avoir par ce moyen connu qu'elle est une
substance spirituelle, parce que je vois que tous les
attributs qui appartiennent aux substances spirituelles
lui conviennent, il n'a pas fallu être grand philosophe
pour conclure, comme j'ai fait, qu'elle n'est donc pas
corporelle; mais sans doute qu'il faut avoir l'intelligence bien ouverte, et faite autrement que le commun
des hommes, pour voir que l'un ne suit pas bien de
l'autre, et trouver du vice dans ce raisonnement. C'est
ce que je le prie de me faire voir, et ce que j'attends
d'apprendre de lui, quand il voudra bien prendre la
peine de m'instruire. Quant à moi, je ne lui refuserai
pas mes petits éclaircissements, s'il en a besoin, et s'il
397 veut agir avec moi de bonne foi.

A HYPERASPISTES[1]

raduit de
AT, III,

août 1641.

(Traduction)[2]

422   Monsieur,

Encore que j'eusse résolu, en mettant sous la presse les objections qui m'ont ci-devant été faites, de réserver pour un autre volume celles qui pourraient survenir de nouveau, toutefois, parce que celles-ci me sont proposées comme les dernières que l'on me puisse faire, je me hâterai très volontiers d'y répondre, afin qu'elles puissent être imprimées conjointement avec les autres.

1. Certes, il serait à souhaiter autant de certitude dans les choses qui regardent la conduite de la vie, qu'il en est requis pour acquérir la science ; mais néanmoins il est très facile de démontrer qu'il n'y en faut pas chercher ni attendre une si grande. Et cela *a priori*, de ce que le composé de l'homme est de sa nature corrup-

---

1. Réponse aux objections d'un inconnu, qui terminait ainsi sa lettre de juillet 1641 : « je ne vois pas que désormais on vous puisse rien objecter que vous ne puissiez justement mépriser, à moins qu'un monde nouveau ne fasse naître de nouveaux adversaires *(novos hyperaspistas)* ». Ce terme, retenu par Descartes lui-même pour désigner son interlocuteur (cf. lettre à Mersenne du 22 juillet 1641), signifie « protecteur » ou « champion » dans le grec des Septante ; c'est aussi le titre d'un ouvrage d'Erasme (1526), réponse à une réponse (de Luther), comme l'inconnu revient sur la réponse (de Descartes à Gassendi).

2. La traduction publiée en 1659 par Clerselier dans le tome II des *Lettres* a été revue et légèrement modifiée par nous.

tible, et que l'esprit est incorruptible et immortel. Mais
cela peut encore être démontré plus facilement *a posteriori,* par les conséquences qui s'en suivraient. Comme
par exemple, si quelqu'un voulait s'abstenir de toute
nourriture, tant et si longtemps qu'enfin il mourût de
faim, sous ce prétexte qu'il ne serait pas assuré qu'il n'y
aurait point de poison mêlé parmi, et qu'il croirait
n'être point obligé de manger, parce qu'il ne connaîtrait
pas clairement et évidemment qu'il aurait présent
devant lui de quoi sustenter sa vie, et qu'il vaut mieux
attendre la mort en s'abstenant de manger que de se
tuer soi-même en prenant des aliments : certainement
celui-là devrait être qualifié de fou et accusé d'être
423 l'auteur de sa mort. Bien plus, si nous supposons que
cet homme ne puisse avoir d'autres aliments qu'empoi-
sonnés, lesquels toutefois ne lui semblent pas tels, mais
au contraire très salutaires ; et que nous supposions
aussi qu'il a reçu un tel tempérament de la nature, que
l'abstinence entière serve à sa santé, bien qu'il lui
semble qu'elle ne lui doive pas moins nuire qu'aux
autres hommes, nonobstant cela, cet homme sera obligé
d'user de ces aliments, et ainsi de faire plutôt ce qui
paraît utile que ce qui l'est en effet. Et cela est de soi si
manifeste, que je m'étonne que le contraire ait pu venir
en l'esprit de quelqu'un.

2. Je n'ai dit nulle part que de ce que l'esprit agit
plus imparfaitement dans un petit enfant que dans un
adulte, il s'ensuivait qu'il n'était pas plus imparfait ; et
par conséquent je ne dois point en être repris : mais
parce qu'il ne s'ensuit pas aussi qu'il soit plus imparfait,
celui qui avait avancé cela en a été justement repris par
moi. Et ce n'est pas aussi sans raison que j'ai assuré que
l'âme humaine, quelque part qu'elle soit, pense toujours, même dans le ventre de nos mères. Car quelle
raison plus certaine ou plus évidente pourrait-on souhaiter que celle dont je me suis servi, puisque j'ai
prouvé que sa nature ou son essence consistait en ce
qu'elle pense, comme l'essence du corps consiste en ce
qu'il est étendu ; car il n'est pas possible de priver
aucune chose de sa propre essence : et partant il me

semble qu'on ne doit pas faire plus de compte de celui qui nie que son âme ait pensé au temps auquel il ne se ressouvient point d'avoir aperçu qu'elle ait pensé, que s'il niait que son corps ait été étendu pendant qu'il ne s'est point aperçu qu'il a eu de l'étendue. Ce n'est pas que je me persuade que l'esprit d'un petit enfant médite dans le ventre de sa mère sur les choses métaphysiques. Au contraire, s'il m'est permis de conjecturer d'une chose que l'on ne connaît pas bien, puisque nous expérimentons que notre esprit est tellement uni au corps que presque toujours il souffre de lui, et quoiqu'un esprit agissant dans un corps adulte et sain jouisse de quelque liberté de penser à d'autres choses qu'à celles que les sens lui offrent, puisque cependant l'expérience nous apprend qu'il n'y a pas une pareille liberté dans les malades, dans ceux qui dorment, ni dans les enfants, et même qu'elle a coutume d'être d'autant moindre que l'âge est moins avancé : il n'y a rien de plus conforme à la raison que de croire que l'esprit nouvellement uni au corps d'un enfant n'est occupé qu'à sentir ou à percevoir confusément les idées de la douleur, du chatouillement, du chaud, du froid, et semblables qui naissent de l'union ou pour ainsi dire du mélange de l'esprit avec le corps. Et toutefois, il n'a pas moins en soi les idées de Dieu, de lui-même, et de toutes ces vérités qui sont dites connues de soi, que les personnes adultes les ont lorsqu'elles n'y font pas attention ; car il ne les acquiert point par après avec l'âge. Et je ne doute point que s'il était délivré des liens du corps, il ne les dût trouver en soi. Et cette opinion en nous jette en aucune difficulté ; car il n'est pas plus difficile de concevoir que l'esprit, quoique réellement distinct du corps, ne laisse pas de lui être joint et d'être touché par les vestiges qui sont imprimés en lui, ou même aussi d'en imprimer en lui de nouveaux, qu'il est facile à ceux qui supposent des accidents réels de concevoir, comme ils font d'ordinaire, que ces accidents agissent sur la substance corporelle, encore qu'ils soient d'une nature totalement différente d'elle. Et il ne sert de rien de dire que ces accidents sont corporels :

car si par *corporel* on entend tout ce qui peut, en quelque manière que ce soit, affecter le corps, l'esprit en ce sens devra aussi être dit corporel ; mais si par *corporel* on entend ce qui est composé de cette substance qui s'appelle corps, ni l'esprit ni même ces accidents, que l'on suppose être réellement distincts du corps, ne doivent point être dits corporels : et c'est seulement en ce sens qu'on a coutume de nier que l'esprit soit corporel. Ainsi donc, quand l'esprit étant uni au corps pense à quelque chose de corporel, certaines particules du cerveau sont remuées de leur place, quelquefois par les objets extérieurs qui agissent contre les organes des sens, et quelquefois par les esprits animaux qui montent du cœur au cerveau ; mais quelquefois aussi par l'esprit même, à savoir lorsque de lui-même et par sa seule liberté il se porte à quelque pensée. Et c'est par le mouvement de ces particules du cerveau qu'il se fait un vestige duquel dépend le ressouvenir. Mais pour ce qui est des choses purement intellectuelles, à proprement parler on n'en aucun ressouvenir ; et la première fois qu'elles se présentent à l'esprit, on les pense aussi bien que la seconde, si ce n'est qu'elles ont coutume d'être attachées à certains noms qui, étant corporels, font que nous nous ressouvenons aussi d'elles. Mais il y a encore plusieurs autres choses à remarquer en tout ceci que ce n'est pas le lieu d'expliquer plus exactement.

3. De ce que j'ai mis distinction entre les choses qui m'appartiennent, c'est-à-dire à ma nature, et celles qui appartiennent seulement à la connaissance que j'ai de moi-même, on ne peut avec raison inférer *que ma métaphysique n'établit rien du tout, que ce qui appartient à cette connaissance,* ni aucune des autres choses qui me sont ici objectées. Car le lecteur peut facilement reconnaître quand j'ai traité seulement de la connaissance et quand j'ai traité de la vérité même des choses. Et je ne me suis servi en aucun lieu du mot de *croire,* où il aurait fallu employer celui de *savoir ;* et même dans le lieu ici cité, le mot de croire ne s'y trouve point. Et dans ma réponse aux Secondes Objections, j'ai dit *qu'étant*

éclairés surnaturellement de Dieu, nous avions cette
confiance, que les choses qui nous sont proposées à croire ont
426 *été révélées par lui,* parce qu'en cet endroit-là il était
question de la foi et non pas de la science humaine. Et je
n'ai pas dit que, par la lumière de la grâce, nous
connaissions clairement les mystères même de la foi
(encore que je ne nie pas que cela se puisse faire), mais
seulement que nous avions confiance qu'il les faut
croire. Or qu'il soit très évident qu'il faut croire les
choses que Dieu a révélées, et qu'il faille préférer la
lumière de la grâce à celle de la nature, personne, s'il a
vraiment la foi catholique, ne peut le trouver douteux
ou étrange. Et tout ce que vous me demandez ensuite ne
me regarde point, puisque je n'ai donné aucune occasion en mes écrits de me faire de telles demandes. Et
parce que j'ai déjà ci-devant déclaré, en ma réponse aux
Sixièmes Objections, que je ne répondrais point à de
telles questions, je n'ajouterai ici rien davantage.

4. Je n'ai rien avancé qui ait pu servir de fondement
à cette quatrième objection qui est, *que le plus haut point*
de ma certitude est lorsque nous pensons voir une chose si
clairement, que nous l'estimons d'autant plus vraie que nous
y pensons davantage; et par conséquent je ne suis point
obligé de répondre à ce que vous ajoutez ensuite, bien
que ce soit fort facile pour une personne qui sait
distinguer la lumière de la foi de la lumière naturelle, et
qui préfère celle-là à celle-ci.

5. Je n'ai aussi rien avancé qui ait pu servir de
fondement à cette cinquième objection; et je nie tout
net que nous ignorions ce que c'est qu'une chose, ce
que c'est que la pensée, ou qu'il soit besoin que je
l'enseigne aux autres, parce que tout cela est de soi si
manifeste, qu'il n'y a rien par quoi on le puisse expliquer plus clairement; et enfin je nie que nous ne
pensions à rien qu'à des choses corporelles.

6. Il est très vrai de dire *que nous n'entendons pas*
427 *l'infini par la négation de la limitation;* et de ce que la
limitation contient en soi la négation de l'infini, c'est à tort
qu'on infère *que la négation de la limitation contient la*
connaissance de l'infini; parce que ce par quoi l'infini

diffère du fini est réel et positif, et qu'au contraire la limitation par laquelle le fini diffère de l'infini est un non-être ou une négation d'être : or ce qui n'est point ne nous peut conduire à la connaissance de ce qui est; mais au contraire, c'est à partir de la connaissance d'une chose qu'on doit percevoir sa négation. Et lorsque j'ai dit[1] qu'il suffit que nous entendions une chose qui n'est comprise en aucunes limites pour entendre l'infini, j'ai suivi en cela la façon de parler la plus usitée; comme aussi lorsque j'ai retenu le nom d'*infini,* qui plus proprement aurait pu être appelé l'*être très ample,* si nous voulions que chaque nom fût conforme à la nature de chaque chose; mais l'usage a voulu qu'on l'exprimât par la négation de la négation : de même que si, pour désigner une chose très grande, je disais qu'elle n'est pas petite ou qu'elle n'a point du tout de petitesse; mais par là je n'ai pas prétendu montrer que la nature positive de l'infini se connaissait par une négation, et partant je ne me suis en aucune façon contredit.

Je n'ai jamais nié que notre esprit ait la faculté d'amplifier les idées des choses; mais que ces idées ainsi amplifiées, et la faculté de les amplifier de la sorte, ne pussent être en lui, si l'esprit même ne tirait son origine de Dieu, dans lequel toutes les perfections où cette amplification peut atteindre existent véritablement, je l'ai souvent inculqué; et je l'ai prouvé par cette raison qu'un effet ne peut avoir aucune perfection qui n'ait été auparavant dans sa cause. Et il n'y a personne qui croie que les atomes soient causes d'eux-mêmes, qui puisse passer en cela pour très subtil philosophe, parce qu'il est manifesté par la lumière naturelle que seul l'unique être souverain peut être indépendant de tout autre. Et quand on dit qu'une toupie n'agit pas sur elle-même lorsqu'elle tourne, mais seulement qu'elle subit passivement l'action du fouet, encore qu'il soit absent, je voudrais bien savoir de quelle manière un corps peut souffrir d'un autre qui est absent, et comment l'action et la passion sont distinguées l'une de l'autre; car

1. Cf. AT, VII, 368.

j'avoue que je ne suis pas assez subtil pour pouvoir comprendre comment une chose peut souffrir d'une autre qui n'est point présente, et même qu'on peut supposer ne plus exister, si, par exemple, aussitôt que la toupie a reçu le coup de fouet, le fouet cessait d'être. Et je ne vois pas ce qui pourrait empêcher qu'on ne pût aussi pareillement dire qu'il n'y a plus maintenant d'actions dans le monde, mais que tout ce qui se fait est l'effet passif des premières actions qui ont été dès la création de l'univers. Pour moi j'ai toujours cru que l'action et la passion ne sont qu'une seule et même chose à qui on a donné deux noms différents, selon qu'elle est rapportée au terme d'où part l'action ou à celui où elle se termine et en qui elle est reçue ; en sorte qu'il répugne entièrement qu'il y ait durant le moindre moment une passion sans action. Enfin, bien que je demeure d'accord que les idées des choses corporelles, et même, sinon certes tout ce monde visible, ainsi qu'on m'objecte, mais bien l'idée d'autant de choses qu'il y en a dans ce monde visible, puissent être produites par l'esprit humain ; c'est toutefois mal raisonner que d'inférer de là que nous ne pouvons savoir s'il y a quelque chose de corporel dans la nature. Et mes opinions ne nous jettent dans aucune difficulté, mais seulement les conséquences qui en sont mal déduites : car je n'ai pas prouvé l'existence des choses matérielles de ce que leurs idées sont en nous, mais de ce qu'elles nous adviennent de telle sorte que nous avons cons-
429 cience qu'elles ne sont pas faites par nous, mais qu'elles nous viennent d'ailleurs.

7. Je dis ici, premièrement, que la lumière du soleil ne se conserve pas dans cette pierre de Bologne[1], mais qu'une nouvelle lumière s'allume en elle par les rayons du soleil, laquelle est vue par après dans l'ombre. Et secondement, que c'est mal conclure, de vouloir inférer de là que chaque chose peut être conservée sans le concours de Dieu, parce que souvent il est permis

---

1. La pierre de Bologne, ou Boulogne, corps phosphorescent, « s'imbibe de lumière et la conserve » (Dictionnaire de Furetière).

d'éclaircir des choses vraies par des exemples faux ; et il est beaucoup plus certain qu'aucune chose ne peut exister sans le concours de Dieu, qu'il n'est certain qu'aucune lumière du soleil ne peut exister sans le soleil. Et il ne faut point douter que si Dieu retirait une fois son concours, toutes les choses qu'il a créées retourneraient aussitôt dans le néant, parce que avant qu'elles fussent créées, et qu'il leur prêtât son concours, elles n'étaient qu'un néant : mais cela n'empêche pas qu'elles ne doivent être appelées des substances, parce que quand on dit de la substance créée qu'elle subsiste par elle-même, on n'entend pas pour cela exclure le concours de Dieu, duquel elle a besoin pour subsister, mais seulement on veut dire qu'elle est telle qu'elle peut exister dans le secours d'aucune autre chose créée : ce qui ne se peut dire de même des modes qui accompagnent les choses, comme sont la figure, ou le nombre. Et Dieu ne ferait pas paraître que sa puissance est immense, s'il créait des choses telles, que par après elles pussent exister sans lui ; mais, au contraire, il montrerait par là qu'elle serait finie, en ce que les choses qu'il aurait une fois créées ne dépendraient plus de lui. Et je ne retombe point dans la fosse que j'avais préparée, lorsque je dis qu'il est impossible que Dieu détruise quoi que ce soit d'une autre façon que par la cessation de son concours, parce qu'autrement il s'ensuivrait que, par une action positive, il tendrait au non-être. Car il y a une très grande différence entre les choses qui se font par l'action positive de Dieu, lesquelles ne sauraient être que très bonnes, et celles qui arrivent à cause de la cessation de cette action positive, comme tous les maux et les péchés, et la destruction d'un être, si jamais aucun être existant était détruit. Et ce que vous ajoutez de la nature du triangle n'a point de force : car, comme j'ai dit souvent, quand il est question des choses qui regardent Dieu, ou l'infini, il ne faut pas considérer ce que nous en pouvons comprendre (puisque nous savons qu'elles ne doivent pas pouvoir être comprises par nous), mais seulement ce que nous en atteignons par quelque raison certaine. Maintenant, pour savoir en quel genre de cause ces vérités dépendent de Dieu, voyez ma réponse aux sixièmes objections, article 8.

8. Je ne me souviens point d'avoir jamais écrit, ni même pensé ce que l'on m'attribue ici.

9. Je ne me ressouviens point aussi que je me sois jamais étonné *de ce que tout le monde ne sent pas en soi l'idée de Dieu*; car j'ai si souvent reconnu que les choses que les hommes jugeaient étaient différentes de celles qu'ils entendaient, qu'encore que je ne doute point qu'un chacun n'ait en soi l'idée de Dieu, du moins implicite, c'est-à-dire qu'il n'ait en soi la disposition pour la percevoir explicitement, je ne m'étonne pas pourtant de voir des hommes qui ne sentent point avoir en eux cette idée, ou qui ne s'en aperçoivent point et qui peut-être ne s'en apercevront pas encore, après avoir lu mille fois mes Méditations. Ainsi lorsqu'ils jugent que l'espace, qu'ils appellent vide, n'est rien, ils l'entendent néanmoins comme une chose positive; et lorsqu'ils pensent que les accidents sont réels, ils se les représentent comme des substances, encore qu'ils ne jugent pas que ce soient des substances, et ainsi souvent en beaucoup d'autres choses les jugements des hommes
431 diffèrent de leur perception. Mais ceux qui ne jugent jamais que des choses qu'ils perçoivent clairement et distinctement, ce que je tâche toujours de faire autant que je puis, ne peuvent pas juger d'une même chose autrement en un temps qu'en un autre. Et encore *que les choses qui sont claires et indubitables nous paraissent d'autant plus certaines que nous les considérons plus souvent et avec plus d'attention*, je ne me souviens pas néanmoins d'avoir jamais donné cela pour la marque d'une certitude claire et indubitable : et je ne sais pas aussi en quel endroit est ce mot de *toujours*, duquel il est ici fait mention; mais je sais que lorsque nous disons qu'une certaine chose se fait toujours par nous, on n'a pas coutume par ce mot de *toujours* de dénoter l'éternité, mais seulement que nous la faisons *toutes les fois* que l'occasion s'en présente.

10. C'est une chose qui de soi est manifeste, que

nous ne pouvons connaître les fins de Dieu, si lui-même ne nous les révèle : et encore qu'il soit vrai, en morale, eu égard à nous autres hommes, que toutes choses ont été faites pour la gloire de Dieu, à cause que les hommes sont obligés de louer Dieu pour tous ses ouvrages ; et qu'on puisse aussi dire que le soleil a été fait pour nous éclairer, parce que nous expérimentons que le soleil en effet nous éclaire : ce serait toutefois une chose puérile et absurde d'assurer en métaphysique que Dieu, à la façon d'un homme superbe, n'aurait point eu d'autre fin en bâtissant le monde que celle d'être loué par les hommes, et qu'il n'aurait créé le soleil, qui est plusieurs fois plus grand que la terre, à autre dessein que d'éclairer l'homme, qui n'en occupe qu'une très petite partie.

432

11. L'on confond ici les fonctions de la volonté avec celles de l'entendement : car ce n'est pas le propre de la volonté d'entendre, mais seulement de vouloir ; et encore qu'il soit vrai que nous ne voulons jamais rien dont nous n'entendions en quelque façon quelque chose, comme j'ai déjà ci-devant accordé, toutefois l'expérience nous montre assez que nous pouvons vouloir d'une même chose beaucoup plus que nous n'en pouvons connaître. Et le faux n'est point aussi appréhendé sous l'apparence du vrai ; et ceux qui nient en nous l'idée de Dieu n'appréhendent point cela, quoique peut-être ils l'assurent, qu'ils le croient, et qu'ils le soutiennent ; car, comme j'ai remarqué au point 9, il arrive souvent que les jugements des hommes sont fort différents de leur perception ou appréhension.

12. Puisqu'on ne m'oppose ici que l'autorité d'Aristote et de ses sectateurs, et que je ne dissimule point que je crois moins à cet auteur qu'à ma raison, je ne vois pas que je doive me mettre beaucoup en peine de répondre.

Or il importe fort peu si celui qui est aveugle de naissance a les idées des couleurs, ou non. Et c'est en vain que l'on apporte ici le témoignage d'un philosophe aveugle : car, encore que nous supposions qu'il a des idées tout à fait semblables à celles que nous avons des couleurs, il ne peut pas toutefois savoir qu'elles sont semblables aux nôtres, ni partant qu'elles s'appellent

les idées des couleurs, parce qu'il ignore quelles sont les nôtres. Et je ne vois pas en quoi je suis ici inférieur aux autres, parce que, encore que l'esprit soit indivisible, il n'est pas pour cela moins capable d'acquérir diverses propriétés. Et il ne faut pas trouver étrange si durant le sommeil il n'invente aucune démonstration semblable à
433 celle d'Archimède; car il demeure uni au corps, même pendant le sommeil, et il n'est alors en aucune façon plus libre que durant la veille. Et le cerveau par une longue veille n'est pas mieux disposé à retenir les vestiges qui sont imprimés en lui; mais, soit durant le sommeil, soit pendant la veille, ces vestiges se retiennent d'autant mieux qu'ils ont été plus fortement imprimés : et c'est pour cela que nous nous ressouvenons quelquefois de nos songes; mais nous nous ressouvenons mieux des pensées que nous avons eues étant éveillés, de quoi je rendrai clairement la raison en physique.

13. Lorsque j'ai dit que Dieu était son être, je me suis servi d'une façon de parler fort usitée par les théologiens par laquelle on entend qu'il est de l'essence de Dieu qu'il existe; ce qu'on ne peut pas dire de même du triangle, parce que toute son essence se conçoit fort bien encore qu'on supposât qu'il n'y en eût aucun dans la nature. Or j'ai dit que les sceptiques n'auraient jamais douté des vérités géométriques s'ils eussent connu Dieu comme il faut, parce que ces vérités géométriques étant fort claires, ils n'auraient eu aucune occasion d'en douter, s'ils eussent su que toutes les choses que l'on conçoit clairement sont vraies; et c'est ce que nous apprend la connaissance que nous avons de Dieu quand elle est suffisante, et cela même est le moyen qu'ils n'avaient pas en main.

Enfin cette question, savoir si la ligne est composée de points ou de parties, ne sert ici de rien au sujet, et ce n'est pas le lieu d'y répondre; mais je vous avertis seulement que, dans le lieu cité[1], je n'ai pas entendu parler de tout ce qui regarde la géométrie, mais seule-

1. AT, VII, 384.

ment de celles de ses démonstrations dont les sceptiques doutaient, quoiqu'ils les eussent clairement conçues. Et c'est mal à propos que l'on produit ici un sceptique, disant, *que ce mauvais génie me trompe autant qu'il pourra*, etc. ; car quiconque parlera de la sorte, dès là il ne sera plus sceptique, parce qu'il ne doutera pas de toutes choses. Et certes je n'ai jamais nié que les sceptiques mêmes, pendant qu'ils perçoivent clairement une vérité, y adhèrent spontanément, en sorte qu'ils ne sont sceptiques que de nom, et peut-être même ne persistent-ils dans l'hérésie où ils sont de douter de toutes choses, que par volonté et parti pris. Mais j'ai seulement parlé des choses que nous nous ressouvenons avoir autrefois clairement conçues, et non pas de celles que présentement nous concevons clairement[1].

14. J'ai déjà expliqué par l'exemple de la pesanteur, en tant que prise pour une qualité réelle, comment l'esprit est co-étendu à un corps étendu, encore qu'il n'ait aucune vraie extension, c'est-à-dire aucune par laquelle il occupe un lieu et qui fait qu'il en chasse tout autre corps. Et j'ai aussi montré que lorsque l'Ecclésiaste dit *que l'homme n'a rien de plus que la jument*, il parle seulement du corps, parce que aussitôt après il parle séparément de l'âme en ces termes, *qui sait si l'esprit des enfants d'Adam*, etc.[2]

Enfin, pour reconnaître làquelle de ces deux manières de concevoir est la plus imparfaite, et marque plutôt la faiblesse de notre esprit, ou bien celle par laquelle nous ne pouvons concevoir une chose sans l'autre, comme l'esprit sans le corps, ou bien celle par laquelle nous les concevons distinctement l'une sans l'autre, comme des choses complètes, il faut prendre garde laquelle de ces deux manières de penser procède d'une faculté positive, dont la privation soit la cause de l'autre ; car on entendra facilement que cette faculté-là

---

1. AT, VII, 69 et 245-246. (AT, IX, 55 et 189-190).
2. Ces textes de la Bible (*Ecclésiaste*, Chapitre 3, vers. 19 et 21) sont discutés dans les Sixièmes Réponses, au point n° 5. (AT, IX, 232).

de l'esprit est réelle, par laquelle il conçoit distinctement deux choses l'une sans l'autre, comme des choses
complètes, et que c'est la privation de cette même
faculté qui fait qu'il appréhende ces deux choses confusément, comme si ce n'en était qu'une, ainsi que dans la
vue il y a une plus grande perfection lorsqu'elle distingue exactement chaque particule d'un objet que
lorsqu'elle les aperçoit toutes ensemble comme une
435 seule. Que si quelqu'un ayant les yeux mal assurés
prend une chose pour deux, comme il arrive souvent
aux ivrognes ; et si quelquefois les philosophes distinguent, je ne dis pas l'essence de l'existence, parce
qu'ils n'ont pas coutume de mettre une autre distinction
entre ces deux choses que celle qui y est en effet, mais
bien conçoivent dans un même corps la matière, la
forme et plusieurs divers accidents, comme autant de
choses différentes l'une de l'autre, pour lors ils
reconnaîtront facilement, par l'obscurité et la confusion
de leur perception, que cela vient non seulement d'une
faculté positive, mais aussi du défaut de quelque
faculté, si, considérant de plus près les choses, ils
prennent garde qu'ils n'ont pas des idées tout à fait
différentes de ces choses qu'ils supposent ainsi être
diverses.

Au reste, s'il est vrai que tous les lieux que je n'avais
pas suffisamment expliqués dans mes précédentes
réponses aient été marqués dans ces objections, je suis
bien obligé à leur auteur de ce que par son moyen j'ai
un juste sujet de n'en plus attendre d'autres.

BIBLIOGRAPHIE

I. Œuvres de Descartes

Œuvres de Descartes, par Charles Adam et Paul Tannery, 11 volumes (réédition Vrin — C.N.R.S., Paris 1964-1974). Depuis sa première parution (1897-1913) cette édition, dite AT, est l'édition de référence pour tous les travaux sur Descartes.

Œuvres philosophiques de Descartes, éditées par F. Alquié, 3 volumes (Paris, Garnier, 1963-1973).

Meditationes de prima philosophia, texte latin et traduction du duc de Luynes, éditées par G. (Rodis-) Lewis (Paris, Vrin, 1946).

II. Études d'ensemble sur la philosophie cartésienne

F. Alquié, *La Découverte métaphysique de l'homme chez Descartes* (Paris, PUF, 1950).

H. Gouhier, *Descartes. Essais sur le « Discours de la méthode », la métaphysique et la morale* (Paris, Vrin, rééd. 1973).

N. Grimaldi, *L'Expérience de la pensée dans la philosophie de Descartes* (Paris, Vrin, 1978).

J. Laporte, *Le Rationalisme de Descartes* (Paris, PUF, 1945).

G. Rodis-Lewis, *L'Œuvre de Descartes* (Paris, Vrin, 2 vol., 1971).

H. Caton, *The Origin of Subjectivity : an Essay on Descartes* (New Haven, Yale University Press, 1973).

A. Kenny, *Descartes, a Study of his Philosophy* (New York, Random House, 1968).

B. WILLIAMS, *Descartes : The Project of pure Enquiry* (Pelican Books et Harvester Press, 1978).

L. GÄBE, *Descartes'Selbstkritik. Untersuchungen zur Philosophie des jungen Descartes* (Hambourg, Meiner Verlag, 1972).

W. RÖD, *Descartes'erste Philosophie* (Bonn, Bouvier Verlag, 1971).

Recueils d'articles :

Cahiers de Royaumont, Philosophie n° 2, *Descartes* (Paris, Editions de Minuit, 1957).

Descartes, a Collection of Critical Essays. Ed. by W. Doney (Londres, Macmillan, 1968).

Descartes, Critical and interpretative Essays. Ed. by M. Hooker (Baltimore et Londres, the Johns Hopkins University Press, 1978).

III. ÉTUDES SUR LES MÉDITATIONS MÉTAPHYSIQUES

J.-M. BEYSSADE, *La Philosophie première de Descartes* (Paris, Flammarion, 1979).

H. GOUHIER, *La Pensée métaphysique de Descartes* (Paris, Vrin, 1962).

M. GUEROULT, *Descartes selon l'ordre des raisons* (Paris, 2 vol., Aubier, 1953).

Nouvelles réflexions sur la preuve ontologique de Descartes (Paris, Vrin, 1955).

L.J. BECK, *The Metaphysics of Descartes : a Study of the Meditations* (Oxford, Clarendon Press, 1965).

H.G. FRANKFURT, *Demons, Dreamers and Madmen. The Defense of Reason in Descartes's Meditations* (Indianapolis, Bobbs-Merrill, 1970).

M.D. WILSON, *Descartes* (Londres, Routledge, 1978).

IV. ASPECTS HISTORIQUES DU CARTÉSIANISME

E. GILSON, *Index scolastico-cartésien* (Paris, 1913, rééd. Vrin, 1979).

Etudes sur le rôle de la pensée médiévale dans la formation du système cartésien (Paris, Vrin, rééd. 1951).

J.-L. MARION, *Sur l'ontologie grise de Descartes. Science cartésienne et savoir aristotélicien dans les « Regulæ »* (Paris, Vrin, 1975).

Sur la théologie blanche de Descartes. Analogie, création des vérités éternelles et fondement (Paris, PUF, 1981).

G. (RODIS-) LEWIS, *Le Problème de l'inconscient et le cartésianisme* (Paris, Vrin, 1950).

H. GOUHIER, *Cartésianisme et augustinisme au XVIIᵉ siècle* (Paris, Vrin, 1978).

J.-M. GABAUDE, *Liberté et raison. La liberté cartésienne et sa réfraction chez Spinoza et Leibniz* (Toulouse, 3 vol., 1970-1974).

F. ALQUIÉ, *Le Cartésianisme de Malebranche* (Paris, Vrin, 1974).

Y. BELAVAL, *Leibniz critique de Descartes* (Paris, Gallimard, 1969).

CHRONOLOGIE

1596-1618 : *Le cours des études*

1596 (31 mars) : Naissance de René Descartes à La Haye, bourgade située aux confins du Poitou et de la Touraine (devenue en 1802) La Haye-Descartes et en 1967 Descartes). Son père, fils d'un médecin, était conseiller au Parlement de Bretagne.

1597 : Mort de sa mère. Son père se remarie trois ans plus tard. René est élevé à La Haye chez sa grand-mère.

1604 : Fondation par Henri VI du Collège des Jésuites à La Flèche. Descartes y commence ses études entre 1604 (date donnée par son biographe Baillet) et 1607 (date proposée par certains historiens contemporains). Il y suit pendant huit ou neuf ans le cours complet des études.

1610 : Henri IV est assassiné. Son cœur est transféré au Collège de La Flèche.
Galilée découvre, grâce à la lunette astronomique, les satellites de Jupiter. L'événement est célébré en 1611 au Collège de La Flèche.

1616 : Baccalauréat et licence en droit à Poitiers.

1618-1628 : *Çà et là dans le monde*

1618 : Descartes s'engage pour faire son instruction militaire dans l'armée du protestant Maurice de Nassau, stathouder de Hollande.

(10 novembre) : Il rencontre à Breda Isaac Beeckman, jeune savant hollandais qui cherche à unir physique et mathématique et qui lui fait découvrir le mécanisme.

(31 décembre) : Descartes offre à Beeckman pour ses étrennes le *Compendium Musicæ (Abrégé de Musique)*.

1619 : Descartes s'embarque pour le Danemark, puis gagne l'Allemagne, où la guerre de Trente Ans vient d'éclater.

(Juillet) : Descartes assiste aux fêtes du couronnement de l'empereur Ferdinand II. Il décide de rejoindre l'armée catholique du duc de Bavière.

(10 novembre) : « j'étais rempli d'enthousiasme et je découvrais les fondements d'une science admirable » (*Olympica*). Descartes passe l'hiver près de Neubourg, « enfermé seul dans un poêle » (*Discours de la Méthode, II*). Il cherche à fixer la vraie méthode en un petit nombre de préceptes et forme le projet d'une refonte générale du savoir.

1620-1625 : Descartes, qui a abandonné la vie militaire, accomplit plusieurs voyages, notamment en Italie et en France. Il applique sa méthode à diverses difficultés de mathématique et de physique, en particulier aux questions d'optique, qu'il cherche à « rendre quasi semblables à celles des mathématiques » (*Discours de la Méthode, III*). Il rédige certains textes, dont le *Studium bonæ mentis (Exercice du bon sens)*, perdu.

1625-1627 : Séjour à Paris, où il fréquente des milieux divers : salons littéraires et mondains (Guez de Balzac), cercles scientifiques (Mersenne), théologiens de l'Oratoire (Gibieuf). Une aventure féminine l'amène à se battre en duel.

1627 (novembre) : Lors d'une conférence chez le nonce du pape, le cardinal de Bérulle, frappé par une intervention de Descartes, l'exhorte à se consacrer à la philosophie.

1627-1628 : Il est possible que Descartes rédige alors, au moins pour la plus grande partie, les *Regulæ ad directionem ingenii (Règles pour la direction de l'esprit)*, au moment de passer des disciplines mathématiques à des « sciences un peu plus relevées » (*Règle IV*). L'ouvrage est resté inachevé. On ignore la date exacte de la rédaction du manuscrit trouvé à la mort de Descartes.

1628-1644 : *La constitution du système philosophique*

1628-1629 : Décidé à fonder une « philosophie plus certaine que la vulgaire » (*Discours de la Méthode, III*), Descartes se retire dans les Provinces-Unies, où il restera vingt ans, en changeant souvent de résidence.
Il consacre les neuf premiers mois à un petit *Traité de Métaphysique* : ce traité *De la divinité* ne nous est pas parvenu.

1629-1630 : S'étant satisfait de ce « commencement de métaphysique », il passe à la constitution de sa physique, seconde partie de la philosophie.

1630 (avril-mai) : Lettres à Mersenne sur la création des vérités éternelles.

1630-1631 : Descartes poursuit ses recherches sur les météores, l'anatomie et la physiologie (dissections), et diverses questions de mécanique et de mathématique.

1631-1632 : En résolvant le problème de Pappus, Descartes invente sa géométrie algébrique.

1632-1633 : Rédaction du *Monde ou Traité de la Lumière*, dont le *Traité de l'Homme* est le dernier chapitre.

1633 (novembre) : Descartes apprend la condamnation de Galilée. Il décide aussitôt d'ajourner la publication du *Monde*, qu'il pensait offrir à Mersenne pour Noël 1633.

1634 : Descartes termine sa *Dioptrique* et met au point les *Météores*.

1635 : Il songe à publier ces deux essais avec une préface, et rédige probablement alors ce qui deviendra la sixième partie du *Discours de la Méthode*.
(Juillet) : Naissance de Francine, fille de René Descartes et d'Hélène, une servante; Francine sera baptisée à l'Eglise réformée.

1637 (juin) : Publication, à Leyde, sans nom d'auteur, du *Discours de la Méthode pour bien conduire sa raison et chercher la vérité dans les sciences. Plus la Dioptrique, les Météores et la Géométrie, qui sont des essais de cette méthode.*
(Octobre) : A la demande de Constantin Huygens, Descartes rédige un petit traité de mécanique : *Explication des engins par l'aide desquels on peut avec une petite force lever un*

fardeau fort pesant.

1637-1640 : A l'occasion des *Essais*, correspondance et discussions scientifiques, avec des mathématiciens (Fermat,
Debeaune, Desargues, Roberval) et des médecins (Plem-
pius, Regius).

1639 (automne)-**1640** (printemps) : Rédaction, en latin, de
l'« essai de métaphysique » qui s'intitulera *Meditationes de
prima philosophia.*

1640 (septembre-octobre) : Mort de sa fille Francine. Mort de
son père Joachim. Descartes renonce au voyage en France
qu'il projetait.
(Novembre) : Envoi à Mersenne du manuscrit des *Méditations*, accompagné des objections de Caterus et des
réponses de Descartes.
Descartes décide d'écrire et de publier « tout un cours de
(sa) philosophie en forme de thèses », projet qui aboutira
aux *Principia Philosophiæ.*

1641 (janvier-juillet) : Descartes reçoit cinq séries d'objections à ses *Méditations* et rédige ses réponses.
(Août) : Première édition, à Paris, des *Meditationes de
prima philosophia, in qua Dei existentia et animæ immortalitas
demonstratur*, avec six séries d'objections et de réponses.

1642 (mars) : Condamnation de Regius, disciple de Descartes
devenu professeur à Utrecht, et de la nouvelle philosophie
(cartésienne) par les Magistrats d'Utrecht, à l'instigation
du recteur Voetius.
(Mai) : Deuxième édition, à Amsterdam, des *Meditationes
de prima philosophia, in quibus Dei existentia et animæ
humanæ a corpore distinctio demonstrantur*, avec sept séries
d'objections et de réponses, et une lettre au P. Dinet.

1643 (mai) : Publication, en latin, d'une longue lettre polémique contre Voetius.
Début de la correspondance avec Elisabeth, princesse
palatine.

1644 (mai-novembre) : Voyage en France. Descartes se lie
avec Chanut, qui deviendra l'année suivante résident de
France en Suède.
(Juillet) : Publication, à Amsterdam, des *Principia Philosophiæ*, dédiés à la princesse Elisabeth, et de la traduction
latine par Etienne de Courcelles, revue et corrigée par
Descartes, du *Discours de la Méthode* et des deux premiers

Essais (*Specimina Philosophiæ, seu Dissertatio de Methodo, Dioptrice et Meteora*).

1644-1650 : *De la science à la sagesse*

1645-1646 : Descartes entreprend, à la demande de la princesse Elisabeth, avec laquelle il échange une correspondance sur la morale, un traité sur les passions de l'âme. Brouille avec Regius.

1647 : Publication, à Paris, des *Méditations métaphysiques*, avec six séries d'objections et de réponses, traduites du latin par le duc de Luynes et Clerselier, puis, à la fin de l'été, des *Principes de la Philosophie*, accompagnés d'une lettre-préface au traducteur, l'abbé Picot.
Début de la correspondance avec Christine, reine de Suède.
Polémiques avec l'Université de Leyde.
(Juin-novembre) : Voyage en France. Rencontre avec Pascal et discussion sur le problème du vide.

1647-1648 : Descartes rédige un petit traité sur la *Description du corps humain*, où il aborde la question de la formation du fœtus.

1648 : Il publie contre Regius les *Notæ in programma quoddam (Remarques sur un placard)*.
(Avril) : *Entretien avec Burman* : Descartes répond à des questions posées sur l'ensemble de son œuvre philosophique. Le compte rendu de cet entretien sera retrouvé en 1895 (*Manuscrit de Göttingen*).
(Mai-août) : Voyage en France, écourté par les troubles de la Fronde.
Traités de Westphalie, mettant fin à la guerre de Trente Ans.

1649 (août) : Publication, à Leyde, de la traduction latine de la *Géométrie*, avec des notes de Florimond Debeaune.
(Septembre) : A l'invitation de la reine Christine, Descartes se résout à quitter les Provinces-Unies pour la Suède. Accueilli à la Cour, il donne des leçons de philosophie à la jeune reine, et compose un ballet sur *La Naissance de la Paix*.
(Novembre) : Publication, à Paris et à Amsterdam, des *Passions de l'Ame*.

1650 (11 février) : Mort de Descartes, à Stockholm.
Inventaire des papiers de Descartes, parmi lesquels un petit dialogue intitulé *La Recherche de la vérité par la lumière naturelle*, inachevé, dont la date est inconnue. Les manuscrits sont transmis à Clerselier, qui publiera trois volumes de *Lettres* (1657, 1659, 1667) et contribuera à la publication posthume des œuvres inédites.

TABLE

LETTRES

DERNIÈRES PARUTIONS

GF Flammarion

10/06/156272-VI-2010 – Impr. MAURY Imprimeur, 45330 Malesherbes.
N° d'édition L.01EHPNFG0328.C029 – 4ᵉ trimestre 1979 – Printed in France.